D1665370

Neubearbeitung

Arbeit
mit Texten
9/10

herausgegeben von Robert Ulshöfer

in Zusammenarbeit mit Winfried Bauer,
Hans Jürgen Busch, Ingrid Ulshöfer,
Ulrich Wildenhof und Heinrich Wübbolt

Schroedel Schulbuchverlag

Arbeit mit Texten
9./10. Schuljahr
Neubearbeitung

Herausgegeben von
Robert Ulshöfer

unter Mitarbeit von
Winfried Bauer, Hans Jürgen Busch, Ingrid Ulshöfer,
Ulrich Wildenhof und Heinrich Wübbolt

Umschlaggestaltung: Ulrike Eckel

ISBN 3-507-69 539-1

© 1989 Schroedel Schulbuchverlag GmbH, Hannover

Druck B^5 ^{4} ^{3} ^{2} ^{1}/Jahr 1995 94 93 92 91

Alle Drucke der Serie B sind im Unterricht parallel verwendbar.
Die erste Zahl bezeichnet das Jahr dieses Druckes.

Druck: Zechnersche Buchdruckerei GmbH & Co. KG, Speyer

Inhaltsverzeichnis

Kapitel 3

Mit spitzer Feder – Scherz, Ironie, Satire

Seite 90 – 123

Kapitel 4

Gedichte

Seite 124 – 173

Kapitel 5

Die Bretter, die die Welt bedeuten   Seite 174 – 207

Einführung

Kapitel 6

Die Zukunft des Menschen: Sachbuch und erzählende Literatur
Seite 208 – 241

Einführung

Kapitel 7

Lesen – was und wozu?   Seite 242 – 275

Einführung

Kapitel 10

Jugendliche

Seite 334 – 373

Einführung

Arbeit mit Texten *ist zum Lesen da und zum Arbeiten.* Das Werk will unterhalten und neugierig machen. Aber es will auch anleiten zum Untersuchen und Diskutieren, zum Verstehen und selbständigen Schaffen, zu gemeinsamem Spiel und fairem Verhalten.

Jedes Kapitel stellt *eine selbständige Einheit* dar und bildet zusammen mit den übrigen ein *gegliedertes Ganzes.* Jedes Kapitel hat seinen eigenen Schwerpunkt und verfolgt mehrere Ziele.

Die Kapitel 1 und 10 bilden den Rahmen dieses Bandes. Sie dienen der Einübung von Arbeitsweisen, Gesprächsformen und der freien Rede. Ihre Themen: ,,Macht über Menschen durch das gesprochene Wort'' und ,,Die Stellung der Jugendlichen in unserer Gesellschaft''.

Die Kapitel 2 und 3 wollen die Lust am Lesen von kurzen Geschichten wachhalten und vertiefen. Die Texte sind spannend, teils ernsthaft-besinnlich, teils scherzhaft oder ironisch-satirisch.

Kapitel 4 bringt eine weitgefächerte Auslese von schönen und eingängigen Gedichten sowie Hinweise zum sinnvollen Umgang mit Gedichten.

Kapitel 5 gibt Anstöße zum szenischen Spiel im Klassenzimmer und auf der Schulbühne.

Die Kapitel 6, 7 und 8 führen ein in die Lektüre von Prosaganzschriften unterschiedlichen Charakters: Science-fiction, Utopien, Sachbücher, Krimis, Novellen und Romane – alle mit einer Thematik, die uns unmittelbar angeht.

Kapitel 9 setzt die in den Bänden 5/6 und 7/8 begonnene Beschäftigung mit den Medien Funk, Fernsehen und Zeitung fort.

In den *Arbeitshinweisen* findet ihr am Rand *Zeichen* oder *Siglen.*

 Der Pfeil weist auf eine wichtige *Arbeitsaufgabe,*

 das Fragezeichen auf ein *Problem,*

 das Ausrufezeichen auf einen *Merksatz oder eine Regel.*

Die übrigen Zeichen stehen für bestimmte *Unterrichtsformen oder Arbeitsweisen.* Sie werden an bedeutsamen Stellen beispielhaft eingesetzt. Sie sind austauschbar, denn der Lehrer bestimmt Unterrichtsform und Arbeitsweise.

Hier werden die Zeichen erklärt:

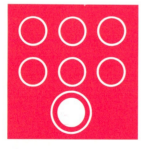 

Lehrer-Schüler-Gespräch:
Der Lehrer steuert den Unterricht: Er berichtet, erklärt, fragt. Du hörst zu, denkst nach, antwortest und fragst. Ziel: Der Lehrer vermittelt Wissen, Erkenntnisse, Arbeitsmethoden unter Mitarbeit der Schüler.

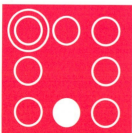 

Rundgespräch (Diskussion):
Du erörterst gemeinsam mit allen Schülern ein Problem. Den Vorsitz führt möglichst ein Schüler. Ziel: Gemeinsames Bemühen um Klärung eines Sachverhalts, Lösung eines Problems, Erkenntnisfindung.

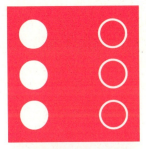

Streitgespräch (Debatte):

Zwei Behauptungen, zwei Anträge stehen einander gegenüber. Jeder Schüler ergreift Partei und begründet seinen Standpunkt. Die Abstimmung zum Schluß zeigt, welcher Partei es gelungen ist, die Mehrzahl der Gesprächsteilnehmer für sich zu gewinnen. Ziel: Sachlich argumentieren lernen.

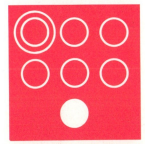

Vortrag des Schülers vor der Klasse:

Du selbst bist der Lehrer: Du berichtest, trägst vor, erklärst, beantwortest Fragen. Ziel: Lernen durch Lehren.

Einzelarbeit:

Du arbeitest, schreibst, untersuchst für dich allein. Ziel: Selbständig arbeiten lernen.

Partnerarbeit:

Du arbeitest gemeinsam mit deinem Tischnachbarn. Ziel: Gegenseitige Anregung und Unterstützung beim Arbeiten.

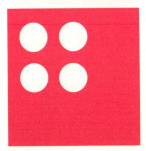

Gruppenarbeit:

Du arbeitest in einer Gruppe mit. Die Gruppe besteht aus drei bis fünf Mitgliedern. Gruppenarbeit besteht aus drei Phasen: 1. Verteilung der Arbeit in der Klasse auf die Gruppen, 2. Arbeit in der Gruppe, 3. Zusammenfassung der Gruppenergebnisse in der Klasse. Ziel: Lernen durch gemeinsames Arbeiten.

Kapitel 1

Pro und Contra –
Argumentieren

Einführung

Ihr argumentiert jeden Tag – mit mehr oder weniger Erfolg. Argumentieren heißt, eine Meinung begründen, eine Handlungsweise rechtfertigen, eine Behauptung beweisen, einen Irrtum aufklären, eine versteckte Absicht offenlegen, eine falsche Anschuldigung widerlegen.

Argumentiert wird im Gespräch und in der Rede, bald scherzhaft, bald ernsthaft, bald logisch zwingend, bald gefühlsbetont, sachlich oder unsachlich, vorurteilsfrei oder in Vorurteilen befangen.

Wer argumentiert, verfolgt eine Absicht: Er will Einfluß gewinnen auf das Denken und Handeln seiner Gesprächspartner oder Zuhörer.

Wollt ihr euch im Argumentieren üben, so könnt ihr an Texten untersuchen, wie und zu welchem Zweck argumentiert wird. Anschließend könnt ihr euch in eigenen Versuchen erproben.

Dieses Kapitel führt Texte aus ganz verschiedenen Lebensbereichen, aus Dichtung und Tagesgeschehen, mit unterschiedlichen Argumentationsweisen vor. Die Texte wollen unterhalten, informieren und euren Scharfsinn herausfordern.

1 Überreden – Überzeugen im Gespräch

1.1 Verblüffende Argumente im Witz

Ein Dorfschmied soll wegen eines Verbrechens gehängt werden. Der Bürgermeister aber gibt zu bedenken: „Er ist der einzige Schmied im Dorfe. Schneider aber haben wir zwei. Wäre es nicht besser, einen Schneider zu hängen?" [1]

★

Professor: Das Gewicht des Gehirns der Frau ist geringer als das des Mannes. Was folgt daraus?
Studentin: Beim Gehirn kommt es nicht auf die Quantität, sondern auf die Qualität an. [2]

★

Feldwebel zu dem Rekruten Ängstlich: Warum soll der Soldat für seinen Kaiser sterben?
Rekrut Ängstlich: Recht haben Sie, Herr Feldwebel. Warum soll er? [3]

★

Ein Herr kommt in eine Konditorei und läßt sich eine Torte geben; gibt dieselbe aber wieder zurück und verlangt an ihrer Statt ein Gläschen Likör. Dieses trinkt er aus und will sich entfernen, ohne gezahlt zu haben. Der Ladenbesitzer hält ihn zurück.

„Was wollen Sie von mir?" – „Sie sollen den Likör bezahlen." – „Für den habe ich Ihnen ja die Torte gegeben." – „Die haben Sie ja auch nicht bezahlt."
„Die habe ich ja auch nicht gegessen." [4]

★

Ein Gelehrter spricht einen Bekannten an: „Ich habe gehört, du bist tot." – Worauf der andere antwortet: „Wie du siehst, lebe ich." – Der Gelehrte ruft aus: „Kann sein. Aber der Mann, der mir die Auskunft gab, ist viel vertrauenswürdiger als du." [5]

★

Bauern in einem Oststaat kommen zum Pfarrer und fragen: „Herr Pfarrer, was ist Dialektik?" Der Pfarrer sagt: „Liebe Freunde. Das kann man nicht so einfach erklären. Am besten, ich gebe euch ein Beispiel. Also, paßt auf: Zu mir kommen zwei Männer. Der eine ist sauber, der andere schmutzig. Ich biete ihnen ein Bad an. Was meint ihr, wer von den beiden wird wohl das Bad annehmen?"
„Der Schmutzige!" sagen die Bauern.
„Falsch!" sagt der Pfarrer, „der Reine! Denn der Reine ist gewöhnt zu baden, der Schmutzige nicht. Wer von beiden wird also das Bad annehmen?"

„Der Reine", sagen die Bauern.

„Nein, der Schmutzige", erwidert der Pfarrer, „denn der hat das Bad nötig. Der andere nicht. Also, wer nimmt das Bad an?"

„Der Schmutzige", meinen die Bauern.

„Nein, beide!" entgegnet der Pfarrer. „Der Reine ist gewöhnt zu baden, und der Schmutzige hat das Bad nötig. Also, wer nimmt das Bad an?"

„Beide", antworten die Bauern.

„Nein, keiner von beiden", sagt jetzt der Pfarrer, „denn der Schmutzige ist nicht gewöhnt zu baden, und der Reine braucht das Bad nicht!"

Jetzt wird es den Bauern zu bunt: „Herr Pfarrer, wie sollen wir das verstehen? Jedesmal sagen Sie etwas anderes, und jedesmal nur das, was in Ihren Kram paßt!"

„Ja", lächelt der Pfarrer. *„Das ist eben Dialektik!"*   [6]

1.2 Auseinandersetzung um die Mitgift

Aus dem Lustspiel „Der Schatz" (1750), 1. Szene

Gotthold Ephraim Lessing

In Anlehnung an den römischen Lustspieldichter Titus M. Plautus (gest. 184 v. Chr.) hat Lessing 1750 sein Lustspiel „Der Schatz" geschrieben. Lessing hat die Handlung in seine unmittelbare Gegenwart versetzt.

Leander will von seinem Vormund Staleno die Zustimmung zur Ehe mit einem armen Mädchen erwirken.

Erster Auftritt
LEANDER. STALENO

STALENO: Ei! Leander, so jung, und Er hat sich schon ein Mädchen ausgesehen?

LEANDER: Das wird dem Mädchen eben lieb sein, daß ich jung bin. Und wie jung
5 denn? Wenn ich noch einmal so alt wäre, so könnte ich schon Kinder haben, die so alt wären, als ich.

STALENO: Und das Mädchen soll ich Ihm zufreien?

10 LEANDER: Ja, mein lieber Herr Vormund, wenn Sie wollten so gut sein.

STALENO: Lieber Herr Vormund! das habe ich lange nicht gehört! Wenn Sie wollten so gut sein! Wie höflich man doch gleich wird, wenn man verliebt ist! -- Aber was
15 ist es denn für ein Mädchen? das hat Er mir ja noch nicht gesagt.

LEANDER: Ein allerliebstes Mädchen.

STALENO: Hat sie Geld? Was kriegt sie mit?

20 LEANDER: Sie ist die Schönheit selbst; und unschuldig dabei, -- so unschuldig, als ich.

STALENO: Spricht sie auch schon von Kindern, die sie haben könnte? -- Aber sage Er mir, was kriegt sie mit?

25 LEANDER: Wenn Sie sie sehen sollten, Sie würden sich selbst in sie verlieben. Ein rundes, volles Gesicht, das aber gar nichts Kindliches mehr hat; ein Gewächse, wie ein Rohr --

30 STALENO: Und was kriegt sie mit?

LEANDER: Wie ein Rohr so gerade. Und dabei nicht hager; aber auch nicht dicke. Sie wissen wohl, Herr Vormund, beides muß nicht sein, wenn ein Frauenzimmer schön
35 sein soll.

STALENO: Und was kriegt sie mit?

LEANDER: Sie weiß sich zu tragen, ah! auf eine Art, liebster Herr Staleno, auf eine Art -- Und ich versichere Sie, sie hat nicht tanzen gelernt, es ist ihr natürlich.

STALENO: Und was kriegt sie mit?

LEANDER: Wenn ihr Gesichte auch das Schönste ganz und gar nicht wäre, so würden sie doch schon ihre Manieren zu der angenehmsten Person unter der Sonne machen. Ich kann nicht begreifen, wer sie ihr muß gewiesen haben.

STALENO: O! so höre Er doch! Nach ihrer Aussteuer frage ich; was kriegt sie mit?

LEANDER: Und sprechen -- sprechen kann sie wie ein Engel --

STALENO: Was kriegt sie mit?

LEANDER: Sie werden schwerlich mehr Verstand und Tugend bei irgend einer Person ihres Geschlechts antreffen, als bei ihr --

STALENO: Gut! alles gut! aber was kriegt sie mit?

LEANDER: Sie ist über dieses aus einem guten Geschlechte, Herr Vormund; aus einem sehr guten Geschlechte.

STALENO: Die guten Geschlechter sind nicht allzeit die reichsten. Was kriegt sie mit?

LEANDER: Ich habe vergessen, Ihnen noch zu sagen, daß sie auch sehr schön singt.

STALENO: Zum Henker! lasse Er mich nicht eine Sache hundertmal fragen. Ich will vor allen Dingen wissen, was sie mitkriegt? --

LEANDER: Wahrhaftig! ich habe sie selbst nur gestern abends singen hören. Wie wurde ich bezaubert!

STALENO: Ah! Er muß Seinen Vormund nicht zum Narren haben. Wenn Er mir keine Antwort geben will: so packe Er sich, und lasse Er mich meinen Gang gehen.

LEANDER: Sie sind ja gar böse, allerliebster Herr Vormund. Ich wollte Ihnen eben Ihre Frage beantworten.

STALENO: Nun! so tu' Er's.

LEANDER: Was war Ihre Frage? Ja, ich besinne mich: Sie fragten, ob sie eine gute Haushälterin sei? O! eine unvergleichliche! Ich weiß gewiß, sie wird ihrem Manne jahraus jahrein zu Tausenden ersparen.

STALENO: Das wäre noch etwas; aber es war doch auch nicht das, was ich Ihn fragte. Ich fragte, - - versteht Er denn kein Deutsch? - - ob sie reich ist? ob sie eine gute Aussteuer mitbekömmt?

LEANDER *traurig:* Eine Aussteuer?

STALENO: Ja, eine Aussteuer. Was gilt's, darum hat sich das junge Herrchen noch nicht bekümmert? O Jugend, o Jugend! daß doch die leichtsinnige Jugend so wenig nach dem Allernotwendigsten fragt! - Nun! wenn Er es noch nicht weiß, was Sein Mädchen mitkriegen soll, so gehe Er, und erkundige Er sich vorher. Alsdann können wir mehr von der Sache sprechen.

LEANDER: Das können wir gleich jetzo, wenn es Ihnen nicht zuwider ist. Ich bin so leichtsinnig nicht gewesen, sondern habe mich allerdings schon darnach erkundiget.

STALENO: So weiß Er's, was sie mitkriegt?

LEANDER: Auf ein Haar.

STALENO: Und wie viel?

LEANDER: Allzuviel ist es nicht - -

STALENO: Ei! wer verlangt denn allzuviel? Was recht ist! Er hat ja selber schon genug Geld.

LEANDER: O! Sie sind ein vortrefflicher Mann, mein lieber Herr Vormund. Es ist wahr, ich bin reich genug, daß ich ihr schon diesen Punkt übersehen kann.

STALENO: Ist es wohl so die Hälfte von Seinem Vermögen, was das Mädchen mitkriegt?

LEANDER: Die Hälfte? Nein, das ist es nicht.

STALENO: Das Drittel?

LEANDER: Auch wohl nicht.

STALENO: Das Viertel doch?

LEANDER: Schwerlich.

STALENO: Nu? das Achtel muß es doch wohl sein? Alsdann wären es ein paar tausend Tälerchen, die beim Anfange einer Wirtschaft nur allzubald weg sind.

LEANDER: Ich habe Ihnen schon gesagt, daß es nicht viel ist, gar nicht viel.

STALENO: Aber nicht viel ist doch etwas. Wie viel denn?

LEANDER: Wenig, Herr Vormund.

STALENO: Wie wenig denn?

LEANDER: Wenig – – Sie wissen ja selbst, was man wenig nennt.

STALENO: Nur heraus mit der Sprache! Das Kind muß doch einen Namen haben. Drücke Er doch das Wenige mit Zahlen aus.

LEANDER: Das Wenige, Herr Staleno, ist – – ist gar nichts.

STALENO: Gar nichts? Ja nun! da hat Er recht; gar nichts, ist wenig genug. – – Aber im Ernste, Leander: schämt Er sich nicht, auf so eine Torheit zu fallen, ein Mädchen sich zur Frau auszusuchen, die nichts hat?

LEANDER: Was sagen Sie? Nichts hat? Sie hat alles, was zu einer vollkommenen Frau gehört; nur kein Geld hat sie nicht.

STALENO: Das ist, sie hat alles, was eine vollkommene Frau machen könnte, wenn sie nur das hätte, was eine vollkommene Frau macht. – – Stille davon! Ich muß besser einsehen, was Ihm gut ist. – – Aber darf man denn wissen, wer diese schöne, liebenswürdige, galante Bettlerin ist? wie sie heißt?-

LEANDER: Sie versündigen sich, Herr Staleno. Wenn es nach Verdiensten ginge, so würden wir alle arm, und diese Bettlerin würde allein reich sein.

STALENO: So sage Er mir ihren Namen, damit ich sie anders nennen kann.

LEANDER: Kamilla.

STALENO: Kamilla? Doch wohl nicht die Schwester des liederlichen Lelio?

LEANDER: Eben die. Ihr Vater soll der rechtschaffenste Mann von der Welt sein.

STALENO: Sein, oder gewesen sein. Es sind nun bereits neun Jahre, daß er von hier wegreisete; und schon seit vier Jahren hat man nicht die geringste Nachricht von ihm. Wer weiß, wo er modert, der gute Anselmus! Es ist für ihn auch eben so gut. Denn wenn er wieder kommen sollte, und sollte sehen, wie es mit seiner Familie stünde, so müßte er sich doch zu Tode grämen.

LEANDER: So haben Sie ihn wohl gekannt?

STALENO: Was sollte ich nicht. Er war mein Herzensfreund.

LEANDER: Und Sie wollen gegen seine Tochter so grausam sein? Sie wollen verhindern, sie wieder in Umstände zu setzen, die ihrer würdig sind?

STALENO: Leander, wenn Er mein Sohn wäre, so wollte ich nicht ein Wort dawider reden; aber so ist Er nur mein Mündel. Seine Neigung könnte sich in reifern Jahren ändern, und wenn Er alsdann das schöne Gesicht satt wäre, denn der beste Nachdruck fehlt, so würde alle Schuld auf mich fallen.

LEANDER: Wie? meine Neigung sollte sich ändern? ich sollte aufhören, Kamillen zu lieben? ich sollte – –

STALENO: Er soll warten, bis Er Sein eigner Herr wird; alsdann kann Er machen, was Er will. Ja, wenn das Mädchen noch in den Umständen wäre, in welchen sie ihr Vater verließ; wenn ihr Bruder nicht alles durchgebracht hätte; wenn der alte Philto, dem Anselmus die Aufsicht über seine Kinder anvertraute, nicht ein alter Betrüger gewesen wäre: gewiß, ich wollte selbst mein Möglichstes tun, daß kein andrer, als Er, die Kamilla bekommen sollte. Aber: da das nicht ist, so habe ich nichts damit zu schaffen. Gehe Er nach Hause.

LEANDER: Aber, liebster Herr Staleno,-

STALENO: Er bringt Seine Schmeicheleien zu unnützen Kosten. Was ich gesagt habe, habe ich gesagt. Ich wollte eben zum alten Philto gehen, der sonst mein guter Freund ist, und ihm den Text wegen seines Betragens gegen den Lelio lesen. Nun hat er dem liederlichen Burschen auch so gar das Haus abgekauft, das Letzte, was die Leutchen noch hatten. Das ist zu toll! das ist unverantwortlich! – – Geh' Er, Leander; halte Er mich nicht länger auf. Allenfalls können wir zu Hause mehr davon sprechen.

LEANDER: In der Hoffnung, daß Sie gütiger werden gesinnt sein, will ich gehen. Sie kommen doch bald zurück?

STALENO: Bald.

1.3 Das sehe ich anders

Aus: Rolltreppe abwärts (1970)

Hans-Georg Noack

Herr Hamel, Erzieher in einem Fürsorgeheim, stößt bei seinen Zöglingen auf Ablehnung. Weil er selbst Hundeliebhaber ist, weist er jedem Jungen einen Hundenamen zu. Die Zöglinge sehen darin eine Mißachtung ihrer Person und nennen ihn insgeheim „Hammel". Am meisten hat Jochen, genannt Boxer, Hauptperson der Erzählung, unter seinen „Erziehungsmaßnahmen" zu leiden. Ausgangspunkt des nachstehenden Gesprächs zwischen Herrn Hamel und Herrn Winkelmann, einem Praktikanten in dem Heim, ist ein Junge, Terrier genannt, der wegen eines unkameradschaftlichen Verhaltens fürchtet, von seinen Mitschülern verprügelt zu werden, und zu seinem alkoholsüchtigen Vater flüchtet. Die Polizei holt ihn zurück. Herr Hamel ist enttäuscht über die Haltung aller Zöglinge ihm gegenüber.

[...]

„Nehmen Sie zum Beispiel Terrier. Den mag ich gern. Er ist nicht besonders klug, aber bei eigenen Söhnen hat man ja auch keine Garantie für helle Köpfe. Ich habe immer das Gefühl, in dem steckt ein ganz guter Kern. Da möchte ich wirklich Vaterstelle vertreten. Aber was tut der Bengel? Wenn ihn hier etwas aus dem Gleichgewicht bringt, kommt er nicht etwa zu mir.

5 Ich würde ja gern versuchen, ihm zu helfen, so gut ich es eben könnte. Aber er kommt nicht. Er reißt aus und läuft zu seinem versoffenen Vater, der doch im Grunde schuld daran ist, daß der Junge hier ist. Er läuft zu diesem Trunkenbold, diesem Rohling, obwohl er genau wissen muß, was ihm blüht, denn er hat es ja oft genug erfahren. Haben Sie ihn gesehen, als er jetzt zurückgekommen ist? Grün und blau war er geschlagen. Aber Terrier kommt nicht zu mir,

10 sondern er läuft zu diesem brutalen Rohling von einem Vater. Warum? Können Sie mir das erklären, wenn Sie schon soviel wissen?"

Herr Winkelmann schwieg ein Weilchen, als wollte er lieber nicht antworten, doch dann sagte er: „Mein Vater ist auch nicht viel anders als der von Klaus, den Sie Terrier nennen. Gar nicht so sehr anders. Ich habe eine Menge Prügel bezogen, das können Sie mir glauben, und

15 oft genug wußte ich keinen Grund dafür. Und ich bin doch immer wieder zu meinem Vater gegangen, wenn etwas nicht gestimmt hat. Ich gehe auch heute noch zu ihm. Jetzt prügelt er mich freilich nicht mehr mit der Faust, aber mit Worten prügelt er mich manchmal. Warum gehe ich zu ihm? So genau habe ich noch nie darüber nachgedacht, aber Sie haben mich eben gefragt. Ich glaube, es liegt daran, daß ich das Gefühl habe, ich hätte etwas von meinem Vater

20 zu fordern. Wir gehören doch zusammen, auch wenn er's nicht wahrhaben will. Und dann ... Vielleicht ist eine Erinnerung dabei; bei Klaus wie bei mir. Es hat doch nicht immer nur Schläge gegeben. Da war auch irgendwann einmal ein Anflug von Zärtlichkeit, da waren streichelnde Worte, die wohlgetan haben. Dann gibt man eben die Hoffnung nicht auf, man könnte sie eines Tages noch einmal hören."

25 „Streichelnde Worte, Zärtlichkeit ... Schön gesagt! Und vielleicht ist sogar etwas Wahres daran. Aber ich habe eben sechzehn Jungen hier und nicht einen oder zwei. Ich gehe nicht zur Arbeit aus dem Haus und komme am Abend wieder, sondern ich habe sie den ganzen Tag um mich, von der Schulzeit abgesehen. Sie wachsen auch nicht eines Tages aus dem Flegelalter heraus und werden dann möglicherweise vernünftiger, als man ihnen zugetraut hat, son-

dern sie gehen fort, werden entlassen, machen einen Platz für den nächsten frei. Das Flegelalter wird zum Dauerzustand. Zärtlichkeit, streichelnde Worte? Wissen Sie, Winkelmann, als
ich noch neu war, da hatte ich manchmal Mitleid mit diesen Jungen, die zu uns kamen wie
verlassene Welpen. Und ich hätte manchen gern einfach in die Arme genommen und ihn sich
ausweinen lassen. Ich rate Ihnen, wenn Sie wirklich in diesen Dienst gehen sollten, lassen Sie
es bleiben. Tun Sie's nicht! Sie setzen sich damit höchstens einem Verdacht aus, der sehr unangenehm werden könnte. In unserem Beruf muß man pausenlos Grenzen setzen; den Jungen und sich selbst. Das geht an die Nerven. Und ich bin immerhin dreiundfünfzig. Da läßt
in diesem Beruf auch die Kraft nach. Immer wieder kommen neue Jungen, und mit jedem
habe ich neue Probleme, die ich nur lösen kann, indem ich feste Ordnungen setze und wahre.
So sieht es in Wirklichkeit aus. Da hilft keine Schönrederei. Da helfen auch keine streichelnden Worte, wie Sie sagen."
Der Praktikant nickte. „Ich glaube, das kann ich verstehen. Und doch würde ich versuchen,
es ein wenig anders zu sehen. Es kommen immer neue Jungen. Sie sagen, Sie hätten mit jedem
neue Probleme. Ich würde lieber sagen: Jeder von ihnen hat seine Probleme. Das ist vielleicht
der entscheidende Unterschied. Warum heißt es denn Fürsorge, was wir hier treiben? Wir
versorgen die Jungen, ja. Sie haben zu essen, nicht einmal schlecht; sie werden gekleidet und
können sich sehen lassen; sie werden unterrichtet, wenn auch bei weitem nicht in jedem Falle

Streiter	Positive	Alles-wisser	Red-selige	Schüchterne	Ab-lehnende	Un-interessierte	„Das große Tier"	Aus-frager
Sachlich und ruhig bleiben	Ergebnisse zusammen-tassen lassen;	Die Gruppe auffordern, zu seinen Be-hauptungen Stellung zu nehmen	Taktvoll unterbrechen	Leichte, direkte Fragen stellen,	Seine Kenntnisse und Erfahrungen anerkennen	Nach seiner Arbeit fragen	Keine direkte Kritik üben	Seine Fragen an die Gruppe zurück-geben
Die Gruppe veranlassen. seine Be-hauptungen zu widerlegen	bewußt in die Diskussion einschalten		Redezeit festlegen	sein Selbst-bewußtsein stärken		Beispiele aus seinem Interessen-gebiet geben	„Ja - aber"-Technik	

Konferenzteilnehmer (wie sie der Konferenzleiter sieht)

so, wie es eigentlich nötig wäre. Das alles ist Versorgung. Aber Fürsorge? Für sie sorgen? Da kommt einer, der hat seinen Vater immer für den Größten und Besten gehalten, und jetzt
50 sitzt dieser Vater wegen Betrugs im Gefängnis.
Ein anderer ist mit seinen Entwicklungsproblemen nicht fertig geworden. Da haben wir einen, der hat Schmiere gestanden, während der Vater und der große Bruder ihre Einbrüche verübten. Da ist wieder ein anderer, der ist so lange gehänselt worden, weil er stottert und geistig nicht Schritt halten kann, bis er eines Tages entdeckt hat, daß er wenigstens mit den Fäu-
55 sten den anderen überlegen war. Braucht denn nicht jeder von ihnen eine ganz andere Art von Fürsorge? Müßten wir dem einen nicht zeigen, daß es den größten aller Väter nicht gibt, daß wir alle Fehler haben, größere oder kleinere, und daß Verstehen und Verzeihen eine übenswerte Kunst ist? Müßten wir dem anderen nicht über die Tücken der Pubertät hinweghelfen, damit er ein Mann wird? Müßte der dritte nicht bei uns lernen, daß er sich auflehnen
60 muß, wenn er mißbraucht werden soll? Sollte der vierte nicht begreifen lernen, daß man mit seinen eigenen Unzulänglichkeiten fertig wird, und daß man seine Vorzüge sinnvoll nutzen kann? Aber was tun wir? Wir fassen zusammen, grenzen ein, treffen alle Entscheidungen bis zur kleinsten Einzelheit, machen unselbständig, schlagen alle über einen Leisten. Wir geben uns alle Mühe, bis wir eines Tages mehr oder weniger erreicht haben, daß die Jungen nicht
65 mehr auffällig sind. Aber was ist ein Junge denn noch, der sich davor fürchtet, auffällig zu sein? So ist es doch, Herr Hamel. Das müssen wir ändern, sonst ist die Fürsorgeerziehung nur Lüge und Heuchelei, sonst hat sie niemals den Sinn, den wir ihr nach außen hin geben. Sie hilft keinem Jungen zum Wachsen und Erwachsenwerden, sondern sie schützt die Gesellschaft lediglich vor dem Verhalten derer, die wir aus dem Verkehr gezogen haben, und die
70 wir erst dann zurückgeben, wenn sie keine freiwachsenden Wesen mehr sind, sondern höchstens noch Spalierobst. Das muß anders werden."
Und dann setzte er hinzu: „Aber es sieht nicht so aus, als wären große Hoffnungen angebracht."

Mittags sagte Herr Hamel: „Jochen, vergiß nicht, daß du gleich nach dem Essen zu Herrn
75 Katz, dem Heimleiter, kommen sollst."
Alle horchten auf.
Hammel hatte Jochen gesagt.
[...]

1.4 Wie verkauft man am besten?

Paul Feldmann

Nehmen Sie einmal an, Sie hätten ein Textilgeschäft und Ihr Verkäufer hätte einem Kunden gerade erklärt, daß ein bestimmter Stoff aus reiner Wolle bestünde. Darauf antwortet nun der Kunde: „Ach, wissen Sie, es gibt ja gar keine reine Wolle!"
Ihr Verkäufer wäre jetzt sofort mit dem Argument bei der Hand: „Doch, mein Herr, es gibt reine
5 Wolle! Und dieser Stoff ist aus reiner Wolle." – Wäre eine solche Argumentation Ihres Verkäufers denkbar? – Sicherlich, nicht wahr? –
Es wäre aber eine schlechte Argumentation. Warum? – Nun, weil der Verkäufer sofort gegen die Ansicht des Kunden zu Felde zieht und ihn sogar – ohne es natürlich zu wollen – zum Dumm-

kopf stempelt. Und darum ist die Argumentation schlecht. Ihr Verkäufer kann nur von seiner
10 Seite her argumentieren; darum kann er nicht überzeugen. Würde er von zwei Seiten – nämlich
auch von der Seite des Kunden her – argumentieren können, dann wäre es ihm leichtgefallen,
den Kunden zu überzeugen. Er hätte dabei nur von der Ganzheit seines Fachwissens (bezogen
auf Wollstoffe) her zu argumentieren brauchen, und zwar etwa so:
„Sie sagen: es gibt ja keine reine Wolle! – Sie haben recht: wenn man so streng den Begriff aus-
15 legt, wie Sie es jetzt tun. – Sie wissen ja, mein Herr: es gibt Wolle und reine Wolle. Diese Begriffe sind genau festgelegt und für alle Unternehmer und Geschäfte gleich verbindlich: als
Wolle bezeichnet man eine Ware, die mindestens 50% Wolle enthält, während man als reine
Wolle eine Ware bezeichnet, die mindestens 95% Wolle enthält. – Zu diesem Stoff dürfen wir
darum ‚reine Wolle‘ sagen. Er enthält nämlich mindestens 95% Wolle. – Mein Herr, Sie dürfen
20 ihn wählen. Er gehört zum Besten, was es überhaupt gibt auf diesem Gebiet.‘‘
Glauben Sie, daß diese Argumentation schneller und stärker überzeugt hätte als die erste? –
Denn irgendwo steckt in jeder Entgegnung, in jedem Einwand eines Kunden – wenn er nicht ein
billiger Vorwand ist – ein Körnchen Wahrheit. Berücksichtigen Sie dies, dann werden Sie immer
richtig argumentieren und damit schneller und sicherer überzeugen lernen.

1.5 Das Geschäft mit der Angst

Aus: Zum Tee bei Dr. Borsig (Hörspiel, 1955)

Heinrich Böll

Der Industriekonzern ORAMAG *hat ein Präparat entwickelt,* PROKOLORIT, *das die Menschen vor der Gefahr der Farbenblindheit schützt. Aber der Artikel verkauft sich nicht: Der Werbeslogan für das Produkt ist unwirksam. Der Präsident des Konzerns, Söntgen, und der Leiter der Werbeabteilung, Dr. Borsig, kommen überein, den sehr fähigen jungen, aber mittellosen Schriftsteller Robert Wilke bei einem Teegespräch dafür zu gewinnen, einen zugkräftigen Werbeslogan und eine einschmei-chelnde Werbestory zu erfinden. Da der Schriftsteller heiraten will, hoffen sie, daß er bereit ist, seine Fähigkeiten in den Dienst des Konzerns zu stellen. Seine Verlobte warnt ihn. Robert hat be-reits für den ausgeschiedenen Konzernchef Werner Becher eine Denkschrift zum Geburtstag ver-faßt, die ohne sein Wissen zu einer Werbeschrift für* ORAMAG *umgeschrieben und gedruckt worden ist. Frau Borsig, Tochter des Schriftstellers Nadolt, der sich vor Jahren von dem Konzern hat als Werbechef anstellen lassen, macht Robert auf die Folgen aufmerksam, die sich ergeben, wenn er in den Dienst des Konzerns eintritt.*

(In der folgenden Szene klirrt hin und wie-der eine Tasse, wird ein Streichholz ange-zündet usw.)
SÖNTGEN: Für mich, der ich Werner Bechers engster Freund war, nun sein Nachfolger bin, war es von außerordentlichem Inter-esse, lieber Herr Wilke, Ihre Arbeit über

5 meinen verehrten, väterlichen Freund zu lesen. Ich freue mich, Sie kennenzulernen ...
ROBERT: Es war eine Überraschung für mich, Herr Präsident, die Arbeit schon gedruckt
10 zu sehen. Ich dachte – – ich habe damit ge-rechnet, daß man mir Gelegenheit geben

werde, die Änderungen zu beobachten. Tatsächlich scheint mir, daß man der Persönlichkeit des Herrn Baron von Bukum nicht ganz gerecht geworden ist.

SÖNTGEN: Ich freue mich, daß Sie Ihr Manuskript verteidigen, daß Sie zu Ihrer Sache stehen. Das Gegenteil hätte mich enttäuscht. *(Lacht)* Ich gratuliere Ihnen: Sie haben Schneid.

DR. BORSIG: Die Schuld trifft mich, lieber Wilke, aber wenn ich Ihnen keine Gelegenheit gab, die Änderungen gutzuheißen, so hatte ich einen triftigen Grund: es fehlte an Zeit: Sie wissen, daß schon in vier Tagen Bechers Geburtstag ist ...

SÖNTGEN: Wir haben Ihnen großes Vertrauen geschenkt, indem wir Ihnen Material übergeben haben, das unserem Konzern empfindlich, *sehr* empfindlich hätte schaden können, wenn es auf irgendeine Weise in die Hände der Konkurrenz gekommen wäre. Stellen Sie sich vor, Sie wären auf die Idee gekommen, etwa Bechers Tagebücher, die recht merkwürdige Eintragungen enthalten, der SUNAG zu verkaufen.

ROBERT: Ich wüßte nicht, daß ich Anlaß gegeben hätte ...

SÖNTGEN: Ich habe Sie nicht verdächtigt, ich habe nur die Möglichkeit erwogen, daß Sie hätten verdächtig sein können. Ich selbst, mein Lieber, habe Dr. Borsig vor dem Vertrauen, das er Ihnen schenkte, gewarnt – – aber heute billige ich dieses Risiko, weil es uns den Beweis Ihrer Vertrauenswürdigkeit erbracht hat: eine Tatsache, die wir zu schätzen wissen.

DR. BORSIG: Da Sie mit soviel Schneid Ihr Manuskript verteidigen: lassen Sie mich noch sagen: hätten wir dem Publikum die Denkschrift über den Gründer ohne Korrekturen vorgelegt, so hätten wir zweifellos das Bild eines weisen, eines sehr originellen Menschen vermittelt, eines Menschen, der im Alter zu beachtlichen philosophischen Erkennissen über die menschliche Existenz kam: eines Skeptikers von Format, könnte man sagen: gut – – aber diese Aufgabe wäre eine ausgesprochen literarische gewesen – – doch, mein Lieber – *(in plötzlich verändertem Tonfall)* glauben Sie, wir hätten dann auch nur ein Pakkung Sinsolin mehr verkauft oder eine Schachtel Pantotal?

ROBERT *(leise):* Es ist mir nicht klar, wieso Sie mir Vertrauen in einer so wichtigen Sache wie der Becher-Denkschrift geschenkt haben.

SÖNTGEN *(ernst):* Der Grund ist ein einfacher: Ihre ausgezeichnete Arbeit hat uns auf den Gedanken gebracht, daß es interessant sein könnte, ein Archiv anzulegen, in dem wir stets Material bereithaben, das sich zur Information über die Zwecke unseres Konzerns eignet.

DR. BORSIG: Konkret gesprochen: es ist schon eine Binsenwahrheit geworden, jeder Straßenjunge, jede einfache Hausfrau spürt es: wir leben im Zeitalter der Public relations. Ein enormer Ideenreichtum wird entwickelt. Aber diese Ideen, Werbesprüche, die wie Geistesblitze aussehen – kleine Geschichten, die wie das Zufallsprodukt einer geschickten Feder wirken: alle diese Dinge entstehen in harter und nüchterner Arbeit: auf Grund von Statistiken, nach Einsicht in eine Fülle von Material. Sie, lieber Wilke, sollen für uns dieses Material sammeln, es auswerten – – ich glaube, ich kann Ihnen versichern, daß es keine langweilige Arbeit wird.

SÖNTGEN: Nehmen Sie ein Beispiel: wir haben einen neuen Artikel entwickelt: ein Präparat, das die Menschheit vor der Gefahr der Farbenblindheit schützt. Stellen Sie sich vor, jetzt, wo unser gesamtes Straßennetz mit Ampeln versehen ist: Grün – Rot – Gelb – – stellen Sie sich vor, jetzt würde die Farbenblindheit plötzlich um sich greifen: die Autofahrer würden bei Rot durchfahren, bei Grün stoppen ... die Folgen würden unabsehbar sein ...

ROBERT: Aber ich sehe nicht, was ich tun könnte oder tun sollte, um ein solches Präparat zu propagieren ...

DR. BORSIG: Ihre Aufgabe würde es sein, den Leuten die Folgen der Farbenblindheit in allen ihren Schrecken auszumalen: Wir – – wir kennen die Fakten – – Sie müßten Ihre Phantasie in Bewegung setzen, um die Gefahr gleichsam menschlich greifbar zu machen: eine bloße Unfallmeldung regt die Leute nicht auf, aber eine winzige Geschichte, mit den Elementen des Alltagslebens durchsetzt – –

SÖNTGEN: So etwas, was jedem passieren könnte: das kapieren die Leute. Sehen Sie: wir haben Unterlagen über einen Fall von plötzlicher Farbenblindheit: Ein Vertreter wurde das Opfer eines Verkehrsunfalls, weil er über Nacht die Fähigkeit verloren hatte, Rot und Grün voneinander zu unterscheiden – – würde Ihnen dazu nichts einfallen? Ist das nicht ein einfach erschütternder Fall?

DR. BORSIG: Man weiß, daß er sein Auto bestieg, um seine Kunden zu besuchen, und daß er eine Stunde später tot war ...

ROBERT (leise und langsam): Und das Mittel hilft wirklich gegen Farbenblindheit?

SÖNTGEN: Sie waren eben mit Recht beleidigt, als meine Äußerungen wie ein Verdacht aussahen – – aber jetzt erlauben Sie bitte uns, ein wenig – – ein wenig erstaunt zu sein. Glauben Sie, wir propagieren gegen eine bestimmte Krankheit ein Mittel, das nicht erprobt ist? Ganz abgesehen davon, daß die Ärzteschaft uns mit Recht bald vor die Gerichte bringen würde – – selbstverständlich sind auch die Unterlagen über die Unfälle amtliches Material ...

ROBERT: Die Vorstellung, daß der Mann, hätte er Ihr Mittel genommen, noch lebte – – diese Vorstellung ist grauenhaft: er hat sicher seine Frau geküßt, er hat sich von seinen Kindern verabschiedet, der Frühstückstisch blieb unaufgeräumt zurück – – die Frau packte die Schulranzen für die Kinder; am Abend wollten sie vielleicht Mensch-ärgere-dich-nicht spielen oder Quartett – – aber am Abend küßte er seine Frau nicht, sah er die Kinder nicht mehr, das Spiel wurde nicht gespielt ... hätte er dieses Mittel genommen ...

SÖNTGEN: Hätte er Prokololit genommen, er hätte auch am Abend seine Frau wieder küssen, seine Kinder umarmen, hätte mit ihnen spielen können – – das ist eine großartige Geschichte: das greift ans Herz – das packt die Leute: seine Kinder hätten nicht vergebens auf die Heimkehr des Vaters gewartet ...

ROBERT: Nur ist die Geschichte zu schrecklich, um für Reklamezwecke ausgewertet zu werden ...

DR. BORSIG: Denken Sie einfach darüber nach, welche Bedeutung im Leben des Menschen die Farbe spielt, die Haarfarbe einer Frau – – das Rot der Lippen – – das Grün des Grases ...

ROBERT: Eine phantastische Vorstellung, daß jemand plötzlich die Lippen eines Mädchens grün – – daß er eine Wiese rot sieht – – oder denken Sie an einen Fußballspieler, der das rote Trikot eines Gegners plötzlich für das grüne eines Mitglieds seiner Mannschaft hält; vielleicht gerade vor dem Tor, wo er im entscheidenden Augenblick dem gegnerischen Verteidiger flankiert – –

DR. BORSIG: Die Chance eines Tores verpaßt: An einem Tor können hunderttausend Mark für Tipper hängen, an einem Tor kann der Abstieg aus der Oberliga hängen – –

SÖNTGEN: Das ist großartig: eine Werbestory in Verbindung mit Fußball – – das ist großartig. Ich gratuliere Ihnen, ich halte schon Ihre ersten Einfälle für ein gutes Zeichen am Beginn unserer Zusammenarbeit. Vergessen Sie den Mann, der da gestorben ist. Seien wir nicht immer so ernst – – wir wollen aus dem Tod kein Geschäft machen ...

ROBERT: Meine Bedenken fangen da an, wo ich nicht weiß, ob die Farbenblindheit eine wirkliche Gefahr ist. Ich habe Bedenken, ob man die Menschen mit der Gefahr einer Krankheit erschrecken sollte, die nur für einen verschwindend kleinen Teil von ihnen eine wirkliche Gefahr ist. Man veranlaßt vielleicht fünfzigtausend, ein Mittel zu kaufen, das nur für drei von diesen fünfzigtausend einen wirklichen Schutz bedeutet ...

DR. BORSIG: Wenn Sie drei Menschen das Leben retten ...

ROBERT: Dann scheint es Ihnen nicht zuviel, wenn fünfzigtausend dafür 2.10 Mark bezahlen?

DR. BORSIG: Läßt sich der Preis eines Menschenlebens in Geld ausdrücken?

ROBERT: Natürlich nicht, aber ich könnte mir vorstellen, daß meine Bedenken ...

SÖNTGEN: (unterbricht ihn): Ich mache Ihnen einen Vorschlag: Laden Sie Ihre Bedenken auf uns ab - - lassen Sie sich nicht von Vorstellungen quälen. *Wir* beauftragen Sie, uns eine Serie von drei oder vier kleinen Geschichten zu schreiben: Warnungen vor der Gefahr der Farbenblindheit, die den Gebrauch von Prokolorit empfehlen. Eine simple, ganz einfache Sache: Sie haben Ideen, Sie haben Phantasie, wir kaufen diese Ideen. Ich denke, über den Preis werden wir uns einigen: Wir pflegen in solchen Fällen nicht kleinlich zu sein ...

DR. BORSIG: Und wenn Sie nur einen einzigen Menschen wirklich retten - - wenn Sie ...

ROBERT: Ich - - ich weiß nicht: ich müßte mich erst überzeugen, daß die Farbenblindheit eine wirkliche Gefahr ist ...

DR. BORSIG: Aber glauben Sie mir: sie *ist* eine Gefahr. Ich werde Sie, wenn Sie mich besuchen, in einer Minute davon überzeugt haben, daß es wirklich so ist.

ROBERT: Aber dann sollte man doch jeden Autofahrer, jeden Menschen eigentlich, einer Reihe von Untersuchungen unterziehen und denjenigen, bei denen die Krankheit oder die Möglichkeit dazu festgestellt wird - - denen sollte man Prokolorit verschreiben lassen ...

SÖNTGEN: Das würde zunächst einmal unendlich lange dauern: Bedenken Sie, wie schwierig es ist, den Verwaltungsapparat

in Bewegung zu setzen. Mein Gott - - eine Ewigkeit würde das dauern - - aber ganz davon abgesehen: eine solche Aktion würde vielleicht zum Erfolg haben, daß wir zehn- oder zwanzigtausend Schachteln Prokolorit verkaufen, wir haben aber - - hören Sie gut zu - - wir haben fünfhunderttausend Schachteln produziert und haben davon mit Mühe und Not fünfzigtausend verkauft, die wir verkauft haben auf den Namen unserer Firma hin. Mein Lieber, die Angst ist zu klein - - wir müssen die Angst vergrößern ...

ROBERT: Ich kann mich keinesfalls dazu entschließen, an der Vergrößerung der Angst teilzunehmen, Angst vor einer Gefahr, die keine ist ...

DR. BORSIG: Wer spricht davon, daß Sie sich hier und sofort entscheiden sollen? Außerdem haben wir noch andere Pläne: was mir wichtig erscheint: den Leuten zu zeigen, daß hinter den abstrakten Namen von Industriefirmen Menschen verborgen sind: Alle kennen die ORAMAG, sie ist für die meisten wie ein Gespenst: eine Zusammensetzung von Buchstaben - - etwas ganz Abstraktes: aber daß diese ORAMAG in Wirklichkeit Becher, daß sie Söntgen heißt: daß sich hinter diesen abstrakten Buchstabengebilden Menschen verbergen: darin sehe ich eine wichtige Aufgabe, die eigentlich schon zum Teil durch die Becher-Denkschrift erfüllt wurde: Wir müssen diese - - ich möchte es Ent-Mythung nennen - das müssen wir fortsetzen.

SÖNTGEN: Eine sehr gute Idee, doch scheint mir, wir sollten nicht stundenlang so ernste, so tiefschürfende Gespräche führen - - mein Gott, Sie sind doch noch jung, und schon so ernst. Versuchen Sie, ein wenig heiterer zu sein. Hören Sie, mein Lieber, wissen Sie, wieviel Menschen nierenkrank sind?

ROBERT: Nein.

SÖNTGEN: Ich weiß es auch nicht, aber ich weiß, daß die SUNAG jeden Monat dreißigtausend Schachteln von ihrem Nierenmit-

tel verkauft: einfach, weil sie eine großartige Serie gestartet hat: Riesenplakate, wo
300 eine kranke Niere dargestellt wird – – und einen plumpen, aber wirksamen Werbespruch: Denkst du je an deine Niere? *(Lacht)* Nun, seitdem denken die Leute am ihre Nieren und kaufen das Mittel von der
305 SUNAG – – sagen Sie mir, soll ich mehr Gewissen haben als die Konkurrenz? Ich habe Arbeiter, ich habe Angestellte, wir haben eine ausgezeichnet funktionierende Sozialversicherung in unseren Werken – –
310 wir haben Müttererholungsheime – – und ich habe im Lager vierhundertfünfzigtausend unverkaufte Schachteln Prokolorit – – *(Lacht)* Ihre Hartnäckigkeit in Ehren: sie imponiert mir, und je hartnäckiger Sie
315 sind, um so mehr reizt es mich, Sie für uns zu gewinnen. Ich mag die jungen Leute nicht, die einem gleich recht geben. Aber nun schlage ich vor, wir gehen essen – los, lassen Sie den Kopf nicht hängen ... ich
320 höre, Sie wollen heiraten, habe ich recht gehört?
(Steht auf, Stühle werden gerückt)

ROBERT: Heiraten? Ja – – ich dachte daran, es ist – – Sie haben mich nachdenklich ge-
325 macht ...
DR. BORSIG: Seien Sie friedlich, befreien Sie sich für kurze Zeit von Ihren Vorstellungen – – kommen Sie: wir gehen zum Abendessen. *(Leiser)* Wissen Sie, Sie haben
330 keine schlechten Vorgänger – – gewiß wissen Sie, wer Nadolt war ...
ROBERT: O ja, ich weiß, wer Nadolt war ...
DR. BORSIG: Und wissen Sie, daß Nadolt ...
ROBERT *(unterbricht ihn)*: Auch das weiß ich,
335 und auch das hat mich nachdenklich gemacht.
DR. BORSIG: Sie wissen? Es ist mir unerklärlich, ich verstehe nicht – –
SÖNTGEN: Nun los, meine Herren – – bohren
340 Sie sich nicht fest. *(Aufbruch, Schritte)*
SÖNTGEN *(im Vordergrund leise):* Dr. Borsig, diesen Burschen müssen wir bekommen, das ist ja großartig, diese Phantasie, diese Einfälle – – hören Sie, wir *müssen* ihn be-
345 kommen.
[...]

2 Führen – Verführen durch Reden

2.1 Brutus' und Mark Antons Reden an die Römer

Aus: Julius Caesar (1599), 3. Aufzug, 2. Szene

William Shakespeare

Brutus hat Julius Cäsar am 13. März 44 v. Chr. ermordet, weil er fürchtete, Cäsar, der mächtigste Mann in Rom, wolle sich zum Alleinherrscher machen und die Republik beseitigen. Das Volk ist erschüttert über diesen Mord, denn es hatte Vertrauen zu Cäsar. Brutus muß nunmehr das Volk durch eine Ansprache davon überzeugen, daß die Ermordung Cäsars notwendig war. Mark Anton, ein Freund des ermordeten Cäsar, will hingegen das Volk gegen Brutus und seine Freunde aufhetzen, um selbst, zusammen mit seinem Freund Oktavian, dem späteren Kaiser Augustus, die Macht im Staat an sich zu reißen. In Shakespeares Drama sprechen zunächst Brutus und dann Mark Anton zum römischen Volk.

Das Forum
Brutus und Cassius kommen mit einem Haufen Volks.
BÜRGER: Wir wollen Rechenschaft! Legt Rechenschaft uns ab!
BRUTUS: So folget mir und gebt Gehör mir, Freunde. –
5 Ihr, Cassius, geht in eine andre Straße
Und teilt die Haufen –
Wer mich will reden hören, bleibe hier!
Wer Cassius folgen will, der geh mit ihm.
Wir wollen öffentlich die Gründ erklären
10 Von Cäsars Tod
ERSTER BÜRGER: Ich will den Brutus hören.
ZWEITER BÜRGER: Den Cassius ich, so können
wir die Gründe
Vergleichen, wenn wir beide angehört.
15 *(Cassius mit einigen Bürgern ab. Brutus besteigt die Rostra [1].)*

DRITTER BÜRGER: Der edle Brutus steht schon
oben – still!
BRUTUS: Seid ruhig zum Schluß.
20 Römer! Mitbürger! Freunde! Hört mich
meine Sache führen und seid still, damit
ihr hören möget. Glaubt mir um meiner
Ehre und hegt Achtung vor meiner Ehre,
damit ihr glauben mögt. Richtet mich
25 nach eurer Weisheit und weckt eure
Sinne, um desto besser urteilen zu können. Ist jemand in dieser Versammlung,
irgendein herzlicher Freund Cäsars, dem
sage ich: des Brutus Liebe zu Cäsar war
30 nicht geringer als seine. Wenn dieser
Freund dann fragt, warum Brutus gegen
Cäsar aufstand, ist dies meine Antwort:
nicht, weil ich Cäsarn weniger liebte, sondern weil ich Rom mehr liebte. Wolltet
35 ihr lieber, Cäsar lebte und ihr stürbet alle

---
[1] Rednerbühne

als Sklaven, als daß Cäsar tot ist, damit ihr alle lebet wie freie Männer? Weil Cäsar mich liebte, wein ich um ihn; weil er glücklich war, freue ich mich; weil er tapfer war, ehr ich ihn; aber weil er herrschsüchtig war, erschlug ich ihn. Also Tränen für seine Liebe, Freude für sein Glück, Ehre für seine Tapferkeit und Tod für seine Herrschsucht. Wer ist hier so niedrig gesinnt, daß er ein Knecht sein möchte? Ist es jemand, er rede, denn ihn habe ich beleidigt. Wer ist hier so roh, daß er nicht wünschte, ein Römer zu sein? Ist es jemand, er rede, denn ihn habe ich beleidigt. Ich halte inne, um Antwort zu hören.

BÜRGER *(verschiedene Stimmen auf einmal):* Niemand, Brutus! niemand!

BRUTUS: Dann habe ich niemand beleidigt. Ich tat Cäsarn nichts, als was ihr dem Brutus tun würdet. Die Untersuchung über seinen Tod ist im Kapitol aufgezeichnet; sein Ruhm nicht geschmälert, wo er Verdienste hatte; sein Vergehen nicht übertrieben, für die er den Tod gelitten.

(Antonius und andre treten auf mit Cäsars Leiche.)

Hier kommt seine Leiche, vom Mark Anton betrauert, der, ob er schon keinen Teil an seinem Tode hatte, die Wohltat seines Sterbens, einen Platz im gemeinen Wesen, genießen wird. Wer von euch wird es nicht? Hiermit trete ich ab. Wie ich meinen besten Freund für das Wohl Roms erschlug, so habe ich denselben Dolch für mich selbst, wenn es dem Vaterland gefällt, meinen Tod zu bedürfen.

BÜRGER: Lebe, Brutus! lebe! lebe!

ERSTER BÜRGER: Begleitet mit Triumph ihn in sein Haus.

ZWEITER BÜRGER: Stellt ihm ein Bildnis auf bei seinen Ahnen.

DRITTER BÜRGER: Er werde Cäsar!

VIERTER BÜRGER: In Brutus krönt ihr Cäsars beßre Gaben.

„Julius Caesar" von William Shakespeare. Bilder einer Aufführung am Deutschen Schauspielhaus in Hamburg 1986. Regie: Michael Bogdanov. Links: Ulrich Tukur als Mark Anton. Rechts: Michael Degen als Brutus.

80 ERSTER BÜRGER: Wir bringen ihn zu Haus mit
lautem Jubel.

BRUTUS: Mitbürger –

ZWEITER BÜRGER: Schweigt doch! Stille ! Brutus spricht.

85 ERSTER BÜRGER: Still da!

BRUTUS: Ihr guten Bürger, laßt allein mich gehn;
Bleibt mir zuliebe hier beim Mark Anton.
Ehrt Cäsars Leiche, ehret seine Rede,
90 Die Cäsars Ruhm verherrlicht. Dem Antonius
Gab unser Will Erlaubnis, sie zu halten.
Ich bitt euch, keiner gehe fort von hier
Als ich allein, bis Mark Anton gesprochen.
95 *(Ab)*

ERSTER BÜRGER: He, bleibt doch! Hören wir den Mark Anton.

DRITTER BÜRGER: Laßt ihn hinaufgehn auf die Rednerbühne.
100 Ja, hört ihn! Edler Mark Anton, hinauf!

ANTONIUS: Um Brutus willen bin ich euch verpflichtet.

VIERTER BÜRGER: Was sagt er da vom Brutus?

DRITTER BÜRGER: Er sagt, um Brutus willen
105 find er sich
Uns insgesamt verpflichtet.

VIERTER BÜRGER: Er täte wohl,
Dem Brutus hier nichts Übles nachzureden.

110 ERSTER BÜRGER: Der Cäsar war ein Tyrann.

DRITTER BÜRGER: Ja, das ist sicher;
Es ist ein Glück für uns, daß Rom ihn los ward.

VIERTER BÜRGER: Still! Hört doch, was Anto-
115 nius sagen kann!

ANTONIUS: Ihr edlen Römer –

BÜRGER: Still da! hört ihn doch!

ANTONIUS: Mitbürger, Freunde! Römer! hört mich an!
120 Begraben will ich Cäsarn, nicht ihn preisen.
Was Menschen Übles tun, das überlebt sie,

Das Gute wird mit ihnen oft begraben.
125 So sei es auch mit Cäsarn! Der edle Brutus
Hat euch gesagt, daß er voll Herrschsucht war;
Und war er das, so wars ein schwer Vergehen,
130 Und schwer hat Cäsar auch dafür gebüßt.
Hier, mit des Brutus Willen und der andern
(Denn Brutus ist ein ehrenwerter Mann,
Das sind sie alle, alle ehrenswert),
135 Komm ich, bei Cäsars Leichenzug zu reden.
Er war mein Freund, war mir gerecht und treu;
Doch Brutus sagt, daß er voll Herrsch-
140 sucht war,
Und Brutus ist ein ehrenwerter Mann.
Er brachte viel Gefangne heim nach Rom,
Wofür das Lösegeld den Schatz gefüllt.
Sah das der Herrschsucht wohl am Cäsar
145 gleich?
Wenn Arme zu ihm schrien, so weinte Cäsar;
Die Herschsucht sollt aus härterm Stoff bestehn.
150 Doch Brutus sagt, daß er voll Herrsch-
sucht war,
Und Brutus ist ein ehrenwerter Mann.
Ihr alle saht, wie am Lupercusfest[2]
Ich dreimal ihm die Königskrone bot,
155 Die dreimal er geweigert. War das Herrschsucht?
Doch Brutus sagt, daß er voll Herrsch-
sucht war,
Und ist gewiß ein ehrenwerter Mann.
160 Ich will, was Brutus sprach, nicht widerlegen;
Ich spreche hier von dem nur, was ich weiß.
Ihr liebtet all ihn einst nicht ohne Grund;
165 Was für ein Grund wehrt euch, um ihn zu trauern?
O Urteil, du entflohst zum blöden Vieh,

---

[2] Das Fest des italischen Herdengottes Lupercus (d. h. Wolfsabwehrer), von dem man Befruchtung des Landes erwartete.

Der Mensch ward unvernünftig! – Habt
Geduld!
170 Mein Herz ist in dem Sarge hier beim
Cäsar,
Und ich muß schweigen, bis es mir zu-
rückkommt.
ERSTER BÜRGER: Mich dünkt, in seinen Reden
175 ist viel Grund.
ZWEITER BÜRGER: Wenn man die Sache recht
erwägt, ist Cäsarn
Groß Unrecht widerfahren.
DRITTER BÜRGER: Meint ihr, Bürger?
180 Ich fürcht, ein Schlimmrer kommt an
seine Stelle.
VIERTER BÜRGER: Habt ihr gehört? Er nahm
die Krone nicht;
Da sieht man, daß er nicht herrschsüchtig
185 war.
ERSTER BÜRGER: Wenn dem so ist, so wird es
manchem teuer zu stehen kommen.
ZWEITER BÜRGER: Ach, der arme Mann!
Die Augen sind ihm feuerrot vom Wei-
190 nen.
DRITTER BÜRGER: Antonius ist der bravste
Mann in Rom.
VIERTER BÜRGER: Gebt acht! Er fängt von
neuem an zu reden.
195 ANTONIUS: Noch gestern hätt umsonst dem
Worte Cäsars
Die Welt sich widersetzt; nun liegt er da,
Und der Geringste neigt sich nicht vor
ihm.
200 O Bürger; strebt ich, Herz und Mut in
euch
Zur Wut und zur Empörung zu entflam-
men,
So tät ich Cassius und Brutus unrecht,
205 Die ihr als ehrenwerte Männer kennt.
Ich will nicht ihnen unrecht tun, will
lieber
Dem Toten unrecht tun, mir selbst und
euch,
210 Doch seht dies Pergament mit Cäsars
Siegel;
Ich fands bei ihm, es ist sein letzter Wille.
Vernähme nur das Volk dies Testament
(Das ich, verzeiht mir, nicht zu lesen
215 denke);

Sie gingen hin und küßten Cäsars Wun-
den
Und tauchten Tücher in sein heil'ges Blut,
Ja, bäten um ein Haar zum Andenken,
220 Und sterbend nennten sies im Testament
Und hinterließens ihres Leibes Erben
Zum köstlichen Vermächtnis.
VIERTER BÜRGER: Wir wollen hören: lest das
Testament!
225 Lest, Mark Anton!
BÜRGER: Ja, ja, das Testament!
Laßt Cäsars Testament uns hören.
ANTONIUS: Seid ruhig, liebe Freund! Ich darfs
nicht lesen.
230 Ihr müßt nicht wissen, wie euch Cäsar
liebte. Ihr seid nicht Holz, nicht Stein, ihr
seid ja Menschen;
Drum, wenn ihr Cäsars Testament er-
führt,
235 Es setzt' in Flammen euch, es macht' euch
rasend.
Ihr dürft nicht wissen, daß ihr ihn beerbt,
Denn wüßtet ihrs, was würde draus ent-
stehn?
240 BÜRGER: Lest das Testament! Wir wollens hören, Mark Anton!
Ihr müßt es lesen! Cäsars Testament!
ANTONIUS: Wollt ihr euch wohl gedulden?
wollt ihr warten?
245 Ich übereilte mich, da ichs euch sagte.
Ich fürcht, ich tret den ehrenwerten Männern
Zu nah, durch deren Dolche Cäsar fiel!
Ich fürcht es.
250 VIERTER BÜRGER: Sie sind Verräter: ehrenwerte Männer!
BÜRGER: Das Testament! Das Testament!
ZWEITER BÜRGER: Sie waren Bösewichter,
Mörder! Das Testament!
255 Lest das Testament!
ANTONIUS: So zwingt ihr mich, das Testament
zu lesen?
Schließt einen Kreis um Cäsars Leiche
denn,
260 Ich zeig euch den, der euch zu Erben
machte.
Erlaubt ihr mirs? Soll ich hinuntersteigen?

BÜRGER: Ja, kommt nur!

ZWEITER BÜRGER: Steigt herab!

265 *(Er verläßt die Rednerbühne.)*

DRITTER BÜRGER: Es ist Euch gern erlaubt.

VIERTER BÜRGER: Schließt einen Kreis herum.

ERSTER BÜRGER: Zurück vom Sarge! von der Leiche weg.

270 ZWEITER BÜRGER: Platz für Antonius! für den edlen Antonius!

ANTONIUS: Nein, drängt nicht so heran! Steht weiter weg!

BÜRGER: Zurück! Platz da! zurück!

275 ANTONIUS: Wofern ihr Tränen habt, bereitet euch,
Sie jetzo zu vergießen. Diesen Mantel,
Ihr kennt ihn alle; noch erinnere ich mich
Des ersten Males, daß ihn Cäsar trug
280 In seinem Zelt, an einem Sommerabend –
Er überwand den Tag die Nervier –[3]
Hier, schauet! fuhr des Cassius Dolch herein;
Seht, welchen Riß der tück'sche Casca
285 machte!
Hier stieß der vielgeliebte Brutus durch;
Und als er den verfluchten Stahl hinwegriß,
Schaut her, wie ihm das Blut des Cäsar
290 folgte,
Als stürzt es vor die Tür, um zu erfahren,
Ob wirklich Brutus so unfreundlich klopfte –
Denn Brutus, wie ihr wißt, war Cäsars
295 Engel –
Ihr Götter, urteilt, wie ihn Cäsar liebte!
Kein Stich von allen schmerzte so wie der.
Denn als der edle Cäsar Brutus sah,
Warf Undank, stärker als Verräterwaffen,
300 Ganz nieder ihn; da brach sein großes Herz,
Und in dem Mantel sein Gesicht verhüllend,

305 Grad am Gestell der Säule des Pompejus,
Von der das Blut rann, fiel der große Cäsar.
O meine Bürger, welch ein Fall war das!
Da fielet ihr und ich, wir alle fielen,
Und über uns frohlockte blut'ge Tücke.
310 O ja! nun weint ihr, und ich merk, ihr fühlt
Den Drang des Mitleids; dies sind milde Tropfen.
Wie? weint ihr, gute Herzen, seht ihr
315 gleich
Nur unsers Cäsars Kleid verletzt? Schaut her!
Hier ist er selbst, geschändet von Verrätern.

320 ERSTER BÜRGER: O kläglich Schauspiel!

ZWEITER BÜRGER: O edler Cäsar!

DRITTER BÜRGER: O jammervoller Tag!

VIERTER BÜRGER: O Buben und Verräter!

ERSTER BÜRGER: O blut'ger Anblick!

325 ZWEITER BÜRGER: Wir wollen Rache! Rache!
Auf und sucht!
Sengt! brennt! schlagt! mordet! laßt nicht
einen leben!

ANTONIUS: Seid ruhig, meine Bürger!

330 ERSTER BÜRGER: Still da! Hört den edlen Antonius!

ZWEITER BÜRGER: Wir wollen ihn hören, wir wollen ihm folgen,
Wir wollen für ihn sterben!

335 ANTONIUS: Ihr guten, lieben Freund', ich muß euch nicht
Hinreißen zu des Aufruhrs wildem Sturm;
Die diese Tat getan, sind ehrenwert.
Was für Beschwerden sie persönlich füh-
340 ren,
Warum sies taten, ach! das weiß ich nicht;
Doch sind sie weis und ehrenwert und werden

---

[3] Die Nervier werden von Plutarch in seiner Lebensbeschreibung Cäsars als die stärksten Krieger in ganz Belgien genannt; nachdem sie in einer Schlacht schon zwei römische Legionen besiegt hatten, wurden sie nur durch Cäsars persönliche Tapferkeit (er schlug selbst eine Gasse in die Barbaren) überwunden.

345 Euch sicherlich mit Gründen Rede stehn.
Nicht euer Herz zu stehlen, komm ich, Freunde;
Ich bin kein Redner, wie es Brutus ist,
Nur, wie ihr alle wißt, ein schlichter
350 Mann,
Dem Freund ergeben, und das wußten die
Gar wohl, die mir gestattet, hier zu reden.
Ich habe weder Schriftliches noch Worte
Noch Würd und Vortrag noch die Macht
355 der Rede,
Der Mensch Blut zu reizen: nein, ich spreche
Nur gradezu und sag euch, was ihr wißt.
Ich zeig euch des geliebten Cäsars Wun-
360 den,
Die armen stummen Wunden, heiße die
Statt meiner reden. Aber wär ich Brutus
Und Brutus Mark Anton, dann gäb es einen,
365 Der eure Geister schürt und jeder Wunde
Des Cäsars eine Zunge lieh, die selbst
Die Steine Roms zum Aufstand würd em-
pören.
DRITTER BÜRGER: Empörung!
370 ERSTER BÜRGER: Steckt des Brutus Haus in Brand!
DRITTER BÜRGER: Hinweg denn! kommt, sucht die Verschwornen auf!
ANTONIUS: Noch hört mich, meine Bürger,
375 hört mich an!
BÜRGER: Still da! Hört Mark Anton! den edlen Mark Anton!
ANTONIUS: Nun, Freunde, wißt ihr selbst auch, was ihr tut? Wodurch verdiente
380 Cäsar eure Liebe?
Ach nein! ihr wißt nicht. – Hört es denn!
Vergessen

Habt Ihr das Testament, wovon ich sprach.
385 BÜRGER: Wohl wahr! Das Testament! Bleibt, hört das Testament.
ANTONIUS: Hier ist das Testament mit Cäsars Siegel;
Darin vermacht er jedem Bürger Roms,
390 Auf jeden Kopf euch, fünfundsiebzig Drachmen.
ZWEITER BÜRGER: O edler Cäsar! – Kommt, rächt seinen Tod!
DRITTER BÜRGER: O königlicher Cäsar.
395 ANTONIUS: Hört mich mit Geduld!
BÜRGER: Still da!
ANTONIUS: Auch läßt er alle seine Lustgehege,
Verschloßne Lauben, neugepflanzte Gär-
ten
400 Diesseits der Tiber euch und euren Erben
Auf ew'ge Zeit, damit ihr euch ergehn
Und euch gemeinsam dort ergötzen könnt.
Das war ein Cäsar! Wann kommt seines-
405 gleichen?
ERSTER BÜRGER: Nimmer! nimmer! – Kommt! hinweg! hinweg!
Verbrennt den Leichnam auf dem heil'gen Platze,
Und mit den Bränden zündet den Ver-
410 rätern
Die Häuser an. Nehmt denn die Leiche auf!
ZWEITER BÜRGER: Geht! holt Feuer!
415 DRITTER BÜRGER: Reißt Bänke ein!
VIERTER BÜRGER: Reißt Sitze, Läden, alles ein!
(Die Bürger mit Cäsars Leiche ab)
ANTONIUS: Nun wirk es fort. Unheil, du bist im Zuge,
420 Nimm, welchen Lauf du willst! –

2.2 „Wollt ihr den totalen Krieg?"

Sportpalastrede vom 18. Februar 1943 (Schluß)

Joseph Goebbels

In der Kesselschlacht von Stalingrad 1942/43 wird die sechste deutsche Armee vernichtet. Dies ist der Wendepunkt des Zweiten Weltkrieges. Der Untergang des Hitlerreiches ist unaufhaltsam. Millionen deutscher Soldaten sind schon gefallen. Hunger und Entbehrungen aller Art erschüttern den Glauben der Bevölkerung an einen Sieg. Verzweiflungsstimmung breitet sich aus. In Rußland gefangene deutsche Generäle fordern die Frontsoldaten zur Kapitulation auf. Die Engländer zermürben durch pausenlose Bombenangriffe auf deutsche Städte die Bevölkerung. Um das ganze Volk zu einer äußersten Kraftanstrengung aufzuputschen, hält Goebbels im Berliner Sportpalast am 18. Februar 1943 eine Rede, in der er zum „totalen Krieg" aufruft. Die Rede soll vor allem die Engländer von dem unbedingten Kriegswillen des deutschen Volkes überzeugen und zu einem Friedensschluß bewegen. Zu der Veranstaltung wurden Parteifanatiker und gutgläubige Mitläufer befohlen. Die Beifallsstürme, zu denen sie sich hinreißen ließen, wurden durch Schallplattenkonserven mit tosenden Volksmengen verstärkt.

[...]
   Ihr also, meine Zuhörer, repräsentiert in diesem Augenblick die Nation. Und an Euch möchte ich zehn Fragen richten, die Ihr mir mit dem deutschen Volke vor der ganzen Welt, insbesondere aber vor unseren Feinden, die uns auch an ihrem Rundfunk zuhören, beantworten sollt. *(Nur mit Mühe kann sich der Minister für die nun folgenden Fragen Gehör verschaffen. Die*
5 *Masse befindet sich in einem Zustand äußerster Hochstimmung. Messerscharf fallen die einzelnen Fragen. Jeder einzelne fühlt sich persönlich angesprochen. Mit letzter Anteilnahme und Begeisterung gibt die Masse auf jede einzelne Frage die Antwort. Der Sportpalast hallt wider von einem einzigen Schrei der Zustimmung.)*
   Die Engländer behaupten, das deutsche Volk habe den Glauben an den Sieg verloren.
10   Ich frage Euch: Glaubt Ihr mit dem Führer und mit uns an den endgültigen totalen Sieg des deutschen Volkes?
   Ich frage Euch: Seid Ihr entschlossen, dem Führer in der Erkämpfung des Sieges durch dick und dünn und unter Aufnahme auch der schwersten persönlichen Belastungen zu folgen?
   Zweitens: Die Engländer behaupten, das deutsche Volk ist des Kampfes müde.
15   Ich frage Euch: Seid Ihr bereit, mit dem Führer als Phalanx[1] der Heimat hinter der kämpfenden Wehrmacht stehend diesen Kampf mit wilder Entschlossenheit und unbeirrt durch alle Schicksalsfügungen fortzusetzen, bis der Sieg in unseren Händen ist?
   Drittens: Die Engländer behaupten, das deutsche Volk hat keine Lust mehr, sich der überhand nehmenden Kriegsarbeit, die die Regierung von ihm fordert, zu unterziehen.
20   Ich frage Euch: Seid Ihr und ist das deutsche Volk entschlossen, wenn der Führer es befiehlt, zehn, zwölf, und wenn nötig vierzehn und sechzehn Stunden täglich zu arbeiten und das Letzte herzugeben für den Sieg?
   Viertens: Die Engländer behaupten, das deutsche Volk wehrt sich gegen die totalen Kriegsmaßnahmen der Regierung. Es will nicht den totalen Krieg, sondern die Kapitulation. *(Zurufe:*
25 *Niemals! Niemals! Niemals!)*

[1] geschlossene Schlachtreihe

Ich frage Euch: Wollt Ihr den totalen Krieg? Wollt Ihr ihn wenn nötig totaler und radikaler, als wir ihn uns heute überhaupt noch vorstellen können?

Fünftens: Die Engländer behaupten, das deutsche Volk hat sein Vertrauen zum Führer verloren.

30 Ich frage Euch: Ist Euer Vertrauen zum Führer heute größer, gläubiger und unerschütterlicher denn je? Ist Eure Bereitschaft, ihm auf allen seinen Wegen zu folgen und alles zu tuen, was nötig ist, um den Krieg zum siegreichen Ende zu führen, eine absolute und uneingeschränkte? *(Die Menge erhebt sich wie ein Mann. Die Begeisterung der Masse entlädt sich in einer Kundgebung nicht dagewesenen Ausmaßes. Vieltausendstimmige Sprechchöre brausen durch die*
35 *Halle: „Führer befiehl, wir folgen!" Eine nicht abebbende Woge von Heilrufen auf den Führer brausst auf. Wie auf ein Kommando erheben sich nun die Fahnen und Standarten, höchster Ausdruck des weihevollen Augenblicks, in dem die Masse dem Führer huldigt.)*

Ich frage Euch als sechstes: Seid Ihr bereit, von nun ab Eure ganze Kraft einzusetzen und der Ostfront die Menschen und Waffen zur Verfügung zu stellen, die sie braucht, um dem Bolsche-
40 wismus den tödlichen Schlag zu versetzen?

Ich frage Euch siebentens: Gelobt Ihr mit heiligem Eid der Front, daß die Heimat mit starker Moral hinter ihr steht und ihr alles geben wird, was sie nötig hat, um den Sieg zu erkämpfen?

Ich frage Euch achtens: Wollt Ihr, insbesondere Ihr Frauen selbst, daß die Regierung dafür sorgt, daß auch die deutsche Frau ihre ganze Kraft der Kriegsführung zur Verfügung stellt und
45 überall da, wo es nur möglich ist, einspringt, um Männer für die Front frei zu machen und damit ihren Männern an der Front zu helfen?

Großkundgebung im Berliner Sportpalast.
Blick über das Auditorium während der Ansprache von Joseph Goebbels am 18.2.1943.

Ich frage Euch neuntens: Billigt Ihr wenn nötig die radikalsten Maßnahmen gegen einen kleinen Kreis von Drückebergern und Schiebern, die mitten im Kriege Frieden spielen und die Not
des Volkes zu eigensüchtigen Zwecken ausnutzen wollen? Seid Ihr damit einverstanden, daß,
50 wer sich am Krieg vergeht, den Kopf verliert?

Ich frage Euch zehntens und zuletzt: Wollt Ihr, daß, wie das nationalsozialistische Parteipro-
gramm es gebietet, gerade im Kriege gleiche Rechte und gleiche Pflichten vorherrschen, daß
die Heimat die schweren Belastungen des Krieges solidarisch auf ihre Schultern nimmt und daß
sie für Hoch und Niedrig und Arm und Reich in gleicher Weise verteilt werden?

55 Ich habe Euch gefragt; Ihr habt mir Eure Antwort gegeben. Ihr seid ein Stück Volk, durch
Euren Mund hat sich damit die Stellungnahme des deutschen Volkes manifestiert. Ihr habt
unseren Feinden das zugerufen, was sie wissen müssen, damit sie sich keinen Illusionen und
falschen Vorstellungen hingeben. [...]

So stelle ich denn an diesem Abend der ganzen Nation noch einmal ihre große Pflicht vor Au-
60 gen. Der Führer erwartet von uns eine Leistung, die alles bisher Dagewesene in den Schatten
stellt. Wir wollen uns seiner Forderung nicht versagen. Wie wir stolz auf ihn sind, so soll er stolz
auf uns sein können.

In den großen Krisen und Erschütterungen des nationalen Lebens erst bewähren sich die
wahren Männer, aber auch die wahren Frauen. Da hat man nicht das Recht, vom schwachen
65 Geschlecht zu sprechen, da beweisen beide Geschlechter die gleiche Kampfentschlossenheit
und Seelenstärke. Die Nation ist zu allem bereit. Der Führer hat befohlen, wir werden ihm folgen. Wenn wir je treu und unverbrüchlich an den Sieg geglaubt haben, dann in dieser Stunde
der nationalen Besinnung und der inneren Aufrichtung. Wir sehen ihn greifbar nahe vor uns liegen; wir müssen nur zufassen. Wir müssen nur die Entschlußkraft aufbringen, alles andere sei-
70 nem Dienst unterzuordnen. Das ist das Gebot der Stunde. Und darum lautet die Parole:

Nun, Volk, steh auf und Sturm brich los!

*(Die letzten Worte des Ministers gehen in nicht enden wollenden stürmischen Beifallskund-
gebungen unter.)*

2.3 Der 8. Mai 1945

Ansprache bei einer Gedenkstunde im Plenarsaal des Deutschen Bundestages, 8. 5. 1985 (Auszüge)

Richard von Weizsäcker

II.

Der 8. Mai ist ein Tag der Erinnerung. Erinnern heißt, eines Geschehens so ehrlich und rein zu
gedenken, daß es zu einem Teil des eigenen Innern wird. Das stellt große Anforderungen an unsere Wahrhaftigkeit.
5 Wir gedenken heute in Trauer aller Toten des Krieges und der Gewaltherrschaft.
Wir gedenken insbesondere der sechs Millionen Juden, die in deutschen Konzentrationslagern
ermordet wurden.

Wir gedenken aller Völker, die im Krieg gelitten haben, vor allem der unsäglich vielen Bürger der Sowjetunion und der Polen, die ihr Leben verloren haben.

10 Als Deutsche gedenken wir in Trauer der eigenen Landsleute, die als Soldaten, bei den Flieger-angriffen in der Heimat, in Gefangenschaft und bei der Vertreibung ums Leben gekommen sind. Wir gedenken der ermordeten Sinti und Roma, der getöteten Homosexuellen, der umgebrach-ten Geisteskranken, der Menschen, die um ihrer religiösen oder politischen Überzeugung willen sterben mußten.

15 Wir gedenken der erschossenen Geiseln. Wir denken an die Opfer des Widerstandes in allen von uns besetzten Staaten. Als Deutsche ehren wir das Andenken der Opfer des deutschen Widerstandes, des bürger-lichen, des militärischen und glaubensbegründeten, des Widerstandes in der Arbeiterschaft und bei Gewerkschaften, des Widerstandes des Kommunisten.

20 Wir gedenken derer, die nicht aktiv Widerstand leisteten, aber eher den Tod hinnahmen, als ihr Gewissen zu beugen. Neben dem unübersehbar großen Heer der Toten erhebt sich ein Gebirge menschlichen Leids,
    Leid um die Toten,
    Leid durch Verwundung und Verkrüppelung,
25   Leid durch unmenschliche Zwangssterilisierung,
    Leid in Bombennächten,
    Leid durch Flucht und Vertreibung, durch Vergewaltigung und Plünderung, durch Zwangs-arbeit, durch Unrecht und Folter, durch Hunger und Not,
    Leid durch Angst vor Verhaftung und Tod,
30   Leid durch Verlust all dessen, woran man irrend geglaubt und wofür man gearbeitet hatte. Heute erinnern wir uns dieses menschlichen Leids und gedenken seiner in Trauer. Den vielleicht größten Teil dessen, was den Menschen aufgeladen war, haben die Frauen der Völker getragen. Ihr Leiden, ihre Entsagung und ihre stille Kraft vergißt die Weltgeschichte nur allzu leicht. Sie
35 haben gebangt und gearbeitet, menschliches Leben getragen und beschützt. Sie haben getrau-ert um gefallene Väter und Söhne, Männer, Brüder und Freunde. Sie haben in den dunkelsten Jahren das Licht der Humanität vor dem Erlöschen bewahrt. Am Ende des Krieges haben wir sie als erste und ohne Aussicht auf eine gesicherte Zukunft Hand angelegt, um wieder einen Stein auf den anderen zu setzen, die Trümmerfrauen in Berlin
40 und überall. Als die überlebenden Männer heimkehrten, mußten Frauen oft wieder zurückstehen. Viele Frauen blieben aufgrund des Krieges allein und verbrachten ihr Leben in Einsamkeit. Wenn aber die Völker an den Zerstörungen, den Verwüstungen, den Grausamkeiten und Un-menschlichkeiten innerlich nicht zerbrachen, wenn sie nach dem Krieg langsam wieder zu sich
45 selbst kamen, dann verdanken wir es zuerst unseren Frauen.

VII.

[...] Die Bundesrepublik Deutschland ist ein weltweit geachteter Staat geworden. Sie gehört zu den hochentwickelten Industrieländern der Welt. Mit ihrer wirtschaftlichen Kraft weiß sie sich mitverantwortlich dafür, Hunger und Not in der Welt zu bekämpfen und zu einem sozialen Aus-
50 gleich unter den Völkern beizutragen.

Wir leben seit vierzig Jahren in Frieden und Freiheit, und wir haben durch unsere Politik unter den freien Völkern des Atlantischen Bündnisses und der Europäischen Gemeinschaft dazu selbst einen großen Beitrag geleistet.

Nie gab es auf deutschem Boden einen besseren Schutz der Freiheitsrechte des Bürgers als
55 heute. Ein dichtes soziales Netz, das den Vergleich mit keiner anderen Gesellschaft zu scheuen braucht, sichert die Lebensgrundlage der Menschen.

Hatten sich bei Kriegsende viele Deutsche noch darum bemüht, ihren Paß zu verbergen oder gegen einen anderen einzutauschen, so ist heute unsere Staatsbürgerschaft ein angesehenes Recht.

60 Wir haben wahrlich keinen Grund zu Überheblichkeit und Selbstgerechtigkeit. Aber wir dürfen uns der Entwicklung dieser vierzig Jahre dankbar erinnern, wenn wir das eigene historische Gedächtnis als Leitlinie für unser Verhalten in der Gegenwart und für die ungelösten Aufgaben, die auf uns warten, nutzen.

– Wenn wir uns daran erinnern, daß Geisteskranke im Dritten Reich getötet wurden, werden wir
65 die Zuwendung zu psychisch kranken Bürgern als unsere eigene Aufgabe verstehen.

– Wenn wir uns erinnern, wie rassisch, religiös und politisch Verfolgte, die vom sicheren Tod bedroht waren, oft vor geschlossenen Grenzen anderer Staaten standen, werden wir von denen, die heute wirklich verfolgt sind und bei uns Schutz suchen, die Tür nicht verschließen.

– Wenn wir uns der Verfolgung des freien Geistes während der Diktatur besinnen, werden wir
70 die Freiheit jedes Gedankens und jeder Kritik schützen, so sehr sie sich auch gegen uns selbst richten mag.

– Wer über die Verhältnisse im Nahen Osten urteilt, der möge an das Schicksal denken, das Deutsche den jüdischen Mitmenschen bereiteten und das die Gründung des Staates Israel unter Bedingungen auslöste, die noch heute die Menschen in dieser Region belasten und ge-
75 fährden.

– Wenn wir daran denken, was unsere östlichen Nachbarn im Kriege erleiden mußten, werden wir besser verstehen, daß der Ausgleich, die Entspannung und die friedliche Nachbarschaft mit diesen Ländern zentrale Aufgabe der deutschen Außenpolitik bleiben. Es gilt, daß beide Seiten sich erinnern und beide Seiten einander achten. Sie haben menschlich, sie haben kul-
80 turell, sie haben letzten Endes auch geschichtlich allen Grund dazu.

Der Generalsekretär der Kommunistischen Partei der Sowjetunion Michail Gorbatschow hat verlautbart, es ginge der sowjetischen Führung beim 40. Jahrestag des Kriegsende nicht darum, antideutsche Gefühle zu schüren. Die Sowjetunion trete für Freundschaft zwischen den Völkern ein.

85 Gerade wenn wir Fragen auch an sowjetische Beiträge zur Verständigung zwischen Ost und West und zur Achtung von Menschenrechten in allen Teilen Europas haben, gerade dann sollten wir dieses Zeichen aus Moskau nicht überhören. Wir wollen Freundschaft mit den Völkern der Sowjetunion.

VIII.

90 Vierzig Jahre nach dem Ende des Krieges ist das deutsche Volk nach wie vor geteilt.

Beim Gedenkgottesdienst in der Kreuzkirche zu Dresden sagte Bischof Hempel im Februar dieses Jahres: „Es lastet, es blutet, daß zwei deutsche Staaten entstanden sind mit ihrer schweren Grenze. Es lastet und blutet die Fülle der Grenzen überhaupt. Es lasten die Waffen."

Vor kurzen wurde in Baltimore in den Vereinigten Staaten eine Ausstellung „Juden in Deutsch-
95 land" eröffnet. Die Botschafter beider deutscher Staaten waren der Einladung gefolgt. Der gastgebende Präsident der Johns-Hopkins-Universität begrüßte sie zusammen. Er verwies darauf,

daß alle Deutschen auf dem Boden derselben historischen Entwicklung stehen. Eine gemeinsame Vergangenheit verknüpfte sie mit einem Band. Ein solches Band könne eine Freude oder ein Problem sein – es sei immer eine Quelle der Hoffnung.

100 Wir Deutschen sind ein Volk und eine Nation. Wir fühlen uns zusammengehörig, weil wir dieselbe Geschichte durchlebt haben.

Auch den 8. Mai 1945 haben wir als gemeinsames Schicksal unseres Volkes erlebt, das uns eint. Wir fühlen uns zusammengehörig in unserem Willen zum Frieden. Von deutschem Boden in beiden Staaten sollen Frieden und gute Nachbarschaft mit allen Ländern ausgehen. Auch an-
105 dere sollen ihn nicht zur Gefahr für den Frieden werden lassen.

Die Menschen in Deutschland wollen gemeinsam einen Frieden, der Gerechtigkeit und Menschenrecht für alle Völker einschließt, auch für das unsrige.

Nicht ein Europa der Mauern kann über Grenzen hinweg versöhnen, sondern ein Kontinent, der seinen Grenzen das Trennende nimmt. Gerade daran mahnt uns das Ende des Zweiten Welt-
110 krieges.

Wir haben die Zuversicht, daß der 8. Mai nicht das letzte Datum unserer Geschichte bleibt, das für alle Deutschen verbindlich ist.

IX.

Manche junge Menschen haben sich und uns in den letzten Monaten gefragt, warum es vierzig
115 Jahre nach Ende zu so lebhaften Auseinandersetzungen über die Vergangenheit gekommen ist. Warum lebhafter als nach fünfundzwanzig oder dreißig Jahren? Worin liegt die innere Notwendigkeit dafür?

Es ist nicht leicht, solche Fragen zu beantworten. Aber wir sollten die Gründe dafür nicht vornehmlich in äußeren Einflüssen suchen, obwohl es diese zweifellos auch gegeben hat.

120 Vierzig Jahre spielen in der Zeitspanne von Menschenleben und Völkerschicksalen eine große Rolle.

Auch hier erlauben Sie mir noch einmal einen Blick auf das Alte Testament, das für jeden Menschen unabhängig von seinem Glauben tiefe Einsichten aufbewahrt. Dort spielen vierzig Jahre eine häufig wiederkehrende, eine wesentliche Rolle.

125 Vierzig Jahre sollte Israel in der Wüste bleiben, bevor der neue Abschnitt in der Geschichte mit dem Einzug ins verheißene Land begann.

Vierzig Jahre waren notwendig für einen vollständigen Wechsel der damals verantwortlichen Vätergeneration.

An anderer Stelle aber (Buch der Richter) wird aufgezeichnet, wie oft die Erinnerung an erfahrene
130 Hilfe und Rettung nur vierzig Jahre dauerte. Wenn die Erinnerung abriß, war die Ruhe zu Ende.

So bedeuten vierzig Jahre stets einen großen Einschnitt. Sie wirken sich aus im Bewußtsein der Menschen, sei es als Ende einer dunklen Zeit mit der Zuversicht auf eine neue und gute Zukunft, sei es als Gefahr des Vergessens und als Warnung vor den Folgen. Über beides lohnt es sich nachzudenken.

135 Bei uns ist eine neue Generation in die politische Verantwortung hereingewachsen. Die Jungen sind nicht verantwortlich für das, was damals geschah. Aber sie sind verantwortlich für das, was in der Geschichte daraus wird.

Wir Älteren schulden der Jugend nicht die Erfüllung von Träumen, sondern Aufrichtigkeit. Wir müssen den Jüngeren helfen zu verstehen, warum es lebenswichtig ist, die Erinnerung wachzu-
140 halten. Wir wollen ihnen helfen, sich auf die geschichtliche Wahrheit nüchtern und ohne Einseitigkeit einzulassen, ohne Flucht in utopische Heilslehren, aber auch ohne moralische Überheblichkeit.

Wir lernen aus unserer eigenen Geschichte, wozu der Mensch fähig ist. Deshalb dürfen wir uns nicht einbilden, wir seien nun als Menschen anders und besser geworden.

145 Es gibt keine endgültig errungene moralische Vollkommenheit – für niemanden und kein Land! Wir haben als Menschen gelernt, wir bleiben als Menschen gefährdet. Aber wir haben die Kraft, Gefährdungen immer von neuem zu überwinden.

Hitler hat stets damit gearbeitet, Vorurteile, Feindschaften und Haß zu schüren.

Die Bitte an die jungen Menschen lautet:

150 Lassen Sie sich nicht hineintreiben in Feindschaft und Haß

gegen andere Menschen,

gegen Russen oder Amerikaner,

gegen Juden oder Türken,

gegen Alternative oder Konservative,

155 gegen Schwarz oder Weiß.

Lernen Sie, miteinander zu leben, nicht gegeneinander.

Lassen Sie auch uns als demokratisch gewählte Politiker dies immer wieder beherzigen und ein Beispiel geben.

Ehren wir die Freiheit.

160 Arbeiten wir für den Frieden.

Halten wir uns an das Recht.

Dienen wir unseren inneren Maßstäben der Gerechtigkeit.

Schauen wir am heutigen 8. Mai, so gut wir es können, der Wahrheit ins Auge.

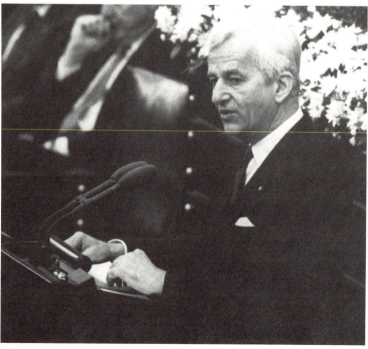

Bundespräsident Richard von Weizsäcker bei
der Gedenkrede am 8. Mai 1985

3 Anstöße zu Gruppengesprächen und Redeversuchen

Aus vielen Erzählungen, Novellen und Dramen lassen sich spannungsgeladene Themen für Rund- und Streitgespräche oder kurze Reden ableiten. Daneben könnt ihr auch über euch unmittelbar anrührende Fragen diskutieren und debattieren. Dieser Abschnitt gibt zu einigen aktuellen Problemen kurze, manchmal einseitige Denkanstöße. Haltet ihr sie für wichtig, so könnt ihr daraus Themen für Rund- oder für Streitgespräche formulieren, vielleicht sogar Themen für eine kurze Rede mit anschließender Aussprache, und euch in Gespräch und Rede üben.

3.1 Tierversuche

Interview mit einem Vertreter der Pharmaindustrie

Die Zeitschrift „Junge Zeit" Nr. 7 vom Juli 1985 bringt ein Interview mit Prof. Dr. Hans-Rüdiger Vogel vom Bundesverband der Pharmazeutischen Industrie. Hier folgt der Anfang des Interviews.

JZ: In der Bundesrepublik werden täglich 20.000 bis 40.000 Tiere für Experimente verbraucht. Viele davon in der pharmazeutischen Industrie. Lassen sich Tierversuche solchen
5 *Ausmaßes rechtfertigen?*

RV: Für die deutsche Arzneimittelforschung wurden 1984 rund 2,7 Millionen Tiere, davon 95 Prozent Ratten und Mäuse, benötigt. Wenn man bedenkt, wie viele schwere Krank-
10 *heiten noch nicht behandelbar sind, stellt sich die Frage nach der Rechtfertigung nur, wenn man das Leben der Tiere dem der Menschen gleichsetzt.*

Es ist aber nicht zu bestreiten, daß ein Teil
15 *der Tierversuche durch gesetzliche Auflagen notwendig wird. Der Staat hat sehr konkret vorgeschrieben, daß Tierversuche durchzuführen sind, um die Sicherheit des Verbrauchers zu gewährleisten.*

20 *JZ: Werden nicht viele Tiere sinnlos geopfert, weil an ihnen ein Medikament erprobt wird, das es in ähnlicher Form bereits gibt?*

RV: Tierversuche sind nur bei Medikamenten notwendig, die einen neuen Wirkstoff ent-
25 *halten, der bisher in der Medizin nicht verwendet worden ist. Bei den meisten neuen Arzneimitteln handelt es sich um billigere Nachahmungen bekannter Medikamente. Da werden keine Tierversuche mehr gemacht.*

30 *JZ: Sehen Sie von seiten der Industrie eine Möglichkeit, Tierversuche drastisch einzuschränken?*

RV: Ja. Durch eigene Anstrengungen sie dort, wo möglich, zu reduzieren. Es läßt sich
35 seit einigen Jahren ja bereits ein deutlicher Rückgang verzeichnen. Es besteht kein Zweifel, daß es bei unseren Forschern – die ja keine Sadisten sind – die geschärfte Bereitschaft gibt, Tierversuche einzusparen, wo im-
40 mer es geht, ohne die Forschung zu beeinträchtigen.

JZ: Haben Sie selbst schon Tierversuche gemacht?

RV: Ich habe sehr viele Tierversuche ge-
45 macht, denn ich bin Mediziner und an der Hochschule habilitiert.

JZ: Was haben Sie dabei empfunden?
RV: Ich gestehe, ich habe keinen Versuch ohne innere Sperre vorgenommen. Je höher
50 entwickelt das Tier war, umso größer war die Sperre. Es ist kein Zweifel, daß ich die Operation an einem Fisch ganz anders bewerten würde, als wenn ich einen Affen vor mir habe. Ich habe niemals leichtfertig derartige Versu-
55 che gemacht. Und ich habe vor allen Dingen niemals auch nur einen einzigen Versuch gemacht, bei dem Tiere erkennbar für uns leiden mußten. Das halte ich für ganz wesentlich.

3.2 Frauen in der Bundeswehr

Stellungnahmen zweier Jugendlicher

Ich kann mir nicht vorstellen, daß eine Frau Vorgesetzte von 50 Männern ist. Sie könnte sich nicht genug durchsetzen. Es gäbe auch Probleme, eine Frau kann nicht mit 7 Män-
5 nern in einer Stube schlafen.

Frauen werden oft nicht ernst genommen. Der Fall gilt nur für die Bundeswehr, bei der Post sind Frauen und Männer, das kommt, weil Frauen schon länger bei der Post arbei-
10 ten konnten und bei der Bundeswehr sind erst Andeutungen dafür gemacht worden. Es gibt ja auch Frauen bei der Polizei, sie konnten sich dort, so gut es geht, durchsetzen, aber man kann die Polizei nicht mit der Bundes-
15 wehr vergleichen. Die Polizei ist im Einsatz Tag für Tag, aber die Bundeswehr hat irgendwann einen großen Einsatz, der viele Leben kosten wird.

Eine Frau gehört nicht ins Militär. Sie kann
20 zwar Büroarbeit machen und kochen, aber nicht Soldat sein. Sie ist nicht hart genug, um zu kämpfen. Sie hat keine Ahnung davon, wie es ist, auf dem Schlachtfeld elendig zu sterben.

(Junge, 16 Jahre)

Meiner Meinung nach könnten Frauen ruhig zur Bundeswehr. Die Frau will ja auch sonst die Gleichberechtigung, warum soll sie dann nicht auch zur Bundeswehr gehen.
5 Sie brauchen ja nicht unbedingt die schwere Arbeit zu verrichten, es gibt auch genug leichte Arbeiten. Sie können z. B. als Funkerin oder Sanitäterin arbeiten. Das ist natürlich noch nicht alles, es gibt noch viele
10 Berufe mehr, die Frauen bei der Bundeswehr erlernen können.

Probleme gibt es auch, z. B. getrennte Schlafräume und Toiletten. Auch Dienstvorschriften müssen wahrscheinlich geändert
15 werden. Frauen können auch nicht immer den gleichen Dienst machen wie Männer, das geht schon nicht wegen der körperlichen Kondition, da Frauen nicht so kräftig sind wie Männer. Es gibt ja auch schon genug Frauen,
20 die bei der Bundeswehr sind.

Ich wäre dafür, daß die Frauen, die freiwillig zur Bundeswehr wollen, auch dorthin dürfen.
(Mädchen, 16 Jahre)

Im Sanitätsbereich leisten Frauen bereits heute
ihren Dienst in der Bundeswehr

3.3 Leistungssport

Streiflicht aus der Süddeutschen Zeitung (8.9.1987)

*Soll in der Bundesrepublik Deutschland mehr der Leistungssport oder mehr der Breitensport
gefördert werden? Was könnte die Bundesregierung Deutschland veranlassen, jährlich Millionenbeträge zur Unterstützung des Hochleistungssports zur Verfügung zu stellen? Im Jahr 1986
waren es 288 Mio DM.*
*Was versprechen sich die regionalen Sportverbände und der Deutscher Sportbund von der
Werbung für den „Sport für alle?"*
*Das nachstehende Streiflicht, geschrieben nach der Leichtathletik-Weltmeisterschaft 1987 in
Rom, geht nur auf eine Seite des Problems ein.*

(SZ) Wer Sport treibt, will gewinnen. Und
wir Millionen Sportfreunde vor den teuren
Farbfernsehgeräten wollen Sieger sehen,
schweißgebadete, schwer atmende, auf die
5 Knie sinkende Sieger unsertwegen, aber Sieger. Oh, wie wir die Sieger lieben! Wir hüpfen
auf dem Sofa herum, wenn sie über die Ziellinie laufen, wir unterhalten ein Konto bei der
Bank, die sie uns empfehlen, und noch unse-
10 ren Büroschweiß desodorisieren wir mit Produkten, die sie uns anpreisen. Wenn Boris
Becker gewinnt, dann darf er das herzallerliebste Bumbummerl sein, und wir schenken
ihm einen Werbevertrag und noch einen und
15 noch einen... Für den Fall, daß er verliert, haben wir Steffi Graf. Oder die Fußball-Nationalmannschaft. Oder Michael Groß. Nur eins darf
bitteschön nicht passieren: Dieser Stoff, aus

dem die Siege sind, darf uns nicht ausgehen,
20 denn wir sind ein bißchen süchtig und brauchen unseren Spaß.

Deshalb hat diese Woche auch hart angefangen, mit einem richtigen Entzug. Man hat
uns am Wochenende keine Siege geschenkt,
25 sondern bloß drei Medaillen bei der Leichtathletik-Weltmeisterschaft. Vor fünf Jahren noch
berauschten wir uns an acht Europameister-
titeln, und nun müssen wir in der *Abendzeitung*
lesen, „selbst Somalia" finde sich im Medail-
30 lenspiegel noch vor dem Deutschen Leicht-
athletik-Verband. Wenn wir dann den *Spiegel*
aufschlagen, entnehmen wir ihm den Inhalt
des rechtsmedizinischen Gutachtens über
den Tod der Siebenkämpferin Birgit Dressel,
35 die vor fünf Monaten mit, ja: an ihren brüllen-
den Schmerzen starb, Folge auch eines Medi-
kamentenmißbrauchs, der ebenso unglaublich wie unter Athleten üblich war; 101 Medikamente schluckte die 26jährige, wahllos of-
40 fenbar, doch nicht ohne Aufsicht der Verwal-
ter ihres organischen Kapitals, der Ärzte.
Wenn Birgit Dressel nicht gestorben wäre,
hätte sie an der Weltmeisterschaft in Rom teil-
genommen. Vielleicht hätte sie eine Medaille
45 gewonnen, und vielleicht hätte die bundes-

deutsche Mannschaft im Medaillenspiegel vor
Somalia gelegen. Wir hätten aber trotzdem
gemosert und mürrisch an der Fernbedienung
gespielt, und die Knabbernuß hätte nicht rich-
50 tig geschmeckt.

Ob es irgendeinen Zusammenhang zwischen unserer Sucht und diesem Drogen-
sumpf gibt? Na, na, wer wird denn so radikal
sein! Am Doping sind doch die unfähigen
55 Funktionäre schuld, die es nicht unterbinden.
Außerdem ist Spitzensport Unterhaltung, und
Unterhaltung ist eine Ware, und für eine Ware
muß man bezahlen. Und wenn der Preis
manchmal zu hoch wäre? Wenn es eben doch
60 auch unsere Gier nach Siegen wäre, die
Sportler dazu treibt, sich so bedingungslos
selbst zum Siegen abzurichten, zuzurichten –
mit Chemie, mit mentalem Training, und was
es sonst noch gibt? Dann müßten wir womög-
65 lich unser Verständnis vom Sport doch überprüfen und fragen, ob man nicht bei einer Niederlage auch etwas anderes empfinden kann
als – Langeweile. Leider haben wir dazu keine
Zeit, denn am Mittwoch ist ein Fußball-Län-
70 derspiel angesagt, und dann nahen die Final-
spiele von Flushing Meadow.

3.4 Ratschläge für einen schlechten Redner

Kurt Tucholsky

Fang nie mit dem Anfang an, sondern immer
drei Meilen *vor* dem Anfang! Etwa so: „Meine
Damen und meine Herren! Bevor ich zum
Thema des heutigen Abends komme, lassen
5 Sie mich ihnen kurz..."
Hier hast du schon ziemlich alles, was einen
schönen Anfang ausmacht: eine steife Anrede; der Anfang vor dem Anfang; die Ankün-
digung, daß und was du zu sprechen beab-
10 sichtigst, und das Wörtchen kurz. So ge-
winnst du im Nu die Herzen und die Ohren der
Zuhörer.

Denn das hat der Zuhörer gern: daß er deine
Rede wie ein schweres Schulpensum aufbe-
15 kommt; daß du mit dem drohst, was du sagen
willst, sagst und schon gesagt hast. Immer
schön umständlich!
Sprich nicht frei – das macht einen so unruhi-
gen Eindruck.
20 Am besten ist es: du liest deine Rede ab. Das
ist sicher, zuverlässig, auch freut es jedermann, wenn der lesende Redner nach jedem
viertel Satz mißtrauisch hochblickt, ob auch
noch alle da sind.

Wenn du gar nicht hören kannst, was man dir so freundlich rät, und du willst durchaus und durchum frei sprechen...du Laie! Du lächerlicher Cicero! Nimm dir doch ein Beispiel an unseren professionellen Rednern, an den Reichstagsabgeordneten – hast du die schon mal frei sprechen hören? Die schreiben sich sicherlich zu Hause auf, wann sie „Hört! hört!" rufen... ja, also wenn du denn frei sprechen mußt:

Sprich, wie du schreibst. Und ich weiß, wie du schreibst. Sprich mit langen, langen Sätzen – solchen, bei denen du, der du dich zu Hause, wo du ja die Ruhe, deren du so sehr benötigst, deiner Kinder ungeachtet, hast, vorbereitest, genau weißt, wie das Ende ist, die Nebensätze schön ineinandergeschachtelt, so daß der Hörer, ungeduldig auf seinem Sitz hin und her träumend, sich in einem Kolleg wähnend, in dem er früher so gern geschlummert hat, auf das Ende solcher Periode wartet... Nun, ich habe dir eben ein Beispiel gegeben. So mußt du sprechen.

Fang immer bei den alten Römern an und gib stets, wovon du auch sprichst, die geschichtlichen Hintergründe der Sache. Das ist nicht nur deutsch – das tun alle Brillenmenschen. Ich habe einmal in der Sorbonne einen chinesischen Studenten sprechen hören, der sprach glatt und gut französisch, aber er begann zu allgemeiner Freude so: „Lassen Sie mich Ihnen in aller Kürze die Entwicklungsgeschichte meiner chinesischen Heimat seit dem Jahre 2000 vor Christi Geburt..." Er blickte ganz erstaunt auf, weil die Leute so lachten.

So mußt du das auch machen. Du hast ganz recht: man versteht es ja sonst nicht, wer kann denn das alles verstehen, ohne die geschichtlichen Hintergründe ... sehr richtig! Die Leute sind doch nicht in deinen Vortrag gekommen, um lebendiges Leben zu hören, sondern das, was sie auch in den Büchern nachschlagen können ... sehr richtig! Immer gib ihm Historie, immer gib ihm.

Kümmere dich nicht darum, ob die Wellen, die von dir ins Publikum laufen, auch zurückkommen – das sind Kinkerlitzchen. Sprich unbekümmert um die Wirkung, um die Leute, um die Luft im Saale; immer sprich, mein Guter. Gott wird es dir lohnen. Du mußt alles in die Nebensätze legen. Sag nie: „Die Steuern sind zu hoch." Das ist zu einfach. Sag: „Ich möchte zu dem, was ich soeben gesagt habe, noch kurz bemerken, daß mir die Steuer bei weitem..." So heißt das.

Trink den Leuten ab und zu ein Glas Wasser vor – man sieht das gerne.

Wenn du einen Witz machst, lach vorher, damit man weiß, wo die Pointe ist.

Eine Rede ist, wie könnte es anders sein, ein Monolog. Weil doch nur einer spricht. Du brauchst auch nach vierzehn Jahren öffentlicher Rednerei noch nicht zu wissen, daß eine Rede nicht nur ein Dialog, sondern ein Orchesterstück ist: eine stumme Masse spricht nämlich ununterbrochen mit. Und das mußt du hören. Nein, das brauchst du nicht zu hören. Sprich nur, lies nur, donnere nur, geschichtele nur.

Zu dem, was ich soeben über die Technik der Rede gesagt habe, möchte ich noch kurz bemerken, daß viel Statistik eine Rede immer sehr hebt. Das beruhigt ungemein, und da jeder imstande ist, zehn verschiedene Zahlen mühelos zu behalten, so macht das viel Spaß. Kündige den Schluß deiner Rede lange vorher an, damit die Hörer vor Freude nicht einen Schlaganfall bekommen. (Paul Lindau hat einmal einen dieser gefürchteten Hochzeitstoaste so angefangen: „Ich komme zum Schluß.") Kündige den Schluß an, und dann beginne deine Rede von vorn und rede noch eine halbe Stunde. Dies kann man mehrere Male wiederholen.

Du mußt dir nicht nur eine Disposition machen, du mußt sie den Leuten auch vortragen – das würzt die Rede.

Sprich nie unter anderthalb Stunden, sonst lohnt es gar nicht erst anzufangen.

Wenn einer spricht, müssen die andern zuhören – das ist deine Gelegenheit. Mißbrauche sie.

Zielsetzung und Planung

Ziel des Kapitels ist das Untersuchen und das Einüben von Formen des Gesprächs und der Rede:
- Sammelt, erzählt und analysiert Argumentationswitze und witzige Anekdoten. Lest ein Lustspiel und bedenkt die Art der Gesprächsführung.
- Erörtert Argumentationsweisen in sachlichen Gesprächen aus dem Alltag.
- Lernt an Reden aus Dichtung und politischer Wirklichkeit den Zusammenhang zwischen Absicht, Sprachform und Wirklichkeit einer Rede kennen.
- Nutzt aktuelle Anlässe zur Durchführung von Rund- und Streitgesprächen und zu Übungen in der freien Rede.

Anregungen

Vorübung: Angenommen, man macht dir Vorwürfe, die du nicht für berechtigt hältst, oder du verfolgst ein Ziel und stößt auf Widerstand.
Beispiele:
- du sollst beim Radfahren einen harmlosen Verkehrsunfall verursacht haben;
- du setzt dich für eine Sache oder eine Person ein, die deine Freunde/Freundinnen ablehnen;
- du willst einen anderen Beruf ergreifen, als deine Eltern wünschen.

- ○ Welche Möglichkeiten hast du, einen solchen Konflikt aufzulösen? Welcher Mittel bedienst du dich, um deinen Standpunkt zu behaupten?
- ○ Beobachte und beschreibe eine Meinungsverschiedenheit in deiner Umgebung. Achte auf die Art, wie argumentiert wird.

1 Überreden – Überzeugen im Gespräch

Die Begriffe „überreden" – „überzeugen" sind schwer gegeneinander abzugrenzen.

- ○ Was haben sie gemeinsam, und was unterscheidet sie?
- ○ Woran kannst du erkennen, ob ein anderer dich zu etwas überreden oder von etwas überzeugen will?
  Beispiele: Der Straßenverkäufer; der Verkehrspolizist im Straßenverkehr; die Freundin, die mit dir ins Kino gehen möchte; Kinder, die von ihren Eltern mehr Taschengeld wünschen.

In den Texten dieses Abschnitts argumentieren Menschen in verschiedenen Situationen.

- ○ Untersucht und beurteilt:
  - Ausgangssituation und Thema des Gesprächs,
  - die Motive, die die Sprecher bewegen,
  - die Argumente und die Art, wie sie diese vorbringen.

Witze Nr. 1–6
S. 16 f.

Ihr kennt verschiedene Arten von Witzen. Manche erreichen ihre überraschende Wirkung durch *Situations-* oder *Charakterkomik.* Die Witze (1) – (6) verblüffen durch die Art, wie mit Logik gespielt wird.
○ Weist im einzelnen nach, worin das Verblüffende der Witze liegt.

Witz Nr. 6

Dialektik (griech. dialegesthai = sich unterreden, sich unterhalten) bedeutet Kunst der Gesprächsführung. In der Logik versteht man darunter die Lehre von der Bewegung des Denkens in Gegensätzen mit These und Antithese, die in einer Synthese aufgehoben werden. Diese Synthese ruft wiederum eine Antithese hervor usw. Dialektik ist ein Grundbegriff der Philosophie, z. B. auch des Marxismus.

○ Wie beurteilt der Pfarrer die marxistische Dialektik?
○ Versucht den Aufbau des Witzes übersichtlich aufzuzeichnen.
○ Sammelt Argumentationswitze und erklärt, worin das Spiel mit der Logik besteht.

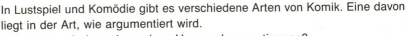

Text 1.2
S. 17
Vgl. dazu
Text 1.1
in Kap. 5

In Lustspiel und Komödie gibt es verschiedene Arten von Komik. Eine davon liegt in der Art, wie argumentiert wird.
○ Wie versucht Leander, seinen Vormund umzustimmen?
  Wie argumentiert der Vormund?
○ In der 1. Szene finden sich Hinweise auf den weiteren Verlauf der Handlung. Welche Gegensätze, die in der 1. Szene angelegt sind, müssen aufgelöst werden, damit das Lustspiel gut ausgehen kann?

Text 1.3
S. 20

Das Gespräch zwischen Herrn Hamel und Herrn Winkelmann ist für den Roman „Rolltreppe abwärts" von zentraler Bedeutung; in ihm werden zwei Auffassungen von Erziehung sichtbar.
○ Stellt die beiden Auffassungen einander gegenüber, und untersucht die Argumentationsweisen der Gesprächspartner.
○ Wie beurteilt ihr das Gespräch und seine Auswirkung auf Herrn Hamels Verhalten?
○ Prüft, welche Bedeutung diese Auffassungen von Erziehung für den Handlungsverlauf des Romans haben.

Text 1.5
S. 23

Heinrich Böll zeichnet in seinem Hörspiel einen mehrschichtigen menschlichen Grundkonflikt.
○ Vergegenwärtigt euch die Ausgangssituation zu Beginn des Gesprächs: In welcher Lage befinden sich die beiden Parteien? Welche Folgen hätte ein Scheitern der Verhandlungen für beide Seiten?
○ Untersucht die Art der Gesprächsführung: Verläuft das Gespräch offen, sachlich, fair?
○ Wie sollte sich Robert eurer Meinung nach entscheiden?

2 Führen – Verführen durch Reden

Text 2.1
S. 28

Beide Reden gelten als Musterbeispiele der Redekunst *(Rhetorik)*. Ausgangssituation: Brutus hat sich als Anführer einer Verschwörung an der Ermordung Cäsars beteiligt. Nach geltendem Recht ist er zu verurteilen.

○ Mit welchen Argumenten will Brutus das Volk für sich gewinnen, mit welchen Mark Anton?
○ Wie beurteilt ihr die Argumente beider und wie das Verhalten des Volkes?
○ Welcher rhetorischen Figuren (rednerischen Mittel) bedienen sich beide? Analysiert die beiden Reden. Das folgende Beispiel zeigt, wie man vorgehen kann:

Beispiel	Rhetorische Figuren	Wirkung
Römer!	Anrede (Apostrophe)	...
Römer! Mitbürger! Freunde!	Stufenfolge (Klimax)	...
Hört mich . . ., damit ihr . . . Glaubt mir . . ., damit ihr . . . Richtet mich . . ., um desto . . .	Gleichlauf der Glieder (Parallelismus)	...
Nicht, weil ich Cäsar weniger liebte, sondern weil ich Rom mehr liebte . . .	Entgegenstellung (Antithese)	...
Wolltet ihr lieber . . ., als daß . . ., damit ihr . . .?	Rhetorische Frage + doppelte Antithese	...

Weil Cäsar . . ., wein ich . . .
 Weil er . . ., freue ich mich.
 weil er . . ., ehr' ich ihn
 aber weil . . ., erschlug ich
 	
 Also Tränen für . . .
     Freude für . . .
     Ehre für . . .
     Tod für . . .
	Wortwiederholung am Anfang (Anapher), verbunden mit wiederholender Abwandlung (Amplificatio) und Auslassung (Ellipse) + Klimax	...

○ Welche Absicht verfolgt der Redner, welche Wirkung erzielt er?
○ Tragt beide Reden vor.

Texte 2.2
und 2.3
S. 34 ff.

Zu der Rede von Goebbels und zu der von Richard von Weizsäcker gibt es Videobänder. Seht euch Teile aus beiden an.

○ Untersucht die Reden unter folgenden Gesichtspunkten: Ausgangssituation, Zielsetzung, Argumente, rhetorische Mittel, Sprechweise und Sprache, Mimik und Gestik, Wirkung.
○ Vergleicht die Auffassung der beiden Redner von Mensch, Staat und Gesellschaft.

3 Anstöße zu Gruppengesprächen und Redeversuchen

Wer sich an einem Gruppengespräch beteiligt oder eine Rede hält, braucht Sachwissen und Sachverstand. Die Beschaffung von Grundlagentexten als Material gehört zur Vorbereitung, ebenso die Anfertigung eines Stichwortzettels.

Texte 3.1–3.3 S. 41 ff.

Die Themen der Texte 3.1–3.3 eignen sich sowohl für Gesprächs- als auch für Redeübungen. Sie müssen jedoch entsprechend formuliert werden.
Beispiel: Tierversuche
- *Rundgespräch:* Sind Tierversuche zu rechtfertigen?
- *Streitgespräch:* These: Der Gesetzgeber sollte Tierversuche völlig verbieten.
  Gegenthese: Tierversuche dürfen nicht verboten werden.
- *Rede:* Tierversuche – ein Beispiel für den Mißbrauch menschlicher Macht über Tiere.

○ Formuliert zu den übrigen Textbeispielen oder zu anderen, euch interessierenden Fragen Themen für Rund- und Streitgespräche sowie für freie Reden.
○ Formuliert Regeln zur Durchführung eines Rund- und eines Streitgesprächs sowie für die Rede:
  - Ziel des Gesprächs oder der Rede
  - Aufgaben des Gesprächsleiters beim Rundgespräch und beim Streitgespräch
  - Aufgaben des Protokollführers
  - Gesprächs- und Rededauer
  - Ziel der ,,Manöverkritik'' zum Abschluß des Gesprächs und der Rede.
○ Veranstaltet ein Rundgespräch und ein Streitgespräch.

Text 3.4 S. 44

Kurt Tucholsky (1890–1935) ist einer der bekanntesten deutschen satirischen Schriftsteller und Publizisten.
○ Leite aus seinen ,, Ratschlägen für einen schlechten Redner'' Ratschläge für einen guten Redner ab.

Mögliche Themen für Reden aus konkreten Anlässen

- Vorschläge zur Schaffung eines Partnerschaftsverhältnisses mit einer Schule in der DDR. Rede in der SV.
- Anregungen zur Errichtung eines Schulgartens. Rede in der SV.
- Vorschläge zur Durchführung von Projekttagen aufgrund von Erfahrungen in den letzten Jahren. Rede in der Schulkonferenz.

Literaturhinweise

Erdmann, Karl Otto: Die Kunst recht zu behalten. Methoden und Kniffe des Streitens. Ullstein Sachbücher 34090. Frankfurt/M./Berlin: Ullstein 1982.

Rudolph, Ekkehart: Frei reden und überzeugen. Eine Kunst, die erlernbar ist. List Tb 327. München: List 1987.

Kapitel 2

Spiegel der Zeit – Kurzprosa

Einführung

Erzählen gehört zu unserem Alltag. Wer gut erzählt, hat aufmerksame Zuhörer. Wir erzählen unseren Angehörigen, Bekannten und Freunden von Erlebnissen, die uns betroffen machen: Geschichten aus unserer persönlichen Welt. Auch Dichter und Schriftsteller erzählen. Ihr Publikum ist die breite Öffentlichkeit. Sie erzählen das, was sie für bedeutsam halten, was alle Menschen angeht. Den Stoff liefert ihnen der Alltag. Vieles beobachten sie besser; sie erleben mehr, sehen Vorgänge dramatischer und bildhafter, und sie wählen aus ihren Erfahrungen sorgfältiger aus als wir.

So gelingt es ihnen, viele Einzelerfahrungen und -ereignisse zu einem spannungsgeladenen Geschehen zu verdichten und ein buntes, kontrastreiches Gemälde zu gestalten.

In ihren Erzählungen fangen sie einen Ausschnitt aus dem für uns oft schwer durchschaubaren Zeitgeschehen ein; sie verarbeiten Wirklichkeit und spiegeln sie als Zeitgenossen wider.

Dieses Kapitel bringt Erzählungen aus dem 20. Jahrhundert, vor allem aus der Zeit nach 1945, sowie Fabeln und Parabeln aus über zwei Jahrtausenden.

Pablo Picasso (1881-1973): Krieg und Frieden, (1952). (Wandgemälde in einer Kapelle in Vallauris/ Südfrankreich)

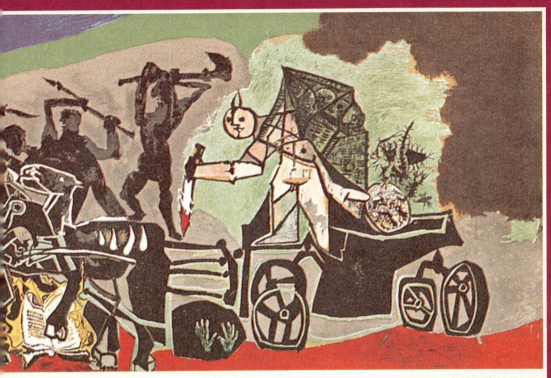

1 Erzählungen aus dem 20. Jahrhundert

1.1 Wagnis

Das Trockendock (1948)

Stefan Andres

Das erste Schleusendock in Toulon, das gegen Ende des 18. Jahrhunderts von einem Ingenieur namens Grognard erbaut wurde, verdankte einer merkwürdigen Begebenheit seinen Ursprung, deren Schauplatz das in diesem Hafen befindliche Seearsenal, im eigentlichen Sinne aber das Gesicht eines Galeerensträflings war, das Antlitz nämlich eines für einen Augenblick um seine Freiheit verzweifelt hoffenden Menschen. Bevor es nämlich den von Grognard erbauten Wasserbehälter gab, der mit seinem steigenden Spiegel das Schiff in den freien Hafen hinaushob, war es Brauch, daß ein Galeerensträfling die letzten Hemmstützen des vom Stapel laufenden Schiffes, freilich unter großer Lebensgefahr, wegschlug, worauf dann im gleichen Augenblick der Koloß donnernd und mit funkenstiebendem Kiel ins Wasser schoß. Gelang es nun dem die Stützen fortschlagenden gefangenen Manne, nicht nur dem Schiff die erste Bewegung zu geben, sondern auch sich selber mit einem gedankenschnellen und riesigen Satz aus der Nachbarschaft des herabrutschenden hölzernen Berges zu bringen, dann war er im gleichen Augenblick in seine Freiheit und in ein neues Leben gesprungen, gelang es ihm jedoch nicht, so blieb von seinen Körper nichts übrig als eine kleine Blutspur auf den Planken droben und drunten.

Der Ingenieur Grognard nun, der sich erstmalig zu einem solchen Stapellauf eingefunden hatte, ergötzte seine Augen an den festlichen Gästen auf den Tribünen und ließ, ganz den düsteren und ehernen Wundern des Arsenals hingegeben, den Silberknauf seines Stockes zu den immer neuen Märschen mehrerer Militärkapellen auf die hölzerne Balustrade fallen, wo er sich mit anderen Ehrengästen befand. Die Kommandos gingen in der Musik unter, gleichwohl bewegten sich die Arbeiter, die freien sowohl wie die Sträflinge, des gewohnten Vorgangs kundig, mit Tauen und Ketten und Stangen hantierend, als hänge ein jeder an einem unsichtbaren Faden.

Grognard hatte als Ehrengast einen der besten Plätze, er stand nämlich steuerbords dem Bug gerade gegenüber auf etwa fünfzig Schritt entfernt, und wiewohl er vom Hörensagen wußte, auf welch gefährliche Weise man das Schiff flottmachte und ins Wasser ließ, so hatte er sich, wie es dem Menschen eigentümlich ist, den Vorgang nicht aus den Worten in eine

deutliche Vorstellung gehoben. Ja, er war sogar der allgemeinen Ansicht, daß es menschlich
und gut sei, wenn ein verwirktes Leben durch einen kühnen Einsatz sich entweder für die
30 Allgemeinheit nützlich verbrauche oder für sich selber neu beginnen könne.

Nun aber, als plötzlich die Musik mit ihren in die Weite schreitenden Takten abbrach und
nur ein dumpfer Wirbel kurz und knöchern hinterherrollte und dann auch verstummte, als
alles getan und die Stützen bis auf die am Bug entfernt und die übrigen Arbeiter zurückkom-
mandiert, die Matrosen aber an Bord waren, da kam ein einzelner Mann in seiner roten Jacke
35 mit den schweren, hufnagelbeschlagenen Schuhen über das Pflaster gegen das Schiff ge-
schlurft. Er trug einen riesigen Zuschlagehammer in der Hand, der zuerst herabhing, dann
aber, je näher der Mann dem schwarzen Schiffsbauch kam, sich zögernd hob und nun, als
seine winzige Gestalt der Fregatte so nahe war, daß ihr gewölbter Rumpf ihn wie ein schwarzer Fittich überschattete, einmal pickend und pochend eine Stütze berührte, dann wieder in
40 der Hand des Mannes auf dieselbe Weise herabhing. Es lag eine gefährliche Stille über der Fregatte und den Zuschauern, und Grognard bemerkte, daß er zitterte und mit dem Silberknauf
seines Stockes die vorsichtig antastende Bewegung des Zuschlaghammers mitgetan hatte. Ob
es dieses winzige Geräusch seines Stockes oder einfach der Zufall bewirkt hatte, der Sträfling
wandte sich kurz um, Grognard konnte die Nummer an seiner grünfarbigen Mütze lesen – es
45 war die Nummer 3222 –, und zugleich mit der Zahl und wie durch sie hindurch sah er das
kurze Lächeln, in welchem der Sträfling seine Zähne entblößte und einmal kurz die Augen
verdrehte, als verschlinge er damit das Schiff, Zuschauer, Mauern und Himmel zugleich in einer gierigen Bewegung. Dann kehrte er sich ab mit einem Ruck, so, als könne die Fregatte
hinter ihm arglistig ohne sein Zutun entronnen sein, und jetzt dem Schiff zugewandt, blieb er
50 einen Atemzug lang stehen, noch den Hammer gesenkt; dann hob er ihn langsam, es ging ein
Stöhnen über den Platz, man wußte nicht, kam es aus dem ächzenden Gebälk des Schiffes
oder den Rippen des Mannes, der zugleich zuschlug; einmal, zweimal, hin und her springend,
gelenkig wie ein Wiesel und wild wie ein Stier – und dreimal zuschlug und viermal (man
zählte nicht mehr), das Schiff knackte, mischte seine erwachende Stimme, vom Hammer ge-
55 weckt, darein, lauerte, und da, als noch ein Schlag kam, sprang es mit einem Satz vor, und
auch der Mann sprang, den Hammer wie ein Gerät des Entsetzens und zugleich wie eine
Waffe der Abwehr gegen den Schiffsrumpf werfend, sprang, aber dann, da alles jäh aufschrie,
blieb er stehen, wie ein Mensch im Traum, der nicht weiterkann – und der Schiffsrumpf ging
wie ein Hobel über ihn fort.
60 Dieser Vorgang, der nur wenige Atemzüge lang gedauert hatte, löste einen allgemeinen, in-
brünstigen Schrei aus, der hinter der Fregatte in einem wilden, ausgelassenen und teuflischen
Jubel herschnob, über die blutige Spur fort, die alsbald einige Sträflinge mit Sand und Hobel-
spänen zu tilgen kamen.

Auch Grognard hatte im allgemeinen Jubel einen Schrei getan und mit dem Schrei zugleich
65 einen Schwur. Und dieser Schwur enthielt im ersten Augenblick seines Entstehens ein Bild in
sich als Kern: nämlich das Bild des Schleusendocks! Und als habe er gewußt, daß seine Lächer-
lichkeit damit besiegelt sei, wenn er die eigentliche Triebkraft zu diesem großen Plan ent-
hülle: er führte nur Beweggründe ins Feld, die den Fortschritt betrafen. Es begann nun sein
Kampf mit starrsinnigen Behörden, mit mißgünstigen Nebenbuhlern, und als trotz aller Wi-
70 derstände das Werk gediehen war, von seinem Urheber mit einer Besessenheit, Umsicht und
Ausdauer geleitet, die ihn für die Jahre des Baus allem menschlichen Umgang entzogen, da geschah es, kurz nachdem das Werk dem Gebrauch übergeben worden war, daß der Urheber,
der sich nun von dem zwischen Hoffnung und Todesangst verzerrten Lächeln des Sträflings
erlöst glaubte, von einem Galeerensträfling mit einem Hammer niedergeschlagen wurde, da

75 er eben den Platz am Schleusendock überschritt. Der Gefangene trug die grüne Wollmütze und schleppte seine Ketten gemächlich hinter sich her. Als er dann dicht vor Grognard sich befand, der beim Anblick der Nummer wie über einer geheimnisvollen Zahl jäh erstarrte und das gefährliche Gesicht darunter übersah, schrie der Mensch, seinen Hammer schwingend: „Das ist der Mensch des Fortschritts, der uns den Weg zur Freiheit nahm! Zur Hölle mit
80 dir!" Die herbeieilenden Wachen, die sich des Sterbenden annahmen, sahen, wie der noch einmal weit die Augen aufschlug und mit einer Stimme, die voller Verwunderung schien, lispelte: „Oh, 3222, verzeih, ich habe mich geirrt!"

Die Turnstunde (1902)

Rainer Maria Rilke

In der Militärschule zu Sankt Severin. Turnsaal. Der Jahrgang steht in den hellen Zwillichblusen, in zwei Reihen geordnet, unter den großen Gaskronen. Der Turnlehrer, ein junger Offizier mit hartem braunen Gesicht und höhnischen Augen, hat Freiübungen kommandiert und verteilt nun die Riegen. „Erste Riege Reck, zweite Riege Barren, dritte Riege Bock, vierte
5 Riege Klettern! Abtreten!" Und rasch, auf den leichten, mit Kolophonium isolierten Schuhen, zerstreuen sich die Knaben. Einige bleiben mitten im Saale stehen, zögernd, gleichsam unwillig. Es ist die vierte Riege, die schlechten Turner, die keine Freude haben an der Bewegung bei den Geräten und schon müde sind von den zwanzig Kniebeugen und ein wenig verwirrt und atemlos.
10 Nur Einer, der sonst der Allerletzte blieb bei solchen Anlässen, Karl Gruber, steht schon an den Kletterstangen, die in einer etwas dämmerigen Ecke des Saales, hart vor den Nischen, in denen die abgelegten Uniformröcke hängen, angebracht sind. Er hat die nächste Stange erfaßt und zieht sie mit ungewöhnlicher Kraft nach vorn, so daß sie frei an dem zur Übung geeigneten Platze schwankt. Gruber läßt nicht einmal die Hände von ihr, er springt auf und bleibt,
15 ziemlich hoch, die Beine ganz unwillkürlich im Kletterschluß verschränkt, den er sonst niemals begreifen konnte, an der Stange hängen. So erwartet er die Riege und betrachtet – wie es scheint – mit besonderem Vergnügen den erstaunten Ärger des kleinen polnischen Unteroffiziers, der ihm zuruft, abzuspringen. Aber Gruber ist diesmal sogar ungehorsam und Jastersky, der blonde Unteroffizier, schreit endlich: „Also, entweder Sie kommen herunter
20 oder Sie klettern hinauf, Gruber! Sonst melde ich dem Herrn Oberlieutenant ..." Und da beginnt Gruber, zu klettern, erst heftig mit Überstürzung, die Beine wenig aufziehend und die Blicke aufwärts gerichtet, mit einer gewissen Angst das unermeßliche Stück Stange abschätzend, das noch bevorsteht. Dann verlangsamt sich seine Bewegung; und als ob er jeden Griff genösse, wie etwas Neues, Angenehmes, zieht er sich höher, als man gewöhnlich zu klettern
25 pflegt. Er beachtet nicht die Aufregung des ohnehin gereizten Unteroffiziers, klettert und klettert, die Blicke immerfort aufwärts gerichtet, als hätte er einen Ausweg in der Decke des Saales entdeckt und strebte danach, ihn zu erreichen. Die ganze Riege folgt ihm mit den Augen. Und auch aus den anderen Riegen richtet man schon da und dort die Aufmerksamkeit auf den Kletterer, der sonst kaum das erste Drittel der Stange keuchend, mit rotem Gesicht
30 und bösen Augen erklomm. „Bravo, Gruber!" ruft jemand aus der ersten Riege herüber. Da wenden viele ihre Blicke aufwärts, und es wird eine Weile still im Saal, – aber gerade in diesem Augenblick, da alle Blicke an der Gestalt Grubers hängen, macht er hoch oben unter der

Decke eine Bewegung, als wollte er sie abschütteln; und da ihm das offenbar nicht gelingt, bindet er alle diese Blicke oben an den nackten eisernen Haken und saust die glatte Stange
35 herunter, so daß alle immer noch hinaufsehen, als er schon längst, schwindelnd und heiß, unten steht und mit seltsam glanzlosen Augen in seine glühenden Handflächen schaut. Da fragt ihn der eine oder der andere der ihm zunächst stehenden Kameraden, was denn heute in ihn gefahren sei. „Willst wohl in die erste Riege kommen?" Gruber lacht und scheint etwas antworten zu wollen, aber er überlegt es sich und senkt schnell die Augen. Und dann, als das Ge-
40 räusch und Getöse wieder seinen Fortgang hat, zieht er sich leise in die Nische zurück, setzt sich nieder, schaut ängstlich um sich und holt Atem, zweimal rasch, und lacht wieder und will was sagen ... aber schon achtet niemand mehr seiner. Nur Jerome, der auch in der vierten Riege ist, sieht, daß er wieder seine Hände betrachtet, ganz darüber gebückt wie einer, der bei wenig Licht einen Brief entziffern will. Und er tritt nach einer Weile zu ihm hin und fragt:
45 „Hast du dir weh getan?" Gruber erschrickt. „Was?" macht er mit seiner gewöhnlichen, in Speichel watenden Stimme. „Zeig mal!" Jerome nimmt die eine Hand Grubers und neigt sie gegen das Licht. Sie ist am Ballen ein wenig abgeschürft. „Weißt du, ich habe etwas dafür," sagt Jerome, der immer Englisches Pflaster von zu Hause geschickt bekommt, „komm dann nachher zu mir." Aber es ist, als hätte Gruber nicht gehört; er schaut geradeaus in den Saal
50 hinein, aber so, als sähe er etwas Unbestimmtes, vielleicht nicht im Saal, draußen vielleicht, vor den Fenstern, obwohl es dunkel ist, spät und Herbst.
In diesem Augenblick schreit der Unteroffizier in seiner hochfahrenden Art: „Gruber!" Gruber bleibt unverändert, nur seine Füße, die vor ihm ausgestreckt sind, gleiten, steif und ungeschickt, ein wenig auf dem glatten Parkett vorwärts. „Gruber!" brüllt der Unteroffizier
55 und die Stimme schlägt ihm über. Dann wartet er eine Weile und sagt rasch und heiser, ohne den Gerufenen anzusehen: „Sie melden sich nach der Stunde. Ich werde Ihnen schon ..." Und die Stunde geht weiter. „Gruber", sagt Jerome und neigt sich zu dem Kameraden, der sich immer tiefer in die Nische zurücklehnt, „es war schon wieder an dir, zu klettern, auf dem Strick, geh mal, versuchs, sonst macht dir der Jastersky irgend eine Geschichte, weißt du
60 ..." Gruber nickt. Aber statt aufzustehen, schließt er plötzlich die Augen und gleitet unter den Worten Jeromes durch, als ob eine Welle ihn trüge, fort, gleitet langsam und lautlos tiefer, tiefer, gleitet vom Sitz, und Jerome weiß erst, was geschieht, als er hört, wie der Kopf Grubers hart an das Holz des Sitzes prallt und dann vornüberfällt ... „Gruber!" ruft er heiser. Erst merkt es niemand. Und Jerome steht ratlos mit hängenden Händen und ruft: „Gru-
65 ber, Gruber!" Es fällt ihm nicht ein, den anderen aufzurichten. Da erhält er einen Stoß, jemand sagt ihm: „Schaf", ein anderer schiebt ihn fort, und er sieht, wie sie den Reglosen aufheben. Sie tragen ihn vorbei, irgendwohin, wahrscheinlich in die Kammer nebenan. Der Oberleutnant springt herzu. Er gibt mit harter, lauter Stimme sehr kurze Befehle. Sein Kommando schneidet das Summen der vielen schwatzenden Knaben scharf ab. Stille. Man
70 sieht nur da und dort noch Bewegungen, ein Ausschwingen am Gerät, einen leisen Absprung, ein verspätetes Lachen von einem, der nicht weiß, um was es sich handelt. Dann hastige Fragen: „Was? Was? Wer? Der Gruber? Wo?" Und immer mehr Fragen. Dann sagt jemand laut: „Ohnmächtig." Und der Zugführer Jastersky läuft mit rotem Kopf hinter dem Oberleutnant her und schreit mit seiner boshaften Stimme, zitternd vor Wut: „Ein Simulant, Herr
75 Oberleutnant, ein Simulant!" Der Oberleutnant beachtet ihn gar nicht. Er sieht geradeaus, nagt an seinem Schnurrbart, wodurch das harte Kinn noch eckiger und energischer vortritt, und gibt von Zeit zu Zeit eine knappe Weisung. Vier Zöglinge, die Gruber tragen, und der Oberleutnant verschwinden in der Kammer. Gleich darauf kommen die vier Zöglinge zurück. Ein Diener läuft durch den Saal. Die vier werden groß angeschaut und mit Fragen be-

80 drängt: „Wie sieht er aus? Was ist mit ihm? Ist er schon zu sich gekommen?" Keiner von ihnen weiß eigentlich was. Und da ruft auch schon der Oberlieutenant herein, das Turnen
möge weitergehen, und übergibt dem Feldwebel Goldstein das Kommando. Also wird wieder
geturnt, beim Barren, beim Reck, und die kleinen dicken Leute der dritten Riege kriechen
mit weitgegrätschten Beinen über den hohen Bock. Aber doch sind alle Bewegungen anders
85 als vorher; als hätte ein Horchen sich über sie gelegt. Die Schwingungen am Reck brechen so

Rilke als Kadett in St. Pölten.
Nach halbjährigem Besuch der Militäroberrealschule in
Mährisch-Weißkirchen schied Rilke wegen „dauernder
Kränklichkeit" mit Erlaubnis des Vaters aus.
Die verhaßte Militärerziehung wurde vorzeitig im April
1891 beendet.

plötzlich ab und am Barren werden nur lauter kleine Übungen gemacht. Die Stimmen sind weniger verworren und ihre Summe summt feiner, als ob alle immer nur ein Wort sagten: „Ess, Ess, Ess ...“ Der kleine, schlaue Krix horcht inzwischen an der Kammertür. Der Unteroffizier der zweiten Riege jagt ihn davon, indem er zu einem Schlage auf seinen Hintern aus-
90 holt. Krix springt zurück, katzenhaft, mit hinterlistig blitzenden Augen. Er weiß schon genug. Und nach einer Weile, als ihn niemand betrachtet, gibt er dem Pawlowitsch weiter: „Der Regimentsarzt ist gekommen.“ Nun, man kennt ja den Pawlowitsch; mit seiner ganzen Frechheit geht er, als hätte ihm irgendwer einen Befehl gegeben, quer durch den Saal von Riege zu Riege und sagt ziemlich laut: „Der Regimentsarzt ist drin.“ Und es scheint, auch
95 die Unteroffiziere interessieren sich für diese Nachricht. Immer häufiger wenden sich die Blicke nach der Tür, immer langsamer werden die Übungen; und ein Kleiner mit schwarzen Augen ist oben auf dem Bock hocken geblieben und starrt mit offenem Mund nach der Kammer. Etwas Lähmendes scheint in der Luft zu liegen. Die Stärksten bei der ersten Riege machen zwar noch einige Anstrengungen, gehen dagegen an, kreisen mit den Beinen; und Pom-
100 bert, der kräftige Tiroler, biegt seinen Arm und betrachtet seine Muskeln, die sich durch den Zwillich hindurch breit und straff ausprägen. Ja, der kleine, gelenkige Baum schlägt sogar noch einige Armwellen, – und plötzlich ist diese heftige Bewegung die einzige im ganzen Saal, ein großer flimmernder Kreis, der etwas Unheimliches hat inmitten der allgemeinen Ruhe. Und mit einem Ruck bringt sich der kleine Mensch zum Stehen, läßt sich einfach unwillig in
105 die Knie fallen und macht ein Gesicht, als ob er alle verachte. Aber auch seine kleinen stumpfen Augen bleiben schließlich an der Kammertür hängen.
Jetzt hört man das Singen der Gasflammen und das Gehen der Wanduhr. Und dann schnarrt die Glocke, die das Stundenzeichen gibt. Fremd und eigentümlich ist heute ihr Ton; sie hört auch ganz unvermittelt auf, unterbricht sich mitten im Wort. Feldwebel Goldstein aber
110 kennt seine Pflicht. Er ruft: „Antreten!“ Kein Mensch hört ihn. Keiner kann sich erinnern, welchen Sinn dieses Wort besaß, – vorher. Wann vorher? „Antreten!“ krächzt der Feldwebel böse und gleich schreien jetzt die anderen Unteroffiziere ihm nach: „Antreten!“ Und auch mancher von den Zöglingen sagt wie zu sich selbst, wie im Schlaf: „Antreten! Antreten!“ Aber im Grunde wissen alle, daß sie noch etwas abwarten müssen. Und da geht auch
115 schon die Kammertür auf; eine Weile nichts; dann tritt Oberleutnant Wehl heraus und seine Augen sind groß und zornig und seine Schritte fest. Er marschiert wie beim Defilieren und sagt heiser: „Antreten!“ Mit unbeschreiblicher Geschwindigkeit findet sich alles in Reihe und Glied. Keiner rührt sich. Als wenn ein Feldzeugmeister da wäre. Und jetzt das Kommando: „Achtung!“ Pause und dann, trocken und hart: „Euer Kamerad ist soeben ge-
120 storben. Herzschlag. Abmarsch!“ Pause.
Und erst nach einer Weile die Stimme des diensttuenden Zöglings, klein und leise: „Links um! Marschieren: Compagnie, Marsch!“ Ohne Schritt und langsam wendet sich der Jahrgang zur Tür. Jerome als der letzte. Keiner sieht sich um. Die Luft aus dem Gang kommt, kalt und dumpfig, den Knaben entgegen. Einer meint, es rieche nach Karbol. Pombert macht laut
125 einen gemeinen Witz in bezug auf den Gestank. Niemand lacht. Jerome fühlt sich plötzlich am Arm gefaßt, so angesprungen. Krix hängt daran. Seine Augen glänzen und seine Zähne schimmern, als ob er beißen wollte. „Ich hab ihn gesehen“, flüstert er atemlos und preßt Jeromes Arm und ein Lachen ist innen in ihm und rüttelt ihn hin und her. Er kann kaum weiter: „Ganz nackt ist er und eingefallen und ganz lang. Und an den Fußsohlen ist er versie-
130 gelt ...“
Und dann kichert er, spitz und kitzlich, kichert und beißt sich in den Ärmel Jeromes hinein.

1.2 Krieg

Die getreue Antigone (1948)

Elisabeth Langgässer

Das Grab lag zwischen den Schrebergärten, ein schmaler Weg lief dran vorbei und erweiterte sich an dieser Stelle wie ein versandetes Flußbett, das eine Insel umschließt. Das Holzkreuz fing schon an zu verwittern; seine Buchstaben R. I. P. waren vom Regen verwaschen, der Stahlhelm saß schief darüber und war wie ein Grinsen, mit welchem der Tod noch immer
5 Wache hielt. Gießkanne, Harke und Rechen lagen an seiner Seite, das Mädchen Carola stellte den Spankorb mit den Stiefmütterchenpflanzen, die es ringsherum einsetzen wollte, ab und wandte sich zu seinem Begleiter, der ihr gelangweilt zusah und unter der vorgehaltenen Hand das Streichholz anrätschte, um seine Camel im Mundwinkel anzuzünden.
Kein Lüftchen. Der Frühling, an Frische verlierend, ging schon über in die Verheißung des
10 Sommers, der Flieder verblühte, die einzelnen Nägelchen bräunten und begannen, sich aus Purpur und Lila in die Farbe des Fruchtstandes zu verwandeln, der Rotdorn schäumte gewalttätig auf, die Tulpenstengel, lang ausgewachsen, trugen die Form ihrer Urne nur noch diesen Tag und den nächsten – dann war auch das vorbei. Eine häßliche alte Vase und zwei kleine Tonschalen dienten dazu, den Blumenschmuck aufzunehmen – jetzt waren Maiglöck-
15 chen an der Reihe, Narzissen, die einen kränklichen Eindruck machten, und Weißdorn, der das Gefühl einer Fülle und Üppigkeit zu erwecken suchte, die zu dem unangenehmen Geruch seiner kleinen, kurzlebigen Blüten in seltsamem Gegensatz stand.
„Wenn der Rot- und Weißdorn vorüber ist, kommt eine Zeitlang gar nichts", sagte Carola, bückte sich und leerte das schmutzige Wasser aus beiden Schalen aus, füllte sie wieder mit fri-
20 schem Wasser und seufzte vor sich hin.
„Rosen", sagte der junge Bursche. „Aber die sind noch nicht da. Du hast recht: dazwischen kommt gar nichts. Ein paar Ziersträucher höchstens, rosa und gelbe, aber die Zweige müßte man abreißen, wo man sie findet –", er blinzelte zu ihr hin.
„Nein", sagte sie rasch.
25 „Nicht abreißen? Nein? Dann muß der da unten warten, bis wieder Rosen blühen." Er lachte roh und verlegen auf; das Mädchen begann das Grab zu säubern, die herabgefallenen Blütchen sorgfältig aufzulesen und die Seitenwände des schmalen Hügels mit Harke und Händen gegen den Wegrand genauer abzugrenzen. (So hat sie wohl schon als kleines Mädchen auf dem Puppenherd für ihre Ella und Edeltraut Reisbrei gekocht, Pudding und solches
30 Zeug, schoß es ihm durch den Sinn.) Wieder mußte er lachen; sie blickte mißtrauisch auf und unterbrach ihr Hantieren; wirklich war es, als ob auf dem Grab, das die Weißdornblüten bedeckten, Zucker verschüttet wäre, oder spielende Kinder hätten vergessen, ihr Puppengeschirr, als die Mutter sie rief, mit in das Haus zu nehmen.
„Gib den Korb mit den Pflanzen her", sagte Carola. „Ich will sie jetzt einsetzen. Auch den
35 Stock, um die Löcher in die Erde zu machen, immer in gleichem Abstand –", sie war vor Eifer ganz rot. „Hol ihn dir selber", sagte der Bursche und drückte an einem morschen Pfahl die Zigarette aus. „Ein Blödsinn, was du da treibst."
„Was ich treibe?"

„Na – dieses Getue um das Soldatengrab. Immer bist du hierhergelaufen. September, Okto-
40 ber: mit Vogelbeeren; November, Dezember: mit Stechpalmen, Tannen, hernach mit
Schneeglöckchen, Krokus und Zilla. Und das alles für einen Fremden, von dem du nicht einmal weißt –."

„Was weiß ich nicht?"

„Was er für einer war."

45 „Jetzt ist er tot."

„Vielleicht ein SS-Kerl."

„Vielleicht."

„Ja, schämst du dich eigentlich nicht?" brauste der Bursche auf. „Deinen ältesten Bruder haben die Schufte in Mauthausen umgebracht. Wahrscheinlich hat man ihn –."

50 „Sei doch still!" Sie hielt sich mit verzweifeltem Ausdruck die Hände an die Ohren; er
packte sie an den Handgelenken und riß sie ihr herunter, sie wehrte sich, keuchte, ihre Gesichter waren einander ganz nahe, plötzlich ließ er sie los.

„Tu, was du willst. Es ist mir egal. Aber ich bin es satt. Adjö –."

„Du gehst nicht!"

55 „Warum nicht? Du hast ja Gesellschaft. Ich suche mir andere."

„Die kenne ich", sagte das Mädchen erbittert. „Die von dem Schwarzen Markt."

„Und wenn schon? Der Schwarze Markt ist nicht schlimmer als deine Geisterparade. Gespenster wie dieser da ... Würmer und Maden." Er deutete mit dem Kopf nach dem Grab, das
nun, vielleicht weil Harke und Rechen, während sie beide rangen, quer darüber gefallen wa-
60 ren, einen verstörten Eindruck machte und ein Bild der Verlassenheit bot. „Komm", sagte
der Bursche besänftigt. „Ich habe Schokolade."

„Die kannst du behalten."

„Und Strümpfe." Schweigen. „Und eine Flasche Likör."

„Warum lügst du?" fragte das Mädchen kalt.

65 „Nun, wenn du weißt, daß ich lüge", sagte der Bursche gelassen, „kann ich ja aufhören.
Oder meinst du, das Lügen macht mir Spaß?"

„Dann lügst du also aus Traurigkeit", sagte Carola kurz.

Sie schwiegen, die Nachmittagssonne brannte, in der Luft war ein Flimmern wie sonst nur im
Sommer, ein flüchtiges Blitzen, der leise Schrei und das geängstigte Seufzen der mütterlichen
70 Natur. Ein Stück niedergebrochenen Gartenzauns lag am Wegrand, sie setzten sich beide wie
auf Verabredung nieder, der junge Mann zog Carola an sich und legte wie ein verlaufener
Hund den Kopf in ihren Schoß. Sie saß sehr gerade und starrte mit aufgerissenen Augen nach
dem Soldatengrab ...

„Glaubst du wirklich, daß Clemens so qualvoll –?" fragte Carola leise. „In dem Steinbruch
75 oder..."

„Ich weiß es nicht. Laß doch. Quäle dich nicht", murmelte er wie im Schlaf. „Für Clemens
ist es vorbei."

„Ja", sagte sie mechanisch, „für Clemens ist es vorbei." Sie nickte ein paarmal mit dem
Kopf und fing dann von neuem an. „Aber man möchte doch wissen."

80 „Was – wissen?"

„Ob er jetzt Frieden hat", sagte sie, halb erstickt.

„Da kannst du ganz ruhig sein. Du weißt doch, wofür er gestorben ist."

„Ich weiß es. Aber siehst du, als Kind konnte ich schon nicht schlafen, wenn mein Spielzeug
im Hof geblieben war; das Holzpferd oder der Puppenjunge. Wenn es Regen gibt! Wenn er
85 allein ist und hat Angst vor der Dunkelheit, dachte ich. Verstehst du mich denn nicht?"

Er gab keine Antwort, Carola schien sie auch nicht zu erwarten, sondern richtete ihre Fragen an einen ganz anderen. „Ist das Sterben schwer? Du kannst es mir sagen. Der Augenblick, wo sich die Seele losreißt von allem, was sie hat?"

Nun bewegte sich doch noch ein leiser Wind und hob die äußersten Enden der Weißdorn-
90 zweige empor; die schräge fallenden Sonnenstrahlen wanderten über den Stahlhelm und entzündeten auf der erblindeten Fläche einen winzigen Funken von Licht.

„Liegst du gut?"

Der junge Mann warf den Kopf wie im Traum auf ihrem Schoß hin und her; sein verfinstertes junges Gesicht mit den Linien der unbarmherzigen Jahre entspannte sich unter den
95 streichelnden Händen, die seine widerspenstigen Strähnen langsam und zart zu glätten versuchten und über die Stirn zu den Schläfen und von da aus über die Wangen gingen ... die Lippen, die ihre kühlen Finger mit einem leise saugenden Kuß festzuhalten versuchten ... bis die Finger endlich, selber beruhigt, in der Halsgrube liegenblieben, wo mit gleichmäßig starken Schlägen die lebendige Schlagader pochte.

100 „Ich liege gut", gab der junge Mann mit entfernter Stimme zurück. „Ich möchte immer so liegen. Immer ..." Er seufzte und flüsterte etwas, das Carola, weil er dabei den Mund auf ihre Hände preßte, nicht verstand; doch sie fragte auch nicht danach.

Nach einer Weile sagte das Mädchen: „Ich muß jetzt weitermachen. Die Mutter kommt bald nach Haus. Übrigens, daß ich es nicht vergesse: der Kuratus hat gestern nach dir gefragt. Es ist
105 jetzt großer Mangel an älteren Ministranten, besonders bei Hochämtern, weißt du, an hohen Festen, und so. Ob du nicht –?"

„Nein. Ich will nicht." Der Bursche verzog den Mund.

„... die Kleinen können den Text nicht behalten, sie lernen schlecht und sind unzuverlässig", fuhr sie unbeirrt und beharrlich fort. „Bei dem Requiem neulich –."

110 Sie stockte. Dicht vor beiden flog ein Zitronenfalter mit probenden Flügelschlägen vorbei und ließ sich vertrauensvoll und erschöpft auf dem Korb mit den Pflänzchen nieder.

„Meinetwegen", sagte der Bursche. „Nein: deinetwegen", verbesserte er. „Damit du Ruhe hast", fügte er noch hinzu.

„Damit er ... Ruhe hat", sagte sie und griff nach dem Pflanzenkorb.

An diesem Dienstag (1949)

Wolfgang Borchert

Die Woche hat einen Dienstag.
Das Jahr ein halbes Hundert.
Der Krieg hat viele Dienstage.

An diesem Dienstag
5 übten sie in der Schule die großen Buchstaben. Die Lehrerin hatte eine Brille mit dicken Gläsern. Die hatten keinen Rand. Sie waren so dick, daß die Augen ganz leise aussahen. Zweiundvierzig Mädchen saßen vor der schwarzen Tafel und schrieben mit großen Buchstaben:
DER ALTE FRITZ HATTE EINEN TRINKBECHER AUS BLECH. DIE DICKE
10 BERTA SCHOSS BIS PARIS. IM KRIEGE SIND ALLE VÄTER SOLDAT.

Ulla kam mit der Zungenspitze bis an die Nase. Da stieß die Lehrerin sie an. Du hast Krieg mit ch geschrieben, Ulla. Krieg wird mit g geschrieben. G wie Grube. Wie oft habe ich das schon gesagt. Die Lehrerin nahm ein Buch und machte einen Haken hinter Ullas Namen. Zu morgen schreibst du den Satz zehnmal ab, schön sauber, verstehst du? Ja, sagte Ulla und
15 dachte: Die mit ihrer Brille.
Auf dem Schulhof fraßen die Nebelkrähen das weggeworfene Brot.

An diesem Dienstag
wurde Leutnant Ehlers zum Bataillonskommandeur befohlen.
Sie müssen den roten Schal abnehmen, Herr Ehlers.
20 Herr Major?
Doch, Ehlers. In der Zweiten ist sowas nicht beliebt.
Ich komme in die zweite Kompanie?
Ja, und die lieben sowas nicht. Da kommen Sie nicht mit durch. Die Zweite ist an das Korrekte gewöhnt. Mit dem roten Schal läßt die Kompanie Sie glatt stehen. Hauptmann Hesse
25 trug sowas nicht.
Ist Hesse verwundet?
Nee, er hat sich krank gemeldet. Fühlte sich nicht gut, sagte er. Seit er Hauptmann ist, ist er ein bißchen flau geworden, der Hesse. Versteh ich nicht. War sonst immer so korrekt. Na ja, Ehlers, sehen Sie zu, daß Sie mit der Kompanie fertig werden. Hesse hat die Leute gut erzo-
30 gen. Und den Schal nehmen Sie ab, klar?
Türlich, Herr Major.
Und passen Sie auf, daß die Leute mit den Zigaretten vorsichtig sind. Da muß ja jedem anständigen Scharfschützen der Zeigefinger jucken, wenn er diese Glühwürmchen herumschwirren sieht. Vorige Woche hatten wir fünf Kopfschüsse. Also passen Sie ein bißchen auf, ja?
35 Jawohl, Herr Major.
Auf dem Wege zur zweiten Kompanie nahm Leutnant Ehlers den roten Schal ab. Er steckte eine Zigarette an. Kompanieführer Ehlers, sagte er laut.
Da schoß es.

An diesem Dienstag
40 sagte Herr Hansen zu Fräulein Severin:
Wir müssen dem Hesse auch mal wieder was schicken, Severinchen. Was zu rauchen, was zu knabbern. Ein bißchen Literatur. Ein Paar Handschuhe oder sowas. Die Jungens haben einen verdammt schlechten Winter draußen. Ich kenne das. Vielen Dank.
Hölderlin vielleicht, Herr Hansen?
45 Unsinn, Severinchen, Unsinn. Nein, ruhig ein bißchen freundlicher. Wilhelm Busch oder so. Hesse war doch mehr für das Leichte. Lacht doch gern, das wissen Sie doch. Mein Gott, Severinchen, was kann dieser Hesse lachen!
Ja, das kann er, sagte Fräulein Severin.

An diesem Dienstag
50 trugen Sie Hauptmann Hesse auf einer Bahre in die Entlausungsanstalt. An der Tür war ein Schild:

OB GENERAL, OB GRENADIER:
DIE HAARE BLEIBEN HIER.

Er wurde geschoren. Der Sanitäter hatte lange dünne Finger. Wie Spinnenbeine. An den
55 Knöcheln waren sie etwas gerötet. Sie rieben ihn mit etwas ab, das roch nach Apotheke.
Dann fühlten die Spinnenbeine nach seinem Puls und schrieben in ein dickes Buch: Temperatur 41,6. Puls 116. Ohne Besinnung. Fleckfieberverdacht. Der Sanitäter machte das dicke
Buch zu. Seuchenlazarett Smolensk stand da drauf. Und darunter: Vierzehnhundert Betten.
Die Träger nahmen die Bahre hoch. Auf der Treppe pendelte sein Kopf aus den Decken her-
60 aus und immer hin und her bei jeder Stufe. Und kurzgeschoren. Und dabei hatte er immer
über die Russen gelacht. Der eine Träger hatte Schnupfen.

An einem Dienstag
klingelte Frau Hesse bei ihrer Nachbarin. Als die Tür aufging, wedelte sie mit dem Brief. Er
ist Hauptmann geworden. Hauptmann und Kompaniechef, schreibt er. Und sie haben über
65 40 Grad Kälte. Neun Tage hat der Brief gedauert. An Frau Hauptmann Hesse hat er oben
drauf geschrieben.
Sie hielt den Brief hoch. Aber die Nachbarin sah nicht hin. 40 Grad Kälte, sagte sie, die armen
Jungs. 40 Grad Kälte.

An diesem Dienstag
70 fragte der Oberfeldarzt den Chefarzt des Seuchenlazarettes Smolensk: Wieviel sind es jeden
Tag?
Ein halbes Dutzend.
Scheußlich, sagte der Oberfeldarzt.
Ja, scheußlich, sagte der Chefarzt.
75 Dabei sahen sie sich nicht an.

An diesem Dienstag
spielten sie die Zauberflöte. Frau Hesse hatte sich die Lippen rot gemacht.

An diesem Dienstag
schrieb Schwester Elisabeth an ihre Eltern: Ohne Gott hält man das gar nicht durch. Aber als
80 der Unterarzt kam, stand sie auf. Er ging so krumm, als trüge er ganz Rußland durch den
Saal.
Soll ich ihm noch was geben? fragte die Schwester.
Nein, sagte der Unterarzt. Er sagte das so leise, als ob er sich schämte.
Dann trugen sie Hauptmann Hesse hinaus. Draußen polterte es. Die bumsen immer so.
85 Warum können sie die Toten nicht langsam hinlegen. Jedesmal lassen sie sie so auf die Erde
bumsen. Das sagte einer. Und sein Nachbar sang leise:
      Zicke zacke juppheidi
      Schneidig ist die Infanterie.
Der Unterarzt ging von Bett zu Bett. Jeden Tag. Tag und Nacht. Tagelang. Nächte durch.
90 Krumm ging er. Er trug ganz Rußland durch den Saal. Draußen stolperten zwei Krankenträger mit einer leeren Bahre davon. Nummer 4, sagte der eine. Er hatte Schnupfen.

An diesem Dienstag
saß Ulla abends und malte in ihr Schreibheft mit großen Buchstaben:
      IM KRIEG SIND ALLE VÄTER SOLDAT.
95   IM KRIEG SIND ALLE VÄTER SOLDAT.
Zehnmal schrieb sie das. Mit großen Buchstaben. Und Krieg mit G. Wie Grube.

1.3 Jung und alt

Brief aus Amerika (1965)

Johannes Bobrowski

Brenn mich, brenn mich, brenn mich, singt die alte Frau und dreht sich dabei, hübsch langsam und bedächtig, und jetzt schleudert sie die Holzpantinen von den Füßen, da fliegen sie im
Bogen bis an den Zaun, und sie dreht sich nun noch schneller unter dem Apfelbäumchen.

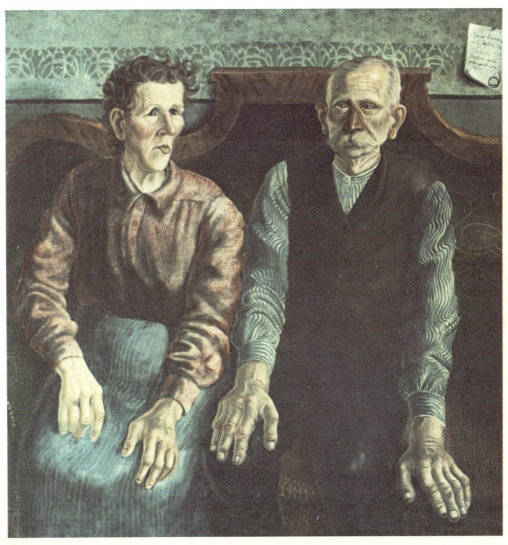

Otto Dix (1891 – 1969): Meine Eltern (1921)

Brenn mich, liebe Sonne, singt sie dazu. Sie hat die Ärmel ihrer Bluse hinaufgeschoben und schwenkt die bloßen Arme, und von den Ästen des Bäumchens fallen kleine, dünne Schatten herab, es ist heller Mittag, und die alte Frau dreht sich mit kleinen Schritten. Brenn mich, brenn mich, brenn mich.

Im Haus auf dem Tisch liegt ein Brief. Aus Amerika. Da steht zu lesen:

Meine liebe Mutter. Teile dir mit, daß wir nicht zu Dir reisen werden. Es sind nur ein par Tage, sag ich zu meiner Frau, dann sind wir dort, und es sind ein paar Tage, sage ich, Alice, dann sind wir wieder zurück. Und es heißt: ehre Vater und Mutter, und wenn der Vater auch gestorben ist, das Grab ist da, und die Mutter ist alt, sage ich, und wenn wir jetzt nicht fahren, fahren wir niemals. Und meine Frau sagt: hör mir zu, John, sie sagt John zu mir, dort ist es schön, das hast du mir erzählt, aber das war früher. Der Mensch ist jung oder alt, sagt sie, und der junge Mensch weiß nicht, wie es sein wird, wenn er alt ist, und der alte Mensch weiß nicht, wie es in der Jugend war. Du bist hier etwas geworden, und du bist nicht mehr dort. Das sagt meine Frau. Sie hat recht. Du weißt, ihr Vater hat uns das Geschäft überschrieben, es geht gut. Du kannst deine Mutter herkommen lassen, sagt sie. Aber Du hast ja geschrieben, Mutter, daß Du nicht kommen kannst, weil einer schon dort bleiben muß, weil alle von uns weg sind.

Der Brief ist noch länger. Er kommt aus Amerika. Und wo er zu Ende ist, steht: Dein Sohn Jons.

Es ist heller Mittag, und es ist schön. Das Haus ist weiß. An der Seite steht ein Stall. Auch der Stall ist weiß. Und hier ist der Garten. Ein Stückchen den Berg hinunter steht schon das nächste Gehöft, und dann kommt das Dorf, am Fluß entlang, und die Chaussee biegt heran und geht vorbei und noch einmal auf den Fluß zu und wieder zurück und in den Wald. Es ist schön. Und es ist heller Mittag. Unter dem Apfelbäumchen dreht sich die alte Frau. Sie schwenkt die bloßen Arme. Liebe Sonne, brenn mich, brenn mich.

In der Stube ist es kühl. Von der Decke baumelt ein Beifußbusch und summt von Fliegen. Die alte Frau nimmt den Brief vom Tisch, faltet ihn zusammen und trägt ihn in die Küche auf den Herd. Sie geht wieder zurück in die Stube. Zwischen den beiden Fenstern hängt der Spiegel, da steckt in der unteren Ecke links, zwischen Rahmen und Glas, ein Bild. Eine Photographie aus Amerika. Die alte Frau nimmt das Bild heraus, sie setzt sich an den Tisch und schreibt auf die Rückseite: Das ist mein Sohn Jons. Und das ist meine Tochter Alice. Und darunter schreibt sie: Erdmuthe Gauptate geborene Attalle. Sie zupft sich die Blusenärmel herunter und streicht sie glatt. Ein schöner weißer Stoff mit kleinen blauen Punkten. Aus Amerika. Sie steht auf, und während sie zum Herd geht, schwenkt sie das Bild ein bißchen durch die Luft. Als der Annus von Tauroggen gekommen ist, damals, und hiergeblieben ist, damals: es ist wegen der Arme, hat er gesagt, solche weißen Arme gibt es nicht, da oben, wo er herkam, und hier nicht, wo er dann blieb. Und dreißig Jahre hat er davon geredet. Der Annus. Der Mensch ist jung oder alt. Was braucht der alte Mensch denn schon? Das Tageslicht wird dunkler, die Schatten werden heller, die Nacht ist nicht mehr zum Schlafen, die Wege verkürzen sich. Nur noch zwei, drei Wege, zuletzt einer.

Sie legt das Bild auf den Herd, neben den zusammengefalteten Brief. Dann holt sie die Streichhölzer aus dem Schaff und legt sie dazu. Werden wir die Milch aufkochen, sagt sie und geht hinaus, Holz holen.

Die unwürdige Greisin (1939)

Bertolt Brecht

Meine Großmutter war zweiundsiebzig Jahre alt, als mein Großvater starb. Er hatte eine kleine Lithographenanstalt in einem badischen Städtchen und arbeitete darin mit zwei, drei Gehilfen bis zu seinem Tod. Meine Großmutter besorgte ohne Magd den Haushalt, betreute das alte, wacklige Haus und kochte für die Mannsleute und Kinder.

5 Sie war eine kleine magere Frau mit lebhaften Eidechsenaugen, aber langsamer Sprechweise. Mit recht kärglichen Mitteln hatte sie fünf Kinder großgezogen - von den sieben, die sie geboren hatte. Davon war sie mit den Jahren kleiner geworden.

Von den Kindern gingen die zwei Mädchen nach Amerika, und zwei der Söhne zogen ebenfalls weg. Nur der Jüngste, der eine schwache Gesundheit hatte, blieb im Städtchen. Er wurde

10 Buchdrucker und legte sich eine viel zu große Familie zu.

So war sie allein im Haus, als mein Großvater gestorben war.

Die Kinder schrieben sich Briefe über das Problem, was mit ihr zu geschehen hätte. Einer konnte ihr bei sich ein Heim anbieten, und der Buchdrucker wollte mit den Seinen zu ihr ins Haus ziehen. Aber die Greisin verhielt sich abweisend zu den Vorschlägen und wollte nur

15 von jedem ihrer Kinder, das dazu imstande war, eine kleine geldliche Unterstützung annehmen. Die Lithographenanstalt, längst veraltet, brachte fast nichts beim Verkauf, und es waren auch Schulden da.

Die Kinder schrieben ihr, sie könne doch nicht ganz allein leben, aber als sie darauf überhaupt nicht einging, gaben sie nach und schickten ihr monatlich ein bißchen Geld. Schließ-

20 lich dachten sie, war ja der Buchdrucker im Städtchen geblieben.

Der Buchdrucker übernahm es auch, seinen Geschwistern mitunter über die Mutter zu berichten. Seine Briefe an meinen Vater und was dieser bei einem Besuch und nach dem Begräbnis meiner Großmutter zwei Jahre später erfuhr, geben mir ein Bild von dem, was in diesen zwei Jahren geschah.

25 Es scheint, daß der Buchdrucker von Anfang an enttäuscht war, daß meine Großmutter sich weigerte, ihn in das ziemlich große und nun leerstehende Haus aufzunehmen. Er wohnte mit vier Kindern in drei Zimmern. Aber die Greisin hielt überhaupt nur eine sehr lose Verbindung mit ihm aufrecht. Sie lud die Kinder jeden Sonntagnachmittag zum Kaffee, das war eigentlich alles.

30 Sie besuchte ihren Sohn ein- oder zweimal in einem Vierteljahr und half der Schwiegertochter beim Beereneinkochen. Die junge Frau entnahm einigen ihrer Äußerungen, daß es ihr in der kleinen Wohnung des Buchdruckers zu eng war. Dieser konnte sich nicht enthalten, in seinem Bericht darüber ein Ausrufezeichen anzubringen.

Auf eine schriftliche Anfrage meines Vaters, was die alte Frau denn jetzt so mache, antwor-

35 tete er ziemlich kurz, sie besuche das Kino.

Man muß verstehen, daß das nichts Gewöhnliches war, jedenfalls nicht in den Augen ihrer Kinder. Das Kino war vor dreißig Jahren noch nicht, was es heute ist. Es handelte sich um elende, schlecht gelüftete Lokale, oft in alten Kegelbahnen eingerichtet, mit schreienden Plakaten vor dem Eingang, auf denen Morde und Tragödien der Leidenschaft angezeigt waren.

40 Eigentlich gingen nur Halbwüchsige hin oder, des Dunkels wegen, Liebespaare. Eine einzelne alte Frau mußte dort sicher auffallen.

Und so war noch eine andere Seite dieses Kinobesuches zu bedenken. Der Eintritt war gewiß billig, da aber das Vergnügen ungefähr unter den Schleckereien rangierte, bedeutete es „hinausgeworfenes Geld". Und Geld hinauszuwerfen, war nicht respektabel.

45 Dazu kam, daß meine Großmutter nicht nur mit ihrem Sohn am Ort keinen regelmäßigen Verkehr pflegte, sondern auch sonst niemanden von ihren Bekannten besuchte oder einlud. Sie ging niemals zu den Kaffeegesellschaften des Städtchens. Dafür besuchte sie häufig die Werkstatt eines Flickschusters in einem armen und sogar etwas verrufenen Gäßchen, in der, besonders nachmittags, allerlei nicht besonders respektable Existenzen herumsaßen, stel-
50 lungslose Kellnerinnen und Handwerksburschen. Der Flickschuster war ein Mann in mittleren Jahren, der in der ganzen Welt herumgekommen war, ohne es zu etwas gebracht zu haben. Es hieß auch, daß er trank. Er war jedenfalls kein Verkehr für meine Großmutter.
Der Buchdrucker deutete in einem Brief an, daß er seine Mutter darauf hingewiesen, aber einen recht kühlen Bescheid bekommen habe. „Er hat etwas gesehen", war ihre Antwort, und
55 das Gespräch war damit zu Ende. Es war nicht leicht, mit meiner Großmutter über Dinge zu reden, die sie nicht bereden wollte.
Etwa ein halbes Jahr nach dem Tod des Großvaters schrieb der Buchdrucker meinem Vater, daß die Mutter jetzt jeden zweiten Tag im Gasthof esse.
Was für eine Nachricht! Großmutter, die zeit ihres Lebens für ein Dutzend Menschen
60 gekocht und immer nur die Reste aufgegessen hatte, aß jetzt im Gasthof! Was war in sie gefahren?
Bald darauf führte meinen Vater eine Geschäftsreise in die Nähe, und er besuchte seine Mutter. Er traf sie im Begriffe, auszugehen. Sie nahm den Hut wieder ab und setzte ihm ein Glas Rotwein mit Zwieback vor. Sie schien ganz ausgeglichener Stimmung zu sein, weder beson-
65 ders aufgekratzt noch besonders schweigsam. Sie erkundigte sich nach uns, allerdings nicht sehr eingehend, und wollte hauptsächlich wissen, ob es für die Kinder auch Kirschen gäbe. Da war sie ganz wie immer. Die Stube war natürlich peinlich sauber, und sie sah gesund aus.
Das einzige, was auf ihr neues Leben hindeutete, war, daß sie nicht mit meinem Vater auf den Gottesacker gehen wollte, das Grab ihres Mannes zu besuchen. „Du kannst allein hinge-
70 hen", sagte sie beiläufig, „es ist das dritte von links in der elften Reihe. Ich muß noch wohin."
Der Buchdrucker erklärte nachher, daß sie wahrscheinlich zu ihrem Flickschuster mußte. Er klagte sehr. „Ich sitze hier in diesen Löchern mit den Meinen und habe nur noch fünf Stunden Arbeit und schlecht bezahlte, dazu macht mir mein Asthma wieder zu schaffen, und das
75 Haus in der Hauptstraße steht leer."
Mein Vater hatte im Gasthof ein Zimmer genommen, aber erwartet, daß er zum Wohnen doch von seiner Mutter eingeladen werden würde, wenigstens pro forma, aber sie sprach nicht davon. Und sogar als das Haus voll gewesen war, hatte sie immer etwas dagegen gehabt, daß er nicht bei ihnen wohnte und dazu das Geld für das Hotel ausgab!
80 Aber sie schien mit ihrem Familienleben abgeschlossen zu haben und neue Wege zu gehen, jetzt, wo ihr Leben sich neigte. Mein Vater, der eine gute Portion Humor besaß, fand sie ,ganz munter' und sagte meinem Onkel, er solle die alte Frau machen lassen, was sie wolle. Aber was wollte sie?
Das nächste, was berichtet wurde, war, daß sie eine Bregg bestellt hatte und nach einem Aus-
85 flugsort gefahren war, an einem gewöhnlichen Donnerstag. Eine Bregg war ein großes, hochrädiges Pferdegefährt mit Plätzen für ganze Familien. Einige wenige Male, wenn wir Enkelkinder zu Besuch gekommen waren, hatte Großvater die Bregg gemietet. Großmutter war immer zu Hause geblieben. Sie hatte es mit einer wegwerfenden Handbewegung abgelehnt, mitzukommen.
90 Und nach der Bregg kam die Reise nach K., einer größeren Stadt, etwa zwei Eisenbahnstunden entfernt. Dort war ein Pferderennen, und zu dem Pferderennen fuhr meine Großmutter.

Der Buchdrucker war jetzt durch und durch alarmiert. Er wollte einen Arzt hinzugezogen haben. Mein Vater schüttelte den Kopf, als er den Brief las, lehnte aber die Hinzuziehung eines Arztes ab.

95 Nach K. war meine Großmutter nicht allein gefahren. Sie hatte ein junges Mädchen mitgenommen, eine halb Schwachsinnige, wie der Buchdrucker schrieb, das Küchenmädchen des Gasthofs, in dem die Greisin jeden zweiten Tag speiste.

Dieser ‚Krüppel‘ spielte von jetzt ab eine Rolle.

Meine Großmutter schien einen Narren an ihr gefressen zu haben. Sie nahm sie mit ins Kino 100 und zum Flickschuster, der sich übrigens als Sozialdemokrat herausgestellt hatte, und es ging das Gerücht, daß die beiden Frauen bei einem Glas Rotwein in der Küche Karten spielten. „Sie hat dem Krüppel jetzt einen Hut gekauft mit Rosen drauf“, schrieb der Buchdrucker verzweifelt. „Und unsere Anna hat kein Kommunionskleid!“

Die Briefe meines Onkels wurden ganz hysterisch, handelten nur von der ‚unwürdigen Auf-105 führung unserer lieben Mutter‘ und gaben sonst nichts mehr her. Das Weitere habe ich von meinem Vater. Der Gastwirt hatte ihm mit Augenzwinkern zugeraunt: „Frau B. amüsiert sich ja jetzt, wie man hört.“

In Wirklichkeit lebte meine Großmutter auch diese letzten Jahre keineswegs üppig. Wenn sie nicht im Gasthof aß, nahm sie meist nur ein wenig Eierspeise zu sich, etwas Kaffee und vor al-110 lem ihren geliebten Zwieback. Dafür leistete sie sich einen billigen Rotwein, von dem sie zu allen Mahlzeiten ein kleines Glas trank. Das Haus hielt sie sehr rein, und nicht nur die Schlafstube und die Küche, die sie benutzte. Jedoch nahm sie darauf ohne Wissen ihrer Kinder eine Hypothek auf. Es kam niemals heraus, was sie mit dem Geld machte. Sie scheint es dem Flickschuster gegeben zu haben. Er zog nach ihrem Tod in eine andere Stadt und soll dort ein 115 größeres Geschäft für Maßschuhe eröffnet haben.

Genau betrachtet lebte sie hintereinander zwei Leben. Das eine, erste, als Tochter, als Frau und als Mutter, und das zweite einfach als Frau B., eine alleinstehende Person ohne Verpflichtungen und mit bescheidenen, aber ausreichenden Mitteln. Das erste Leben dauerte etwa sechs Jahrzehnte, das zweite nicht mehr als zwei Jahre.

120 Mein Vater brachte in Erfahrung, daß sie im letzten halben Jahr sich gewisse Freiheiten gestattete, die normale Leute gar nicht kennen. So konnte sie im Sommer früh um drei Uhr aufstehen und durch die leeren Straßen des Städtchens spazieren, das sie so für sich ganz allein hatte. Und den Pfarrer, der sie besuchen kam, um der alten Frau in ihrer Vereinsamung Gesellschaft zu leisten, lud sie, wie allgemein behauptet wurde, ins Kino ein!

125 Sie war keineswegs vereinsamt. Bei dem Flickschuster verkehrten anscheinend lauter lustige Leute, und es wurde viel erzählt. Sie hatte dort immer eine Flasche ihres eigenen Rotweins stehen, und daraus trank sie ihr Gläschen, während die anderen erzählten und über die würdigen Autoritäten der Stadt loszogen. Dieser Rotwein blieb für sie reserviert, jedoch brachte sie mitunter der Gesellschaft stärkere Getränke mit.

130 Sie starb ganz unvermittelt, an einem Herbstnachmittag in ihrem Schlafzimmer, aber nicht im Bett, sondern auf dem Holzstuhl am Fenster. Sie hatte den ‚Krüppel‘ für den Abend ins Kino eingeladen, und so war das Mädchen bei ihr, als sie starb. Sie war vierundsiebzig Jahre alt.

Ich habe eine Fotografie von ihr gesehen, die sie auf dem Totenbett zeigt und die für die Kinder angefertigt worden war.

135 Man sieht ein winziges Gesichtchen mit vielen Falten und einem schmallippigen, aber breiten Mund. Viel Kleines, aber nichts Kleinliches. Sie hatte die langen Jahre der Knechtschaft und die kurzen Jahre der Freiheit ausgekostet und das Brot des Lebens aufgezehrt bis auf den letzten Brosamen.

1.4 Alltag

Wie bei Gogol (1973)

Siegfried Lenz

Dabei kenne ich diesen Umschlagplatz seit acht Jahren, dieses unübersichtliche Verteilerbekken, in dem Straßenbahnen, Busse und S-Bahnen zusammenlaufen, nur, um ihre Fracht auszutauschen und aneinander abzugeben. Kaum fliegen zischend die Türen auf, da stürzt, hastet und schnürt es schon aufeinander zu, vermengt und verknotet sich – gerade, als ob waffenlose
5 Gegner sich ineinander verbeißen –, und so sicher und ungefährdet bewegt sich ihr Zug, so rücksichtslos erzwingt sich die große Zahl ihren Weg, daß man am besten anhält und wartet, bis alles vorüber ist, obwohl die Ampel einem Grün gibt.
Wenn es nur dieser Zug wäre mit den hüpfenden Schulranzen, den schlenkernden Aktentaschen – wenn es nur diese mürrische, morgendliche Prozession wäre: Sie könnte man noch
10 kontrolliert im Auge behalten, aber hier, wo der Berufsverkehr in ein verzweigtes Delta gelenkt wird, muß man auf unerwartete Begegnungen gefaßt sein, auf plötzlich ausscherende Einzelgänger, auf Quertreiber, auf kleine Wettläufer, die hinter parkenden Autos hervorflitzen und die Straße im Spurt zu überqueren versuchen.
Ich wußte das alles. Denn acht Jahre gehörte ich selbst zu ihnen, ließ mich von ihrem unge-
15 duldigen Strom davontragen, von der S-Bahn zum Bus hinüber, der unmittelbar vor meiner Schule hält; ich war lange genug ein Teil ihrer Rücksichtslosigkeit.
Doch all dieses Wissen half mir nicht und hätte keinem geholfen, selbst wenn er zwanzig Jahre unfallfrei am Steuer gesessen hätte; was geschah, war einfach aus statistischen Gründen unvermeidlich und kann weder auf mein Anfängertum noch darauf zurückgeführt werden,
20 daß meine erstes Auto, mit dem ich noch nicht einmal seit einer Woche zum Unterricht fuhr, ein Gebrauchtwagen war. Obwohl sich nichts düster und bedeutsam ankündigte an diesem Morgen, obwohl es keinen Grund gab, mir eine besondere Aufmerksamkeit aufzuerlegen – ich sollte mit einer Doppelstunde Geographie beginnen –, nahm ich, als ich mich dem Umschlagplatz näherte, frühzeitig das Gas weg und beschleunigte selbst dann nicht, als die Am-
25 pel auf Grün umsprang, mit einem kleinen Flackern, das mir wie ein Zwinkern erschien, wie eine Aufforderung, zu beschleunigen und davonzukommen, ehe die beiden Busse sich öffneten, die auf der anderen Straßenseite gerade an ihren Halteplatz herandrehten. Auf dem Kopfsteinpflaster lag zerfahrener Schnee, der sich schmutzig unter dem Biß des gestreuten Salzes auflöste, das Auto fuhr nicht schneller als dreißig, und ich behielt die Busse im Auge, aus de-
30 nen sie gleich wie auf ein Startzeichen herausstürzen würden.
Er mußte aus dem Eingang zur S-Bahn gekommen sein, mußte die Nummer seines Busses entdeckt haben, den er wie alle, die ihre morgendliche Reise so scharf kalkuliert hatten, um jeden Preis erreichen wollte. Zuerst hörte ich den Aufprall. Das Steuer schlug aus. Dann sah ich ihn auf der Haube, das verzerrte Gesicht unter der Schirmmütze, die Arme ausgestreckt
35 gegen die Windschutzscheibe, auf der Suche nach einem Halt. Er war, gleich hinter der Ampel, von rechts gegen das Auto gelaufen; ich bremste und sah, wie er nach links wegkippte und auf die Fahrbahn rollte. Halteverbot, überall herum Halteverbot, darum legte ich den Rückwärtsgang ein und fuhr einige Meter zurück, zog die Handbremse und stieg aus. Wo war er? Dort, am Kantstein, an den eisernen Sperrketten, versuchte er sich aufzurichten, Hand
40 über Hand, ein kleiner Mann, Fliegengewicht, in einem abgetragenen Mantel. Passanten wa-

ren schon bei ihm, versuchten, ihm zu helfen, hatten gegen mich schon feindselige Haltung
eingenommen: Für sie war die Schuldfrage gelöst. Sein bräunliches Gesicht war mehr von
Angst gezeichnet als von Schmerz, er sah mich abwehrend an, als ich auf ihn zuging, und mit
gewaltsamen Lächeln versuchte er, die Passanten zu beschwichtigen: Nicht so schlimm, alles
45 nicht der Rede wert.
Von ihm lief mein Blick zurück, auf das Auto, im rechten Kotflügel war eine eiförmige Delle,
ziemlich regelmäßig, wie von einer Holzkeule geschlagen; an den Kanten, wo der Lack abge-
platzt war, klebten Stoffäden, auch die Haube war eingedrückt und aus dem Schloß gesprungen, ein Scheibenwischer war abgebrochen. Er beobachtete mich, während ich den Schaden
50 abschätzte, hielt sich mit beiden Händen an der Kette fest, schwankend, und immer wieder
linste er zu den abfahrenden Bussen hinüber.
Hautabschürfungen auf der Stirn und am Handrücken: Mehr entdeckte ich nicht, als ich auf
ihn zutrat und er mit einem Lächeln zu mir aufblickte, das alles zugab: seine Unvorsichtig-
keit, seine Eile, seine Schuld, und in dem Wunsch, die Folgen herunterzuspielen und mir zu
55 beweisen, wie glimpflich alles verlaufen sei, hob er abwechselnd die in ausgefransten Röhren-
hosen steckenden Beine, bewegte den Kopf nach rechts und nach links, krümmte probeweise
den freien Arm: Sieh her, ist nicht alles in Ordnung? Ich fragte ihn, warum er denn bei Rot,
ob er nicht das fahrende Auto – er hob bedauernd, er hob schuldbewußt die Schultern: Er
verstand mich nicht. Furchtsam wiederholte er immer wieder denselben Satz, machte eine an-
60 gestrengte Geste in Richtung des verlaufenden Bahndamms; es waren türkische Wörter, die
er gebrauchte, ich erriet es am Tonfall. Ich erkannte seine Bereitschaft zur Flucht und sah,
was ihn daran hinderte, doch er wagte es nicht, die inneren Schmerzen zu bestimmen oder
auch nur zuzugeben. Er litt unter dem Mitgefühl und der Neugierde der Passanten; er schien
zu begreifen, daß sie mich bezichtigten, und litt auch darunter. Doktor, sagte ich, jetzt bringe
65 ich Sie zu einem Arzt.
Wie leicht er war, als ich ihn unterfing, seinen Arm um meinen Nacken zog und ihn zum
Auto führte, und wie besorgt er die Schäden am Kotflügel und Kühler erkundete! Während
Passanten neu hinzukommenden Passanten erklärten, was sie gesehen oder auch nur gehört
hatten, bugsierte ich ihn auf den Rücksitz, brachte seinen Körper in eine Art entspannter
70 Schräglage, nickte ihm ermunternd zu und fuhr los, den alten Weg zur Schule. In der Nähe
der Schule wohnten oder praktizierten mehrere Ärzte, ich erinnerte mich an die weißen
Emailleschilder in ihren Vorgärten, dorthin wollte ich ihn bringen.
Ich beobachtete ihn im Rückspiegel, er hatte die Augen geschlossen, seine Lippen zitterten,
vom Ohr zog sich ein dünner Blutstreifen den Hals hinab. Er stemmte sich fest, hob seinen
75 Körper vom Sitz ab – allerdings nicht, um einen Schmerz erträglich zu machen, sondern weil
er etwas suchte in seinen verschiedenen Taschen, die er mit gestreckten Fingern durch-
forschte. Dann zog er ein Stück Papier heraus, einen blauen Briefumschlag, den er mir auffor-
dernd über die Lehne reichte: Hier, hier, Adresse. Er richtete sich auf, beugte sich über die
Rückenlehne zu mir, und mit heiserer Stimme, dringlich und gegen die gewohnte Betonung
80 gesprochen, wiederholte er: Liegnitzer Straße.
Daran schien ihm ausschließlich gelegen zu sein, jetzt, er sprach erregt auf mich ein, seine
Furcht nahm zu: Nix Doktor, Liegnitzer Straße, ja, und er wedelte mit dem blauen Umschlag. Wir kamen an den Taxistand in der Nähe der Schule, ich hielt, machte ihm ein Zeichen, daß er auf mich warten solle, es werde nicht lange dauern, danach ging ich zu den Taxi-
85 fahrern und erkundigte mich nach der Liegnitzer Straße. Sie kannten zwei Straßen, die diesen
Namen trugen, setzten aber wie selbstverständlich voraus, daß ich, da ich schon einmal hier
war, in die näher gelegene Straße wollte, und sie beschrieben mir den Weg, den sie selbst fuh-

ren, am Krankenhaus vorbei, durch die Unterführung, zum Rand eines kleinen Industriebe-
zirks. Ich dankte ihnen und ging zur Telefonzelle und wählte die Nummer der Schule. Mein
90 Unterricht hätte längst begonnen haben müssen. Niemand nahm ab. Ich wählte meine eigene
Nummer, ich sagte in das Erstaunen meiner Frau: Erschrick nicht, ich hatte einen Unfall, mir
ist nichts passiert. Sie fragte: Ein Kind? – und ich schnell: Ein Ausländer, vermutlich ein Gast-
arbeiter, ich muß ihn fortbringen; bitte, verständige du die Schule. Bevor ich die Telefonzelle
verließ, drehte ich noch einmal die Nummer der Schule, jetzt ertönte das Besetztzeichen.
95 Ich ging zu meinem Auto zurück, vor dem zwei Taxifahrer standen und gelassen meinen
Schaden zum Anlaß nahmen, um über eigene Schäden zu sprechen, wobei sie sich gegenseitig
zu überbieten versuchten. Das Auto war leer. Ich beugte mich über den Rücksitz, beklopfte
ihn – die Taxifahrer konnten sich an keinen Mann erinnern, doch sie schlossen nicht aus, daß
er nach vorn gegangen war und sich – vielleicht – den ersten Wagen genommen hatte. Ein
100 südländischer Typ, Schirmmütze, noch dazu verletzt, wäre ihnen gewiß aufgefallen. Sie wollten wissen, wo mich das Pech erwischt hatte, ich erzählte es ihnen, und sie schätzten den
Schaden – vorausgesetzt, daß ich gut wegkäme – auf achthundert Mark.
Langsam fuhr ich zur Liegnitzer Straße, am Krankenhaus vorbei, durch die Unterführung,
zum Industriebezirk. Eine kleine Drahtfabrik, deren Gelände mit löchrigem Maschendraht
105 eingezäunt war; schwere Pressen, die Autowracks zu handlichen Blechpaketen zusammen-
quetschten; an trüben Hallen fuhr ich vorbei, die sich Reparaturwerkstätten nannten, an Spe-
ditionsfirmen und verschneiten Lagerplätzen, über die nicht eine einzige Fußspur führte.
Die Liegnitzer Straße schien nur aus einem schirmenden, mit Plakaten vollgeklebten Bretter-
zaun zu bestehen, hinter dem starr gelbe Kräne aufragten; keine Wohnhäuser; zurückliegend,
110 türlos, mit zerbrochenen Fenstern eine aufgelassene Fabrik; schwarze Rußzungen zeugten
immer noch von einem Brand. In einer Lücke entdeckte ich Wohnwagen, deren Räder tief in
den Boden eingesackt waren. Ich hielt an, verließ das Auto, ging durch den schmutzigen
Schnee zu den Wohnwagen hinüber; die Arbeiter waren fort. Die Fenster der Wohnwagen
waren mit Gardinen verhängt, auf den eingehängten Treppen lagen Reste von Streusalz;
115 Rauch stieg aus einem blechernen Schornstein auf.
Vermutlich hätte ich die Wagen nur umrundet und wäre fortgegangen, wenn sich nicht eine
Gardine bewegt, wenn ich nicht den beringten Finger gesehen hätte, der den gehäkelten Stoff
zu glätten versuchte; so stieg ich die Treppe halb hinauf und klopfte. Ein hastiger, zischender
Wortwechsel im Innern, dann wurde die Tür geöffnet, ich sah nah vor meinem Gesicht den
120 Siegelring an der Hand, die jetzt auf der Klinke lag. Den Blick hebend, sah ich ihn bedrohlich
vor mir hochwachsen: die schwarzen Halbschuhe mit weißer Kappe; die engen gebügelten
Hosen; der kurze, mit Pelzkragen besetzte Mantel; aus der oberen Jackentasche leuchtete das
Dreieck eines Seidentuchs. Höflich, in gebrochenem Deutsch, fragte er mich, wen ich suchte,
da hatte ich schon, an seiner Hüfte vorbeisehend, den Mann auf der untern Liegestatt des
125 doppelstöckigen Bettes erkannt, zeigte bereits mit der Hand auf ihn: Er dort, zu ihm will ich.
Ich durfte eintreten. Vier Betten, eine Waschgelegenheit, an den unverkleideten Holzwänden
angepinnte Postkarten, Familienbilder, aus Zeitungen ausgeschnittene Photographien: dies
war das Inventar, das ich zuerst bemerkte; später, nachdem der auffällig gekleidete Mann
mir einen Hocker angeboten hatte, entdeckte ich Kartons und Pappkoffer unter den Bett-
130 gestellen.
Der Verletzte lag ausgestreckt unter einer Decke, auf der in roter Schrift das Wort „Hotel"
zu lesen war; seine dunklen Augen glänzten in der Trübnis des Innern. Er nahm meinen
Gruß gleichgültig auf, kein Zeichen des Wiedererkennens, weder Furcht noch Neugier.
Herr Üzkök hatte einen Unfall, sagte der Mann mit dem Siegelring. Ich nickte und fragte

135 nach einer Weile, ob ich ihn nicht zum Arzt fahren sollte. Der Siegelring winkte lebhaft ab: Nicht nötig, Herr Üzkök sei in bester ärztlicher Pflege, zwei Tage schon, seit er diesen Unfall auf dem Bau hatte, auf der Baustelle. Ich sagte: Heute morgen, ich bin wegen des Unfalls heute morgen gekommen, worauf der Mann sich schroff zu dem Verletzten wandte und ihn etwas in seiner Heimatsprache fragte; der Verletzte schüttelte sanft den Kopf: Von einem Un-
140 fall heute morgen Herrn Üzkök ist nichts bekannt. Ich sagte ruhig: Mir ist es passiert, dieser Mann lief mir bei Grün vor den Kühler, ich habe ihn angefahren, die Schäden am Auto kön- nen Sie sich ansehen, es steht draußen. Wieder fuhr der Mann den Verletzten in seiner Hei- matsprache an, ärgerlich, gereizt, mit theatralischer Energie um Aufklärung bemüht, einen geflüsterten Satz ließ er sich ausdrücklich wiederholen. Alles, was er mir danach zusammen-
145 fassend sagen konnte, lautete: Herr Üzkök kommt aus der Türkei, Herr Üzkök ist Gastarbei- ter, Herr Üzkök hatte Unfall vor zwei Tagen. Ein Auto ist ihm unbekannt.
Ich zeigte auf den Verletzten und bat: Fragen Sie ihn, warum er fortgelaufen ist; ich selbst sollte ihn doch in die Liegnitzer Straße bringen, hierher. Wieder spielten sie ihr Frage und Antwort-Spiel, das ich nicht verstand; und während der Verletzte gepeinigt zu mir aufsah und
150 seine Lippen bewegte, sagte der Mann mit dem Siegelring: Herr Üzkök ist nicht fortgelaufen seit dem Unfall auf Bau, er muß im Bett liegen. Ich bat den Verletzten: Zeigen Sie mir den blauen Briefumschlag, den Sie mir im Auto zeigten; und er lauschte der Übersetzung, und ich konnte nicht glauben, daß meine Bitte sich im Türkischen so dehnte und außerdem Spruch und Widerspruch nötig machte. Mit triumphierendem Bedauern wurde mir mitgeteilt, daß
155 Herr Üzkök keinen blauen Briefumschlag besessen habe.
Diese Unsicherheit, auf einmal meldete sich die vertraute Unsicherheit, wie so oft in der Klasse, wenn ich das Risiko einer endgültigen Entscheidung übernehmen muß; und weil ich überzeugt war, daß der Verletzte noch seinen schäbigen Mantel trug, trat ich an sein Lager heran und hob einfach die Decke auf. Er lag in seiner Unterhose da, preßte etwas mit den
160 Händen zusammen, das er offenbar um keinen Preis hergeben wollte.
Als ich mich, schon auf der Treppe, nach der Nummer erkundigte, nach der Straßennummer, unter der die Wohnwagen registriert waren, lachte der Mann mit dem Siegelring, rief einen knappen Befehl zu dem Verletzten zurück; und als er mir dann sein Gesich zuwandte, Vierzig bis Zweiundfünfzig sagte und dabei vergnügt seine Arme ausbreitete, spürte ich zum ersten-
165 mal seinen freimütigen Argwohn. Viel Adresse, sagte er, vielleicht fünfhundert Meter. Ich fragte, ob dies die ständige Wohnung von Herrn Üzkök sei, worauf er, sein Mißtrauen durch Lebhaftigkeit tarnend, in Andeutungen auswich: Viel Arbeit, überall. Manchmal Herr Üz- kök ist hier, manchmal dort – er deutete in entgegengesetzte Richtungen.
Obwohl ich mich verabschiedete, folgte er mir; schweigend begleitete er mich auf die Straße
170 hinaus, trat an mein Auto heran, strich über die Dellen, die der leichte Körper dem Blech bei- gebracht hatte, hob die Haube an und ließ sich bestätigen, daß das Schloß nicht mehr ein- schnappte. War er erleichtert? Ich hatte das Gefühl, daß er, dem alles doch gleichgültig sein konnte, erleichtert war, nachdem er den Schaden begutachtet hatte. Er rieb sich das weiche Kinn, dann mit breitem Daumen die lang heruntergezogenen Koteletten. Ob ich vorhätte,
175 die Versicherung einzuschalten? Ich gab ihm zu verstehen, daß mir wohl nichts anderes übrigbleibe, worauf er mit einer abermaligen, gründlichen Inspektion des Schadens begann und zu meiner Überraschung einen Schätzpreis nannte, der knapp unter dem lag, den die Ta- xifahrer genannt hatten: siebenhundertfünfzig. Er grinste, zwinkerte mir komplizenhaft zu, als ich einstieg und die Scheibe herunterdrehte, und in dem Augenblick, als ich den Motor an-
180 ließ, streckte er mir seine geschlossene Hand hin: Für Reparatur, sagte er. Herr Üzkök, er braucht jetzt Ruhe.

Ich wollte aussteigen, doch er entfernte sich bereits, mit hochgeschlagenem Pelzkragen, unwiderruflich, als habe er das Äußerste hinter sich gebracht. Nachdem er hinter dem Zaun verschwunden war, sah ich auf das Geld in meiner Hand, zählte es – die Summe entsprach seinem Schätzpreis –, zögerte, wartete auf etwas, auch wenn ich nicht wußte, was es sein könnte, und bevor ich zur Schule ging, lieferte ich den Wagen in der Werkstatt ab.

Im Lehrerzimmer saß natürlich Seewald, saß da, als hätte er auf mich gewartet, er mit seinem roten Gesicht, dem haltlosen Bauch, der ihm vermutlich bis zu den Knien durchsacken würde, wenn er ihn nicht mit einem extrabreiten Riemen bändigte. Hab' schon gehört, sagte er, nun erzähl mal. Aus seiner Thermosflasche bot er mir Tee an, nein, er drängte ihn mir so gewaltsam auf, als wolle er das Recht erwerben, jede Einzelheit meines Unfalls zu erfahren, ausgerechnet Seewald, der bei jeder Gelegenheit für seine Erfahrung warb, nach der es keine Originalerlebnisse mehr gebe. Alles, so behauptete er, was uns vorkommt oder zustößt, sei bereits anderen vorgekommen oder zugestoßen, die Bandbreite unserer Erlebnisse und Konflikte sei ein für allemal erschöpft, selbst in einer seltenen Lage dürfe man nicht mehr als einen zweiten Aufguß sehen.

Ich trank seinen stark gesüßten Tee, erschrak, als ich sah, wie sehr meine Hand zitterte – weniger, wenn ich die Tasse aufnahm, als wenn ich sie absetzte. Also die Anfahrt, der Unfall, die Flucht des Verletzten, und dann, als ich ihm die Begegnung im Wohnwagen schilderte, konnte ich die Entstehung eines für ihn typischen Lächelns beobachten, eines überlegenen, rechthaberischen Lächelns, das mich sogleich reizte und bedauern ließ, ihm alles aufgetischt zu haben. Es war mein Unfall, mein Erlebnis, und deshalb hatte ich doch wohl das Recht, es auf meine Weise zu bewerten und besonders die Begegnung im Wohnwagen mit der angemessenen Unentschiedenheit darzustellen. Für ihn indes, für Seewald, war alles längst entschieden: Wie bei Gogol, sagte er, hast du es denn nicht bemerkt, mein Lieber – genau wie bei Gogol. Ich war froh, daß die Glocke mich zur Stunde rief und mir seine Erklärungen erspart blieben, vor allem der unvermeidliche Hinweis darauf, wie mein Erlebnis im Original aussah.

Ich werde ihm nicht erzählen, daß sowohl der Taxifahrer als auch der Mann mit dem Siegelring den Preis für die Reparatur zu hoch angesetzt hatten; da die Dellen ausgeklopft werden konnten, behielt ich mehr als zweihundert Mark übrig. Und ich werde Seewald nie und nimmer erzählen, daß ich, in dem Wunsch, dem Fremden oder Herrn Üzkök den Rest des Geldes zurückgegeben, noch einmal in die Liegnitzer Straße fuhr, in der Dämmerung, bei Schneefall. Das Fenster des Wohnwagens war abgedunkelt, die Behausung sah verlassen aus, zumindest abgeschlossen, doch auf mein mehrmaliges Klopfen wurde geöffnet, und wieder stand er vor mir, mit dem roten Seidentuch in der Hand, mit der er sich anscheinend Luft zugefächelt hatte. Mindestens sechs Männer hockten auf den Bettgestellen, kurzgewachsene, scheue Männer, die bei meinem Anblick die Rotweingläser zu verbergen suchten. Wie ertappt saßen sie da, einige wie überführt, kein Gesicht, auf dem nicht Befürchtung lag.

Ich fragte nach Herrn Üzkök; der Mann mit dem Siegelring erinnerte sich nicht an ihn, er war ihm nie begegnet, hatte ihn nie betreut. Da wußte ich schon, daß er auch Schwierigkeiten haben würde, sich an mich zu erinnern, und als ich ihm das überschüssige Geld zurückgeben wollte, sah er mich mit beinahe grämlicher Ratlosigkeit an. Er bedaure sehr, doch er dürfe ja wohl kein Geld annehmen, das ihm nicht gehöre. Ich sah auf die schweigenden Männer, sie schienen ausnahmslos Üzkök zu gleichen, und ich war sicher, daß sie, wenn ich am nächsten Tag wiederkäme, bestreiten würden, mich je gesehen zu haben. Es standen hier mehrere Wohnwagen nebeneinander. Hatte ich mich im Wagen geirrt? Eins jedoch weiß ich genau: daß ich das Geld auf einen Klapptisch legte, ehe ich ging.

Jürgen Waller (geb. 1939): Brief aus der Heimat (1973)

Wo ich wohne (1963)

Ilse Aichinger

Ich wohne seit gestern einen Stock tiefer. Ich will es nicht laut sagen, aber ich wohne tiefer. Ich will es deshalb nicht laut sagen, weil ich nicht übersiedelt bin. Ich kam gestern abends aus dem Konzert nach Hause, wie gewöhnlich Samstag abends, und ging die Treppe hinauf, nachdem ich vorher das Tor aufgesperrt und auf den Lichtknopf gedrückt hatte. Ich ging ahnungs-
5 los die Treppe hinauf – der Lift ist seit dem Krieg nicht in Betrieb –, und als ich im dritten Stock angelangt war, dachte ich: „Ich wollte, ich wäre schon hier!" und lehnte mich für einen Augenblick an die Wand neben der Lifttür. Gewöhnlich überfällt mich im dritten Stock eine Art von Erschöpfung, die manchmal so weit führt, daß ich denke, ich müßte schon vier Treppen gegangen sein. Aber das dachte ich diesmal nicht, ich wußte, daß ich noch ein Stock-
10 werk über mir hatte. Ich öffnete deshalb die Augen wieder, um die letzte Treppe hinaufzuge-hen, und sah in demselben Augenblick ein Namensschild an der Tür links vom Lift. Hatte ich mich doch geirrt und war schon vier Treppen gegangen? Ich wollte auf die Tafel schauen, die das Stockwerk bezeichnete, aber gerade da ging das Licht aus.
Da der Lichtknopf auf der anderen Seite des Flurs ist, ging ich die zwei Schritte bis zu meiner
15 Tür im Dunkeln und sperrte auf. Bis zu meiner Tür? Aber welche Tür sollte es denn sein, wenn mein Name daran stand? Ich mußte eben doch schon vier Treppen gegangen sein.
Die Tür öffnete sich auch gleich ohne Widerstand, ich fand den Schalter und stand in dem er-leuchteten Vorzimmer, in meinem Vorzimmer, und alles war wie sonst: die roten Tapeten, die ich längst hatte wechseln wollen, und die Bank, die daran gerückt war, und links der Gang
20 zur Küche. Alles war wie sonst. In der Küche lag das Brot, das ich zum Abendessen nicht mehr gegessen hatte, noch in der Brotdose. Es war alles unverändert. Ich schnitt ein Stück Brot ab und begann zu essen, erinnerte mich aber plötzlich, daß ich die Tür zum Flur nicht geschlossen hatte, als ich hereingekommen war, und ging ins Vorzimmer zurück, um sie zu schließen.
25 Dabei sah ich in dem Licht, das aus dem Vorzimmer auf den Flur fiel, die Tafel, die das Stock-werk bezeichnete. Dort stand: Dritter Stock. Ich lief hinaus, drückte auf den Lichtknopf und las es noch einmal. Dann las ich die Namensschilder auf den übrigen Türen. Es waren die Na-men der Leute, die bisher unter mir gewohnt hatten. Ich wollte dann die Stiegen hinaufgehen, um mich zu überzeugen, wer nun neben den Leuten wohnte, die bisher neben mir gewohnt
30 hatten, ob nun wirklich der Arzt, der bisher unter mir gewohnt hatte, über mir wohnte, fühlte mich aber plötzlich so schwach, daß ich zu Bett gehen mußte.
Seither liege ich wach und denke darüber nach, was morgen werden soll. Von Zeit zu Zeit bin immer noch verlockt, aufzustehen und hinaufzugehen und mir Gewißheit zu verschaffen. Aber ich fühle mich zu schwach, und es könnte auch sein, daß von dem Licht im Flur da
35 oben einer erwachte und herauskäme und mich fragte: „Was suchen Sie hier?" Und diese Frage, von einem meiner bisherigen Nachbarn gestellt, fürchte ich so sehr, daß ich lieber lie-gen bleibe, obwohl ich weiß, daß es bei Tageslicht noch schwerer sein wird, hinaufzugehen.

Nebenan höre ich die Atemzüge des Studenten, der bei mir wohnt; er ist Schiffsbaustudent, und er atmet tief und gleichmäßig. Er hat keine Ahnung von dem, was geschehen ist. Er hat
40 keine Ahnung, und ich liege hier wach. Ich frage mich, ob ich ihn morgen fragen werde. Er geht wenig aus, und wahrscheinlich ist er zu Hause gewesen, während ich im Konzert war. Er müßte es wissen. Vielleicht frage ich auch die Aufräumefrau.

Nein. Ich werde es nicht tun. Wie sollte ich denn jemanden fragen, der mich nicht fragt? Wie sollte ich auf ihn zugehen und ihm sagen: „Wissen Sie vielleicht, ob ich nicht gestern noch eine Treppe höher wohnte?" Und was soll er darauf sagen? Meine Hoffnung bleibt, daß mich jemand fragen wird, daß mich morgen jemand fragen wird: „Verzeihen Sie, aber wohnten Sie nicht gestern noch einen Stock höher?" Aber wie ich meine Aufräumefrau kenne, wird sie nicht fragen. Oder einer meiner früheren Nachbarn: „Wohnten Sie nicht gestern noch neben uns?" Oder einer meiner neuen Nachbarn. Aber wie ich sie kenne, werden sie alle nicht fragen. Und dann bleibt mir nichts übrig, als so zu tun, als hätte ich mein Leben lang schon einen Stock tiefer gewohnt.

Ich frage mich, was geschehen wäre, wenn ich das Konzert gelassen hätte. Aber diese Frage ist von heute an ebenso müßig geworden wie alle anderen Fragen. Ich will einzuschlafen versuchen.

Ich wohne jetzt im Keller. Es hat den Vorteil, daß eine Aufräumefrau sich nicht mehr um die Kohlen hinunterbemühen muß, wir haben sie nebenan, und sie scheint ganz zufrieden damit. Ich habe sie im Verdacht, daß sie deshalb nicht fragt, weil es ihr so angenehmer ist. Mit dem Aufräumen hat sie es niemals allzu genau genommen; hier erst recht nicht. Es wäre lächerlich, von ihr zu verlangen, daß sie den Kohlenstaub stündlich von den Möbeln fegt. Sie ist zufrieden, ich sehe es ihr an. Und der Student läuft täglich pfeifend die Kellertreppe hinauf und kommt abends wieder. Nachts höre ich ihn tief und regelmäßig atmen. Ich wollte, er brächte eines Tages ein Mädchen mit, dem es auffällig erschiene, daß er im Keller wohnt, aber er bringt kein Mädchen mit.

Und auch sonst fragt niemand. Die Kohlenmänner, die ihre Lasten mit lautem Gepolter links und rechts in den Kellern abladen, ziehen die Mützen und grüßen, wenn ich ihnen auf der Treppe begegne. Oft nehmen sie die Säcke ab und bleiben stehen, bis ich an ihnen vorbei bin. Auch der Hausbesorger grüßt freundlich, wenn er mich sieht, ehe ich zum Tor hinausgehe. Ich dachte zuerst einen Augenblick lang, daß er freundlicher grüße als bisher, aber es war eine Einbildung. Es erscheint einem manches freundlicher, wenn man aus dem Keller steigt.

Auf der Straße bleibe ich stehen und reinige meinen Mantel vom Kohlenstaub, aber es bleibt nur wenig daran haften. Es ist auch mein Wintermantel, und er ist dunkel. In der Straßenbahn überrascht es mich, daß der Schaffner mich behandelt wie die übrigen Fahrgäste und niemand von mir abrückt. Ich frage mich, wie es sein soll, wenn ich im Kanal wohnen werde. Denn ich mache mich langsam mit diesem Gedanken vertraut.

Seit ich im Keller wohne, geh ich auch an manchen Abenden wieder ins Konzert. Meist samstags, aber auch öfter unter der Woche. Ich konnte es schließlich auch dadurch, daß ich nicht ging, nicht hindern, daß ich eines Tages im Keller war. Ich wundere mich jetzt manchmal über meine Selbstvorwürfe, über all die Dinge, mit denen ich diesen Abstieg zu Beginn in Beziehung brachte. Zu Beginn dachte ich immer: „Wäre ich nur nicht ins Konzert gegangen oder hinüber auf ein Glas Wein!" Das denke ich jetzt nicht mehr. Seit ich im Keller bin, bin ich ganz beruhigt und gehe um Wein, sobald ich danach Lust habe. Es wäre sinnlos, die Dämpfe im Kanal zu fürchten, denn dann müßte ich ja ebenso das Feuer im Innern der Erde zu fürchten beginnen – es gibt zu vieles, wovor ich Furcht haben müßte. Und selbst wenn ich immer zu Hause bliebe und keinen Schritt mehr auf die Gasse täte, würde ich eines Tages im Kanal sein.

Ich frage mich nur, was meine Aufräumefrau dazu sagen wird. Es würde sie jedenfalls auch des Lüftens entheben. Und der Student stiege pfeifend durch die Kanalluken hinauf und wieder hinunter. Ich frage mich auch, wie es dann mit dem Konzert sein soll und mit dem Glas Wein. Und wenn es dem Studenten gerade dann einfiele, ein Mädchen mitzubringen? Ich

frage mich, ob meine Zimmer auch im Kanal noch dieselben sein werden. Bisher sind sie es,
90 aber im Kanal hört das Haus auf. Und ich kann mir nicht denken, daß die Einteilung in Zimmer und Küche und Salon und Zimmer des Studenten bis ins Erdinnere geht.

Aber bisher ist alles unverändert. Die rote Wandbespannung und die Truhe davor, der Gang zur Küche, jedes Bild an der Wand, die alten Klubsessel und die Bücherregale – jedes Buch darinnen. Draußen die Brotdose und die Vorhänge an den Fenstern.

95 Die Fenster allerdings, die Fenster sind verändert. Aber um diese Zeit hielt ich mich meistens in der Küche auf, und das Küchenfenster ging seit jeher auf den Flur. Es war immer vergittert. Ich habe keinen Grund, deshalb zum Hausbesorger zu gehen, und noch weniger wegen des veränderten Blicks. Er könnte mir mit Recht sagen, daß ein Blick nicht zur Wohnung gehöre, die Miete beziehe sich auf die Größe, aber nicht auf den Blick. Er könnte mir sagen, daß mein
100 Blick meine Sache sei.

Und ich gehe auch nicht zu ihm, ich bin froh, solange er freundlich ist. Das einzige, was ich einwenden könnte, wäre vielleicht, daß die Fenster um die Hälfte kleiner sind. Aber da konnte er mir wiederum entgegnen, daß es im Keller nicht anders möglich sei. Und darauf wüßte ich keine Antwort. Ich könnte ja nicht sagen, daß ich es nicht gewohnt bin, weil ich
105 noch vor kurzem im vierten Stock gewohnt habe. Da hätte ich mich schon im dritten Stock beschweren müssen. Jetzt ist es zu spät.

Paul Klee (1879–1940): 1935, N 18 (98) „Der gefundene Ausweg" (Aquarell)

2 Fabeln und Fabeldichter

Die Fabel ist orientalischen und griechischen Ursprungs. – Für uns bedeutsam ist, daß Fabeln damals – vor über zwei Jahrtausenden – nicht nur schöne Erfindungen waren, die der Unterhaltung dienten, sondern einer konkreten Notsituation entsprangen und ein praktisches Ziel verfolgten: Bewältigen einer Herausforderung.

2.1 Äsop

Die Rache des Schwachen

Äsop, der „Vater der Fabelliteratur", ist eine sagenhafte Gestalt. Nach dem griechischen Geschichtsschreiber Herodot lebte er als Sklave im 6. Jahrhundert v. Chr. Nach dem Komödiendichter Aristophanes wurde er wegen Tempeldiebstahls von den Delphern getötet; nach dem Philosophen Aristoteles war er thrakischer Herkunft und wurde als Sklave nach Samos verkauft.

Als Äsop von den Delphern zum Richtplatz geführt wurde, sprach er zu ihnen: „Höret mich, Brüder aus Delphi!

Ein Adler verfolgte einst einen Hasen. Da dieser sonst nirgendwo einen Helfer sah, wandte er sich schutzflehend an einen Mistkäfer. Dieser sprach ihm Mut ein und bat den Adler, er
5   möge ihn nicht seiner Kleinheit wegen verachten. Er beschwor ihn beim großen Zeus, das Schutzrecht zu ehren. Der Adler aber wurde zornig, warf den Mistkäfer mit einem Flügelschlag beiseite, raubte den Hasen und verzehrte ihn. Der Mistkäfer aber verkroch sich in das Gefieder des Adlers und ließ sich von diesem zu dessen Nest tragen. Dann kroch er hinein und wälzte die Eier des Adlers über den Rand des Nestes, so daß sie zur Erde fielen und zer-
10 brachen. Der Adler aber nahm sich den Verlust seiner Brut zu Herzen und brütete das nächstemal an einem höher gelegenen Platz. Aber auch dorthin flog ihm der Mistkäfer nach und zerstörte wiederum die Brut. Nun war der Adler ratlos, flog hinauf zu Zeus und flehte den an: ‚Schon zum zweitenmal bin ich meiner Brut beraubt worden. Nun vertraue ich sie dir an, damit du sie bewachst.' Sprach's und legte seine Eier auf die Knie des Zeus. Der Mistkäfer
15 aber ballte eine Kugel aus Mist, flog in die Höhe und ließ sie auf das Antlitz des Zeus niederfallen. Zeus sprang auf, um den Schmutz abzuschütteln, und dachte dabei nicht an die Eier des Adlers. So fielen diese zur Erde und zerbrachen. Dann aber erzählte der Mistkäfer dem Zeus, wie der Adler gefrevelt habe und wie er sich vergebens bemüht habe, ihn daran zu hindern. ‚Und er hat nicht allein gegen mich gefrevelt', fuhr er fort, ‚sondern auch gegen dich.
20 Denn obgleich ich ihn bei dir beschwor, tötete er den Schutzflehenden. Ich aber werde nicht

ruhn, bis ich sein ganzes Geschlecht ausgerottet habe.' Da ergrimmte Zeus gegen den Adler und sprach zu ihm: „Mit Recht hast du deine Kinder verloren. Das ist die Rache des Mistkäfers." Weil er aber doch nicht wollte, daß das Geschlecht der Adler austerbe, riet er dem Mistkäfer, sich mit dem Adler zu versöhnen. Da der aber das hartnäckig verweigerte, verlegte

25   er die Brutzeit des Adlers in die Monate, wo die Mistkäfer nicht fliegen.

Mißachtet auch ihr, Männer von Delphi, nicht den Gott, in dessen Heiligtum ich mich geflüchtet habe, wenn es auch klein ist. Denn, wenn ihr gegen ihn frevelt, wird er es nicht ungeahndet lassen."

Frontispiz aus „Aesopus des Phrygiers Leben und Fabeln" (Leipzig 1781)

2.2 Martin Luther

Etliche Fabeln aus Esopo

Der deutsche Reformator Martin Luther (1483 – 1546) war Bibelübersetzer, Liederdichter und Volkserzieher. Seine Fabeln, insgesamt 13, sind 1530 entstanden, aber erst nach seinem Tode, 1557, veröffentlicht worden. In der Vorrede zu seinem Fabelbüchlein schreibt er: Er kenne außer der Heiligen Schrift nicht viele Bücher, die diesem überlegen sein sollten.

[...]
Nicht nur die Kinder, sondern auch die großen Fürsten und Herren kann man nicht besser zur Wahrheit verlocken und zu ihrem Nutzen, als daß man ihnen die Narren die Wahrheit sagen lasse; dieselben können sie leiden und hören, sonst wollen oder können sie von keinem
5 Weisen die Wahrheit leiden: Ja, alle Welt haßt die Wahrheit, wenn sie einen trifft.
Darum haben solche weisen hohen Leute die Fabeln erdichtet und lassen ein Tier mit dem anderen reden, als sollten sie sagen: ‚Wohlan, es will niemand die Wahrheit hören noch leiden, und man kann doch der Wahrheit nicht entbehren; so wollen wir sie schmücken und unter einer lustigen Lügenfarbe und lieblichen Fabel kleiden. Und weil man sie nicht will hören durch Menschenmund, daß man sie doch höre durch Tier- und Bestienmund.' So geschieht's
10 denn, wenn man die Fabeln liest, daß ein Tier zum anderen, ein Wolf dem anderen die Wahrheit sagt, ja, zuweilen der gemalte Wolf oder Bär oder Löwe im Buch dem richtigen zweifüßigen Wolf und Löwen einen guten Text heimlich liest, den ihm sonst kein Prediger, Freund noch Feind lesen dürfte. [...]

Von dem Lewen / Rind / zigen und schaff

Es gesellten sich / ein Rind / Zigen / und schaff zum lewen und zogen miteinander auff die iaget ynn einen forst / Da sie nu einen hirs gefangen / und ynn vier teil gleich geteilet hatten Sprach der Lewe Ihr wisset / das ein teil mein ist als ewrs gesellen // Das ander geburt mir / als eim konige unter den thieren / Das dritte wil ich haben darumb das ich stercker bin und
5 mehr darnach gelauffen und geerbeitet habe / denn yhr alle drey / Wer aber das vierde haben wil / der mus mirs / mit gewallt nemen / Also musten die drey / fur yhre muhe das nach sehen / und den schaden zu lohn / haben
Lere
Fare nicht hoch/Hallt dich zu deines gleichen/ [...] Es ist mit herrn nicht gut kirsschen essen
10 / sie werffen einen mit den stilen. [...] Das ist eine gesellschaft mit dem lewen / wo einer allein den genies nutzen / der ander allein den schaden hat.

2.3 Gotthold Ephraim Lessing

Lessing (1729–1781) ist einer der Wortführer der Aufklärung und einer der großen deutschen Dichter. Er verwendet seine Fabeln im Dienste der Erziehung zum selbständigen Denken. Wir verdanken ihm die Wiederentdeckung der äsopischen Fabel und eine große Anzahl neuer Fabeln sowie die „Abhandlungen über die Fabel" (1759).

Von einem besonderen Nutzen der Fabeln in den Schulen

(Schluß der Abhandlungen)

Warum fehlt es in allen Wissenschaften und Künsten so sehr an Erfindern und selbstdenkenden Köpfen? Diese Frage wird am besten durch eine andere Frage beantwortet: Warum werden wir nicht besser erzogen? Gott giebt uns die Seele; aber das Genie müssen wir durch die Erziehung bekommen. [...]

Unter den Uebungen nun, die diesem allgemeinen Plane zur Folge angestellet werden müßten, glaube ich, würde die Erfindung aesopischer Fabeln eine von denen seyn, die dem Alter eines Schülers am aller angemessensten wäre. [...]

Wenn wir einen allgemeinen moralischen Satz auf einen besondern Fall zurückführen, diesem besondern Falle die Wirklichkeit erteilen und eine Geschichte daraus dichten, in welcher man den allgemeinen Satz anschauend erkennt: so heißt diese Erdichtung eine Fabel.

Äsopus und der Esel

Der Esel sprach zu dem Äsopus: Wenn du wieder ein Geschichtchen von mir ausbringst, so laß mich etwas recht Vernünftiges und Sinnreiches sagen.

Dich etwas Sinnreiches! sagte Äsopus; wie würde sich das schicken? Würde man nicht sprechen, du seiest der Sittenlehrer, und ich der Esel?

Der Adler

Man fragte den Adler: „Warum erziehest du deine Jungen so hoch in der Luft?" Der Adler antwortete: „Würden sie sich, erwachsen, so nahe zur Sonne wagen, wenn ich sie tief an der Erde erzöge?"

Der Besitzer des Bogens

Ein Mann hatte einen trefflichen Bogen von Ebenholz, mit dem er sehr weit und sehr sicher schoß, und den er ungemein wert hielt. Einst aber, als er ihn aufmerksam betrachtete, sprach er: Ein wenig zu plump bist du doch! Alle deine Zierde ist die Glätte. Schade! – Doch dem ist abzuhelfen; fiel ihm ein. Ich will hingehen und den besten Künstler Bilder in den Bogen schnitzen lassen. – Er ging hin; und der Künstler schnitzte eine ganze Jagd auf den Bogen; und was hätte sich besser auf einen Bogen geschickt, als eine Jagd?

Der Mann war voller Freuden. „Du verdienest diese Zieraten, mein lieber Bogen!" – Indem will er ihn versuchen; er spannt und der Bogen – zerbricht.

2.4 Fabeln aus unserer Zeit

Schriftsteller der Gegenwart versuchen, in ihren Fabeln Gefahren unserer Welt und nicht zuletzt in Deutschland heute aufzugreifen.

Wolfdietrich Schnurre (geb. 1920 in Frankfurt/M., gest. 1989 in Kiel) war von 1939 bis 1945 Soldat, zuletzt in einer Strafkompanie. Er lebte dann als freier Schriftsteller in Schleswig-Holstein und in Italien.

Helmut Arntzen (geb. 1931 in Duisburg) war Bibliothekar. Er ist heute als Literaturwissenschaftler Professor an der Universität Münster.

Reiner Kunze (geb. 1933 in Oelsnitz/Erzgebirge) studierte in Leipzig Philosophie und Journalistik. Er lebt seit 1977 als freier Schriftsteller in Passau.

Ein Beitrag zur Farbenlehre

Wolfdietrich Schnurre

Das Eichhörnchen wurde vor einen Ausschuß befohlen und sollte Rechenschaft über die Farbe seines Felles ablegen.
„Aber du bist doch genauso gefärbt!" sagte das Eichhörnchen zum Fuchs, der am Vorstandstisch saß. „Der Augenschein trügt", sagte der Fuchs; „ich habe mich längst von meinem Fell distanziert."

Der Löwe

Helmut Arntzen

Der Löwe trat morgens vor seine Höhle und brüllte. „Nicht so laut, Sire", rief ein Affe.
„Sie sollten früher aufstehen", bemerkte ein Esel, der in der Nähe war. „Und nicht so drastisch riechen."
„Wie", brüllte der Löwe, „bin ich nicht mehr König der Tiere?"
„Schon", sagte der Affe, „aber als konstitutioneller Monarch einer parlamentarischen Demokratie."

Das ende der fabeln

Reiner Kunze

Es war einmal ein fuchs...
beginnt der hahn
eine fabel zu dichten

Da merkt er
so geht's nicht
denn hört der fuchs die fabel
wird er ihn holen

Es war einmal ein bauer...
beginnt der hahn
eine fabel zu dichten

Da merkt er
so geht's nicht
denn hört der bauer die fabel
wird er ihn schlachten

Es war einmal...

Schau hin schau her
Nun gibt's keine fabeln mehr

3 Parabeln

Die Parabel (griech. ‚Vergleichung‘, Gleichnis) ist orientalischen Ursprungs.
Am berühmtesten sind die Parabeln oder Gleichnisreden Jesu. Parabeln sind unterhaltsame
Geschichten, aber schwer zu deuten; und sie lassen oft ganz verschiedene Erklärungen zu.

3.1 Der barmherzige Samariter

Evangelist Lukas (Kap. 10, 25 – 37)

Und siehe, ein Gesetzeskundiger trat auf, ihn zu versuchen, und sagte: Meister, was muss ich
tun, damit ich das ewige Leben ererbe? Er aber sprach zu ihm: Was steht im Gesetze geschrieben? Wie liesest du? Darauf antwortete er und sagte:
„Du sollst den Herrn, deinen Gott, lieben aus deinem ganzen Herzen und mit deiner gan-
5 zen Seele und mit deiner ganzen Kraft und mit deinem ganzen Denken“ und „deinen Nächsten wie dich selbst“.
Da sprach er zu ihm: Du hast recht geantwortet; tue das, so wirst du leben!
Der aber wollte sich rechtfertigen und sagte zu Jesus: Und wer ist mein Nächster? Jesus erwiderte und sprach: Ein Mensch ging von Jerusalem nach Jericho hinab und fiel Räubern in
10 die Hände ; die zogen ihn aus und schlugen ihn und gingen davon und liessen ihn halbtot liegen. Zufällig aber ging ein Priester jene Strasse hinab; und er sah ihn und ging vorüber.
Ebenso kam auch ein Levit an den Ort, sah ihn und ging vorüber. Ein Samariter aber, der unterwegs war, kam in seine Nähe, und als er ihn sah, hatte er Erbarmen mit ihm und trat
hinzu, verband seine Wunden, indem er Oel und Wein darauf goss, hob ihn auf sein Tier und
15 brachte ihn in eine Herberge und pflegte ihn. Und am folgenden Tage nahm er zwei Denare
heraus, gab sie dem Wirt und sagte: Pflege ihn! und was du mehr aufwenden wirst, will ich dir
bezahlen, wenn ich wiederkomme.
Welcher von diesen dreien, dünkt dich, sei der Nächste dessen gewesen, der den Räubern
in die Hände gefallen war? Er aber sagte: Der, welcher ihm die Barmherzigkeit erwiesen hat.
20 Da sprach Jesus zu ihm: Geh auch du hin, tue desgleichen!

3.2 Stachelschweine (1851)

Arthur Schopenhauer

Eine Gesellschaft Stachelschweine drängte sich an einem kalten Wintertage recht nahe zusammen, um durch die gegenseitige Wärme sich vor dem Erfrieren zu schützen. Jedoch bald empfanden sie die gegenseitigen Stacheln; welches sie dann wieder von einander entfernte. Wann nun das Bedürfnis der Erwärmung sie wieder näher zusammenbrachte, wiederholte sich jenes
5 zweite Übel; so daß sie zwischen beiden Leiden hin- und hergeworfen wurden, bis sie eine mäßige Entfernung von einander herausgefunden hatten, in der sie es am besten aushalten konnten. – So treibt das Bedürfnis der Gesellschaft, aus der Leere und Monotonie des eigenen Innern entsprungen, die Menschen zueinander; aber ihre vielen widerwärtigen Eigenschaften und unerträglichen Fehler stoßen sie wieder von einander ab. Die mittlere Entfernung, die sie
10 endlich herausfinden und bei welcher ein Beisammensein bestehn kann, ist die Höflichkeit und feine Sitte. Dem, der sich nicht in dieser Entfernung hält, ruft man in England zu: „Keep your distance!" (Wahre deinen Abstand!) – Vermöge derselben wird zwar das Bedürfnis gegenseitiger Erwärmung nur unvollkommen befriedigt, dafür aber der Stich der Stacheln nicht empfunden. – Wer jedoch viel eigene innere Wärme hat, bleibt lieber aus der Gesellschaft
15 weg, um keine Beschwerde zu geben noch zu empfangen.

3.3 Geschichten vom Herrn Keuner

Bertolt Brecht

Das Wiedersehen

Ein Mann, der Herrn K. lange nicht gesehen hatte, begrüßte ihn mit den Worten: „Sie haben sich gar nicht verändert." „Oh!" sagte Herr K. und erbleichte.

Wenn Herr K. einen Menschen liebte

„Was tun Sie", wurde Herr K. gefragt, „wenn Sie einen Menschen lieben?" „Ich mache einen Entwurf von ihm", sagte Herr K., „und sorge, daß er ihm ähnlich wird." „Wer? Der Entwurf?" „Nein", sagte Herr K., „der Mensch."

Über die Entwicklung der großen Städte

Viele leben in dem Glauben, die großen Städte oder die Fabriken könnten in Zukunft einen immer größeren, ja am Ende unübersehbaren Umfang annehmen. Das ist bei dem einen eine Furcht, bei dem andern eine Hoffnung. Durch kein zuverlässiges Mittel läßt sich nun feststellen, was daran sei. So schlug Herr Keuner vor, jedenfalls lebend diese Entwicklung beinahe außer acht zu lassen, sich also nicht so zu verhalten, als könnten die Städte oder Fabriken außer Maß geraten. „Alles", sagt er, „scheint in der Entwicklung mit der Ewigkeit zu rechnen. Wer wagte es, den Elefanten, der das Kalb an Größe hinter sich zurückläßt, irgendwie zu begrenzen? Und doch wird er nur größer als ein Kalb, aber nicht größer als ein Elefant."

3.4 Auf der Galerie (1919)

Franz Kafka

Wenn irgendeine hinfällige, lungensüchtige Kunstreiterin in der Manege auf schwankendem Pferd vor einem unermüdlichen Publikum vom peitschenschwingenden erbarmungslosen Chef monatelang ohne Unterbrechung im Kreise rundum getrieben würde, auf dem Pferde schwirrend, Küsse werfend, in der Taille sich wiegend, und wenn dieses Spiel unter dem
5 nichtaussetzenden Brausen des Orchesters und der Ventilatoren in die immerfort weiter sich öffnende graue Zukunft sich fortsetzte, begleitet vom vergehenden und neu anschwellenden Beifallsklatschen der Hände, die eigentlich Dampfhämmer sind – vielleicht eilte dann ein junger Galeriebesucher die lange Treppe durch alle Ränge hinab, stürzte in die Manege, rief das: Halt! durch die Fanfaren des immer sich anpassenden Orchesters.
10 Da es aber nicht so ist; eine schöne Dame, weiß und rot, hereinfliegt, zwischen den Vorhängen, welche die stolzen Livrierten vor ihr öffnen; der Direktor, hingebungsvoll ihre Augen suchend, in Tierhaltung ihr entgegenatmet; vorsorglich sie auf den Apfelschimmel hebt, als wäre sie seine über alles geliebte Enkelin, die sich auf gefährliche Fahrt begibt; sich nicht entschließen kann, das Peitschenzeichen zu geben; schließlich in Selbstüberwindung es knallend
15 gibt; neben dem Pferde mit offenem Munde einherläuft; die Sprünge der Reiterin scharfen Blickes verfolgt; ihre Kunstfertigkeit kaum begreifen kann; mit englischen Ausrufen zu warnen versucht; die reifenhaltenden Reitknechte wütend zu peinlichster Achtsamkeit ermahnt; vor dem großen Salto mortale das Orchester mit aufgehobenen Händen beschwört, es möge schweigen; schließlich die Kleine vom zitternden Pferde hebt, auf beide Backen küßt und
20 keine Huldigung des Publikums für genügend erachtet; während sie selbst, von ihm gestützt, hoch auf den Fußspitzen, vom Staub umweht, mit ausgebreiteten Armen, zurückgelehntem Köpfchen ihr Glück mit dem ganzen Zirkus teilen will – da dies so ist, legt der Galeriebesucher das Gesicht auf die Brüstung und, im Schlußmarsch wie in einem schweren Traum versinkend, weint er, ohne es zu wissen.

3.5 Zum Geburtstag (1970)

Marie Luise Kaschnitz

In einer bürgerlichen Familie wird einem fremden, etwa dreijährigen Buben eine Geburtstagsfeier vorbereitet. Man hat Mitleid mit dem Kind, dessen Eltern nicht zusammen leben, politisch engagiert sind, alle überkommenen Festgebräuche ablehnen und verachten. Darum haben die Gastgeber einen Kuchen gebacken, kleine Kerzen auf den Tisch gestellt, Päckchen mit Süßigkeiten und Spielsachen danebengelegt. Über diese Zurüstungen, besonders über die bei verhangenen Fenstern angezündeten Kerzen schien das Kind zu Tode erschrocken. Es räumte mit zitternden Händen alles vom Tisch, blies die Kerzen aus, stellte sie aus jeder Reichweite, jeder Sehweite, blieb danach noch lange, wie von der Berührung einer fremden, bedrohlichen Sphäre, verstört.

George Seurat (1859-1891): Der Zirkus (1891)

Zielsetzung und Planung

Die Texte des Kapitels bieten sich für die private Lektüre und für die Durchführung von kürzeren und längeren Unterrichtseinheiten an.

Ziele des Unterrichts können sein:
- wirkungsvoller Vortrag einzelner Texte
- Diskussion über die in einer Geschichte auftretenden Personen und ihre Probleme
- Untersuchung von Inhalt, sprachlicher Gestaltung und Aussageabsicht eines Textes
- Erkennen der Bedeutung und Merkmale einzelner Erzählformen
- Gespräch über Aufgaben und Möglichkeiten von Schriftstellern – Frauen und Männern – in ihrer Zeit und darüber, wie sie von ihrer Zeit geprägt werden.

Anregungen

Zum besseren Verständnis der Erzählungen solltet ihr euch mit der Lebensgeschichte der Autorinnen/Autoren beschäftigen. Hier werden dazu nur wenige Hinweise gegeben.

1 Erzählungen aus dem 20. Jahrhundert

Texte 1.1
S. 52 ff.

Stefan Andres (1906–1970) studierte u. a. Theologie und Germanistik. Da er sich in seinen Werken gegen die Diktatur und für Humanität und Freiheit aussprach und sich in Deutschland bedroht fühlte, tauchte er von 1937 bis 1949 in Italien unter und lebte dort in Zurückgezogenheit.
Rainer Maria Rilke (1875–1926) hat sich bis zu seinem Tode mit dem Gedanken getragen, die seiner Erzählung „Die Turnstunde" zugrundeliegenden persönlichen Erfahrungen in einem Roman darzustellen.
○ Was veranlaßt die Personen der beiden Erzählungen zu ihren Handlungen? Wie werden die inneren Vorgänge dargestellt und wie die Motive des Handelns zum Ausdruck gebracht?
○ Was bedeutet der Schlußsatz in dem Text „Das Trockendock"?
○ Welche Hinweise auf die Erziehungsgrundsätze der Lehrer, die Atmosphäre der Schule und das Lehrer-Schüler-Verhältnis finden sich in Rilkes Erzählung?
○ Welchen Zusammenhang könnt ihr zwischen der Erzählweise und der Aussageabsicht in den beiden Geschichten herstellen?

Texte 1.2
S. 58 ff.

Elisabeth Langgässer (1899–1950) war Lyrikerin, Erzählerin und Essayistin. Ihre älteste Tochter überstand das KZ Auschwitz; sie lebt seit 1974 als Journalistin unter dem Namen Cordelia Edvardson in Jerusalem.

Wolfgang Borchert (1921–1947) wurde wegen seiner Gegnerschaft zum Nationalsozialismus mehrmals verhaftet. Er kehrte lungenkrank aus dem Krieg zurück und starb in einem Schweizer Sanatorium. Das Thema seiner Werke ist der Krieg. Große Wirkung geht von seinen Kurzgeschichten aus.

Nach der griechischen Sage hat Antigone, Tochter des Ödipus, ihren Bruder Polyneikes, der im Kampf gegen seine Heimatstadt Theben gefallen war, trotz Verbots des Königs Kreon bestattet.

○ Welcher Zusammenhang besteht zwischen Langgässers Kurzgeschichte und dieser Sage?

○ Warum pflegt das Mädchen das Grab des unbekannten Soldaten?

○ Welche Bedeutung haben in Borcherts Kurzgeschichte die Überschrift und die Reihung der Einzelszenen?

Texte 1.3
S. 63 ff.

Johannes Bobrowski (1917–1965) wuchs im deutsch-litauischen Grenzgebiet auf. Seine Lyrik und seine Prosa sind von der Landschaft und Geschichte seines Geburtslandes geprägt.

Bertolt Brecht (1898–1956) verfolgt mit seinen Werken das Ziel, die Leser und Zuschauer zur Änderung ihres sozialen Verhaltens zu bewegen (vgl. Abschnitt 3 dieses Kapitels: Geschichten vom Herrn Keuner; Kapitel 5: Mutter Courage und ihre Kinder).

○ Wie werden die Frauen in den beiden Erzählungen charakterisiert?

○ Wie verstehen sie sich selbst in ihrer Rolle als Frau und als Mutter?

○ Was meint in der Erzählung „Die unwürdige Greisin" der Begriff „unwürdig"?

Texte 1.4
S. 68 ff.

Siegfried Lenz (geb. 1926 in Lyck/Masuren) verteidigt in seinen Werken die „kleinen Leute".

Ilse Aichinger (geb. 1921 in Wien) wurde wegen ihrer jüdischen Mutter im Dritten Reich nicht zum Studium zugelassen. Nach dem 2. Weltkrieg gab sie ihr Medizinstudium wegen ihrer schriftstellerischen Tätigkeit auf und wurde Verlagslektorin. Mit Inge Scholl, der Schwester der 1943 ermordeten Geschwister Scholl, arbeitete sie in Ulm beim Aufbau der Hochschule für Gestaltung. Viele ihrer Werke handeln von der Verlorenheit, Angst und Einsamkeit des Menschen.

Vgl. Kap. 10
Text 1.5

○ Beide Geschichten sind Ich-Erzählungen. Versucht schriftlich eine Nacherzählung in der Sie-/Er-Form: Was geht dadurch von ihrem Inhalt, ihrem Sinn und ihrer Besonderheit verloren?

○ Was soll die Feststellung des Lehrers Seewald im Lehrerzimmer aussagen: „Genau wie bei Gogol"?

○ Woraus läßt sich entnehmen, daß Gogol ein Dichter ist?

○ Weshalb bleibt der Ich-Erzähler namenlos?

○ Wie wird die Situation des türkischen Arbeitnehmers Üzkök dargestellt? Was könnte exemplarisch auch für andere ausländische Mitbürger gelten?

○ Was soll in der Erzählung Aichingers der erste Satz aussagen? Vergleiche damit den letzten Satz. Wozu ist es zu spät?

Untersucht die Bedeutung der Sätze im Indikativ und im Konjunktiv sowie der Fragesätze.
Untersucht die Modi und die Satzarten.

2   Fabeln und Fabeldichter

Ihr habt vielleicht selbst schon Fabeln erfunden. Dabei verwendet ihr Fabelmuster, die zum größten Teil auf Äsop zurückgehen.
Der Sage nach hat Äsop in ausweglosen Situationen versucht, seine Zuhörer durch Erzählen von Fabeln zu bewegen, ihm Leben oder Freiheit zu schenken.
Luther (1483–1546) und *Lessing* (1729–1781) knüpfen an Äsops Fabeln an, beziehen sich aber auf ihre Zeit.

○ Erzählt Fälle, in denen man gut daran tut, die Wahrheit nicht offen, sondern verkleidet auszudrücken.

Text 2.1
S. 77

○ Äsop appelliert an die Delpher und ihren Glauben.
Was verlangt er von ihnen?
Weshalb trägt er seine Warnung nicht direkt, sondern eingehüllt in eine Tiergeschichte vor?

Text 2.2
S. 79

○ Vergleicht Luthers Äußerung über die Fabel mit der Aussageabsicht der Fabel ,,Von dem Lewen/Rind/zigen und schaff''.
Weshalb fügt er der Fabel eine Lehre bei?

Texte 2.2
und 2.3
S. 79 ff.

○ Vergleicht die Absichten, die Luther und Lessing mit Fabeln verfolgen.
Worin unterscheiden sich beide?

Texte 2.4
S. 81 f.

○ Versucht, die ,,Lehren'' zu formulieren, die die Fabeln von Schnurre, Arntzen und Kunze enthalten.
Unterscheiden sich die darin enthaltenen ,,Wahrheiten'' von denen der Fabeln Äsops, Luthers und Lessings?

○ Setzt selbst eine Erfahrung in eine Fabel um.

3   Parabeln

Parabeln sind mit Fabeln verwandt. Manche Parabeln sind zugleich Fabeln. Doch gibt es zwischen Fabel und Parabel deutlich erkennbare Unterschiede.

Text 3.1
S. 82

Zum Verständnis des Gleichnisses vom ,,Barmherzigen Samariter'' muß man wissen:

Levit = Priester: In älteren Zeiten konnten nur die Leviten, die ihren Stammbaum auf Jakobs Sohn Levi zurückführen, Priester sein.
Samariter: In Samaria war eine Mischbevölkerung entstanden, die nicht mehr alle strengen Gesetze der jüdischen Religion befolgte. Deshalb ließen die Juden die Samariter nicht mehr in den Tempel zu Jerusalem. Zwischen Juden und Samaritern herrschte Feindschaft. Die Juden vermieden jegliche Begegnung und Berührung mit ihnen und verachteten sie als unrein.

○ Untersucht den Aufbau des Gleichnisses.
Welche Beziehung besteht zwischen den einzelnen Teilen?

○ Was will Jesus erreichen?

Text 3.2
S. 83

Der Philosoph *Arthur Schopenhauer* (1788–1860) stellt das Leben als Leiden dar. Er war ein Sonderling und blieb unverheiratet.
○ In welchem Verhältnis stehen die beiden Teile des Textes zueinander?
○ Vergleicht die Absicht, die Jesus mit seinem Gleichnis verfolgt, mit der Schopenhauers.

Text 3.3
S. 83

Die drei kurzen Geschichten sind Brechts „*Geschichten vom Herrn Keuner*" entnommen.
○ Wer ist Herr Keuner?
○ Welche Funktion haben die Wiederholungen und Versicherungen von Herrn Keuner?

Texte 3.4
S. 84

Franz Kafka (1883–1924) war sensibel, isoliert, kränklich und starb an Lungentuberkulose.
○ Warum weint der Galeriebesucher, „ohne es zu wissen", am Ende der Erzählung?
○ Untersucht die Beziehung von Sprache und Satzbau in den beiden Absätzen.
○ Welche Rolle spielt die Frau, und wie ist das Verhältnis von Mann und Frau in beiden Teilen?

Text 3.5
S. 84

Marie Luise Kaschnitz (1901–1974) beschäftigte sich in vielen ihrer kurzen Geschichten mit der kindlichen Psyche.
○ Warum betont sie im ersten Satz „In einer bürgerlichen Familie"?
○ Wie erklärt ihr euch die Reaktion des Kindes auf die Geburtstagsfeier?

Literaturhinweise

Reich-Ranicki, Marcel (Hrsg.): Deutsche Erzählungen des 20. Jahrhunderts. 5 Bde. (Bd. 1: 1900–1918; Bd. 2: 1918–1933; Bd. 3: 1933–1945; Bd. 4: 1945–1960; Bd. 5: 1960–1980.) München: dtv (5919) 1980.

Wolff, Lutz-W. (Hrsg.): Frauen in der DDR. 20 Erzählungen. München: dtv (1174) 1976.

Durzak, Manfred (Hrsg.): Erzählte Zeit. 50 deutsche Kurzgeschichten der Gegenwart. Stuttgart: Reclam (9996) 1980.

Dithmar, Reinhard (Hrsg.): Fabeln, Parabeln und Gleichnisse. Beispiele didaktischer Literatur. München: dtv (6092) [6] 1981.

Poser, Therese (Hrsg.): Fabeln. Arbeitstexte. Stuttgart: Reclam (9519) 1975.

Billen, Josef (Hrsg.): Deutsche Parabeln. Stuttgart: Reclam (7761) 1982.

Poser, Therese (Hrsg.): Parabeln. Arbeitstexte. Stuttgart: Reclam (9539) 1977.

rowohlt bildmonographien gibt es zu: Wolfgang Borchert, Bertolt Brecht, Franz Kafka, Gotthold E. Lessing, Martin Luther, Rainer Maria Rilke, Arthur Schopenhauer.

Kapitel 3

Mit spitzer Feder – Scherz, Ironie, Satire

Einführung

Schriftsteller und Journalisten sagen oft unbequeme Wahrheiten: Sie setzen sich für Unterdrückte ein, decken Mißstände auf, nehmen menschliche Schwächen und Vorurteile aufs Korn und wenden sich gegen den Mißbrauch von Macht.

Dies tun sie auf verschiedene Weise: offen und versteckt, direkt und indirekt, ernst und scherzhaft, mit nachsichtigem und mit spöttischem Lächeln.

Die indirekte Ausdrucksweise ist oft spielerischer, witziger, geistreicher als die direkte. Sie wendet sich an Leser und Hörer, die Sinn für Scherz, Humor und Ironie haben.

Dieses Kapitel stellt Texte zu fünf Themenbereichen vor, die euch zur Stellungnahme herausfordern:

1. *Atomzeitalter:* Die Nutzung der Kernenergie bringt weltweite Gefahren mit sich, die man verschieden beurteilen, jedoch nur gemeinsam bewältigen kann.

2. *Allzumenschliches:* Mit dem Begriff ,,menschlich-allzumenschlich'' lassen sich leicht menschliche Schwächen und unsoziale Verhaltensweisen beschönigen.

3. *Ordnung und Unordnung:* Das zwischen Ordnung und Unordnung bestehende fruchtbare Spannungsverhältnis gerät manchmal aus dem Gleichgewicht. Auch Ordnung kann man übertreiben.

4. *Anpassung und Widerstand:* Wie kann man Mißstände beheben? Die Frage ist, wo man sich widerspruchslos einfügen darf und wo man Zivilcourage beweisen muß.

5. *Über Ironie und Satire:* Zu jeder Kritik gehört auch Selbstkritik und Nachdenken darüber, wie Kritik vorgebracht werden soll.

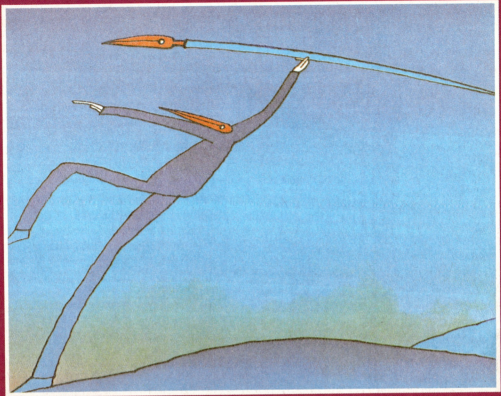

Folon: Ist der Federhalter eine Waffe? (1974)

Ein bekannter Jemand (1979)

Günter Kunert

Jemand, dessen Name nicht genannt sein soll, packte ein heißes Eisen an. Wie nicht anders zu erwarten: Er verbrannte sich die Finger. Und so ging es mit jenem Jemand fort: Er ließ keines dieser Art Eisen unberührt, stets glaubend, so glühend werde es nicht sein, wie es dennoch war. Und bei dem letzten Eisen, vor dessen offenkundiger Weißglut nicht nur die Wissenden die Augen verschlossen, diesmal die Unwissenden sogar, schwor er, es sei höchstens lau: Dafür lege er beide Hände ins Feuer. Das Erwartete geschah, und er hielt Wort und in die Flamme seine Hände, die prompt verkohlten. Er meinte: Die wachsen nach. Sie taten's nicht. Da sagte, dessen Name nicht genannt sein soll: „Jetzt kann ich mir wenigstens die Finger nicht mehr verbrennen!"
Das heiße ich mir einen Optimismus.

1 Atomzeitalter

Satiren und Karikaturen aus der Tagespresse

Am 6. August 1945 explodierte über der japanischen Stadt Hiroshima die erste Atombombe. 200 000 Tote und mehr als hunderttausend langsam Dahinsiechende waren die Opfer.
Der Kernreaktorunfall von Tschernobyl am 26. April 1986 löste eine panikähnliche Stimmung unter der Bevölkerung Mitteleuropas aus. Monatelang berichteten die Medien laufend über das Ausmaß der Verseuchung von Luft, Wasser, Boden und Nahrungsmitteln. Die verantwortlichen Stellen in der Sowjetunion haben Monate hindurch über das Ausmaß der Verwüstung geschwiegen. Manche Behörden in Mitteleuropa haben versucht, die Bevölkerung zu beruhigen.
Die Inbetriebnahme des Atomreaktors im ostfranzösischen Cattenom 1986 beunruhigt die Gesamtbevölkerung in Deutschland, Luxemburg und Frankreich.

Wetterbericht (1986)

Adam Uklei

Offenbach meldet:
Wind hat gedreht.
Südensüdwesten.
Strahlenfront steht.
Belastung im Norden
ziemlich normal.
Baden erlaubt
bis gut am Kanal.

Im Süden die Weiden
besser noch meiden.
Frischmilch verboten.
Gemüse gelitten.
Bitten um Vorsicht
mit Antitabletten.

Lage im ganzen
je nach Belieben
der Strömung
aus Westen.

Reisen nach Osten –
kosten das Leben.

Walter Hanel: ,,Auch ich dachte immer, daß die Erde sich um die Sonne dreht!''

Walter Hanel:
In kleinen Dosen ...

Absolut sicher (1986)

Eine vollautomatische Pressekonferenz im Basement des Atomkraftwerks ist immer spannend. Man weiß nie vorher, wann einem das Kühlwasser in die Gummistiefel zu schwappen beginnt.

„Damit können wir Ihre Befürchtungen zerstreuen", doziert der Planer von Cattenom, Professor Dr. Atominique. „Wir haben immer genügend Kühlwasser im Keller. Tschernobyl kann hier nicht passieren."

Sein deutscher Kollege, Professor Dr. Dr. Kärrn-Kraft, pflichtet ihm – aus dem Bonner Studio direkt dazugeschaltet – sofort bei: „Unsere Kernkraftwerke sind, wie übrigens alle anderen auch, die sichersten der Welt." Beifall.

„Wir haben das Loch in unserem Atomkraftwerk gestopft. Wenn Sie behaupten, da käme jemals was raus, dann sind Sie nicht ganz dicht", sekundiert der Pressesprecher von Windscale, Diplomingenieur Rady Ation.

Harris Burger, der aus Three Miles Island herbeigeeilt ist, kommentiert: „Bei uns war das ein ganz anderer Unfall als bei den Russen. Unsere GAU-Leiter haben die besten technischen Sicherungen eingebaut."

„Und wenn wir erst den sozialistischen Menschen haben, kann das auch bei uns nie mehr vorkommen", ergänzt Akademiemitglied Nuklearin aus Moskau in bemerkenswert gutem Deutsch.

Beruhigt wate ich von dannen. Das gemütliche Plätschern des langsam steigenden Wassers übertönt eine Bandaufnahme, die direkt mit dem vollautomatischen Sicherheitssystem gekoppelt ist. „Das ganze AKW wird von Computern kontrolliert und geregelt und ist absolut sicher absolut sicher absolut sicher ..."

CAROLUS

2 Allzumenschliches

Alle denken nur an sich.
Alle außer mir –
ich denke an mich.

Volksmund

2.1 Mein Zeuge ist Don Gasparro (1953)

Sigismund von Radecki

Zuschrift an die Zeitung „El Progreso de Aranagua":
Da sowohl hier als jenseits des Flusses allerhand Schauergeschichten verbreitet werden darüber, was sich letzten Freitag vormittag auf der Trinidad-Brücke abgespielt hat, so bringe ich
eine wahrheitsgemäße Darstellung jener Vorfälle, die geeignet ist, allen alten Weibern den
5 Mund zu stopfen. Mein Zeuge ist Don Gasparro Schüetzli, ein Mann, der seit Jahren die Rangierlokomotive „Elvira" führt und als vorsichtiger und erfahrener Staatsbürger bekannt ist.
Ich, der verheiratete Minenarbeiter Pedro Alverde, beschritt an jenem Vormittag die Trinidad-Brücke von der Station Santa Anna aus, um mich hierher nach Aranagua zu begeben, da
ich meine Gattin besuchen und einen Claim auf eine Silberader anmelden wollte, die ich in
10 Rocca Palumba gefunden hatte. Nun weiß man ja, was unsere Brücke vorstellt: seit fünfzehn
Jahren schwindelt sie sich „provisorisch" über den Fluß und ist dabei so baufällig, daß den
Kaimans unten auf der Sandbank jedesmal der Mund wässerig wird, wenn ein Zug hinüber-
dampft. Im Grunde ein auf spinnebeinigen, wurmstichigen Pfeilern ruhendes Schienen-
geleise, das notdürftig durch Holzschwellen zusammengehalten wird.
15 Als ich etwa die Mitte der Brücke erreicht hatte, kam es mir vor, als ob die Schwellen
merkwürdig zitterten und die Schienen wie unter einem Druck ächzten. Ich wandte mich
blitzschnell um und sah eine ungeheure Güterzuglokomotive leise und rasch auf mich zufah-
ren. Ich schrie und winkte mit dem Arm, allein die Lokomotive – es war der „Caballo
Nero" – fuhr mit unverminderter Geschwindigkeit drauflos: wahrscheinlich erzählten sich
20 die Maschinisten gerade etwas Interessantes. Zur Seite springen konnte man nicht, auch war
der nächste Brückenpfeiler zu weit entfernt, und darum tat ich, was jedermann getan hätte –
ich klammerte mich mit den Händen an eine Bahnschwelle zwischen den Schienen und ließ
mich hinunterhängen. Plötzlich baumelte ich über über dem furchtbaren Abgrund. Mit
Funkensprühen fuhr jetzt die Lokomotive über mich weg.
25 Als der letzte Waggon endlich vorübergerollt war, machte ich angestrengte Versuche, wieder nach oben zu kommen. Ich schwang mich wie an einer Reckstange auf und ab, um endlich mit den Füßen eine andere Schwelle festzukriegen. Aber das ging nicht, weil man Gefahr
lief, mit der Hand vom eigenen Balken abzurutschen. Dann versuchte ich, mich hinaufzu-
stemmen, aber mein Rucksack hinten war zu schwer. Dann versuchte ich es mit einem
30 Bauchaufschwung, doch stellte sich's heraus, daß ich jetzt dazu bereits zu schwach war. Und
endlich versuchte ich, wenigstens die eine Hand von der anderen Seite um den Balken herum-
zubekommen, damit ich über der umschlungenen Schwelle die Hände festhalten und also sicherer hängen konnte. Aber dazu hätte ich einen Sekundenbruchteil an einer Hand hängen

müssen – und ich fühlte plötzlich: dazu reichte es nicht mehr. Und so blieb ich, mit meiner
35 Anmeldung in der Tasche, mitten in der Luft hängen und schrie so laut ich konnte! Aber der
Fluß ist breit.

Es war heiß; alles schien zu schlafen. Ich riskierte einen Blick in die Tiefe und sah ein paar
dunkle Striche an der Sandbank. Das waren die Kaimane.

Unterdessen hatte sich ein zweiter Mann von S. Anna über die Brücke auf den Weg ge-
40 macht. Ein Angler hat mir erzählt, daß das sehr merkwürdig ausgesehen habe: wie von der
Brückenmitte etwas kleines Schwarzes herunterhing und wie eine andere kleine Figur sich
langsam näherte. Dieses war Ramon Guijarro, ein Mann, dessen Charaktereigenschaften nach
ein paar Schritten ans volle Licht treten werden. Er wollte ebenfalls nach Aranagua – aber um
einer Anmeldung zu entgehen. Einer Anmeldung wegen fortgesetzten Pferdediebstahls. Als
45 er mein Schreien hörte, beeilte er sich, und bald hörte ich seinen Sprung von Schwelle zu
Schwelle. Er kam mir wie ein Engel vom Himmel vor. Er blieb plötzlich vor meiner
Schwelle stehen. Und was ich jetzt bringe, ist wörtlich:

„Machst du Turnübungen, he?" fragte Guijarro und streckte die Hände in die Taschen.

„Halt mich fest!! – Gott sei Dank, daß du gekommen bist! … Zieh, zieh, ich muß sonst
50 gleich loslassen …!" schrie ich zu seinen Füßen hinauf.

„Was gibst du mir dafür?" fragte Guijarro und spuckte in den Fluß.

„Zehn Pesos."

„Das ist zu wenig", sagte er nachdenklich: „bedenke – ich rette dir das Leben!"

„Wieviel willst du?" brüllte ich, „schnell: fünfzehn? zwanzig? fünfundzwanzig? Santis-
55 sima, ich muß gleich loslassen …"

„Wieviel hast du bei dir?"

„Sechsundvierzig Pesos – o, so halt mich doch …!"

„Geht in Ordnung", meinte Ramon Guijarro und beugte sich über die Schwelle, um mir
zu helfen.

60 Doch in diesem Augenblick bewog ihn ein dumpfes Geräusch, sich schnell umzublicken.
Der ungestüm anwachsende Leib einer Lokomotive kam in voller Fahrt auf ihn zu. Mit
einem Fluch hatte Ramon gerade noch Zeit, sich geschwind an die Bahnschwelle hängen zu
lassen – an meine Bahnschwelle, mit dem Gesicht mir zugekehrt, mit seinen Augen in meinen
Augen.

65 Was nun folgte, spielte sich schnell oder langsam ab, ich weiß es nicht mehr. Der stämmige
Guijarro hing mit seinem Gesicht dicht gegenüber meinem und schaute mich wütend an. Ich
aber fühlte mich unsäglich elend – ich schlenkerte mit den Füßen – ich hatte keine Kraft
mehr, die entsetzliche Schwelle festzuhalten – und klemmte plötzlich Guijarros Leib, der sich
zuckend wehrte, mit meinen Beinen wie mit einer Zange fest! Nachdem ich so einen neuen
70 Halt bekommen, ließ ich meine Linke von der Schwelle abgleiten und umschlang den Mann
mit meinem freigewordenen Arm. Ich empfand ein wunderbares Gefühl des Gerettetseins.
Das war ja seine eigene Schuld, warum hatte er mich nicht gleich emporgezogen! Dann
konnte auch meine Rechte die Schwelle nicht mehr halten – und nun hing Ramon Guijarro
mit einer doppelten Menschenlast von der Brücke herunter und schrie seinerseits so laut er
75 konnte. Mich abzuschütteln, wagte er nicht, denn er wäre mit mir zusammen in die Tiefe gestürzt. An irgend etwas muß sich der Mensch im Leben halten.

Indessen hatte die Lokomotive (denn es war bloß eine Rangierlokomotive und kein ganzer
Zug – aber wer konnte das von den Schienen aus sehen?) kurz vor dieser Unglückstelle halt-
gemacht. Und Don Gasparro Schüetzli, der Maschinist, kletterte längs dem Kessel nach vorn
80 und ließ sich über die Laternen vorsichtig aufs Geleise herunter. Er hatte von S. Anna aus be-

obachtet, wie mitten auf der Brücke zwei Männer plauderten: einer oben stehend, der andere unten hängend – und das war ihm verdächtig vorgekommen! Darum hatte er seiner alten „Elvira" Volldampf gegeben, um sich an der Unterhaltung zu beteiligen.

Der Ramon fauchte mich unterdessen an wie eine Katze: „Bestia! ... Loslassen, du Vampir!
85 ... Ich kann nicht mehr halten ...!!"brüllte er und versuchte dazwischen mit Beißen mich von sich loszulösen. Aber ich dachte nicht daran! Ich wich den Zähnen mit abgewandtem Kopfe aus und klammerte mich nur um so fester an meinen einzigen Halt.

In diesem Augenblick war Don Gasparro bis an die Schwelle herangelaufen. Er sah zwei ins Holz verkrampfte Hände, unter deren Nägeln Blut hervorquoll, und auf der anderen Seite
90 der Schwelle eine dritte, fieberhaft ausgestreckte Hand – die meine. Diese einzige Hand, welche frei war, packte der Maschinist fest an. Und zog. Allein zugleich hörte er einen langgezogenen Schrei und sah die blutigen Hände von der Schwelle abgleiten. Ramon Guijarro hatte die Doppellast nicht nicht mehr halten können ... Einen Augenblick noch schlenkerte er kopfabwärts, in meinen Beinen hängend, verzweifelt suchte ich mit meiner freien Linken
95 nach ihm zu greifen – und dann stürzte Ramon Guijarro, immer kleiner werdend, in die Tiefe. Weiß spritzte das Flußwasser unten auf. Die Kaimane machten sich von der Sandbank wohl auf den Weg.

Don Gasparro aber zog mich jetzt mit einem Ruck nach oben. Er sagte mir später, daß er mich wie ein hilfloses, zitterndes, kleines Kind auf die Lokomotive habe tragen müssen. Und
100 während die „Elvira" langsam ihren Weg nach Aranagua fortsetzte, hatte ich mich bald soweit gefaßt, um Don Gasparro den Hergang der Sache zu erzählen.

„Das ist ihm recht geschehen!" meinte er. „Warum feilschte er? Warum war er nicht mit zehn Pesos zufrieden? ... Er hat übrigens bei Lebzeiten Pferde gestohlen ... Friede seiner Seele!"

105 Bekanntlich macht die Bahn kurz vor Aranagua einen Bogen hart an den Fluß. Als wir so langsam am Ufer herfuhren, sahen wir plötzlich, wie sich nah aus dem Wasser irgend etwas erhob, das über und über mit Schlamm und Pflanzen bedeckt war. Eine menschliche Gestalt, die mit Würde dem Ufer zustrebte und wie eine Art Flußgott an Land stieg. Und als wir hielten, schien uns auf einmal, als ob die Gestalt eine gewisse Ähnlichkeit hätte ... „Santissima",
110 flüsterten wir, „Guijarros Gespenst!!"

„Hallo, bist du es, Ramon?" rief Don Gasparro.

Da zeigte er uns bloß stumm die Faust. Und als wir ihn dann fragten, wie er sich denn vor den Kaimanen gerettet habe, da sagte er, daß er von den Indios noch ganz andere Sachen gelernt habe, als mit Kaimanen umzugehen, und daß wir uns vorsehen sollten! ...

115 „Da sieht man", sagte Don Gasparro Schüetzli und gab Volldampf, „daß die Kaimane doch wählerisch sind."

So und nicht anders war der Hergang der Sache. Insbesondere ist es nicht wahr, daß Guijarro später zu mir gekommen sei, um die sechsundvierzig Pesos abzufordern. Ich hätte sie ihm auch auf keinen Fall gegeben.

120 Es besteht also nicht der mindeste Grund zur Aufregung.

2.2 Die mißlungene Vergiftung (1846)

Gottfried Keller

Lehrlinge waren in früheren Zeiten ihren Lehrherren und deren Ehefrauen auf Gedeih und Verderb ausgeliefert. Hans ging zu einem Apotheker in einer Stadt nahe bei Zürich in die Lehre. Der Lehrherr, ein Tyrann, seine Ehefrau, eine Xantippe, beide geizig, mißgünstig, freudlos, unbarmherzig, von finsterer Frömmigkeit. Beide aber große Feinschmecker. Ihr einziger Lebensgenuß: feinste Delikatessen aus Frankreich. Hans war spindeldürr, gefräßig, mit unstillbarem Hunger. Seine Kauwerkzeuge gingen unablässig, selbst wenn er nichts zu kauen hatte.

[...]

Sein Lieblingsaufenthalt war das Magazin; hier wurde Kakao mit Zucker, Schokolade, Sirup, wohlschmeckende Latwergen, Honig und so fort mit einer Gier und Wollust geleckt, gekaut und verschlungen, welchen seligen Genuß er aber stets, wenn er ertappt wurde, mit dem Braunlackierten zu büßen hatte. Eine kleine Entschädigung fand er dann immer noch in
5 einem Gefäß, wo sein Tyrann noch gar keine Ahnung davon hatte; es waren nämlich die weltberühmten Pâte pectorale von Georgé, Apotheker in Epinal. Diese waren als Kommissionsartikel in einer Kiste verpackt, von welcher er den unteren Boden gelöst hatte, die Schachteln schichtweise von ihrem Inhalte säuberte und wie geschnitten Brot hineinwürgte. Diese Mahlzeit nannte er seinen Rekompens-Artikel; doch nur sehr ungerne machte er
10 Gebrauch davon, nicht deshalb als ob sie ihm nicht mundeten, sondern eine gräßliche Versuchung hatte er jedesmal zu überwinden, wenn er zu den Schachteln gelangen wollte. Auf dieser Kiste nämlich standen zwei große weithalsige, wohlverschlossene weißgläserne Flaschen, in welchen nach seinem Dafürhalten die appetitlichsten, feinsten eingemachten Früchte sich befanden, und immer war es ihm, wenn er sie hernernahm, als müsse er hineinlangen, um
15 seine Freßbegierde zu befriedigen; aber die verdammten Etiketten dieser Gefäße machten ihn zittern und zagen; grau und schwarz wurde es immer vor seinen Augen, wenn er das gräßliche Wort las: „Gift, Sublimat", und dann den grinsenden Totenkopf betrachtete, welcher darunter gemalt war – „nein, das ist jammerschade, daß diese herrlichen Früchte giftig sind", murmelte er dann vor sich hin und stellte sie betrübt nach beendigtem Geschäfte wieder an
20 Ort und Stelle.

Eines Morgens, es war Sonntag, als er eben seinem Rekompens-Artikel wieder tüchtig zusprach, tönte die grellende Stimme der Frau Apothekerin und beschied ihn in die Küche. Das böse Gewissen malte ihm schon die ausgestreckten Krallen der Haus-Xantippe entgegen, als er die Treppe zur Küche hinabsprang und den letzten Knollen Gummi pectoral hinabwürgte,
25 – doch hier erwartete ihn ein ganz anderer Anblick. Sein Tyrann stand da im zimmetfarbenen Satinrock, garniert mit blauen, stählernen Knöpfen, einem Paar engen Nankinghosen, weißseidenen Strümpfen und beschnallten Schuhen; in seiner Hand prangte der bekannte Braunlackierte; neben ihm verweilte die Hauseule im zeisiggrünen Kleid mit großem Pelerinkragen; ihre Kräuel waren nicht zur Attacke ausgestreckt, sondern waren eben damit beschäf-
30 tigt, aus einer Handvoll kleiner Geldmünzen die falschen und ungangbaren herauszusuchen, um sie, wie es gewöhnlich geschah, nach dem Gottesdienst in die Armenbüchse zu schieben.

„Hans", hub endlich der Apotheker an, „heute ist der Geburtstag deiner nachsichtsvollen Prinzipalin, meiner lieben Frau, und deshalb besuchen wir heute gemeinschaftlich den Gottesdienst." – „Und hier", nahm die Hausherrin das Wort, „hier ist Arbeit für dich, die du
35 während unserer Abwesenheit verrichten kannst." Ein Schupf unter die kurzen Rippen

Kurt Halbritter: „Sing doch nochmal den Song von den Reichen am Kamin, der paßt so richtig
auf meinen Nachbarn, diesen Angeber."

zeigte ihm den Weg zum Feuerherd, wo ein Spanferkel ganz allerliebst am Spieße stak und schon einen angenehmen Duft um sich her verbreitete. „Hier, Bursch, ist das, was du vollbringen sollst; du drehst in einem fort den Spieß, gießest öfters Brühe nach und schürst die Kohlen; gib acht, daß nichts verbrennt, oder ich rupfe dir die Ohren rot und blutig." -

40 „Und auch ich tu dann das Meinige, Schlingel", rief der Herr, indem er den Stock über Hansens Kopf pfeifen ließ, „ich brate dich gleich jener Sau am Spieß; verstanden, he!" Unter solchen Drohungen verließ das fromme Paar das Haus. Nachdem das Schloß zweimal geknarrt und der Schlüssel den Rückzug genommen hatte, wurde es unserem armen Bratenwender wieder wohler ums Herz.

45 Die lieblichen Düfte, die gleich himmlischem Weihrauch seinen Geruchssinn bezauberten, machten endlich seinen Gaumen derart lüstern, daß seine Unterkiefer wieder in das unwillkürliche Kauen gerieten, immer brauner und saftiger wurde das Säulein, und hunderttausend kleine Fettbläschen gleich echten Perlen hüpften und tanzten jubelnd, sich vereinigend und zerplatzend und wiedergebärend, auf der glatten Fläche umher, und es knisterte und knasterte und spritzte und zischte, als wälze sich eine kleine Welt voll Leben am Spießdorn um und um. Und der arme Hans, da saß er nun und drehte die Spindel und löffelte und tunkte und schürte, und wie ein fein angerauchter Meerschaumkopf so braun, so glänzend und glatt war die Haut zur Kruste geschmort, und er saß da, den Mund voll Wasser und das stiere Auge fest auf das bratende Ferkelchen gerichtet. „Hat doch jeder Koch, jede Köchin das Recht, die von ihnen bereitete Speise zu versuchen", hob er für sich sprechend an, „warum soll nicht auch ich ein kleines Pröbchen kosten? Das Krüstchen da am hinteren Schinken, was ohnehin zu hoch hervorsteht, wäre wohl nicht übel, die Stelle wird schon wieder braun und glatt." Gesagt, getan, und fort war das Krüstchen in Hansens bodenlosen Schlund. Es wäre ein frivoles Unternehmen, den Effekt zu beschreiben, den dieser Leckerbissen in Hansens Gaumen verursacht hatte; er saß da mit funkelnden Augen und schnalzender Zunge, und aus seinen Mundwinkeln triefte Fett im glänzend langsamen Zuge.

„Wer a gesagt, der sagt auch b, c, d dann hintendrein." Auch unserem in Wollust und Wonne aufgelösten Hans erging es nicht besser. Mit dem Genuß des ersten Stückchens hatte der Satan ihn schon beim Wickel gefaßt und flüsterte ihm beruhigend zu: „Friß du nur, du armer Schelm, du hast ja sonst nichts auf der Welt als deine Wassersuppe mit verdorbenem Brot und einen ewig blauen Rücken, hast ja auch gar keine freudige Stunde, drum nur noch dreist ein Krüstchen abgelöst, es wird ja ganz gewiß schon wieder braun, sei deshalb ohne Sorgen, niemand merkt den Raub" - und Hans, der arme Hans ging in die Falle, der zweite Angriff war noch viel besser und die folgenden zum Entzücken gut, fort war endlich die ganze Kruste - „sie wird schon wieder braun, du Narr, sie färbt sich schon, nur immer zu", so klangs in seinen Ohren. Der Hauptbissen oder der Knalleffekt des ganzen Mahles waren die Öhrlein der Sau; diese knapperte Hansens Gebiß mit einer Behaglichkeit zusammen, daß er alles rings um sich vergaß: er lebte in einem Wonnetaumel, der seinen Geist, gleichsam wie zwischen Schlafen und Wachen, gefesselt hielt. Die lüsternsten Freßvisionen tanzten vor seinen Sinnen; bald war es ihm, als befinde er sich unter Gästen der Hochzeit zu Kanaan und verschlinge eben eine ganze Pastete von gehackten Kapaunen, während der Oberkoch im rotgalonierten Scharlachfrack mit Beihilfe von noch vierzehn Unterköchen damit beschäftigt war, eine ungeheure Schüssel gerade vor ihm auf den Tisch zu placieren, worauf sich ein ganzer gebratener Ochse in aufrechter Stellung befand - und ihm sei die Aufgabe gestellt, diesen Koloß bis auf das nackte Bein zu verzehren. Einmal kam es ihm sogar vor, als sei er eine von den sieben mageren ägyptischen Kühen und habe Reißaus genommen und befinde sich eben jetzt in einer üppigen Kornquader, wo er nach Herzenslust seinen gräßlichen Hunger stille.

Unter solchen Träumereien war endlich das ganze Schweinchen aufgezehrt. Da ließ Hans noch einmal seinen trunkenen Blick vom Kopf bis zum Steiß hinüberstreifen, ob nicht ir-
85 gendwo ein Stückchen unbeachtet geblieben sei, – doch o weh! Diese Forschung warf ihn gleich einem zerschmetterten Blitz in die Wirklichkeit zurück, denn er gewahrte das noch unbeachtet gebliebene, stockgerade herausstehende braunglänzende Schwänzchen, das ganz getreu, nur im verkleinerten Maßstab, so aussah wie der braunlackierte Imperativ seines Herrn. Die Kapaunpastete, der ganze gebratene Ochse und die üppige Kornquader waren ver-
90 schwunden, und jetzt erst sah er das häßliche Gerippe der abgenagten Sau vor sich, und es grinste ihn an, als wolle es sagen: jetzt Freund, jetzt kommst du an meiner Stelle an den Spießdorn. Das war dem armen Hans zuviel: nun stand es fest und unabwendbar vor seiner Phantasie, daß der Apotheker ihn zuerst halbtot schlagen und dann am Spieß braten werde. Nein, diese Marter ist zu groß – sterben mußt du nun doch einmal, nun so sei es denn in Gottes Na-
95 men, ich will mir lieber selbst einen plötzlichen Tod bereiten – ich will das Gift nehmen! Und Hans holt die zwei großen gläsernen Flaschen herunter, setzt sich bequem hin und stopft und würgt die delikaten Früchte hinunter. „O köstliches Gift, schade, daß du tötest!" ruft er aus und sinkt ermattet am Herd nieder; hier erwartet er den Tod, der aber durchaus nicht erfolgen will. Da knarrt die Haustüre, und gleich einer Salzsäule, mit erhobenem
100 Stocke, weit aufgerissenen Augen und offenem Munde steht der Apotheker da, er glaubt zu träumen, da fällt sein Blick auf Hans, dieser lächelt ihm noch sterbend zu, und mit einer Wut fährt er diesem nach der Gurgel, um ihn apfelweich durchzubleuen. Da lallt Hans mit schwacher Stimme: „Lassen's, Herr, lassen's, ich bin gleich tot, lassen's nur, ich habe mich vergiftet!" Da fährt der Apotheker entsetzt zurück. „Was, vergiftet, vergiftet, womit, mit was
105 denn?" – „Herr, die delikaten Sublimatfrüchte, beide Gläser, Herr, beide Gläser leer, Herr!" – „Da soll dich ja der Teufel holen, du vefluchter Halunke, auch noch meine herrlichen Früchte hast du verschlungen?" Und Hieb auf Hieb fiel auf Hansens Rücken, bis er, trotz dem besten Rostbeaf, weich geplutzt war. „O ich Tor!" jammerte der Apotheker, „ich glaubte meine Früchte zu retten, als ich eine Gift-Etikette daraufklebte, und doch sind sie
110 durch die gefräßige Bestie verzehrt worden."

Wenige Minuten nachher sehen wir unseren vergifteten Hans mit einem tüchtigen Gerbemittel im Leib und einem wohlapplizierten Tritt zur Haustüre des Apothekers hinausfliegen.

2.3 Parkplatz gesucht

Ephraim Kishon

Eines Morgens erwachte ich in New York mit Zahnschmerzen. Mit ganz gewöhnlichen, ungemein schmerzhaften Zahnschmerzen. Irgend etwas in meinem linken Unterkiefer war nicht in Ordnung, schwoll an und schmerzte.
Ich fragte Tante Trude, ob es hier in der Gegend einen guten Zahnarzt gäbe. Tante Trude
5 kannte ihrer drei, alle in nächster Nähe, was in New York ungefähr soviel bedeutet wie 25 Kilometer Luftlinie.
Ich wollte wissen, welcher von den drei Zahnärzten der beste sei. Tante Trude sann lange vor sich hin:

„Das hängt davon ab. Der erste hat seine Ordination in der Wall Street. Dort wimmelt es von
Zeitungsreportern, und wenn jemand einen Parkplatz findet, wird er sofort von ihnen inter-
viewt. Ich weiß nicht, ob du das mit deinen Zahnschmerzen riskieren willst. Der zweite hat
eine direkte Autobusverbindung von seinem Haus zum nächsten bewachten Parkplatz, aber
er ist kein sehr angenehmer Arzt. Ich würde dir zu Dr. Blumenfeld raten. Er wohnt in einem
ähnlichen Cottage-Viertel wie wir und hebt in seinen Annoncen immer hervor, daß man dort
manchmal in einer nicht allzu weit entfernten Seitenstraße Platz zum Parken findet."
Das war entscheidend. Und mein Unterkiefer war um diese Zeit schon so angeschwollen, daß
es keine Zeit mehr zu verlieren gab.
Ich nahm Onkel Harrys Wagen und sauste los.
Es dauerte nicht lange, bis ich Dr. Blumenfelds Haus gefunden hatte. Auch die im Inserat an-
gekündigten Seitenstraßen waren da, nicht aber der im Inserat angekündigte Platz zum Parken. An beiden Straßenseiten standen die geparkten Wagen so dicht hintereinander, daß
nicht einmal die berühmte Stecknadel hätte zu Boden fallen können; sie wäre auf den fugen-
los aneinandergereihten Stoßstangen liegen geblieben.
Eine Zeitlang kreuzte ich durch die Gegend wie ein von seiner Flugbahn abgekommener
Satellit.
Dann geschah ein Wunder. Ich sah es mit meinen eigenen Augen. Das heißt: ich sah ein Wunder im Anfangsstadium. Ich sah einen amerikanischen Bürger, der sich an der Türe eines ge-
parkten Wagens zu schaffen machte.
Schon hielt ich an seiner Seite:
„Fahren Sie weg?"
„Ob ich – was? Ob ich wegfahre?" Er wollte seinen Ohren nicht trauen. „Herr, ich habe auf
diesen Parkplatz zwei Jahre lang gewartet und habe ihn erst im vorigen Herbst erobert. Da-
mals nach dem Hurrikan, der alle hier geparkten Wagen weggefegt hat…"
Jetzt fiel mir auf, daß das Dach seines Wagens, genau wie das der anderen, mit einer dicken
Staubschicht bedeckt war. Da gab es also nichts zu hoffen.
Wo ich denn möglicherweise einen Parkplatz finden könnte, fragte ich.
Die Antwort, nach längerem Nachdenken und Hinterkopfkratzen erteilt, verhieß wenig
Gutes:
„Einen Parkplatz finden… Sie meinen einen *freien* Parkplatz? In Texas soll es angeblich noch
einige geben. Vergessen Sie nicht, daß sich die Zahl der Autos in Amerika jedes Jahr um unge-
fähr fünfzehn Millionen vermehrt. Und die Länge der Autos jedes Jahr um ungefähr zehn
Inches. Der letzte Gallup-Poll hat ergeben, daß dreiundachtzig Prozent der Bevölkerung
das Parkproblem für die gefährlichste Bedrohung ihres Lebens halten. Nur elf Prozent dagegen haben Angst vor dem Atomkrieg."
Mit diesen Worten zog er einen Roller aus dem Fond seines Wagens, stieg mit einem Fuß darauf und ließ den Wagen unverschlossen stehen.
„He! Sie haben nicht abgesperrt!" rief ich ihm nach.
„Wozu?" rief er zurück. „Niemand stiehlt mehr ein Auto. Wo sollte er es denn parken?"
Mein Zahn trieb mich weiter. Aber es war ganz offenbar sinnlos. Wohin man blickte, stand
geparktes Auto an geparktem Auto, und wo kein Auto stand, stand ein Pfosten mit einer Tafel, und auf der Tafel stand die Inschrift: „Von Anfang Juli bis Ende Juni Parken verboten",
oder „Parkverbot von 0 bis 24 Uhr, Sonn- und Feiertag von 24 bis 0 Uhr." War aber irgendwo kein Wagen und keine Tafel zu sehen, so stand dort totsicher ein Feuerhydrant, dem
man in Amerika unter Androhung schwerster Geld- und Freiheitsstrafen nicht in die Nähe
kommen darf, nicht einmal wenn es brennt.

In einer schon etwas weiter entfernten Straße fand ich eine Affiche, aus der hervorging, daß hier am 7. August zwischen 3 und 4 Uhr nachmittags geparkt werden durfte. Ich erwog ernsthaft, so lange zu warten, aber mein Zahn war dagegen. Endlich schien mir das Glück zu lächeln. Vor einem großen Gebäude sah ich einen leeren, deutlich für Parkzwecke reservierten
60 Raum mit der deutlichen Aufschrift: „Kostenloses Parken für unsere Kunden." Rasch wie der Blitz hatte ich meinen Wagen abgestellt, stieg aus, fand mich im nächsten Augenblick von hinten an beiden Schultern gepackt und im übernächsten auf einen Stuhl gedrückt, der im Büro einer Versicherungsgesellschaft stand.

„Guten Morgen, mein Herr", begrüßte mich der Mann hinterm Schreibtisch. „Wie
65 lange?"

„Ungefähr eineinhalb Stunden."

Der Versicherungsagent blätterte in seiner Tarifliste:

„Das Minimum für neunzig Minuten ist eine Feuer- und Hagelversicherung auf 10 000 Dollar."

70 Ich erklärte ihm, daß der Wagen bereits versichert war.

„Das sagen alle. Darauf können wie keine Rücksicht nehmen."

„Und ich kann keine Versicherung auf 10 000 Dollar nehmen."

„Dann müssen Sie eben wegfahren."

„Dann werde ich eben wegfahren."

75 Gegenüber dem Versicherungsgebäude befand sich ein Kino. Hinter dem Kino befand sich ein großer Parkplatz. Auf dem großen Parkplatz befanden sich viele große Wagen. Vor den Wagen befanden sich Parkuhren, die sechzig Minuten Maximalzeit vorschrieben. Aus dem Kino kamen fast pausenlos Leute herausgeeilt, warfen Münzen in die Parkuhren und eilten zurück.

80 Bei Einbruch der Dunkelheit ging mir das Benzin aus. Ich fuhr zu einer Tankstation, und während der Tank gefüllt wurde, fragte ich nach der Toilette. Dort erkletterte ich das Fenster, durchkroch eine Art Schacht, gelangte ins Magazin, stahl mich durch die Hintertüre hinaus und befand mich in einem engen, dunklen, nach Leder riechenden Raum. Es war mein Wagen, den die erfahrenen Tankstellenwärter dort abgestellt hatten.

85 Ihr hämisches Grinsen reizte meinen tief verwundeten orientalischen Stolz.

„Was können Sie sonst noch mit dem Wagen machen?" fragte ich. „Lassen Sie hören!"

Das Offert kam prompt und sachlich:

„Ölwechsel - zehn Minuten. Überholen - eine halbe Stunde. Lackieren - eine Stunde."

„Lackieren Sie ihn grasgrün und wechseln Sie das Öl."

90 Ungesäumt startete ich in Richtung Blumenfeld. Ich schlug ein scharfes Tempo an, denn der Zettel, den man mir an der Tankstelle in die Hand gedrückt hatte, trug folgenden eindeutig präzisierten Text: „Wenn Sie nicht pünktlich nach der vereinbarten Zeit von 1.10 Uhr (das war handschriftlich eingetragen) Ihren Wagen holen, wird er in unserem eigens hierfür konstruierten Parkofen verbrannt."

95 Da ich schon lange nicht trainiert hatte, geriet ich leider sehr bald außer Atem. Ich bestieg einen Bus und nahm an der Endstation ein Taxi zu Dr. Blumenfeld. Als ich dort anlangte, waren 42 Minuten vergangen, so daß ich sofort umkehren mußte. Ich kam gerade zurecht, wie die Tankstellenwärter sich anschickten, die erste Kanne Kerosin über meinen grasgrünen Wagen zu schütten.

100 Jetzt gab es nur noch eine Möglichkeit, und ich war entschlossen, sie auszunützen: Ich fuhr mit meinem eigenen Wagen vor Dr. Blumenfelds Haus und ließ ihn krachend auf einen Laternenpfahl aufprallen. Erlöst entstieg ich dem Blechschaden und begab mich in die Ordination.

Gerade als Dr. Blumenfeld mit der Behandlung fertig war, ertönte von unten zorniges Hupen. Durchs Fenster sah ich, daß es von einem Wagen kam, der dicht hinter dem meinen stand. Ich sauste hinunter. Ein anderer von Dr. Blumenfelds Patienten empfing mich zornschnaubend:

„Was bilden Sie sich eigentlich ein, Sie? Glauben Sie, diese Laterne gehört nur Ihnen?"

Ich mußte ihm recht geben. Selbst in Amerika können sich nur die Reichsten der Reichen den Luxus einer eigenen Parklaterne leisten.

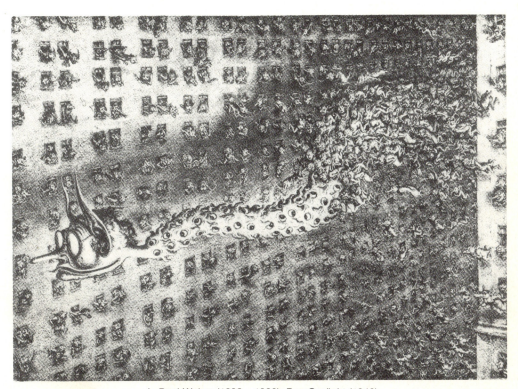

A. Paul Weber (1893 – 1980): Das Gerücht (1943)

3 Ordnung und Unordnung

3.1 Skorpion

Aus: Orion trat aus dem Haus. Neue Sternbilder (1969)

Christa Reinig

Er war sanftmütig und freundlich. Seine Augen standen dicht beieinander. Das bedeutete Hinterlist. Seine Brauen stießen über der Nase zusammen. Das bedeutete Jähzorn. Seine Nase war lang und spitz. Das bedeutete unstillbare Neugier. Seine Ohrläppchen waren angewachsen. Das bedeutete Hang zum Verbrechertum. Warum gehst du nicht unter die Leute? fragte
5 man ihn. Er besah sich im Spiegel und bemerkte einen grausamen Zug um seinen Mund. Ich bin kein guter Mensch, sagte er. Er verbohrte sich in seine Bücher. Als er sie alle ausgelesen hatte, mußte er unter die Leute, sich ein neues Buch kaufen gehn. Hoffentlich gibt es kein Unheil, dachte er und ging unter die Leute. Eine Frau sprach ihn an und bat ihn, ihr einen Geldschein zu wechseln. Da sie sehr kurzsichtig war, mußte sie mehrmals hin- und zurück-
10 tauschen. Der Skorpion dachte an seine Augen, die dicht beieinanderstanden und verzichtete darauf, sein Geld hinterlistig zu verdoppeln. In der Straßenbahn trat ihm ein Fremder auf die Füße und beschimpfte ihn in einer fremden Sprache. Der Skorpion dachte an seine zusammengewachsenen Augenbrauen und ließ das Geschimpfe, das er ja nicht verstand, als Bitte um Entschuldigung gelten. Er stieg aus, und vor ihm lag eine Brieftasche auf der Straße. Der
15 Skorpion dachte an seine Nase und bückte sich nicht und drehte sich auch nicht um. In der Buchhandlung fand er ein Buch, das hätte er gern gehabt. Aber es war zu teuer. Es hätte gut in seine Manteltasche gepaßt. Der Skorpion dachte an seine Ohrläppchen und stellte das Buch ins Regal zurück. Er nahm ein anderes. Als er es bezahlen wollte, klagte ein Bücherfreund: Das ist das Buch, das ich seit Jahren suche. Jetzt kauft's mir ein anderer weg. Der Skorpion
20 dachte an den grausamen Zug um seinen Mund und sagte: Nehmen Sie das Buch. Ich trete zurück. Der Bücherfreund weinte fast. Er preßte das Buch mit beiden Händen an sein Herz und ging davon. Das war ein guter Kunde, sagte der Buchhändler, aber für Sie ist auch noch was da. Er zog aus dem Regal das Buch, das der Skorpion so gern gehabt hätte. Der Skorpion winkte ab: Das kann ich mir nicht leisten. – Doch, Sie können, sagte der Buchhändler, eine
25 Liebe ist der anderen wert. Machen Sie den Preis. Der Skorpion weinte fast. Er preßte das Buch mit beiden Händen fest an sein Herz, und, da er nichts mehr frei hatte, reichte er dem Buchhändler zum Abschied seinen Stachel. Der Buchhändler drückte den Stachel und fiel tot um.

3.2 Das Eisenbahnunglück (1908)

Thomas Mann

Etwas erzählen? Aber ich weiß nichts. Gut, ich werde etwas erzählen.

Einmal, es ist schon zwei Jahre her, habe ich ein Eisenbahnunglück mitgemacht, alle Einzelheiten stehen mir klar vor Augen.

Es war vom ersten Range, keine allgemeine Harmonika mit „unkenntlichen Massen" und so
5 weiter, das nicht. Aber es war doch ein ganz richtiges Eisenbahnunglück mit Zubehör und obendrein zu nächtlicher Stunde. Nicht jeder hat das erlebt, und darum will ich es zum besten geben.

Ich fuhr damals nach Dresden, eingeladen von Förderern der Literatur. Eine Kunst- und Virtuosenfahrt also, wie ich sie von Zeit zu Zeit nicht ungern unternehme. Man repräsentiert,
10 man tritt auf, man zeigt sich der jauchzenden Menge; man ist nicht umsonst ein Untertan Wilhelms II. Auch ist Dresden ja schön (besonders der Zwinger), und nachher wollte ich auf zehn, vierzehn Tage zum ‚Weißen Hirsch' hinauf, um mich ein wenig zu pflegen und, wenn, vermöge der ‚Applikationen', der Geist über mich käme, auch wohl zu arbeiten. Zu diesem Behufe hatte ich mein Manuskript zuunterst in meinen Koffer gelegt, zusammen mit dem
15 Notizenmaterial, ein stattliches Konvolut, in braunes Packpapier geschlagen und mit starkem Spagat in den bayrischen Farben umwunden.

Ich reise gern mit Komfort, besonders, wenn man es mir bezahlt. Ich benützte also den Schlafwagen, hatte mir tags zuvor ein Abteil erster Klasse gesichert und war geborgen. Trotzdem hatte ich Fieber, wie immer bei solchen Gelegenheiten, denn eine Abreise bleibt ein
20 Abenteuer, und nie werde ich in Verkehrsdingen die rechte Abgebrühtheit gewinnen. Ich weiß ganz gut, daß der Nachtzug nach Dresden gewohnheitsmäßig jeden Abend vom Münchner Hauptbahnhof abfährt und jeden Morgen in Dresden ist. Aber wenn ich selber mitfahre und mein bedeutsames Schicksal mit dem seinen verbinde, so ist das eben doch eine große Sache. Ich kann mich dann der Vorstellung nicht entschlagen, als führe er einzig heute und
25 meinetwegen, und dieser unvernünftige Irrtum hat natürlich eine stille, tiefe Erregung zur Folge, die mich nicht eher verläßt, als bis ich alle Umständlichkeiten der Abreise, das Kofferpacken, die Fahrt mit der belasteten Droschke zum Bahnhof, die Ankunft dortselbst, die Aufgabe des Gepäcks hinter mir habe und mich endgültig untergebracht und in Sicherheit weiß. Dann freilich tritt eine wohlige Abspannung ein, der Geist wendet sich neuen Dingen zu, die
30 große Fremde eröffnet sich dort hinter dem Bogen des Glasgewölbes, und freudige Erwartung beschäftigt das Gemüt.

So war es auch diesmal. Ich hatte den Träger meines Handgepäcks reich belohnt, so daß er die Mütze gezogen und mir angenehme Reise gewünscht hatte, und stand mit meiner Abendzigarre an einem Gangfenster des Schlafwagens, um das Treiben auf dem Perron zu betrach-
35 ten. Da war Zischen und Rollen, Hasten, Abschiednehmen und das singende Ausrufen der Zeitungs- und Erfrischungsverkäufer, und über allem glühten die großen elektrischen Monde im Nebel des Oktoberabends. Zwei rüstige Männer zogen einen Handkarren mit großem Gepäck den Zug entlang nach vorn zum Gepäckwagen. Ich erkannte wohl, an gewissen Merkmalen, meinen eigenen Koffer. Da lag er, ein Stück unter vielen, und auf seinem Grunde
40 ruhte das kostbare Konvolut. Nun, dachte ich, keine Besorgnis, es ist in guten Händen! Sieh diesen Schaffner an mit dem Lederbandelier, dem gewaltigen Wachtmeisterschnauzbart und dem unwirsch wachsamen Blick. Sieh, wie er die alte Frau in der fadenscheinigen schwarzen Mantille anherrscht, weil sie um ein Haar in die zweite Klasse gestiegen wäre. Das ist der

Staat, unser Vater, die Autorität und die Sicherheit. Man verkehrt nicht gern mit ihm, er ist
45 streng, er ist wohl gar rauh, aber Verlaß, Verlaß ist auf ihn, und dein Koffer ist aufgehoben
wie in Abrahams Schoß.

Ein Herr lustwandelt auf dem Perron, in Gamaschen und gelbem Herbstpaletot, einen Hund
an der Leine führend. Nie sah ich ein hübscheres Hündchen. Es ist eine gedrungene Dogge,
blank, muskulös, schwarz gefleckt und so gepflegt und drollig wie die Hündchen, die man zu-
50 weilen im Zirkus sieht und die das Publikum belustigen, indem sie aus allen Kräften ihres
kleinen Leibes um die Manege rennen. Der Hund trägt ein silbernes Halsband, und die
Schnur, daran er geführt wird, ist aus farbig geflochtenem Leder. Aber das alles kann nicht
wundernehmen angesichts seines Herrn, des Herrn in Gamaschen, der sicher von edelster
Abkunft ist. Er trägt ein Glas im Auge, was seine Miene verschärft, ohne sie zu verzerren,
55 und sein Schnurrbart ist trotzig aufgesetzt, wodurch seine Mundwinkel wie sein Kinn einen
verachtungsvollen und willensstarken Ausdruck gewinnen. Er richtet eine Frage an den mar-
tialischen Schaffner, und der schlichte Mann, der deutlich fühlt, mit wem er es zu tun hat,
antwortet ihm, die Hand an der Mütze. Da wandelt der Herr weiter, zufrieden mit der
Wirkung seiner Person. Er wandelt sicher in seinen Gamaschen, sein Antlitz ist kalt, scharf
60 faßt er Menschen und Dinge ins Auge. Er ist weit entfernt vom Reisefieber, das sieht man
klar, für ihn ist etwas so Gewöhnliches wie eine Abreise kein Abenteuer. Er ist zu Hause im
Leben und ohne Scheu vor seinen Einrichtungen und Gewalten, er selbst gehört zu diesen
Gewalten, mit einem Worte: ein Herr. Ich kann mich nicht satt an ihm sehen.

Als es ihn an der Zeit dünkt, steigt er ein (der Schaffner wandte gerade den Rücken). Er geht
65 im Korridor hinter mir vorbei, und obgleich er mich anstößt, sagt er nicht „Pardon!". Was
für ein Herr! Aber das ist nichts gegen das Weitere, was nun folgt: Der Herr nimmt, ohne mit
der Wimper zu zucken, seinen Hund mit sich in sein Schlafkabinett hinein! Das ist zweifellos
verboten. Wie würde ich mich vermessen, einen Hund mit in den Schlafwagen zu nehmen.
Er aber tut es kraft seines Herrenrechtes im Leben und zieht die Tür hinter sich zu.
70 Es pfiff, die Lokomotive antwortete, der Zug setzte sich sanft in Bewegung. Ich blieb noch
ein wenig am Fenster stehen, sah die zurückbleibenden winkenden Menschen, sah die eiserne
Brücke, sah Lichter schweben und wandern ... Dann zog ich mich ins Innere des Wagens zurück.

Der Schlafwagen war nicht übermäßig besetzt; ein Abteil neben dem meinen war leer, war
75 nicht zum Schlafen eingerichtet, und ich beschloß, es mir auf eine friedliche Lesestunde darin
bequem zu machen. Ich hole also mein Buch und richtete mich ein. Das Sofa ist mit seidigem
lachsfarbenen Stoff überzogen, auf dem Klapptischchen steht der Aschenbecher, das Gas
brennt hell. Und rauchend las ich.

Der Schlafwagenkondukteur kommt dienstlich herein, er ersucht mich um mein Fahrschein-
80 heft für die Nacht, und ich übergebe es seinen schwärzlichen Händen. Er redet höflich, aber
rein amtlich, er spart den „Gute-Nacht!"-Gruß von Mensch zu Mensch und geht, um an das
anstoßende Kabinett zu klopfen. Aber das hätte er lassen sollen, denn dort wohnte der Herr
mit den Gamaschen, und sei es nun, daß der Herr seinen Hund nicht sehen lassen wollte oder
daß er bereits zu Bette gegangen war, kurz, er wurde furchtbar zornig, weil man es unter-
85 nahm, ihn zu stören, ja, trotz dem Rollen des Zuges vernahm ich durch die dünne Wand den
unmittelbaren und elementaren Ausbruch seines Grimmes. „Was ist denn?!" schrie er. „Lassen Sie mich in Ruhe – Affenschwanz!!" Er gebrauchte den Ausdruck „Affenschwanz", –
ein Herrenausdruck, ein Reiter- und Kavaliersausdruck, herzstärkend anzuhören. Aber der
Schlafwagenkondukteur legte sich aufs Unterhandeln, denn er mußte den Fahrschein des
90 Herrn wohl wirklich haben, und da ich auf den Gang trat, um alles genau zu verfolgen, so sah

ich mit an, wie schließlich die Tür des Herrn mit kurzem Ruck ein wenig geöffnet wurde und das Fahrscheinheft dem Kondukteur ins Gesicht flog, hart und heftig gerade ins Gesicht. Er fing es mit beiden Armen auf, und obgleich er die eine Ecke ins Auge bekommen hatte, so daß es tränte, zog er die Beine zusammen und dankte, die Hand an der Mütze. Erschüttert kehrte ich zu meinem Buch zurück.

Ich erwäge, was etwa dagegen sprechen könnte, noch eine Zigarre zu rauchen, und finde, daß es so gut wie nichts ist. Ich rauche also noch eine im Rollen und Lesen und fühle mich wohl und gedankenreich. Die Zeit vergeht, es wird zehn Uhr, halb elf Uhr oder mehr, die Insassen des Schlafwagens sind alle zur Ruhe gegangen, und schließlich komme ich mit mir überein, ein Gleiches zu tun.

Ich erhebe mich also und gehe in mein Schlafkabinett. Ein richtiges, luxuriöses Schlafzimmerchen, mit gepreßter Ledertapete, mit Kleiderhaken und vernickeltem Waschbecken. Das untere Bett ist schneeig bereitet, die Decke einladend zurückgeschlagen. O große Neuzeit! denke ich. Man legt sich in dieses Bett wie zu Hause, es bebt ein wenig die Nacht hindurch, und das hat zur Folge, daß man am Morgen in Dresden ist. Ich nahm meine Handtasche aus dem Netz, um etwas Toilette zu machen. Mit ausgestreckten Armen hielt ich sie über meinem Kopf.

In diesem Augenblick geschieht das Eisenbahnunglück. Ich weiß es wie heute.

Es gab einen Stoß, – aber mit ‚Stoß‘ ist wenig gesagt. Es war ein Stoß, der sich sofort als unbedingt bösartig kennzeichnete, ein in sich abscheulich krachender Stoß und von solcher Gewalt, daß mir die Handtasche, ich weiß nicht, wohin, aus den Händen flog und ich selbst mit der Schulter schmerzhaft gegen die Wand geschleudert wurde. Dabei war keine Zeit zur Besinnung. Aber was folgte, war ein entsetzliches Schlenkern, und während seiner Dauer hatte man Muße, sich zu ängstigen. Ein Eisenbahnwagen schlenkert wohl, bei Weichen, bei Kurven, das kennt man. Aber dies war ein Schlenkern, daß man nicht stehen konnte, daß man von einer Wand zur anderen geworfen wurde und dem Kentern des Wagens entgegensah. Ich dachte etwas sehr Einfaches, aber ich dachte es konzentriert und ausschließlich. Ich dachte: ‚Das geht nicht gut, das geht nicht gut, das geht keinesfalls gut.‘ Wörtlich so. Außerdem dachte ich: ‚Halt! Halt! Halt!‘ Denn ich wußte, daß, wenn der Zug erst stünde, sehr viel gewonnen sein würde. Und siehe, auf dieses mein stilles und inbrünstiges Kommando stand der Zug.

Bisher hatte Totenstille im Schlafwagen geherrscht. Nun kam der Schrecken zum Ausbruch. Schrille Damenschreie mischten sich mit den dumpfen Bestürzungsrufen von Männern. Neben mir höre ich „Hilfe!“ rufen, und kein Zweifel, es ist die Stimme, die sich vorhin des ausdrucks „Affenschwanz“ bediente, die Stimme des Herrn in Gamaschen, seine von Angst entstellte Stimme. „Hilfe!“ ruft er, und in dem Augenblick, wo ich den Gang betrete, auf dem die Fahrgäste zusammenlaufen, bricht er in seidenem Schlafanzug aus seinem Abteil hervor und steht da mit irren Blicken. „Großer Gott!“ sagt er, „Allmächtiger Gott!“ Und um sich gänzlich zu demütigen und so vielleicht seine Vernichtung abzuwenden, sagt er auch noch in bittendem Tone: „Lieber Gott ...“ Aber plötzlich besinnt er sich eines anderen und greift zur Selbsthilfe. Er wirft sich auf das Wandschränkchen, in welchem für alle Fälle ein Beil und eine Säge hängen, schlägt mit der Faust die Glasscheibe entzwei, läßt aber, da er nicht gleich dazu gelangen kann, das Werkzeug in Ruh', bahnt sich mit wilden Püffen einen Weg durch die versammelten Fahrgäste, so daß die halbnackten Damen aufs neue kreischen, und springt ins Freie.

Das war das Werk eines Augenblicks. Ich spürte erst jetzt meinen Schrecken: eine gewisse Schwäche im Rücken, eine vorübergehende Unfähigkeit, hinunterzuschlucken. Alles

umdrängte den schwarzhändigen Schlafwagenbeamten, der mit roten Augen ebenfalls herbei-
gekommen war; die Damen, mit bloßen Armen und Schultern, rangen die Hände.

140 Das sei eine Entgleisung, erklärte der Mann, wir seien entgleist. Was nicht zutraf, wie sich
später erwies. Aber siehe, der Mann war gesprächig unter diesen Umständen, er ließ seine
amtliche Sachlichkeit dahinfahren, die großen Ereignisse lösten seine Zunge, und er sprach
intim von seiner Frau. „Ich hab' noch zu meiner Frau gesagt: Frau, sag' ich, mir ist ganz, als
ob heut' was passieren müßt'!" Na, und ob nun vielleicht nichts passiert sei. Ja, darin gaben
145 alle ihm recht. Rauch entwickelte sich im Wagen, dichter Qualm, man wußte nicht, woher,
und nun zogen wir alle es vor, uns in die Nacht hinauszubegeben.

Das war nur mittels eines ziemlich hohen Sprungs vom Trittbrett auf den Bahnkörper möglich, denn es war kein Perron vorhanden, und zudem stand unser Schlafwagen bemerkbar
schief, auf die andere Seite geneigt. Aber die Damen, die eilig ihre Blößen bedeckt hatten,
150 sprangen verzweifelt, und bald standen wir alle zwischen den Schienensträngen.

Es war finster, aber man sah doch, daß bei uns hinten den Wagen eigentlich nichts fehlte, obgleich sie schief standen. Aber vorn – fünfzehn oder zwanzig Schritte weiter vorn! Nicht umsonst hatte der Stoß in sich so abscheulich gekracht. Dort war eine Trümmerwüste, man sah
ihre Ränder, wenn man sich näherte, und die kleinen Laternen der Schaffner irrten darüber
155 hin.

Nachrichten kamen von dort, aufgeregte Leute, die Meldungen über die Lage brachten. Wir
befanden uns dicht bei einer kleinen Station, nicht weit hinter Regensburg, und durch Schuld
einer defekten Weiche war unser Schnellzug auf ein falsches Geleise geraten und in voller
Fahrt einem Güterzug, der dort hielt, in den Rücken gefahren, hatte ihn aus der Station hin-
160 ausgeworfen, seinen hinteren Teil zermalmt und selbst schwer gelitten. Die große Schnellzug-
maschine von Maffei in München war hin und entzwei. Preis siebzigtausend Mark. Und in den
vorderen Wagen, die beinahe auf der Seite lagen, waren zum Teil die Bänke ineinanderge-
schoben. Nein, Menschenverluste waren, gottlob, wohl nicht zu beklagen. Man sprach von
einer alten Frau, die „herausgezogen" worden sei, aber niemand hatte sie gesehen. Jedenfalls
165 waren die Leute durcheinandergeworfen worden, Kinder hatten unter Gepäck vergraben gelegen, und das Entsetzen war groß. Der Gepäckwagen war zertrümmert. Wie war das mit
dem Gepäckwagen? Er war zertrümmert.

Da stand ich ...

Ein Beamter läuft ohne Mütze den Zug entlang, es ist der Stationschef, und wild und weiner-
170 lich erteilt er Befehle an die Passagiere, um sie in Zucht zu halten und von den Geleisen in die
Wagen zu schicken. Aber niemand achtet sein, da er ohne Mütze und Haltung ist. Beklagens-
werter Mann! Ihn traf wohl die Verantwortung. Vielleicht war seine Laufbahn zu Ende, sein
Leben zerstört. Es wäre nicht taktvoll gewesen, ihn nach dem großen Gepäck zu fragen.

Ein anderer Beamter kommt daher, er *hinkt* daher, und ich erkenne ihn an seinem Wacht-
175 meisterschnauzbart. Es ist der Schaffner, der unwirsch wachsame Schaffner von heute abend,
der Staat, unser Vater. Er hinkt gebückt, die eine Hand auf sein Knie gestützt, und kümmert
sich um nichts als um dieses Knie. „Ach, ach!" sagt er. „Ach!" – „Nun, nun, was ist
denn?" „Ach, mein Herr, ich steckte ja dazwischen, es ging mir ja gegen die Brust, ich bin ja
über das Dach entkommen, ach, ach!" – Dieses „über das Dach entkommen" schmeckte
180 nach Zeitungsbericht, der Mann brauchte bestimmt in der Regel nicht das Wort „entkommen", er hatte nicht sowohl sein Unglück, als vielmehr einen Zeitungsbericht über sein Unglück erlebt, aber was half mir das? Er war nicht in dem Zustande, mir Auskunft über mein
Manuskript zu geben. Und ich fragte einen jungen Menschen, der frisch, wichtig und angeregt von der Trümmerwüste kam, nach dem großen Gepäck.

185 „Ja, mein Herr, das weiß niemand nicht, wie es da ausschaut!" Und sein Ton bedeutete mir, daß ich froh sein solle, mit heilen Gliedern davongekommen zu sein. „Da liegt alles durcheinander. Damenschuhe ...", sagte er mit einer wilden Vernichtungsgebärde und zog die Nase kraus. „Die Räumungsarbeiten müssen es zeigen. Damenschuhe ..."

Da stand ich. Ganz für mich allein stand ich in der Nacht zwischen den Schienensträngen 190 und prüfte mein Herz. Räumungsarbeiten. Es sollten Räumungsarbeiten mit meinem Manuskript vorgenommen werden. Zerstört also, zerfetzt, zerquetscht wahrscheinlich. Mein Bienenstock, mein Kunstgespinst, mein kluger Fuchsbau, mein Stolz und Mühsal, das Beste von mir. Was würde ich tun, wenn es sich so verhielt? Ich hatte keine Abschrift von dem, was schon dastand, schon fertig gefügt und geschmiedet war, schon lebte und klang, zu schweigen 195 von meinen Notizen und Studien, meinem ganzen in Jahren zusammengetragenen, erworbenen, erhorchten, erschlichenen, erlittenen Hamsterschatz von Material. Was würde ich also tun? Ich prüfte mich genau, und ich erkannte, daß ich von vorn beginnen würde. Ja, mit tierischer Geduld, mit der Zähigkeit eines tiefstehenden Lebewesens, dem man das wunderliche und komplizierte Werk seines kleinen Scharfsinnes und Fleißes zerstört hat, würde ich nach 200 einem Augenblick der Verwirrung und Ratlosigkeit das Ganze wieder von vorn beginnen, und vielleicht würde es diesmal ein wenig leichter gehen ...

Aber unterdessen war Feuerwehr eingetroffen, mit Fackeln, die rotes Licht über die Trümmerwüste warfen, und als ich nach vorn ging, um nach dem Gepäckwagen zu sehen, da zeigte es sich, daß er fast heil war und daß den Koffern nichts fehlte. Die Dinge und Waren, die dort 205 verstreut lagen, stammten aus dem Güterzuge, eine unzählige Menge Spagatknäuel zumal, ein Meer von Spagatknäueln, das weithin den Boden bedeckte.

Da war mir leicht, und ich mischte mich unter die Leute, die standen und schwatzten und sich anfreundeten gelegentlich ihres Mißgeschickes und aufschnitten und sich wichtig machten. Soviel schien sicher, daß der Zugführer sich brav benommen und großem Unglück vor-210 gebeugt hatte, indem er im letzten Augenblick die Notbremse gezogen. Sonst, sagte man, hätte es unweigerlich eine allgemeine Harmonika gegeben, und der Zug wäre wohl auch die ziemlich hohe Böschung zur Linken hinabgestürzt. Preiswürd'ger Zugführer! Er war nicht sichtbar, niemand hatte ihn gesehen. Aber sein Ruhm verbreitete sich den ganzen Zug entlang, und wir alle lobten ihn in seiner Abwesenheit. „Der Mann", sagte ein Herr und wies 215 mit der ausgestreckten Hand irgendwohin in die Nacht, „der Mann hat uns alle gerettet." Und jeder nickte dazu.

Aber unser Zug stand auf einem Geleise, das ihm nicht zukam, und darum galt es, ihn nach hinten zu sichern, damit ihm kein anderer in den Rücken fahre. So stellten sich Feuerwehrleute mit Pechfackeln am letzten Wagen auf, und auch der angeregte junge Mann, der mich so 220 sehr mit seinen Damenstiefeln geängstigt, hatte eine Fackel ergriffen und schwenkte sie signalisierend, obgleich in aller Weite kein Zug zu sehen war.

Und mehr und mehr kam etwas wie Ordnung in die Sache, und der Staat, unser Vater, gewann wieder Haltung und Ansehen. Man hatte telegraphiert und alle Schritte getan, ein Hilfszug aus Regensburg dampfte behutsam in die Station, und große Gasleuchtapparate mit 225 Reflektoren wurden an der Trümmerstätte aufgestellt. Wir Passagiere wurden nun ausquartiert und angewiesen, im Stationshäuschen unserer Weiterbeförderung zu harren. Beladen mit unserem Handgepäck und zum Teil mit verbundenen Köpfen zogen wir durch ein Spalier von neugierigen Eingeborenen in das Warteräumchen ein, wo wir uns, wie es gehen wollte, zusammenpferchten. Und abermals nach einer Stunde war alles aufs Geratewohl in ei-230 nem Extrazuge verstaut.

Ich hatte einen Fahrschein erster Klasse (weil man mir die Reise bezahlte), aber das half mir gar nichts, denn jedermann gab der ersten Klasse den Vorzug, und diese Abteile waren noch voller als die anderen. Jedoch, wie ich eben mein Plätzchen gefunden, wen gewahre ich mir schräg gegenüber, in eine Ecke gedrängt? Den Herrn mit den Gamaschen und den Reiterausdrücken, meinen Helden. Er hat sein Hündchen nicht bei sich, man hat es ihm genommen, er sitzt, allen Herrenrechten zuwider, in einem finstern Verlies gleich hinter der Lokomotive und heult. Der Herr hat auch einen gelben Fahrschein, der ihm nichts nützt, und er murrt, er macht einen Versuch, sich aufzulehnen gegen den Kommunismus, gegen den großen Ausgleich vor der Majestät des Unglücks. Aber ein Mann antwortet ihm mit biederer Stimme: „San S' froh, daß Sie sitzen!" Und sauer lächelnd ergibt sich der Herr in die tolle Lage.

Wer kommt herein, gestützt auf zwei Feuerwehrmänner? Eine kleine Alte, ein Mütterchen in zerschlissener Mantille, dasselbe, das in München um ein Haar in die zweite Klasse gestiegen wäre. „Ist dies die erste Klasse?" fragt sie immer wieder. „Ist dies auch wirklich die erste Klasse?"

Und als man es ihr versichert und ihr Platz macht, sinkt sie mit einem „Gottlob!" auf das Plüschkissen nieder, als ob sie erst jetzt gerettet sei.

In Hof war es fünf Uhr und hell. Dort gab es Frühstück, und dort nahm ein Schnellzug mich auf, der mich und das Meine mit dreistündiger Verspätung nach Dresden brachte.

Ja, das war das Eisenbahnunglück, das ich erlebte. Einmal mußte es ja wohl sein. Und obgleich die Logiker Einwände machen, glaube ich nun doch gute Chancen zu haben, daß mir sobald nicht wieder dergleichen begegnet.

4 Anpassung und Widerstand

4.1 Erinnerung aus Krähwinkels Schreckenstagen (1854)

Heinrich Heine

Wir Bürgermeister und Senat,
Wir haben folgendes Mandat
Stadtväterlichst an alle Klassen
Der treuen Bürgerschaft erlassen.

Ausländer, Fremde, sind es meist,
die unter uns gesät den Geist
der Rebellion. Dergleichen Sünder,
Gottlob! sind selten Landeskinder.

Auch Gottesleugner sind es meist;
Wer sich von seinem Gotte reißt,
Wird endlich auch abtrünnig werden
Von seinen irdischen Behörden.

Der Obrigkeit gehorchen, ist
Die erste Pflicht für Jud und Christ.
Es schließe jeder seine Bude,
Sobald es dunkelt, Christ und Jude.

Wo ihrer drei beisammen stehn,
Da soll man auseinander gehn.
Des Nachts soll Niemand auf den Gassen
Sich ohne Leuchte sehen lassen.

Es liefre seine Waffen aus
Ein Jeder in dem Gildenhaus;
Auch Munition von jeder Sorte
Wird deponiert am selben Orte.

Wer auf der Straße räsonniert,
wird unverzüglich füsiliert;
Das Räsonnieren durch Gebärden
soll gleichfalls hart bestraft werden.

Vertrauet eurem Magistrat,
Der fromm und liebend schützt den Staat
Durch huldreich hochwohlweises Walten;
Euch ziemt es, stets das Maul zu halten.

4.2 Wenn die Haifische Menschen wären (1926)

Bertolt Brecht

„Wenn die Haifische Menschen wären", fragte Herrn K. die kleine Tochter seiner Wirtin, „wären sie dann netter zu den kleinen Fischen?" „Sicher", sagte er. „Wenn die Haifische Menschen wären, würden sie im Meer für die kleinen Fische gewaltige Kästen bauen lassen, mit allerhand Nahrung drin, sowohl Pflanzen als auch Tierzeug. Sie würden sorgen, daß die
5 Kästen immer frisches Wasser hätten, und sie würden überhaupt allerhand sanitäre Maßnahmen treffen. Wenn zum Beispiel ein Fischlein sich die Flosse verletzen würde, dann würde ihm sogleich ein Verband gemacht, damit es den Haifischen nicht wegstürbe vor der Zeit. Damit die Fischlein nicht trübsinnig würden, gäbe es ab und zu große Wasserfeste; denn lustige Fischlein schmecken besser als trübsinnige. Es gäbe natürlich auch Schulen in den großen Kä-
10 sten. In diesen Schulen würden die Fischlein lernen, wie man in den Rachen der Haifische schwimmt. Sie würden zum Beispiel Geographie brauchen, damit sie die großen Haifische, die faul irgendwo liegen, finden könnten. Die Hauptsache wäre natürlich die moralische Ausbildung der Fischlein. Sie würden unterrichtet werden, daß es das Größte und Schönste sei, wenn ein Fischlein sich freudig aufopfert, und daß sie alle an die Haifische glauben müßten,
15 vor allem, wenn sie sagten, sie würden für eine schöne Zukunft sorgen. Man würde den Fischlein beibringen, daß diese Zukunft nur gesichert sei, wenn sie Gehorsam lernten. Vor allen niedrigen, materialistischen, egoistischen und marxistischen Neigungen müßten sich die Fischlein hüten und es sofort den Haifischen melden, wenn eines von ihnen solche Neigungen verriete. Wenn die Haifische Menschen wären, würden sie natürlich auch untereinander
20 Kriege führen, um fremde Fischkästen und fremde Fischlein zu erobern. Die Kriege würden sie von ihren eigenen Fischlein führen lassen. Sie würden die Fischlein lehren, daß zwischen ihnen und den Fischlein der anderen Haifische ein riesiger Unterschied bestehe. Die Fischlein, würden sie verkünden, sind bekanntlich stumm, aber sie schweigen in ganz verschiedenen Sprachen und können einander daher unmöglich verstehen. Jedem Fischlein, das im
25 Krieg ein paar andere Fischlein, feindliche, in anderer Sprache schweigende Fischlein tötete, würden sie einen kleinen Orden aus Seetang anheften und den Titel Held verleihen. Wenn die Haifische Menschen wären, gäbe es bei ihnen natürlich auch eine Kunst. Es gäbe schöne Bilder, auf denen die Zähne der Haifische in prächtigen Farben, ihre Rachen als reine Lustgärten, in denen es sich prächtig tummeln läßt, dargestellt wären. Die Theater auf dem Meeres-
30 grund würden zeigen, wie heldenmütige Fischlein begeistert in die Haifischrachen schwimmen, und die Musik wäre so schön, daß die Fischlein unter ihren Klängen, die Kapelle voran, träumerisch, und in allerangenehmste Gedanken eingelullt, in die Haifischrachen strömten. Auch eine Religion gäbe es da, wenn die Haifische Menschen wären. Sie würden lehren, daß die Fischlein erst im Bauch der Haifische richtig zu leben begännen. Übrigens würde es auch
35 aufhören, wenn die Haifische Menschen wären, daß alle Fischlein, wie es jetzt ist, gleich sind. Einige von ihnen würden Ämter bekommen und über die anderen gesetzt werden. Die ein wenig größeren dürften sogar die kleineren auffressen. Das wäre für die Haifische nur angenehm, da sie dann selber öfter größere Brocken zu fressen bekämen. Und die größeren, Posten habenden Fischlein würden für die Ordnung unter den Fischlein sorgen, Lehrer,
40 Offiziere, Ingenieure im Kastenbau usw. werden. Kurz, es gäbe überhaupt erst eine Kultur im Meer, wenn die Haifische Menschen wären."

4.3 Basta (1917)

Robert Walser

Ich kam dann und dann zur Welt, wurde dort und dort erzogen, ging ordentlich zur Schule, bin das und das und heiße so und so und denke nicht viel. Geschlechteswegen bin ich ein Mann, staateswegen bin ich ein guter Bürger und rangeshalber gehöre ich zur besseren Gesellschaft. Ich bin ein säuberliches, stilles nettes Mitglied der menschlichen Gesellschaft, ein soge-
5 nannter guter Bürger, trinke gern mein Glas Bier in aller Vernunft und denke nicht viel. Auf der Hand liegt, daß ich mit Vorliebe gut esse, und ebenso liegt auf der Hand, daß mir Ideen fern liegen. Scharfes Denken liegt mir gänzlich fern; Ideen liegen mir vollständig fern, und deshalb bin ich ein guter Bürger, denn ein guter Bürger denkt nicht viel. Ein guter Bürger ißt sein Essen, und damit basta!
10 Den Kopf strenge ich nicht sonderlich an, ich überlasse das andern Leuten. Wer den Kopf anstrengt, macht sich verhaßt; wer viel denkt, gilt als ungemütlicher Mensch. Schon Julius Cäsar deutete mit dem dicken Finger auf den mageren hohläugigen Cassius, vor dem er sich fürchtete, weil er Ideen bei ihm vermutete. Ein guter Bürger darf nicht Furcht und Verdacht einflößen; vieles Denken ist nicht seine Sache. Wer viel denkt, macht sich unbeliebt, und es
15 ist vollständig überflüssig, sich unbeliebt zu machen. Schnarchen und Schlafen ist besser als Dichten und Denken. Ich kam dann und dann zur Welt, ging dort und dort zur Schule, lese gelgentlich die und die Zeitung, treibe den und den Beruf, bin so und so alt, scheine ein guter Bürger zu sein und scheine gern gut zu essen. Den Kopf strenge ich nicht sonderlich an, da ich das anderen Leuten überlasse. Vieles Kopfzerbrechen ist nicht meine Sache, denn wer viel
20 denkt, dem tut der Kopf weh, und Kopfweh ist vollständig überflüssig. Schlafen und Schnarchen ist besser als Kopfzerbrechen, und ein Glas Bier in aller Vernunft ist weitaus besser als Dichten und Denken. Ideen liegen mir vollständig fern, und den Kopf will ich mir unter keinen Umständen zerbrechen, ich überlasse das leitenden Staatsmännern. Dafür bin ich ja ein guter Bürger, damit ich Ruhe habe, damit ich den Kopf nicht anzustrengen brauche, damit
25 mir Ideen völlig fern liegen und damit ich mich vor zu vielem Denken ängstlich fürchten darf. Vor scharfem Denken habe ich Angst. Wenn ich scharf denke, wird es mir ganz blau und grün vor den Augen. Ich trinke lieber ein gutes Glas Bier und überlasse jedwedes scharfes Denken leitenden Staatslenkern. Staatsmänner können meinetwegen so scharf denken wie sie wollen und so lang, bis ihnen die Köpfe brechen. Mir wird immer ganz blau und grün vor
30 den Augen, wenn ich den Kopf anstrenge, und das ist nicht gut, und deshalb strenge ich den Kopf so wenig wie möglich an und bleibe hübsch kopflos und gedankenlos. Wenn nur leitende Staatsmänner denken, bis es ihnen grün und blau vor den Augen wird und bis ihnen der Kopf zerspringt, so ist alles in Ordnung, und unsereins kann ruhig sein Glas Bier in aller Vernunft trinken, mit Vorliebe gut essen und nachts sanft schlafen und schnarchen, in der An-
35 nahme, daß Schnarchen und Schlafen besser seien als Kopfzerbrechen und besser als Dichten und Denken. Wer den Kopf anstrengt, macht sich nur verhaßt, und wer Absichten und Meinungen bekundet, gilt als ungemütlicher Mensch, aber ein guter Bürger soll kein ungemütlicher, sondern ein gemütlicher Mensch sein. Ich überlasse in aller Seelenruhe scharfes und kopfzerbrechendes Denken leitenden Staatsmännern, denn unsereins ist ja doch nur ein soli-
40 des und unbedeutendes Mitglied der menschlichen Gesellschaft und ein sogenannter guter Bürger oder Spießbürger, der gern sein Glas Bier in aller Vernunft trinkt und gern sein möglichst gutes fettes nettes Essen ißt und damit basta!

Staatsmänner sollen denken, bis sie gestehen, daß es ihnen grün und blau vor den Augen ist und daß sie Kopfweh haben. Ein guter Bürger soll nie Kopfweh haben, vielmehr soll ihm im-
45 mer sein gutes Bier in aller gesunden Vernunft schmecken, und er soll des nachts sanft schnar-chen und schlafen. Ich heiße so und so, kam dann und dann zur Welt, wurde dort und dort ordentlich und pflichgemäß in die Schule gejagt, lese gelegentlich die und die Zeitung, bin von Beruf das und das, zähle so und so viele Jahre und verzichte darauf, viel und angestrengt zu denken, weil ich Kopfanstrengung und Kopfzerbrechen mit Vergnügen leitenden und len-
50 kenden Köpfen überlasse, die sich verantwortlich fühlen. Unsereins fühlt weder hinten noch vorn Verantwortung, denn unsereins trinkt sein Glas Bier in aller Vernunft und denkt nicht viel, sondern überläßt dieses sehr eigenartige Vergnügen Köpfen, die die Verantwortung tra-gen. Ich ging da und da zur Schule, wo ich genötigt wurde, den Kopf anzustrengen, den ich seither nie mehr wieder einigermaßen angestrengt und in Anspruch genommen habe. Gebo-
55 ren bin ich dann und dann, trage den und den Namen, habe keine Verantwortung und bin keineswegs einzig in meiner Art. Glücklicherweise gibt es recht viele, die sich, wie ich, ihr Glas Bier in aller Vernunft schmecken lassen, die ebenso wenig denken und es ebenso wenig lieben, sich den Kopf zu zerbrechen wie ich, die das lieber andern Leuten, z. B. Staatsmän-nern, freudig überlassen. Scharfes Denken liegt mir stillem Mitglied der menschlichen Gesell-
60 schaft gänzlich fern und glücklicherweise nicht nur mir, sondern Legionen von solchen, die, wie ich, mit Vorliebe gut essen und nicht viel denken, so und so viele Jahre alt sind, dort und dort erzogen worden sind, säuberliche Mitglieder der menschlichen Gesellschaft sind wie ich, und gute Bürger sind wie ich, und denen scharfes Denken ebenso fern liegt wie mir und damit basta!

Pieter Bruegel d. Ä.: Die großen Fische fressen die kleinen (1557)

4.4 Die Bundestagsrede (1965)

Loriot

MODERATOR

Guten Abend, meine Damen und Herren, seit kurzem hat sich die Szene in Bonn verändert. Der zur Zeit parteilose Abgeordnete Werner Bornheim hielt eine Rede, die für einen neuen politischen Stil richtungweisend sein könnte. Werner Bornheim gehörte in der Weimarer Republik
5 *der Deutschen Volkspartei an, wurde nach dem Kriege Mitglied der L.A.P., wechselte 1952 aus Gewissensgründen zur CDU und stieß 1957 zur F.D.P. 1961 legte er sein Mandat nieder und wurde Landtagsabgeordneter der SPD. 1964 überwarf er sich mit dieser Partei und zog als CSU-Abgeordneter in den Bundestag ein. Danach war er noch je zweimal Abgeordneter der SPD und der CDU, bevor er aus Gewissensgründen vorerst die Parteilosigkeit wählte. Die*
10 *Rede, die Werner Bornheim am vergangenen Montag im Bundestag hielt, stellt durch ihre Unbestechlichkeit und ihre politische Linie, so meine ich, alles in den Schatten, was man an Äußerungen von seiten der Regierung gehört hat.*

WERNER BORNHEIM

Meine Damen und Herren, Politik bedeutet, und davon sollte man ausgehen, das ist doch –
15 ohne darumherumzureden – in Anbetracht der Situation, in der wir uns befinden. Ich kann meinen politischen Standpunkt in wenige Worte zusammenfassen: Erstens das Selbstverständnis unter der Voraussetzung, zweitens und das ist es, was wir unseren Wählern schuldig sind, drittens, die konzentrierte Beinhaltung als Kernstück eines zukunftweisenden Parteiprogrammes. Wer hat denn, und das muß vor diesem hohen Hause einmal unmißverständlich ausgesprochen
20 werden. Auch die wirtschaftliche Entwicklung hat sich in keiner Weise ... Das kann auch von meinen Gegnern nicht bestritten werden, ohne zu verkennen, daß *in* Brüssel, *in* London die Ansicht herrscht, die Regierung der Bundesrepublik habe da – und, meine Damen und Herren ... warum auch nicht? Aber *wo haben* wir letzten Endes, ohne die Lage unnötig zuzuspitzen? *Da,* meine Damen und Herren, liegt doch das Hauptproblem. – Bitte denken Sie doch einmal an die
25 *Altersversorgung. Wer war* es denn, der seit 15 Jahren, und wir wollen einmal davon absehen, daß niemand behaupten kann, als hätte sich damals – so geht es doch nun wirklich nicht! Wir haben immer wieder darauf hingewiesen, daß die Fragen des Umweltschutzes, und ich bleibe dabei, wo kämen wir sonst hin, wo bliebe unsere Glaubwürdigkeit? Eins steht doch fest und darüber gibt es keinen Zweifel. Wer das vergißt, hat den Auftrag des Wählers nicht verstan-
30 den. Die Lohn- und Preispolitik geht *von* der Voraussetzung aus, daß die mittelfristige Finanzplanung und *im* Bereich der Steuerreform ist das schon immer von ausschlaggebender Bedeutung gewesen ...
Meine Damen und Herren, wir wollen nicht vergessen, draußen im Lande und damit möchte ich schließen. Hier und heute stellen sich die Fragen, und ich glaube, Sie stimmen mit mir überein,
35 wenn ich sage ... Letzten Endes, wer wollte das bestreiten! Ich danke Ihnen ...

5 Über Ironie und Satire

5.1 Was ist Ironie? (1828)

Heinrich Heine

Heine unternahm im Jahre 1828 von seinem damaligen Wohnsitz München aus eine längere Italienreise, deren ersten Teil er in „Reise von München nach Genua" (Reisebilder III) darstellt. Aus dieser Schrift stammt unser Text.
In München arbeitete Heine als Redakteur für die „Neuen politischen Annalen". Diese journalistische Tätigkeit prägt den Stil der „Reisebilder": in lockerer, amüsanter Sprache werden Reiseeindrücke, kleine Erlebnisse, Menschen- und Kunstbeschreibungen aneinandergereiht; es finden sich aber auch spöttische bis scharf satirische Angriffe auf bekannte Persönlichkeiten und Mißstände im gesellschaftlichen und kuturellen Bereich.
Im folgenden Text finden wir Heine in einem Münchner Biergarten im Gespräch mit einem Berliner ,Philister':

„Das", rief er ziemlich laut, „gibt es nur in Berlin. Da nur ist Witz und Ironie. Hier gibt es gutes Weißbier, aber wahrhaftig keine Ironie."
„Ironie haben wir nicht" – rief Nannerl, die schlanke Kellnerin, die in diesem Augenblick vorbeisprang – „aber jedes andre Bier können Sie doch haben."

5 Daß Nannerl die Ironie für eine Sorte Bier gehalten, vielleicht für das beste Stettiner, war mir sehr leid, und damit sie sich in der Folge wenigstens keine solche Blöße mehr gebe, begann ich folgendermaßen zu dozieren: „Schönes Nannerl, die Ironie is ka Bier, sondern eine Erfindung der Berliner, der klügsten Leute von der Welt, die sich sehr ärgerten, daß sie zu spät auf die Welt gekommen sind, um das Pulver erfinden zu können, und die deshalb eine Erfindung

10 zu machen suchten, die ebenso wichtig und eben denjenigen, die das Pulver nicht erfunden haben, sehr nützlich ist. Ehemals, liebes Kind, wenn jemand eine Dummheit beging, was war da zu tun? Das Geschehene konnte nicht ungeschehen gemacht werden, und die Leute sagten: der Kerl war ein Rindvieh. Das war unangenehm. In Berlin, wo man am klügsten ist und die meisten Dummheiten begeht, fühlte man am tiefsten diese Unannehmlichkeit. Das Ministe-

15 rium suchte ernsthafte Maßregeln zu ergreifen: bloß die größeren Dummheiten durften noch gedruckt werden, die kleineren erlaubte man nur in Gesprächen, solche Erlaubnis erstreckte sich nur auf Professoren und hohe Staatsbeamte, geringere Leute durften ihre Dummheiten bloß im verborgenen laut werden lassen; aber alle diese Vorkehrungen halfen nichts, die unterdrückten Dummheiten traten bei außerordentlichen Anlässen desto gewaltiger hervor, sie

20 wurden sogar heimlich von oben herab protegiert, sie stiegen öffentlich von unten hinauf, die Not war groß, bis endlich ein rückwirkendes Mittel erfunden ward, wodurch man jede Dummheit gleichsam ungeschehen machen und sogar in Weisheit umgestalten kann. Dieses

Mittel ist ganz einfach und besteht darin, daß man erklärt, man habe jene Dummheit bloß aus
Ironie begangen oder besprochen. So, liebes Kind, avanciert alles in dieser Welt, die Dumm-
40 heit oder Ironie, verfehlte Speichelleckerei wird Satire, natürliche Plumpheit wird kunstrei-
che Persiflage, wirklicher Wahnsinn wird Humor, Unwissenheit wird brillanter Witz, und
du wirst am Ende noch die Aspia des neuen Athens."
Ich hätte noch mehr gesagt, aber das schöne Nannerl, das ich unterdessen am Schürzenzipfel
festhielt, riß sich gewaltsam los, als man von allen Seiten „A Bier! A Bier!" gar zu stürmisch
45 forderte. Der Berliner aber sah aus wie die Ironie selbst, als er bemerkte, mit welchem Enthusiasmus die hohen schäumenden Gläser in Empfang genommen wurden.

5.2 Satire (1795)

Friedrich Schiller

Satirisch ist der Dichter, wenn er die Entfernung von der Natur und den Widerspruch der Wirklichkeit mit dem Ideale (...) zu seinem Gegenstande macht. Dies kann er aber sowohl ernsthaft
und mit Affekt als scherzhaft und mit Heiterkeit ausführen; je nachdem er entweder im Gebiete
des Willens oder im Gebiete des Verstandes verweilt. Jenes geschieht durch die strafende oder
pathetische, dieses durch die scherzhafte Satire.

5.3 Was darf die Satire? (1919)

Kurt Tucholsky

Frau Vockerat: „Aber man muß doch seine
Freude haben können an der Kunst."
Johannes: „Man kann viel mehr haben an
der Kunst als seine Freude."

Gerhart Hauptmann

Wenn einer bei uns einen guten politischen Witz macht, dann sitzt halb Deutschland auf dem
Sofa und nimmt übel.
Satire scheint eine durchaus negative Sache. Sie sagt: „Nein!" Eine Satire, die zur Zeichnung
einer Kriegsanleihe auffordert, ist keine. Die Satire beißt, lacht, pfeift und trommelt die große,
5 bunte Landsknechtstrommel gegen alles, was stockt und träge ist. Satire ist eine durchaus positive Sache. Nirgends verrät sich der Charakterlose schneller als hier, nirgends zeigt sich fixer,
was ein gewissenloser Hanswurst ist, einer, der heute den angreift und morgen den.
Der Satiriker ist ein gekränkter Idealist: er will die Welt gut haben, sie ist schlecht, und nun rennt
er gegen das Schlechte an. Die Satire eines charaktervollen Künstlers, der um des Guten willen
10 kämpft, verdient also nicht diese bürgerliche Nichtachtung und das empörte Fauchen, mit dem
hierzulande diese Kunst abgetan wird.

Vor allem macht der Deutsche einen Fehler: er verwechselt das Dargestellte mit dem Darstellenden. Wenn ich die Folgen der Trunksucht aufzeigen will, also dieses Laster bekämpfe, so
kann ich das nicht mit frommen Bibelsprüchen, sondern ich werde es am wirksamsten durch die
15 packende Darstellung eines Mannes tun, der hoffnungslos betrunken ist. Ich hebe den Vorhang
auf, der schonend über die Fäulnis gebreitet war, und sage: „Seht!" – In Deutschland nennt
man dergleichen „Kraßheit". Aber Trunksucht ist ein böses Ding, sie schädigt das Volk, und nur
schonungslose Wahrheit kann da helfen. Und so ist das damals mit dem Weberelend gewesen,
und mit der Prostitution ist es noch heute so.
20 Der Einfluß Krähwinkels hat die deutsche Satire in ihren so dürftigen Grenzen gehalten. Große
Themen scheiden nahezu völlig aus. Der einzige „Simplicissimus" hat damals, als er noch die
große, rote Bulldogge rechtens im Wappen führte, an all die deutschen Heiligtümer zu rühren
gewagt: an den prügelnden Unteroffizier, an den stockfleckigen Bürokraten, an den Rohrstock-
pauker und an das Straßenmädchen, an den fettherzigen Unternehmer und an den näselnden
25 Offizier. Nun kann man gewiß über all diese Themen denken, wie man mag, und es ist jedem
unbenommen, einen Angriff für ungerechtfertigt und einen anderen für übertrieben zu halten,
aber die Berechtigung eines ehrlichen Mannes, die Zeit zu peitschen, darf nicht mit dicken Worten zunichte gemacht werden.
Übertreibt die Satire? Die Satire muß übertreiben und ist ihrem tiefsten Wesen nach ungerecht.
30 Sie bläst die Wahrheit auf, damit sie deutlicher wird, und sie kann gar nicht anders arbeiten als
nach dem Bibelwort: „Es leiden die Gerechten mit den Ungerechten."
Aber nun sitzt zutiefst im Deutschen die leidige Angewohnheit, nicht in Individuen, sondern in
Ständen, in Korporationen zu denken und aufzutreten, und wehe, wenn du einer dieser zu nahe
trittst. Warum sind unsere Witzblätter, unsere Lustspiele, unsere Komödien und unsere Filme
35 so mager? Weil keiner wagt, dem dicken Kraken an den Leib zu gehen, der das ganze Land bedrückt und dahockt: fett, faul und lebenstötend.
Nicht einmal dem Landesfeind gegenüber hat sich die deutsche Satire herausgetraut. Wir sollten gewiß nicht den scheußlichen unter den französischen Kriegskarikaturen nacheifern, aber
welche Kraft lag in denen, welch elementare Wut, welcher Wurf und welche Wirkung! Freilich:
40 sie scheuten vor gar nichts zurück. Daneben hingen unsere bescheidenen Rechentafeln über
U-Boot-Zahlen, taten niemandem etwas zuleide und wurden von keinem Menschen gelesen.
Wir sollten nicht so kleinlich sein. Wir alle – Volksschullehrer und Kaufleute und Professoren
und Redakteure und Musiker und Ärzte und Beamte und Frauen und Volksbeauftragte – wir alle
haben Fehler und komische Seiten und kleine und große Schwächen. Und wir müssen nun
45 nicht immer gleich aufbegehren („Schlächtermeister, wahret eure heiligsten Güter!"), wenn einer wirklich einmal einen guten Witz über uns reißt. Boshaft kann er sein, aber ehrlich soll er
sein. Das ist kein rechter Mann und kein rechter Stand, der nicht einen ordentlichen Puff vertragen kann. Er mag sich mit denselben Mitteln dagegen wehren, er mag wiederschlagen – aber er
wende nicht verletzt, empört, gekränkt das Haupt. Es wehte bei uns im öffentlichen Leben ein
50 reinerer Wind, wenn nicht alle übelnähmen.
So aber schwillt ständischer Dünkel zum Größenwahn an. Der deutsche Satiriker tanzt zwischen Berufsständen, Klassen, Konfessionen und Lokaleinrichtungen einen ständigen Eier-
tanz. Das ist gewiß recht graziös, aber auf die Dauer etwas ermüdend. Die echte Satire ist blut-
reinigend: und wer gesundes Blut hat, der hat auch einen reinen Teint.

55 Was darf die Satire?

Alles.

5.4 Und wo bleibt das Positive, Herr Kästner? (1930)

Erich Kästner

Und immer wieder schickt ihr mir Briefe,
in denen ihr, dick unterstrichen, schreibt:
„Herr Kästner, wo bleibt das Positive?"
Ja, weiß der Teufel, wo das bleibt.

Noch immer räumt ihr dem Guten und Schönen
den leeren Platz überm Sofa ein.
Ihr wollt euch noch immer nicht daran gewöhnen,
gescheit und trotzdem tapfer zu sein.

Ihr braucht schon wieder mal Vaseline,
mit der ihr das trockene Brot beschmiert.
Ihr sagt schon wieder mit gläubiger Miene:
„Der siebente Himmel wird frisch tapeziert!"

Ihr streut euch Zucker über die Schmerzen
und denkt, unter Zucker verschwänden sie.
Ihr baut schon wieder Balkons vor die Herzen
und nehmt die strampelnde Seele aufs Knie.

Die Spezies Mensch ging aus dem Leime
und mit ihr Haus und Staat und Welt.
Ihr wünscht, daß ich's hübsch zusammenreime,
und denkt, daß es dann zusammenhält?

Ich will nicht schwindeln. Ich werde nicht schwindeln.
Die Zeit ist schwarz, ich mach euch nichts weis.
Es gibt genug Lieferanten von Windeln.
Und manche liefern zum Selbstkostenpreis.

Habt Sonne in sämtlichen Körperteilen,
und wickelt die Sorgen in Seidenpapier!
Doch tut es rasch. Ihr müßt euch beeilen.
Sonst werden die Sorgen größer als ihr.

Die Zeit liegt im Sterben. Bald wird sie begraben.
Im Osten zimmern sie schon den Sarg.
Ihr möchtet gern euren Spaß dran haben?...
Ein Friedhof ist kein Lunapark.

5.5 Aphorismen

Georg Christoph Lichtenberg (1742 – 1799)

Ein Buch ist kein Spiegel; wenn ein Affe hineinguckt, so kann freilich kein Apostel heraussehen.

Wir haben keine Worte, mit den Dummen von Weisheit zu sprechen. Der ist schon weise, der den Weisen versteht.

Sagt, ist noch ein Land außer Deutschland, wo man die Nase eher rümpfen lernt als putzen?

Wir verbrennen zwar keine Hexen mehr, aber dafür jeden Brief, worin eine derbe Wahrheit gesagt ist.

Vom Wahrsagen läßt sich's wohl leben in der Welt, aber nicht vom Wahrheitsagen.

Zwei auf einem Pferd bei einer Prügelei: ein schönes Sinnbild für eine Staatsverfassung.

Wenn ich nur wüßte, wer es dem ehrlichen Mann beibringen wollte, daß er nicht klug ist.

Ich denke, wenn man etwas in die Luft bauen will, so sind es immer besser Schlösser als Kartenhäuser.

Stanislaw Jerzy Lec (1909 – 1966)

Niemals wird die Satire ihr Examen bestehen. In der Jury sitzen ihre Objekte.

Ein feiger Satiriker erzeugt nur einen Witz – sich.

Jeder Satiriker träumt mit Leidenschaft von der Vergänglichkeit seiner Werke.

Wer gibt den Satirikern eigentlich das Recht zu wettern?
Das herrschende Unrecht.

Auch die Ansprüche der Satire wachsen: sie möchte immer raffiniertere Verbrechen verspotten.

Zielsetzung und Planung

Die Lektüre der Texte dieses Kapitels soll euch Spaß machen. Sie kann euch dazu veranlassen, Probleme, die uns alle angehen, gemeinsam zu erörtern und Lösungen vorzuschlagen.

Ihr könnt
- euch im Sprechen von scherzhaften, ironischen und satirischen Texten üben
- Unterschiede zwischen der Sprache offener und versteckter Kritik, zwischen Sachdarstellung und Satire, zwischen Scherz, Humor und Ironie aufspüren
- euch mit Autoren, deren Art zu schreiben euch anspricht, eingehender befassen und ihre Texte gründlicher untersuchen, so daß ihr den Zusammenhang zwischen Schreibanlaß, Aussageabsicht und Ausdrucksmitteln am konkreten Beispiel erkennen lernt
- menschliche Verhaltensweisen in eurer Umgebung und an euch selbst beobachten und satirisch verfremdet beschreiben
- selbst versuchen, scherzhafte oder ironische Leserbriefe, kritische Skizzen oder humorvolle Kommentare zu einem Tagesereignis für die Schülerzeitung oder die Presse zu verfassen.

Anregungen

,,Der Ton macht die Musik.'' Dieses Sprichwort gilt besonders für Äußerungen mit scherzhaftem, ironischem oder satirischem Unterton. Texte sprechen heißt Texte interpretieren.
Sprechplatten, z. B. von Thomas Mann, Heinrich Böll, Dieter Hildebrandt, Sammy Drechsel vermitteln die vielen Möglichkeiten ironischen Sprechens.

○ Achtet beim Anhören solcher Platten auf Sprechtempo, Stimmführung, Pausen, auf die Modulation der Stimme.
○ Versucht bei euren Vortragsübungen unterschiedliche Texte gegeneinanderzusetzen, etwa
  - Thomas Mann, Das Eisenbahnunglück
  - Heinrich Heine, Erinnerung aus Krähwinkels Schreckenstagen
  - Loriot, Die Bundestagsrede.
○ Prüft, ob sich im Text Andeutungen finden, wie er gesprochen werden soll, z. B. ein Tadel als Lob, ein Lob als versteckter Tadel.

1   Atomzeitalter

*Texte
S. 92 f.*

Viele Tageszeitungen und Illustrierte veröffentlichen regelmäßig Satiren und Karikaturen zum Zeitgeschehen.

○ In welchen Worten und Formulierungen des Textes ,,Absolut sicher'' findet ihr satirische Elemente? Wen oder was greift der Autor an? Weshalb spricht er seine Kritik nicht unverhüllt aus?
○ Sammelt zu einem besorgniserregenden oder zum Lachen reizenden Vorgang Kommentare, Leserbriefe, Karikaturen, Glossen. Untersucht sie auf Aussageabsicht und auf satirische Elemente.

2   Allzumenschliches

*Texte
S. 94 ff.*

Die Texte dieses Abschnitts unterscheiden sich nach Inhalt, Erzählperspektive, Sprachform und Aussageabsicht. In allen werden menschliche Schwächen ,,aufgespießt''.

○ Worüber macht sich der Autor lustig?
○ Von welchem Gesichtspunkt oder Standort aus erzählt der Autor? Welche Wirkung hat die jeweilige Erzählperspektive auf den Leser?
○ Macht sich der Autor über sich selbst lustig oder über Figuren seiner Erzählung? Welche sprachlichen Besonderheiten lassen die Absicht des Autors erkennen?

3   Ordnung und Unordnung

Nicht selten werden die Begriffe ,,Ordnung'' und ,,Unordnung'' als Deckmantel zur Rechtfertigung des eigenen Verhaltens oder als Angriffswaffe zum Aufdecken von ,,Unordnung'' bei anderen Menschen verwendet.

○ Welche Assoziationen verbindet ihr im privaten, welche im politisch-sozialen Bereich mit ,,Ordnung'' bzw. ,,Unordnung''?

*Text 3.1
S. 104*

Der Text ,,Skorpion''stammt aus dem Zyklus ,,Neue Sternbilder''. Die Hauptperson der Erzählung wird zunächst ,,Er'' genannt, später ,,Der Skorpion''.

○ Wie erklärt ihr euch diese Änderung der Benennung?
    Was will die Autorin damit ausdrücken?
○ Findet ihr eine Erklärung für den Schluß der Erzählung?

*Text 3.2
S. 105*

Thomas Mann: Das Eisenbahnunglück
Diese frühe Novelle von Thomas Mann (1908 geschrieben, 1909 veröffentlicht) ist vielschichtig. Sie trägt autobiographische Züge.

Einige Hinweise zur Entstehungszeit und zum Autor

Die politisch-sozialen Verhältnisse der späten Wilhelminischen Ära waren noch die des 19. Jahrhunderts: Adel und Großbürgertum bildeten die führenden Schichten, Bauern, Kleinbürger und Arbeiter die Masse der Bevölkerung. Aber die hierarchische Ordnung war brüchig geworden.

Thomas Mann gehörte als Sohn einer Lübecker Kaufmannsfamilie zum wohlhabenden Bürgertum. Seine Heirat mit Katja Pringsheim, der Tochter eines einflußreichen Münchner Professors, brachte ihm gesellschaftlichen Aufstieg. Als Schriftsteller war er bereits berühmt; sein Roman ,,Buddenbrooks'' war 1901 erschienen.

○ Welche Personen sind auffallend gezeichnet? Sind sie Individuen oder Vertreter gesellschaftlicher Gruppen?
  Wie werden sie vom Autor charakterisiert?
○ Vergleicht die Situation *vor* und *nach* dem Eisenbahnunglück.
○ Wie stellt sich der Erzähler zu den Ereignissen und zu den Personen?
○ Wie spiegeln sich Zeitgeschichte und Biographie in der Erzählung?

4   Anpassung und Widerstand

Die Satire greift häufig Mißstände im Staatswesen an, z. B. den Amtsschimmel oder den Machtmißbrauch. In Diktaturen ist auch die Staatsverfassung selbst Ziel der Kritik.

Zeitgenossen und Eingeweihten ist bekannt, welche Mißstände im öffentlichen Leben in der Satire angeprangert werden. Schon nach wenigen Jahren oder Jahrzehnten aber muß man sich solches Hintergrundwissen oft erst beschaffen, um einen satirischen Text zu verstehen.

Text 4.1
S. 111 Am Beispiel von Heines Gedicht ,,Erinnnerung aus Krähwinkels Schreckenstagen'' soll der Zusammenhang zwischen dem biographischen bzw. geschichtlichen Hintergrund und dem literarischen Werk aufgezeigt werden.

Zur Biographie des Autors:

Heinrich Heine ist 1797 geboren. Von 1816 bis 1819 lebt er bei seinem Onkel Salomon Heine, einem reichen Kaufmann, in Hamburg. Er erlebt die Revolutionen von 1830 und 1848 mit und kämpft leidenschaftlich für einen freiheitlichen demokratischen Staat. Die Ideale der Französischen Revolution – Freiheit, Gleichheit, Brüderlichkeit – bestimmen sein Denken und seine schriftstellerische Tätigkeit. Daher rührt z. B. sein Kampf gegen die strenge Zensur. Seine Waffen sind Witz und Ironie.
Von 1831 bis zu seinem Tode 1856 lebt er als politischer Emigrant in Paris.

Zum Titel des Gedichts

Krähwinkel: Narrenstadt der Volksbücher, vgl. Schilda. Hier ist Hamburg gemeint (freie Reichs- und Hansestadt, Stadtstaat, Republik; Patrizierherrschaft: reiche Kauf- und Handelsherren, ironisch ,,Pfeffersäcke'' genannt).
Schreckenstage: Bei der Französichen Revolution von 1789 sprach man von ,,Schreckensherrschaft''. Heine spielt hier ironisch auf die Märzrevolution von 1848 an.

○ Was trägt Hintergrundwissen zum Verständnis dieses Textes und der dichterischen Leistung des Autors bei?

Texte
4.2–4.4
S. 112 ff.

Kenntnisse über die Biographien der Autoren *Bertolt Brecht* (vgl. Kap. 5, S.183), *Robert Walser* (geb. 1878 in Biel/Schweiz, gest. 1956 bei Herisau/ Schweiz) und *Loriot* (Vicco v. Bülow, geb. 1923 in Brandenburg) und über den Zeithintergrund erleichtern das Verständnis der Texte 4.2 bis 4.4.
○ Erörtert den Zusammenhang zwischen Biographie bzw. Zeithintergrund und Text.

5 Über Ironie und Satire

Es gibt viele Arten von Scherz und Ironie. Die Übergänge zwischen beiden sind fließend.

Text 5.1
S. 116

○ Prüft in dem Heine-Text, was scherzhaft und was ironisch gemeint sein könnte.
○ Versucht die Begriffe Scherz und Ironie gegeneinander abzugrenzen.

Texte
S. 117

Aus den Texten 5.2 und 5.3 lassen sich *Merkmale* der Satire erarbeiten:
○ Was unterscheidet die Satire vom offenen Angriff?
Was will Satire?
An wen wendet sie sich?
Mit welchen Mitteln arbeitet sie?

Vorschläge zum Verfassen eigener Texte

Scherzhafte oder satirische Texte könnt ihr schreiben als Glosse für die Schülerzeitung, als Leserbrief für die Tageszeitung, als Rede.
Mögliche Themen:
– „Vom Wert des Strebertums"
– „Lobrede meiner Mutter auf ihre Tochter"
– „Bürgerinitiativen? Bei uns überflüssig, alles bestens".

Literaturhinweise

Textbücher Deutsch: Satire. Freiburg: Herder 1975.

Arbeitstexte für den Unterricht: Satirische Texte. Stuttgart: Reclam 1976.

Kapitel 4

Gedichte

Einführung

Dieses Kapitel bringt Gedichte aus ganz verschiedenen Bereichen. Findet selbst heraus, welche Gedichte und Dichter euch etwas zu sagen haben und welche euch Freude bereiten.

Die Gedichte des ersten Abschnitts *Spielarten* fordern unseren Scharfsinn heraus und wenden sich an unseren Spieltrieb.

Die Abschnitte 2 *Persönliche Erfahrungen* und 3 *Mensch und Natur* fassen einzelne Gedichte aus verschiedenen Zeiten zu thematischen Einheiten zusammen. So könnt ihr feststellen, wie manche Erlebnisweisen sich von Generation zu Generation wandeln und dennoch vergleichbar sind.

Abschnitt 4 *Allen Gewalten zum Trotz. Balladen und Zeitgedichte* bringt dramatische Beispiele für die vielfältige Bedrohung des Einzelnen und ganzer Menschengruppen. Dabei drängt sich häufig der Vergleich auf mit unserer eigenen Lebenssituation.

Abschnitt 5 *Dichter über Gedichte* zeigt an wenigen Beispielen, was ein Gedicht für den Autor bedeutet und für uns bedeuten kann.

Vielleicht regen euch diese Textbeispiele zu eigenen Schreibversuchen an.

Sonnenblume (1977)

Der Neigungswinkel zur Erde
entspricht ihrer Demut
Schwankend und um sich greifend
mit schlaffen grünen Händen
hält sie sich aufrecht
Ihr Kopf ist schwer
von Hoffnung
Sie blickt zu Boden
mit vielen Augen und ahnt
nichts von künftiger Blindheit
die ihr schwarmweise zugefügt wird
in der Zeit ihrer Reife.

Günter Kunert

Vincent van Gogh (1853-1890): Vase mit Sonnenblumen (1888)

1 Spielarten

Die unmögliche Tatsache (1910)

Palmström, etwas schon an Jahren,
wird an einer Straßenbeuge
und von einem Kraftfahrzeuge
überfahren.

„Wie war" (spricht er, sich erhebend
und entschlossen weiterlebend)
„möglich, wie dies Unglück, ja – :
daß es überhaupt geschah?

Ist die Staatskunst anzuklagen
in Bezug auf Kraftfahrwagen?
Gab die Polizeivorschrift
hier dem Fahrer freie Trift?

Oder war vielmehr verboten,
hier Lebendige zu Toten
umzuwandeln, – kurz und schlicht:
Durfte hier der Kutscher nicht –?"

Eingehüllt in feuchte Tücher,
prüft er die Gesetzesbücher
und ist alsobald im klaren:
Wagen durften dort nicht fahren!

Und er kommt zu dem Ergebnis:
Nur ein Traum war das Erlebnis.
Weil, so schließt er messerscharf,
nicht sein *kann,* was nicht sein *darf.*

Christian Morgenstern

worte sind schatten (1951)

worte sind schatten
schatten werden worte

worte sind spiele
spiele werden worte

sind schatten worte
werden worte spiele

sind spiele worte
werden worte schatten

sind worte schatten
werden spiele worte

sind worte spiele
werden schatten worte

eugen gomringer

steigerung (1974)

urteilen
vorurteilen
verurteilen

Axel Holm

vorzug von parlamentswahlen (1959)

viele   einer
für einen   für viele

        alle
     für viele
      viele
     für alle

nicht   noch
alle für einen   einer für alle

Kurt Marti

Selig sind (1968)

Claus Bremer

Liebeslied eines Wilden (1782)

Brasilianisch

Schlange, warte, warte, Schlange,
Daß nach deinen schönen Farben,
Nach der Zeichnung
deiner Ringe
Meine Schwester
Band und Gürtel
Mir für meine
Liebste
flechte.
Deine
Schönheit,
deine
Bildung
Wird vor
allen
andern
Schlangen Herrlich dann gepriesen werden.

sich zusammenschließen (1951)

sich zusammenschließen und
sich abgrenzen

die mitte bilden und
wachsen

die mitte teilen und
in die teile wachsen

in den teilen sein und
durchsichtig werden

sich zusammenschließen und
sich abgrenzen

eugen gomringer

Reden ist ... (1974)

Reden ist Silber
Schweigen ist Gold
Denken ist Dynamit

Günter Müller

46mal augen (1969)
eine augengeschichte in drei akten

1.

die augen überall gehabt

4 augen sehen mehr als 3
3 augen sehen mehr als 2
2 augen sehen mehr als 1

1 auge auf sie geworfen

schöne augen gemacht
in die augen gesprungen
die augen niedergeschlagen
im auge gehabt
ein auge riskiert
das auge gehoben
in die augen geschaut

blaue augen
braune augen

von den augen abgelesen
mit anderen augen gesehen
kein auge zugetan

2.

mit sehenden augen blind
die augen geöffnet
die augen aufgegangen
große augen gemacht
die augen übergegangen
schuppen von den augen gefallen

kein auge zugedrückt
aus den augen gegangen
den augen nicht getraut
vor die augen gekommen
in die augen gestochen
auge
in auge
auge
um auge
mit freiem auge
mit wachsamem auge
mit bewaffnetem auge
mit blauem auge

3.

unter 4 augen
unter 3 augen
unter 2 augen

1 augen blick

aus den augen gesehen
aus den augen gekommen
sich die augen ausgesehen
sich die augen ausgeweint

mit einem weinenden auge
und einem lachenden auge

konrad balder schäuffelen

2 Persönliche Erfahrungen

2.1 Wunsch und Erfüllung

Am Thurme (1842)

Ich steh' auf hohem Balkone am Thurm,
Umstrichen vom schreienden Staare,
Und laß' gleich einer Mänade den Sturm
Mir wühlen im flatternden Haare;
O wilder Geselle, o toller Fant,
Ich möchte dich kräftig umschlingen,
Und, Sehne an Sehne, zwei Schritte vom Rand
Auf Tod und Leben dann ringen!

Und drunten seh' ich am Strand, so frisch
Wie spielende Doggen, die Wellen
Sich tummeln rings mit Geklaff und Gezisch,
Und glänzende Flocken schnellen.
O, springen möcht' ich hinein alsbald,
Recht in die tobende Meute,
Und jagen durch den korallenen Wald
Das Wallroß, die lustige Beute!

Und drüben seh' ich ein Wimpel wehn
So keck wie eine Standarte,
Seh auf und nieder den Kiel sich drehn
Von meiner luftigen Warte;
O, sitzen möcht' ich im kämpfenden Schiff,
Das Steuerruder ergreifen,
Und zischend über das brandende Riff
Wie eine Seemöve streifen.

Wär ich ein Jäger auf freier Flur,
Ein Stück nur von einem Soldaten,
Wär ich ein Mann doch mindestens nur,
So würde der Himmel mir rathen;
Nun muß ich sitzen so fein und klar,
Gleich einem artigen Kinde,
Und darf nur heimlich lösen mein Haar,
Und lassen es flattern im Winde!

Annette von Droste-Hülshoff

Sehnsucht (1834)

Es schienen so golden die Sterne,
Am Fenster ich einsam stand
Und hörte aus weiter Ferne
Ein Posthorn im stillen Land.
Das Herz mir im Leib entbrennte;
Da hab ich mir heimlich gedacht:
Ach, wer da mitreisen könnte
In der prächtigen Sommernacht!

Zwei junge Gesellen gingen
Vorüber am Bergeshang,
Ich hörte im Wandern sie singen
Die stille Gegend entlang:
Von schwindelnden Felsenschlüften,
Wo die Wälder rauschen so sacht,
Von Quellen, die von den Klüften
Sich stürzen in die Waldesnacht.

Sie sangen von Marmorbildern,
Von Gärten, die überm Gestein
In dämmernden Lauben verwildern,
Palästen im Mondenschein,
Wo die Mädchen am Fenster lauschen,
Wann der Lauten Klang erwacht
Und die Brunnen verschlafen rauschen
In der prächtigen Sommernacht.

Joseph von Eichendorff

Willkommen und Abschied (1775)

Es schlug mein Herz, geschwind zu Pferde:
Es war getan fast eh gedacht.
Der Abend wiegte schon die Erde,
Und an den Bergen hing die Nacht;
Schon stand im Nebelkleid die Eiche,
Ein aufgetürmter Riese, da,
Wo Finsternis aus dem Gesträuche
Mit hundert schwarzen Augen sah.

Der Mond von einem Wolkenhügel
Sah kläglich aus dem Duft hervor,
Die Winde schwangen leise Flügel,
Umsausten schauerlich mein Ohr;
Die Nacht schuf tausend Ungeheuer,
Doch frisch und fröhlich war mein Mut:
In meinen Adern welches Feuer!
In meinem Herzen welche Glut!

Dich sah ich, und die milde Freude
Floß von dem süßen Blick auf mich;
Ganz war mein Herz an deiner Seite
Und jeder Atemzug für dich.
Ein rosenfarbnes Frühlingswetter
Umgab das liebliche Gesicht,
Und Zärtlichkeit für mich - ihr Götter!
Ich hofft' es, ich verdient' es nicht!

Doch ach, schon mit der Morgensonne
Verengt der Abschied mir das Herz:
In deinen Küssen welche Wonne!
In deinem Auge welcher Schmerz!
Ich ging, du standst und sahst zur Erden
Und sahst mir nach mit nassem Blick:
Und doch, welch Glück, geliebt zu werden!
Und lieben, Götter, welch ein Glück!

Johann Wolfgang Goethe

Die Beiden (1903)

Sie trug den Becher in der Hand
- Ihr Kinn und Mund glich seinem Rand -,
So leicht und sicher war ihr Gang,
Kein Tropfen aus dem Becher sprang.

So leicht und fest war seine Hand:
Er ritt auf einem jungen Pferde,
Und mit nachlässiger Gebärde
Erzwang er, daß es zitternd stand.

Jedoch, wenn er aus ihrer Hand
Den leichten Becher nehmen sollte,
So war es beiden allzu schwer:
Denn beide bebten sie so sehr,
Daß keine Hand die andre fand
Und dunkler Wein am Boden rollte.

Hugo von Hofmannsthal

Träume eines Jünglings (1979)

Nun bin ich groß
und werde größer

Ich werde
Paläste baun aus Marmor
sonnenrund

werde Lieder schneiden
aus dem Feuer

Ich werde
Sterne in die Erde pflanzen
daß sie strahle

Ich werde König sein
meine Krone
dem Winde schenken
mit ihm wandern
durch die Welten
und Trauerkinder trösten.

Rose Ausländer

2.2 Ruhe und Unruhe

Leidlösendes Trio (1924)

Über die Welt hin ... ziehen die Wolken.

Grün durch die Wälder
fließt
ihr Licht.

Herz, vergiß!

In
stiller Sonne
webt linderndster Zauber,
unter wehenden Blumen blüht tausend
Trost.

Vergiß! Vergiß!

Aus fernem Grund pfeift, horch, ein Vogel.

Er
singt sein Lied.

Das
Lied ... vom
Glück!

Arno Holz

Wandrers Nachtlied (1776)

Der du von dem Himmel bist,
Alles Leid und Schmerzen stillest,
Den, der doppelt elend ist,
Doppelt mit Erquickung füllest,
– Ach, ich bin des Treibens müde,
Was soll all der Schmerz und Lust? –
Süßer Friede,
Komm, ach komm in meine Brust!

Johann Wolfgang Goethe

Ein gleiches (1815)

Über allen Gipfeln
ist Ruh,
in allen Wipfeln
Spürest du
Kaum einen Hauch;
Die Vögelein schweigen im Walde.
Warte nur, balde
Ruhest du auch.

Johann Wolfgang Goethe

Caspar David Friedrich (1774 – 1840): Kreidefelsen auf Rügen (um 1818)

Vereinsamt (1884)

Die Krähen schrein
Und ziehen schwirren Flugs zur Stadt:
  Bald wird es schnein –
Wohl dem, der jetzt noch – Heimat hat!

Nun stehst du starr,
Schaust rückwärts, ach! wie lange schon!
  Was bist du Narr
Vor winters in die Welt entflohn?

Die Welt – ein Tor
Zu tausend Wüsten stumm und kalt!
  Wer das verlor,
Was du verlorst, macht nirgends halt.

Nun stehst du bleich,
Zur Winter-Wanderschaft verflucht,
  Dem Rauche gleich,
Der stets nach kältern Himmeln sucht.

Flieg, Vogel, schnarr
Dein Lied im Wüstenvogel-Ton! –
  Versteck, du Narr,
Dein blutend Herz in Eis und Hohn!

Die Krähen schrein
Und ziehen schwirren Flugs zur Stadt:
  Bald wird es schnein –
Weh dem, der keine Heimat hat!

Friedrich Nietzsche

Espenbaum (1954)

ESPENBAUM, dein Laub blickt weiß ins Dunkel.
Meiner Mutter Haar ward nimmer weiß.

Löwenzahn, so grün ist die Ukraine.
Meine blonde Mutter kam nicht heim.

Regenwolke, säumst du an den Brunnen?
Meine leise Mutter weint für alle.

Runder Stern, du schlingst die goldne Schleife.
Meiner Mutter Herz ward wund von Blei.

Eichne Tür, wer hob dich aus den Angeln?
Meine sanfte Mutter kann nicht kommen.

Paul Celan

Radwechsel (1953)

Ich sitze am Straßenrand
Der Fahrer wechselt das Rad.
Ich bin nicht gern, wo ich herkomme.
Ich bin nicht gern, wo ich hinfahre.
Warum sehe ich den Radwechsel
Mit Ungeduld?

Bertolt Brecht

Der Tod (1797)

Ach, es ist so dunkel in des Todes Kammer,
Tönt so traurig, wenn er sich bewegt
Und nun aufhebt seinen schweren Hammer
Und die Stunde schlägt.

Matthias Claudius

2.3 Aufbruch

Mignon (1782)

Kennst du das Land, wo die Zitronen blühn,
Im dunkeln Laub die Goldorangen glühn,
Ein sanfter Wind vom blauen Himmel weht,
Die Myrte still und hoch der Lorbeer steht,
Kennst du es wohl?
                  Dahin! Dahin
Möcht' ich mit dir, o mein Geliebter, ziehn!

Kennst du das Haus? auf Säulen ruht sein Dach,
Es glänzt der Saal, es schimmert das Gemach,
Und Marmorbilder stehn und sehn mich an:
Was hat man dir, du armes Kind, getan?
Kennst du es wohl?
                  Dahin! Dahin
Möcht' ich mit dir, o mein Beschützer, ziehn!

Kennst du den Berg und seinen Wolkensteg?
Das Maultier sucht im Nebel seinen Weg,
In Höhlen wohnt der Drachen alte Brut,
Es stürzt der Fels und über ihn die Flut:
Kennst du ihn wohl?
                  Dahin! Dahin
Geht unser Weg; o Vater, laß uns ziehn!

Johann Wolfgang Goethe

Warnung (1977)

Komm aus der Höhe herab
steig mal von deinem Roß

sieh einfach zu und staune

wie ich den Kopf hebe
die Schultern, die Arme
davonfliege in klarer Lust
ohne mich umzusehen nach dir.

Ursula Krechel

Dietmar von Eist. Aus der Manessischen Liederhandschrift, 14. Jahrhundert.

Ez stuont eine frouwe alleine (um 1160)

Ez stuont ein frouwe alleine
und warte uber heide
und warte ire liebe,
so gesach si valken fliegen.
'sô wol dir, valke, daz du bist!
du fliugest swar dir liep ist:
Du erkiusest dir in dem walde
einen bóum der dir gevalle.
alsô hân ouch ich getân:
ich erkôs mir selbe einen man,
den erwélten mîniu ougen.
daz nîdent schœne frouwen.
owê wan lânt si mir mîn liep?
jô 'ngerte ich ir dekeiner trûtes niet.'

Dietmar von Eist

Es stand eine Frau allein
und spähte über die Heide
und spähte nach ihrem Geliebten,
da sah sie Falken fliegen.
,Wohl dir, Falke, daß du bist!
Du fliegst, wohin dir lieb ist:
du wählst dir im Walde
einen Baum, der dir gefällt.
So habe auch ich getan:
Ich wählte mir selbst einen Freund.
Den haben meine Augen erkoren.
Neidig sind darüber schöne Frauen.
O weh, wann lassen sie mir meinen Geliebten?
Begehrte ich doch keinen ihrer Lieblinge.'

Buchen im Frühling (1959)

Wir gehen zu zweit hinein
zu den Buchen im Frühling.
So silbern, so glatt, so dicht beieinander
die Stämme.
Das helle Laub wie Wolken am Himmel.
Du siehst hinauf und dir schwindelt.
Du entfernst dich ein wenig:
drei oder vier Bäume
zwischen uns.
Du verlierst dich
als sei ein Urteil gesprochen.
So nah, so getrennt.
Wir werden uns nie wieder
finden.

Hilde Domin

Für mehr als mich (1963)

Ich bin ein Sucher
eines Weges.
Zu allem was mehr ist
Als
Stoffwechsel
Blutkreislauf
Nahrungsaufnahme
Zellenzerfall.

Ich bin ein Sucher
Eines Weges
Der breiter ist
Als ich.

Nicht zu schmal.
Kein Ein-Mann-Weg.
Aber auch keine
Staubige, tausendmal
Überlaufene Bahn.

Ich bin ein Sucher
Eines Weges.
Sucher eines Weges
Für mehr
Als mich.

Günter Kunert

Bitte (1976)

Laßt mir das Silberfingerkraut.
Laßt mir den Hasenklee.
Laßt mir den kleinen Lerchenlaut.
Laßt mir den Liliensee.
Laßt mir den Sandweg durch die Heide.
Die Kiefer und den Birkenbaum.
Braucht ihr nicht manches Mal auch beide,
Die Weltstadt und den Weltenraum?

Eva Strittmatter

Dialog (1981)

Endlos
der Dialog

Du und die Blume
du und der Stern
du und dein Mitmensch

Ununterbrochene
Zwiesprache
Funke an Funke

Der König in dir
der Bettler in dir

Deine Verzweiflung
deine Hoffnung

Endloser Dialog
mit dem Leben

Rose Ausländer

In der Regenrinne (1956)

In der Regenrinne badet ein Vogel,
in verlassenen Augen der weiße Mond,
wenn sie nach Osten schauen.
Das Abendrot hinter dem Rücken zu haben,
macht den Augenblick besser.
Das ist auch die Richtung der Toten.
Den Lebenden steht jede Richtung zu,
deshalb darf der Vogel nach Westen fliegen
und die Wolke nach Süden.
Der Gang der Erde ist unfaßbar.
Vielleicht durchkreuzt sie nur immer wieder
das Herz eines Engels, der selbst noch sucht
und niemals die richtige Richtung findet,
um den Augenblick zu ertragen.

Christine Lavant

3 Mensch und Natur

3.1 Sommer und Winter. Tag und Nacht

Des Morgens (1798)

Vom Taue glänzt der Rasen; beweglicher
  Eilt schon die schwache Quelle; die Buche neigt
    Ihr schwankes Haupt und im Geblätter
      Rauscht es und schimmert; und um die grauen

Gewölke streifen rötliche Flammen dort,
  Verkündende, sie wallen geräuschlos auf;
    Wie Fluten am Gestade, wogen
      Höher und höher die Wandelbaren.

Komm nun, o komm, und eile mir nicht zu schnell,
  Du goldner Tag, zum Gipfel des Himmels fort!
    Denn offner fliegt, vertrauter dir mein
      Auge, du Freudiger! zu, solang du

In deiner Schöne jugendlich blickst und noch
  Zu herrlich nicht, zu stolz mir geworden bist;
    Du möchtest immer eilen, könnt ich,
      Göttlicher Wandrer, mit dir! – doch lächelst

Des frohen Übermütigen du, daß er
  Dir gleichen möchte; segne mir lieber dann
    Mein sterblich Tun und heitre wieder,
      Gütiger! heute den stillen Pfad mir.

Friedrich Hölderlin

Im Frühling (1834)

Hier lieg' ich auf dem Frühlingshügel:
Die Wolke wird mein Flügel,
Ein Vogel fliegt mir voraus.
Ach, sag' mir, alleinzige Liebe,
Wo du bleibst, daß ich bei dir bliebe!
Doch du und die Lüfte, ihr habt kein Haus.

Der Sonnenblume gleich steht mein Gemüte offen,
Sehnend,
Sich dehnend
In Lieben und Hoffen.
Frühling, was bist du gewillt?
Wann werd' ich gestillt.

Die Wolke seh' ich wandeln und den Fluß,
Es dringt der Sonne goldner Kuß
Mir tief bis ins Geblüt hinein;
Die Augen, wunderbar berauschet,
Tun, als schliefen sie ein,
Nur noch das Ohr dem Ton der Biene lauschet.

Ich denke dies und denke das,
Ich sehne mich und weiß nicht recht, nach was:
Halb ist es Lust, halb ist es Klage;
Mein Herz, o sage,

Was webst du für Erinnerung
In golden grüner Zweige Dämmerung? –
Alte unnennbare Tage.

Eduard Mörike

Die Sonnenblume

Schon senkt das dunkle Auge sie zur Erde
von goldnen Flammenwimpern schön umsäumt,
indes das Jahr die müden Felder räumt.
O reifer Stolz, o Demut der Gebärde!

Die Vögel fliegen gierig ins Gesicht
der Dulderin und lösen ihr vom Grund
die Samensterne. Doch das leere Rund
träumt noch erblindet neuer Sonnen Licht.

Christine Busta

Paula Modersohn-Becker (1876 – 1907): Blasendes Mädchen im Birkenwald (1905)

Sibylle des Sommers (1963)

September schleudert die Wabe des Lichts
Weit über die felsigen Gärten aus.
Noch will die Sibylle des Sommers nicht sterben.
Den Fuß im Nebel und starren Gesichts
Bewacht sie das Feuer im laubigen Haus,
Wo Mandelschalen als Urnenscherben
Zersplittert im harten Weggras liegen.
Das Schiffblatt neigt sich, das Wasser zu kerben.
Die Spinnen reisen, die Fäden fliegen.
Noch will die Sibylle des Sommers nicht sterben.
Sie knotet ihr Haar in den Bäumen fest.
Die Feige leuchtet in klaffender Fäule.
Und weiß und rund wie das Ei der Eule
Glänzt abends der Mond im dünnen Geäst.

Peter Huchel

Der Winter (1911)

Der Sturm heult immer laut in den Kaminen,
Und jede Nacht ist blutigrot und dunkel,
Die Häuser recken sich mit leeren Mienen.

Nun wohnen wir in rings umbauter Enge
Im kargen Licht und Dunkel unserer Gruben,
Wie Seiler zerrend grauer Stunden Länge.

Die Tage zwängen sich in niedre Stuben,
Wo heisres Feuer krächzt in großen Öfen.
Wir stehen an den ausgefrornen Scheiben
Und starren schräge nach den leeren Höfen.

Georg Heym

Um Mitternacht (1828)

Gelassen stieg die Nacht ans Land,
Lehnt träumend an der Berge Wand;
Ihr Auge sieht die goldne Waage nun
Der Zeit in gleichen Schalen stille ruhn.
  Und kecker rauschen die Quellen hervor,
  Sie singen der Mutter, der Nacht, ins Ohr
    Vom Tage,
  Vom heute gewesenen Tage.

Das uralt alte Schlummerlied,
Sie achtet's nicht, sie ist es müd;
Ihr klingt des Himmels Bläue süßer noch,
Der flüchtgen Stunden gleichgeschwungnes Joch.
  Doch immer behalten die Quellen das Wort,
  Es singen die Wasser im Schlafe noch fort
    Vom Tage,
  Vom heute gewesenen Tage.

Eduard Mörike

Mondnacht (1963)

Dieser leblose Klotz
Mond eisiger Nächte
der an bittere Märchen erinnert
an fremdes Gelebtsein
fern
wo die Menschen heulten
anstelle der Wölfe
über dem blassen Schnee
bis zum Schweigen darunter

Nur geborstenes Geröll
auf dem unsere Schatten
gelandet sind
und sich taumelnd bewegen
viel zu leicht
für die Last unserer Herkunft
auch dort sind wir hingelangt
wie immer dorthin
wo Leben unmöglich ist:
in Gleichnisse ohne Erbarmen

Günter Kunert

Anrufung des Großen Bären (1957)

Großer Bär, komm herab, zottige Nacht,
Wolkenpelztier mit den alten Augen,
Sternenaugen,
Durch das Dickicht brechen schimmernd
Deine Pfoten mit den Krallen,
Sternenkrallen,
Wachsam halten wir die Herden,
Doch gebannt von dir, und mißtrauen
Deinen müden Flanken und den scharfen
Halbentblößten Zähnen,
Alter Bär.

Ein Zapfen: eure Welt.
Ihr: die Schuppen dran.
Ich treib sie, roll sie
Von den Tannen im Anfang
Zu den Tannen am Ende,
Schnaub sie an, prüf sie im Maul
Und pack zu mit den Tatzen.

Fürchtet euch oder fürchtet euch nicht!
Zahlt in den Klingelbeutel und gebt
Dem blinden Mann ein gutes Wort,
Daß er den Bären an der Leine hält.
Und würzt die Lämmer gut.

's könnt sein, daß dieser Bär
Sich losreißt, nicht mehr droht
Und alle Zapfen jagt, die von den Tannen
Gefallen sind, den großen, geflügelten,
Die aus dem Paradiese stürzten.

Ingeborg Bachmann

3.2 Augen

Augen (1952)

Augen:
schimmernd von Regen, der strömte,
als Gott mir zu trinken befahl.

Augen:
Gold, das die Nacht in die Hände mir zählt',
als ich Nesseln pflückt'
und die Schatten der Sprüche reutet'!

Augen:
Abend, der über mir aufglomm, als ich aufriß das Tor
und durchwintert vom Eis meiner Schläfen
durch die Weiler der Ewigkeit sprengt'.

Paul Celan

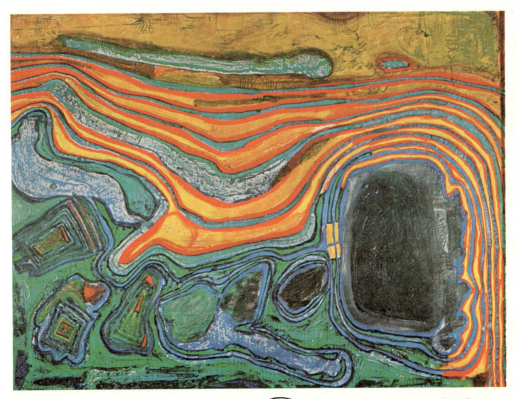

Friedensreich Hundertwasser (geb. 1928): ⟨426⟩ Schwarzes begrabenes Auge (1960)

Lied des Türmers (1831)

Zum Sehen geboren,
Zum Schauen bestellt,
Dem Turme geschworen,
Gefällt mir die Welt.
Ich blick' in die Ferne,
Ich seh' in der Näh'
Den Mond und die Sterne,
Den Wald und das Reh.
So seh' ich in allen
Die ewige Zier,
Und wie mir's gefallen,
Gefall' ich auch mir.
Ihr glücklichen Augen,
Was je ihr gesehn,
Es sei, wie es wolle,
Es war doch so schön!

Johann Wolfgang Goethe

Abendlied (1883)

Augen, meine lieben Fensterlein,
Gebt mir schon so lange holden Schein,
Lasset freundlich Bild um Bild herein:
Einmal werdet ihr verdunkelt sein!

Fallen einst die müden Lider zu,
Löscht ihr aus, dann hat die Seele Ruh;
Tastend streift sie ab die Wanderschuh,
Legt sich auch in ihre finstre Truh.

Noch zwei Fünklein sieht sie glimmend stehn
Wie zwei Sternlein innerlich zu sehn,
Bis sie schwanken und dann auch vergehn,
Wie von eines Falters Flügelwehn.

Doch noch wandl ich auf dem Abendfeld,
Nur dem sinkenden Gestirn gesellt;
Trinkt, o Augen, was die Wimper hält,
Von dem goldnen Überfluß der Welt!

Gottfried Keller

3.3 Brunnen

Der Brunnen (1864)

In einem römischen Garten
Verborgen ist ein Bronne,
Behütet von dem harten
Geleucht' der Mittagssonne,
Er steigt in schlankem Strahle
In dunkle Laubesnacht
Und sinkt in eine Schale
Und übergießt sie sacht.

Die Wasser steigen nieder
In zweiter Schale Mitte,
Und voll ist diese wieder.
Sie flutet in die dritte:
Ein Nehmen und ein Geben,
Und alle bleiben reich,
Und alle Fluten leben
Und ruhen doch zugleich.

Conrad Ferdinand Meyer

Der schöne Brunnen (1870)

Der Springquell plätschert und ergießt
Sich in der Marmorschale Grund,
Die, sich verschleiernd, überfließt
In einer zweiten Schale Rund;
Und diese gibt, sie wird zu reich,
Der dritten wallend ihre Flut,
Und jede nimmt und gibt zugleich
Und alles strömt und alles ruht.

Conrad Ferdinand Meyer

Der römische Brunnen (1882)

Aufsteigt der Strahl und fallend gießt
Er voll der Marmorschale Rund,
Die, sich verschleiernd, überfließt
In einer zweiten Schale Grund;
Die zweite gibt, sie wird zu reich,
Der dritten wallend ihre Flut,
Und jede nimmt und gibt zugleich
Und strömt und ruht.

Conrad Ferdinand Meyer

Römische Fontäne (1907)

Zwei Becken, eins das andre übersteigend
aus einem alten runden Marmorrand,
und aus dem oberen Wasser leis sich neigend
im Wasser, welches unten wartend stand,

dem leise redenden entgegenschweigend
und heimlich, gleichsam in der hohen Hand
ihm Himmel hinter Grün und Dunkel zeigend
wie einen unbekannten Gegenstand;

sich selber ruhig in der schönen Schale
verbreitend ohne Heimweh, Kreis aus Kreis,
nur manchmal träumerisch und tropfenweis

sich niederlassend an den Moosbehängen
zum letzten Spiegel, der sein Becken leis
von unten lächeln macht mit Übergängen.

Rainer Maria Rilke

3.4 Stadt

Augen in der Großstadt (1930)

Wenn du zur Arbeit gehst
am frühen Morgen,
wenn du am Bahnhof stehst
mit deinen Sorgen:
    da zeigt die Stadt
    dir asphaltglatt
  im Menschentrichter
  Millionen Gesichter:
Zwei fremde Augen, ein kurzer Blick,
die Braue, Pupillen, die Lider –
Was war das? vielleicht dein Lebensglück ...
vorbei, verweht, nie wieder.

Du gehst dein Leben lang
auf tausend Straßen;
du siehst auf deinem Gang,
die dich vergaßen.
    Ein Auge winkt,
    die Seele klingt;
  du hast's gefunden,
  nur für Sekunden ...
Zwei fremde Augen, ein kurzer Blick,
die Braue, Pupillen, die Lider.
Was war das? kein Mensch dreht die Zeit zurück ...
vorbei, verweht, nie wieder.

Du mußt auf deinem Gang
durch Städte wandern;
siehst einen Pulsschlag lang
den fremden andern.
    Es kann ein Feind sein,
    es kann ein Freund sein,
    es kann im Kampfe dein
    Genosse sein.
  Es sieht hinüber
  und zieht vorüber ...
Zwei fremde Augen, ein kurzer Blick,
die Braue, Pupillen, die Lider.
Was war das?
    Von der großen Menschheit ein Stück!
Vorbei, verweht, nie wieder.

Kurt Tucholsky

Paul Citroen: Metropolis (1923)

Heidelberg (1801)

Lange lieb ich dich schon, möchte dich, mir zur Lust
  Mutter nennen, und dir schenken ein kunstlos Lied,
    Du, der Vaterlandsstädte
      Ländlichschönste, so viel ich sah.

Wie der Vogel des Walds über die Gipfel fliegt,
  Schwingt sich über den Strom, wo er vorbei dir glänzt,
    Leicht und kräftig die Brücke,
      Die von Wagen und Menschen tönt.

Wie von Göttern gesandt, fesselt' ein Zauber einst
  Auf die Brücke mich an, da ich vorüber ging,
    Und herein in die Berge
      Mir die reizende Ferne schien,

Und der Jüngling, der Strom, fort in die Ebne zog,
  Traurigfroh, wie das Herz, wenn es, sich selbst zu schön
    Liebend unterzugehen,
      In die Fluten der Zeit sich wirft.

Quellen hattest du ihm, hattest dem Flüchtigen
  Kühle Schatten geschenkt, und die Gestade sahn
    All ihm nach, und es bebte
      Aus den Wellen ihr lieblich Bild.

Aber schwer in das Tal ging die gigantische,
  Schicksalskundige Burg nieder bis auf den Grund,
    Von den Wettern zerrissen;
      Doch die ewige Sonne goß

Ihr verjüngendes Licht über das alternde
  Riesenbild, und umher grünte lebendiger
    Efeu; freundliche Wälder
      Rauschten über die Burg herab.

Sträuche blühten herab, bis wo im heitern Tal,
  An den Hügel gelehnt, oder dem Ufer hold,
    Deine fröhlichen Gassen
      Unter duftenden Gärten ruhn.

Friedrich Hölderlin

Der Gott der Stadt (1910)

Auf einem Häuserblocke sitzt er breit.
Die Winde lagern schwarz um seine Stirn.
Er schaut voll Wut, wo fern in Einsamkeit
Die letzten Häuser in das Land verirrn.

Vom Abend glänzt der rote Bauch dem Baal,
Die großen Städte knien um ihn her.
Der Kirchenglocken ungeheure Zahl
Wogt auf zu ihm aus schwarzer Türme Meer.

Wie Korybanten-Tanz dröhnt die Musik
Der Millionen durch die Straßen laut.
Der Schlote Rauch, die Wolken der Fabrik
Ziehn auf zu ihm, wie Duft von Weihrauch blaut.

Das Wetter schwelt in seinen Augenbrauen.
Der dunkle Abend wird in Nacht betäubt.
Die Stürme flattern, die wie Geier schauen
Von seinem Haupthaar, das im Zorne sträubt.

Er streckt ins Dunkel seine Fleischerfaust.
Er schüttelt sie. Ein Meer von Feuer jagt
Durch eine Straße. Und der Glutqualm braust
Und frißt sie auf, bis spät der Morgen tagt.

Georg Heym

Fabrikstraße tags (1911)

Nichts als Mauern. Ohne Gras und Glas
zieht die Straße den gescheckten Gurt
der Fassaden. Keine Bahnspur surrt.
Immer glänzt das Pflaster wassernaß.

Streift ein Mensch dich, trifft sein Blick dich kalt
bis ins Mark; die harten Schritte haun
Feuer aus dem turmhoch steilen Zaun,
noch sein kurzes Atmen wolkt geballt.

Keine Zuchthauszelle klemmt
so in Eis das Denken wie dies Gehn
zwischen Mauern, die nur sich besehn.

Trägst du Purpur oder Büßerhemd –:
immer drückt mit riesigem Gewicht
Gottes Bannfluch: *uhrenlose Schicht.*

Paul Zech

Natur-Gedicht (1974)

in der Nähe des Hauses,
der Kahlschlag, Kieshügel, Krater
erinnern mich daran –
nichts Neues; kaputte Natur,
aber ich vergesse das gern,
solange ein Strauch steht

Jürgen Becker

4 Allen Gewalten zum Trotz

Balladen und Zeitgedichte

4.1 Bedrohung

Der Totentanz (1813)

Der Türmer, der schaut zu Mitten der Nacht
Hinab auf die Gräber in Lage;
Der Mond, der hat alles ins Helle gebracht;
Der Kirchhof, er liegt wie am Tage.
5 Da regt sich ein Grab und ein anderes dann:
Sie kommen hervor, ein Weib da, ein Mann,
In weißen und schleppenden Hemden.

Das reckt nun, es will sich ergetzen sogleich,
Die Knöchel zur Runde, zum Kranze,
10 So arm und so jung, und so alt und so reich;
Doch hindern die Schleppen beim Tanze.
Und weil hier die Scham nun nicht weiter gebeut,
Sie schütteln sich alle, da liegen zerstreut
Die Hemdelein über den Hügeln.

15 Nun hebt sich der Schenkel, nun wackelt das Bein,
Gebärden da gibt es vertrackte;
Dann klippert's und klappert's mitunter hinein,
als schlüg' man die Hölzlein zum Takte.
Das kommt nun dem Türmer so lächerlich vor;
20 Da raunt ihm der Schalk, der Versucher, ins Ohr:
Geh! hole dir einen der Laken.

Getan wie gedacht! und er flüchtet sich schnell
Nun hinter geheiligte Türen.
Der Mond, und noch immer er scheinet so hell
25 Zum Tanz, den sie schauerlich führen.
Doch endlich verlieret sich dieser und der,
Schleicht eins nach dem andern gekleidet einher,
Und, husch, ist es unter dem Rasen.

Nur einer, der trippelt und stolpert zuletzt
30 Und tappet und grapst an den Grüften;
Da hat kein Geselle so schwer ihn verletzt,
Er wittert das Tuch in den Lüften.
Er rüttelt die Turmtür, sie schlägt ihn zurück,
Geziert und gesegnet, dem Türmer zum Glück,
35 Sie blinkt von metallenen Kreuzen.

Das Hemd muß er haben, da rastet er nicht,
Da gilt auch kein langes Besinnen,
Den gotischen Zierat ergreift nun der Wicht
Und klettert von Zinne zu Zinnen.
40 Nun ist's um den armen, den Türmer getan!
Es ruckt sich von Schnörkel zu Schnörkel hinan,
Langbeinigen Spinnen vergleichbar.

Der Türmer erbleichet, der Türmer erbebt,
Gern gäb er ihn wieder, den Laken.
45 Da häkelt - jetzt hat er am längsten gelebt -
Den Zipfel ein eiserner Zacken.
Schon trübet der Mond sich verschwindenden Scheins,
Die Glocke, sie donnert ein mächtiges Eins,
Und unten zerschellt das Gerippe.

Johann Wolfgang Goethe

Die Füße im Feuer (1882)

Wild zuckt der Blitz. In fahlem Lichte steht ein Turm.
Der Donner rollt. Ein Reiter kämpft mit seinem Roß,
Springt ab und pocht ans Tor und lärmt. Sein Mantel saust
Im Wind. Er hält den scheuen Fuchs am Zügel fest.
5 Ein schmales Gitterfenster schimmert goldenhell
Und knarrend öffnet jetzt das Tor ein Edelmann ...

- „Ich bin ein Knecht des Königs, als Kurier geschickt
Nach Nîmes. Herbergt mich! Ihr kennt des Königs Rock!"
- „Es stürmt. Mein Gast bist du. Dein Kleid, was kümmert's mich?
10 Tritt ein und wärme dich! Ich sorge für dein Tier!"
Der Reiter tritt in einen dunkeln Ahnensaal,
Von eines weiten Herdes Feuer schwach erhellt,
Und je nach seines Flackerns launenhaftem Licht
Droht hier ein Hugenott im Harnisch, dort ein Weib,
15 Ein stolzes Edelweib aus braunem Ahnenbild ...

Der Reiter wirft sich in den Sessel vor dem Herd
Und starrt in den lebend'gen Brand. Er brütet, gafft ...
Leis sträubt sich ihm das Haar. Er kennt den Herd, den Saal ...
Die Flamme zischt. Zwei Füße zucken in der Glut.

20 Den Abendtisch bestellt die greise Schaffnerin
Mit Linnen blendend weiß. Das Edelmägdlein hilft.
Ein Knabe trug den Krug mit Wein. Der Kinder Blick
Hangt schreckensstarr am Gast und hangt am Herd entsetzt ...
Die Flamme zischt. Zwei Füße zucken in der Glut.

25 — „Verdammt! Dasselbe Wappen! Dieser selbe Saal!
Drei Jahre sind's ... Auf einer Hugenottenjagd ...
Ein fein, halsstarrig Weib ..., Wo steckt der Junker? Sprich!'
Sie schweigt. ‚Bekenn!' Sie schweigt. ‚Gib ihn heraus!' Sie schweigt.
Ich werde wild. Der Stolz! Ich zerre das Geschöpf ...
30 Die nackten Füße pack ich ihr und strecke sie
Tief mitten in die Glut ..., Gib ihn heraus!' ... Sie schweigt ...
Sie windet sich ... Sahst du das Wappen nicht am Tor?
Wer hieß dich hier zu Gaste gehen, dummer Narr?
Hat er nur einen Tropfen Bluts, erwürgt er dich. —
35 Eintritt der Edelmann. „Du träumst! Zu Tische, Gast ...

Da sitzen sie. Die drei in ihrer schwarzen Tracht
Und er. Doch keins der Kinder spricht das Tischgebet.
Ihn starren sie mit aufgerißnen Augen an —
Den Becher füllt und übergießt er, stürzt den Trunk,
40 Springt auf: „Herr, gebet jetzt mir meine Lagerstatt!
Müd bin ich wie ein Hund!" Ein Diener leuchtet ihm,
Doch auf der Schwelle wirft er einen Blick zurück
Und sieht den Knaben flüstern in des Vaters Ohr ...
Dem Diener folgt er taumelnd in das Turmgemach.

45 Fest riegelt er die Tür. Er prüft Pistol und Schwert.
Grell pfeift der Sturm. Die Diele bebt. Die Decke stöhnt.
Die Treppe kracht ... Dröhnt hier ein Tritt? Schleicht dort ein Schritt? ...
Ihn täuscht das Ohr. Vorüberwandelt Mitternacht.
Auf seinen Lidern lastet Blei, und schlummernd sinkt
50 Er auf das Lager. Draußen plätschert Regenflut.

Er träumt. „Gesteh!" Sie schweigt. „Gib ihn heraus!" Sie schweigt.
Er zerrt das Weib. Zwei Füße zucken in der Glut.
Aufsprüht und zischt ein Feuermeer, das ihn verschlingt ...
— „Erwach! Du solltest längst von hinnen sein! Es tagt!"
55 Durch die Tapetentür in das Gemach gelangt,
Vor seinem Lager steht des Schlosses Herr — ergraut.
Dem gestern dunkelbraun sich noch gekraust das Haar.

Sie reiten durch den Wald. Kein Lüftchen regt sich heut.
Zersplittert liegen Ästetrümmer quer im Pfad.
60 Die frühsten Vöglein zwitschern, halb im Traume noch.
Friedsel'ge Wolken schwimmen durch die klare Luft.
Als kehrten Engel heim von einer nächt'gen Wacht.
Die dunklen Schollen atmen kräft'gen Erdgeruch.
Die Ebne öffnet sich. Im Felde geht ein Pflug.
65 Der Reiter lauert aus den Augenwinkeln: „Herr,
Ihr seid ein kluger Mann und voll Besonnenheit
Und wißt, daß ich dem größten König eigen bin.
Lebt wohl! Auf Nimmerwiedersehn!" Der andre spricht:
„Du sagst's! Dem größten König eigen! Heute ward
70 Sein Dienst mir schwer ... Gemordet hast du teuflisch mir
Mein Weib! Und lebst ... Mein ist die Rache, redet Gott."

Conrad Ferdinand Meyer

Die Bartholomäusnacht (1873)

Conrad Ferdinand Meyer

Wie die Ballade „Die Füße im Feuer" führt uns auch dieser Text in die Zeit der Glaubenskämpfe in Frankreich gegen Ende des 16. Jahrhunderts. Mit dem jungen Schweizer Protestanten Hans Schadau, dem Ich-Erzähler der 1873 erschienenen Novelle ‚Das Amulett' von C. F. Meyer, erleben wir den Beginn der Bartholomäusnacht (1572) in Paris, der Nacht, in der alle Hugenotten ermordet werden sollten.

Noch immer schritt ich auf und nieder, als die Turmuhr des Louvre schlug; ich zählte zwölf Schläge. Es war Mitternacht. Da kam mir der Gedanke, einen Stuhl an das hohe Fenster zu rücken, in die Nische zu steigen, es zu öffnen und, an die Eisenstäbe mich anklammernd, in die Nacht auszuschauen. Das Fenster blickte auf die Seine. Alles war still. Schon wollte ich
5 wieder ins Gemach herunterspringen, als ich meinen Blick noch über mich richtete und vor Entsetzen erstarrte.
Rechts von mir, auf einem Balkon des ersten Stockwerks, so nahe, daß ich sie fast mit der Hand erreichen konnte, erblickte ich, vom Mondlicht taghell erleuchtet, drei über das Geländer vorgebeugte, lautlos lauschende Gestalten. Mir zunächst der König mit einem Antlitz,
10 dessen nicht unedle Züge die Angst, die Wut, der Wahnsinn zu einem Höllenausdruck verzerrten. Kein Fiebertraum kann schrecklicher sein als diese Wirklichkeit. Jetzt, da ich das längst Vergangene niederschreibe, sehe ich den Unseligen wieder mit den Augen des Geistes – und ich schaudere. Neben ihm lehnte sein Bruder, der Herzog von Anjou, mit dem schlaffen, weibisch grausamen Gesichtchen und schlotterte vor Furcht. Hinter ihnen, bleich und
15 regunglos, die Gefaßteste von allen, stand Katharina, die Medicäerin, mit halbgeschlossenen Augen und fast gleichgültiger Miene.

Jetzt machte der König, wie von Gewissensangst gepeinigt, eine krampfhafte Gebärde, als
wollte er einen gegebenen Befehl zurücknehmen, und in demselben Augenblicke knallte ein
Büchsenschuß, mir schien im Hofe des Louvre.

20 „Endlich!" flüsterte die Königin erleichtert, und die drei Nachtgestalten verschwanden in
der Zinne.

Eine nahe Glocke begann Sturm zu läuten, eine zweite, eine dritte heulte mit; greller Fackel-
schein glomm auf wie eine Feuersbrunst, Schüsse knatterten und meine gespannte Einbildungskraft glaubte Sterbeseufzer zu vernehmen.

25 Der Admiral lag ermordet, daran konnte ich nicht mehr zweifeln. Aber was bedeuteten die
Sturmglocken, die erst vereinzelt, dann immer häufiger fallenden Schüsse, die Mordrufe, die
jetzt von fern an mein lauschendes Ohr drangen? Geschah das Unerhörte? Wurden alle Hugenotten in Paris gemeuchelt?

Und Gasparde, meine mir vom Admiral anvertraute Gasparde, war mit dem wehrlosen Alten
30 diesen Schrecken preisgegeben! Das Haar stand mir zu Berge, das Blut gerann mir in den
Adern. Ich rüttelte an der Türe aus allen Kräften, die eisernen Schlösser und das schwere
Eichenholz wichen nicht. Ich suchte tastend nach einer Waffe, nach einem Werkzeuge, um
sie zu sprengen, und fand keines. Ich schlug mit den Fäusten, stieß mit den Füßen gegen die
Türe und schrie nach Befreiung – draußen im Gange blieb es totenstill.

35 Wieder schwang ich mich auf die Fensternische und rüttelte wie ein Verzweifelter an dem
Eisengitter, es war nicht zu erschüttern.

Ein Fieberfrost ergriff mich, und meine Zähne schlugen aufeinander. Dem Wahnsinne nahe
warf ich mich auf Boccards Lager und wälzte mich in tödlicher Bangigkeit. Endlich, als der
Morgen zu grauen begann, verfiel ich in einen Zustand zwischen Wachen und Schlummern,
40 der sich nicht beschreiben läßt. Ich meinte mich noch an die Eisenstäbe zu klammern und
hinaus zu blicken auf die rastlos flutende Seine. Da plötzlich erhob sich aus ihren Wellen ein
halbnacktes, vom Mondlicht beglänztes Weib, eine Flußgöttin, auf ihre sprudelnde Urne gestützt, wie sie in Fontainebleau an den Wasserkünsten sitzen, und begann zu sprechen. Aber
ihre Worte richteten sich nicht an mich, sondern an eine Steinfrau, die dicht neben mir die
45 Zinne trug, auf welcher die drei fürstlichen Verschwörer gestanden.

„Schwester", frug sie aus dem Flusse, „weißt vielleicht du, warum sie sich morden? Sie werfen mir Leichnam auf Leichnam in mein strömendes Bett, und ich bin schmierig von Blut.
Pfui, pfui! Machen vielleicht die Bettler, die ich abends ihre Lumpen in meinem Wasser waschen sehe, den Reichen den Garaus?"

50 „Nein", raunte das steinerne Weib, „sie morden sich, weil sie nicht einig sind über den richtigen Weg zur Seligkeit." – Und ihr kaltes Antlitz verzog sich zum Hohn, als belache sie
eine ungeheure Dummheit ...

Wie ich ein Fisch wurde (1963)

1
Am 27. Mai um drei Uhr hoben sich aus ihren Betten
Die Flüsse der Erde, und sie breiteten sich aus
Über das belebte Land. Um sich zu retten
Liefen oder fuhren die Bewohner zu den Bergen raus.

2

Als nachdem die Flüsse furchtbar aufgestanden,
Schoben sich die Ozeane donnernd übern Strand,
Und sie schluckten alles das, was noch vorhanden,
Ohne Unterschied, und das war allerhand.

3

Eine Weile konnten wir noch auf dem Wasser schwimmen,
Doch dann sackte einer nach dem andern ab.
Manche sangen noch ein Lied, und ihre schrillen Stimmen
Folgten den Ertrinkenden ins nasse Grab.

4

Kurz bevor die letzten Kräfte mich verließen,
Fiel mir ein, was man mich einst gelehrt:
Nur wer sich verändert, den wird nicht verdrießen
Die Veränderung, die seine Welt erfährt.

5

Leben heißt: Sich ohne Ende wandeln.
Wer am alten hängt, der wird nicht alt.
So entschloß ich mich, sofort zu handeln,
Und das Wasser schien mir nicht mehr kalt.

6

Meine Arme dehnten sich zu breiten Flossen,
Grüne Schuppen wuchsen auf mir ohne Hast;
Als das Wasser mir auch noch den Mund verschlossen,
War dem neuen Element ich angepaßt.

7

Lasse mich durch dunkle Tiefen träge gleiten,
Und ich spüre nichts von Wellen oder Wind,
Aber fürchte jetzt die Trockenheiten,
Und daß einst das Wasser wiederum verrinnt.

8

Denn aufs neue wieder Mensch zu werden,
Wenn man's lange Zeit nicht mehr gewesen ist,
Das ist schwer für unsereins auf Erden,
Weil das Menschsein sich zu leicht vergißt.

Günter Kunert

4.2 Unterdrückung und Widerstand

Der Weberaufstand 1844

Als die mechanischen Webstühle auch in Deutschland eingeführt wurden, konnten die Weber trotz Frauen- und Kinderarbeit kaum noch das Existenzminimum erwirtschaften. Da brach 1844 in Schlesien ein Aufstand aus. Er richtete sich gegen die Fabrikanten, denen die Weber unbarmherzige Ausbeutung vorwarfen. Durch preußisches Militär wurde er niedergeschlagen. Das Lied eines unbekannten Autors, „Das Blutgericht", löste den Aufstand aus. Hier folgen die wichtigsten Strophen:

Das Blutgericht (1844)

Hier im Ort ist ein Gericht,
noch schlimmer als die Vehmen,
Wo man nicht erst ein Urtheil spricht
Das Leben schnell zu nehmen.

Hier wird der Mensch langsam gequält,
Hier ist die Folterkammer,
Hier werden Seufzer viel gezählt,
Als Zeugen vor dem Jammer.
...
Ihr Schurken all, ihr Satansbrut,
Ihr höllischen Dämone,
Ihr freßt der Armen Hab und Gut,
Und Fluch wird euch zum Lohne.

Ihr seid die Quelle aller Noth,
Die hier den Armen drücket,
Ihr seids, die ihm das trockne Brod
Noch vor dem Munde rücket.
...
Von euch wird für ein Lumpengeld
Die Waare hingeschmissen,
Was euch dann zum Gewinne fällt,
Wird Armen abgerisssen.
...
Ich frage, wem ists wohl bekannt,
Wer sah vor 20 Jahren
Den übermüthigen Fabrikant
In Staatskarossen fahren?

Das Hungerlied

Verehrter Herr und König,
Weißt du die schlimme Geschicht?
Am Montag aßen wir wenig,
Und am Dienstag aßen wir nicht.

Und am Mittwoch mußten wir darben,
Und am Donnerstag litten wir Not;
Und ach, am Freitag starben
Wir fast den Hungertod!

Drum laß am Samstag backen
Das Brot, fein säuberlich –
Sonst werden wir Sonntag packen
Und fressen, o König, dich!

Georg Weerth

Käthe Kollwitz (1867 – 1945): Weberauszug.
Radierung aus der Folge „Der Weberaufstand" (1893/97).

Die schlesischen Weber (1844)

Im düstern Auge keine Träne,
Sie sitzen am Webstuhl und fletschen die Zähne:
„Deutschland, wir weben dein Leichentuch,
Wir weben hinein den dreifachen Fluch –
Wir weben, wir weben!

Ein Fluch dem Gotte, zu dem wir gebeten
In Winterskälte und Hungersnöten;
Wir haben vergebens gehofft und geharrt,
Er hat uns geäfft und gefoppt und genarrt –
Wir weben, wir weben!

Ein Fluch dem König, dem König der Reichen,
Den unser Elend nicht konnte erweichen,
Der den letzten Groschen von uns erpreßt
Und uns wie Hunde erschießen läßt –
Wir weben, wir weben!

Ein Fluch dem falschen Vaterlande,
Wo nur gedeihen Schmach und Schande,
Wo jede Blume früh geknickt,
Wo Fäulnis und Moder den Wurm erquickt –
Wir weben, wir weben!

Das Schiffchen fliegt, der Webstuhl kracht,
Wir weben emsig Tag und Nacht –
Altdeutschland, wir weben dein Leichentuch,
Wir weben hinein den dreifachen Fluch.
Wir weben, wir weben!"

Heinrich Heine

Wassily Kandinsky (1866 – 1944): Gelbe Mitte (1926)

Um 1930

Die nach dem Ersten Weltkrieg entstandene Weimarer Republik blieb Zeit ihres Bestehens durch tiefgreifende gesellschaftliche Widersprüche bedroht. Die wirtschaftliche Misere verstärkte die allgemeine Unsicherheit: Kaum war die Erinnerung an die Hungerjahre des Kriegs und die nachfolgende Inflation verblaßt, stürzte die Weltwirtschaftskrise von 1929 die noch ungefestigte junge Demokratie in eine neue schwere Krise.

Fragen eines lesenden Arbeiters (1935)

Wer baute das siebentorige Theben?
In den Büchern stehen die Namen von Königen.
Haben die Könige die Felsbrocken herbeigeschleppt?
Und das mehrmals zerstörte Babylon –
Wer baute es so viele Male auf? In welchen Häusern
Des goldstrahlenden Lima wohnten die Bauleute?
Wohin gingen an dem Abend, wo die Chinesische Mauer fertig war
Die Maurer? Das große Rom
Ist voll von Triumphbögen. Wer errichtete sie? Über wen
Triumphierten die Cäsaren? Hatte das vielbesungene Byzanz
Nur Paläste für seine Bewohner? Selbst in dem sagenhaften Atlantis
Brüllten in der Nacht, wo das Meer es verschlang
Die Ersaufenden nach ihren Sklaven.

Der junge Alexander eroberte Indien.
Er allein?
Cäsar schlug die Gallier.
Hatte er nicht wenigstens einen Koch bei sich?
Philipp von Spanien weinte, als seine Flotte
Untergegangen war. Weinte sonst niemand?
Friedrich der Zweite siegte im Siebenjährigen Krieg. Wer
Siegte außer ihm?

Jede Seite ein Sieg.
Wer kochte den Siegesschmaus?
Alle zehn Jahre ein großer Mann.
Wer bezahlte die Spesen?

So viele Berichte.
So viele Fragen.

Bertolt Brecht

Die Ballade vom Wasserrad (1934)

1
Von den Großen dieser Erde
Melden uns die Heldenlieder:
Steigend auf so wie Gestirne
Gehn sie wie Gestirne nieder.
Das klingt tröstlich, und man muß es wissen.
Nur: für uns, die sie ernähren müssen
Ist das leider immer ziemlich gleich gewesen.
Aufstieg oder Fall: wer trägt die Spesen?
    Freilich dreht das Rad sich immer weiter
    Daß, was oben ist, nicht oben bleibt.
    Aber für das Wasser unten heißt das leider
    Nur: daß es das Rad halt ewig treibt.

2
Ach, wir hatten viele Herren,
Hatten Tiger und Hyänen
Hatten Adler, hatten Schweine
Doch wir nährten den und jenen.
Ob sie besser waren oder schlimmer:
Ach, der Stiefel glich dem Stiefel immer
Und uns trat er. Ihr versteht: ich meine,
Daß wir keine andern Herren brauchen, sondern keine!
    Freilich dreht das Rad sich immer weiter
    Daß, was oben ist, nicht oben bleibt.
    Aber für das Wasser unten heißt das leider
    Nur: daß es das Rad halt ewig treibt.

3
Und sie schlagen sich die Köpfe
Blutig, raufend um die Beute
Nennen andre gierige Tröpfe
Und sich selber gute Leute.
Unaufhörlich sehn wir sie einander grollen
Und bekämpfen. Einzig und alleinig
Wenn wir sie nicht mehr ernähren wollen
Sind sie sich auf einmal völlig einig.
    Denn dann dreht das Rad sich nicht mehr weiter
    Und das heitre Spiel, es unterbleibt
    Wenn das Wasser endlich mit befreiter
    Stärke seine eigne Sach betreibt.

Bertolt Brecht

Nach 1945

verteidigung der wölfe gegen die lämmer (1957)

soll der geier vergißmeinnicht fressen?
was verlangt ihr vom schakal,
daß er sich häute, vom wolf? soll
er sich selber ziehen die zähne?
was gefällt euch nicht
an politruks und an päpsten,
was guckt ihr blöd aus der wäsche
auf den verlogenen bildschirm?

wer näht denn dem general
den blutstreif an seine hose? wer
zerlegt vor dem wucherer den kapaun?
wer hängt sich stolz das blechkreuz
vor den knurrenden nabel? wer
nimmt das trinkgeld, den silberling,
den schweigepfennig? es gibt
viel bestohlene, wenig diebe; wer
applaudiert ihnen denn, wer
steckt die abzeichen an, wer
lechzt nach der lüge?

seht in den spiegel: feig,
scheuend die mühsal der wahrheit,
dem lernen abgeneigt, das denken
überantwortend den wölfen,
der nasenring euer teuerster schmuck,
keine täuschung zu dumm, kein trost
zu billig, jede erpressung
ist für euch noch zu milde.

ihr lämmer, schwestern sind,
mit euch verglichen, die krähen:
ihr blendet einer den andern.
brüderlichkeit herrscht
unter den wölfen:
sie gehn in rudeln.

gelobt sein die räuber: ihr,
einladend zur vergewaltigung,
werft euch aufs faule bett
des gehorsams, winselnd noch
lügt ihr, zerrissen
wollt ihr werden. ihr
ändert die welt nicht.

Hans Magnus Enzensberger

Amtliche Mitteilung (1962)

Die Suppe ist eingebrockt:
wir werden nicht hungern.

Wasser steht uns am Hals:
wir werden nicht dürsten.

Sie spielen mit dem Feuer:
wir werden nicht frieren.

Für uns ist gesorgt.

Volker von Törne

Große Taten werden vollbracht (1963)
Von den kleinen Leuten.

Nicht jenen bezeichnet als Helden, der
In seinem warmen Büro, einen Stab von Gehilfen
Um sich,
Unterstützt von Rechengeräten und Apparaten
Allerlei Art, einzig tut, was
Man ihn einst mit Mühe gelehrt.

Und nennt so
Nicht jenen, der Befehle erteilt, ohne
Der Menschen zu achten, allein
Um der Sache willen, die aber will
Achtung vor Menschen,
Weil nur durch diese
Sie ist.

In den eisigen Stürmen
Und auf Maschinen, die der Frost fast
Zum Stillstehen bringt – daß die
Dringend erwartete Kohle im Boden bliebe –,
Erweist sich: Der Ungenannte
Hat einen Namen. Der bisher
Als Zahl bloß erschien, auf den zählt.

Er, dessen Gesicht
Im Vorbeigehen schon vergessen,
Zeigt das Antlitz des Herakles
Für eine kurze Weile: Für die nämlich
Der großen Tat.

Günter Kunert

Hiroshima (1957)

Der den Tod auf Hiroshima warf
Ging ins Kloster, läutet dort die Glocken.
Der den Tod auf Hiroshima warf
Sprang vom Stuhl in die Schlinge, erwürgte sich.
Der den Tod auf Hiroshima warf
Fiel in Wahnsinn, wehrt Gespenster ab
Hunderttausend, die ihn angehen nächtlich
Auferstandene aus Staub für ihn.

Nichts von alledem ist wahr.
Erst vor kurzem sah ich ihn
Im Garten seines Hauses vor der Stadt.
Die Hecken waren noch jung und die Rosenbüsche zierlich.
Das wächst nicht so schnell, daß sich einer verbergen könnte
Im Wald des Vergessens. Gut zu sehen war
Das nackte Vorstadthaus, die junge Frau
Die neben ihm stand im Blumenkleid
Das kleine Mädchen an ihrer Hand
Der Knabe, der auf seinem Rücken saß
Und über seinem Kopf die Peitsche schwang.
Sehr gut erkennbar war er selbst
Vierbeinig auf dem Grasplatz, das Gesicht
Verzerrt von Lachen, weil der Photograph
Hinter der Hecke stand, das Auge der Welt.

Marie Luise Kaschnitz

4.3 Krieg und Frieden

Der Rückzug (1948)

I
Ich sah des Krieges Ruhm.
Als wärs des Todes Säbelkorb,
durchklirrt von Schnee, am Straßenrand
lag eines Pferds Gerippe.
Nur eine Krähe scharrte dort im Schnee nach Aas,
wo Wind die Knochen nagte, Rost das Eisen fraß.

III
Am Bahndamm rostet das Läutwerk.
Schienen und Schwelle starren zerrissen,
zerschossen die Güterwagen.

Auf der Chaussee,
den Schotter als Kissen,
vom Sturz zersplitterter Pappeln erschlagen
liegt eine Frau im schwarzen Geäst.

Noch klagt ihr Mund
hart an der Erde.
In offene Augen
fällt Regen und Schnee.

O Klage der Mütter,
nicht löschen die Tränen
die Feuer der Schlacht.

Hinter der Hürde des Nebels,
Schnee in den Mähnen,
weiden die toten Pferde,
die Schatten der Nacht.

Peter Huchel

Immer (1949)

Immer
dort wo Kinder sterben
werden die leisesten Dinge heimatlos.
Der Schmerzensmantel der Abendröte
darin die dunkle Seele der Amsel
die Nacht heranklagt –
kleine Winde über zitternde Gräser
hinwehend
die Trümmer des Lichtes verlöschend
und Sterben säend –

Immer
dort wo Kinder sterben
verbrennen die Feuergesichter
der Nacht einsam in ihrem Geheimnis –
Und er weiß von den Wegweisern
die der Tod ausschickt:
Geruch des Lebensbaumes,
Hahnenschrei der den Tag verkürzt
Zauberuhr vom Grauen des Herbstes
in die Kinderstuben hinein verwunschen –
Spülen der Wasser an die Ufer des Dunkels
rauschender, ziehender Schlaf der Zeit –

Immer
dort wo Kinder sterben
verhängen sich die Spiegel der Puppenhäuser
mit einem Hauch,
sehen nicht mehr den Tanz der
Fingerlilliputaner
in Kinderblutatlas gekleidet;
Tanz der stille steht
wie eine im Fernglas
mondentrückte Welt.

Immer
dort wo Kinder sterben
werden Stein und Stern
und so viele Träume
heimatlos.

Nelly Sachs

Wann ist denn endlich Frieden (1968)

Wann ist denn endlich Frieden
In dieser irren Zeit
Das große Waffenschmieden
Bringt nichts als großes Leid
  ES blutet die Erde
  ES weinen die Völker
  ES hungern die Kinder
  ES droht großer Tod
  ES sind nicht die Ketten
  ES sind nicht die Bomben
  ES
    Ist ja der Mensch
      der den Menschen bedroht
Die Welt ist so zerrissen
Und ist im Grund so klein
Wir werden sterben müssen
Dann kann wohl Friede sein
  ES blutet die Erde
  ES weinen die Völker
  ES hungern die Kinder
  ES droht großer Tod
  ES sind nicht die Ketten
  ES sind nicht die Bomben
  ES
    Ist ja der Mensch
      der den Menschen bedroht

Wolf Biermann

intonation (1980)

singet dem herrn
der nie eine uniform trägt
der nie eine waffe ergreift
der tote zum leben erweckt

singet dem herrn
der nie einem fahnentuch traut
der nie an parolen sich hängt
der feinde als brüder entlarvt

Kurt Marti

5 Dichter über Gedichte

Was ist das Besondere an einem Gedicht? Oder: Wie unterscheidet sich ein Gedicht von anderen Texten? Warum werden Gedichte geschrieben? Auf diese Fragen geben Dichter im folgenden Auskunft.

Gedichte (1827)

Gedichte sind gemalte Fensterscheiben!
Sieht man vom Markt in die Kirche hinein,
Da ist alles dunkel und düster;
Und so sieht's auch der Herr Philister:
Der mag denn wohl verdrießlich sein
Und lebenslang verdrießlich bleiben.

Kommt aber nur einmal herein!
Begrüßt die heilige Kapelle;
Da ist's auf einmal farbig helle,
Geschicht' und Zierat glänzt in Schnelle,
Bedeutend wirkt ein edler Schein:
Dies wird euch Kindern Gottes taugen,
Erbaut euch und ergetzt die Augen!

Johann Wolfgang Goethe

Poesie wie Brot? (1959)

Poesie wie Brot? Dieses Brot müßte zwischen den Zähnen knirschen und den Hunger wiedererwecken, ehe es ihn stillt. Und diese Poesie wird scharf von Erkenntnis und bitter von Sehnsucht sein müssen, um an den Schlaf der Menschen rühren zu können. Wir schlafen ja, sind Schläfer, aus Furcht, uns und unsere Welt wahrnehmen zu müssen.

Ingeborg Bachmann

Rede vom Gedicht (1974)

Das Gedicht ist nicht der Ort, wo die Schönheit gepflegt wird.

Hier ist die Rede vom Salz, das brennt in den Wunden.
Hier ist die Rede vom Tod, von vergifteten Sprachen.
Von Vaterländern, die eisernen Schuhen gleichen.
Das Gedicht ist nicht der Ort, wo die Wahrheit verziert wird.

Hier ist die Rede vom Blut, das fließt aus den Wunden.
Vom Elend, vom Elend, vom Elend des Traums.
Von Verwüstungen und Auswurf, von klapprigen Utopien.
Das Gedicht ist nicht der Ort, wo der Schmerz verheilt wird.

Hier ist die Rede von Zorn und Täuschung und Hunger
(die Stadien der Sättigung werden hier nicht besungen).
Hier ist die Rede von Fressen, Gefressenwerden
von Mühsal und Zweifel, hier ist die Chronik der Leiden.
Das Gedicht ist nicht der Ort, wo das Sterben begütigt
wo der Hunger gestillt, wo die Hoffnung verklärt wird.

Das Gedicht ist der Ort der zu Tode verwundeten Wahrheit.
Flügel! Flügel! Der Engel stürzt, die Federn
fliegen einzeln und blutig im Sturm der Geschichte!

Das Gedicht ist nicht der Ort, wo der Engel geschont wird.

Christoph Meckel

Vor einem Winter (1976)

Ich mach ein Lied aus Stille
Und aus Septemberlicht.
Das Schweigen einer Grille
Geht ein in mein Gedicht.

Der See und die Libelle.
Das Vogelbeerenrot.
Die Arbeit einer Quelle.
Der Herbstgeruch von Brot.

Der Bäume Tod und Träne.
Der schwarze Rabenschrei.
Der Orgelflug der Schwäne.
Was es auch immer sei,

Das über uns die Räume
Aufreißt und riesig macht
Und fällt in unsre Träume
In einer finstren Nacht.

Ich mach ein Lied aus Stille.
Ich mach ein Lied aus Licht.
So geh ich in den Winter.
Und so vergeh ich nicht.

Eva Strittmatter

Schlechte Zeit für Lyrik (1939)

Ich weiß doch: nur der Glückliche
Ist beliebt. Seine Stimme
Hört man gern. Sein Gesicht ist schön.

Der verkrüppelte Baum im Hof
Zeigt auf den schlechten Boden, aber
Die Vorübergehenden schimpfen ihn einen Krüppel
Doch mit Recht.

Die grünen Boote und die lustigen Segel des Sundes
Sehe ich nicht. Von allem
Sehe ich nur der Fischer rissiges Garnnetz.
Warum rede ich nur davon
Daß die vierzigjährige Häuslerin krumm geht?
Die Brüste der Mädchen
Sind warm wie ehedem.

In meinem Lied ein Reim
Käme mir fast vor wie Übermut.

In mir streiten sich
Die Begeisterung über den blühenden Apfelbaum
Und das Entsetzen über die Reden des Anstreichers[1]
Aber nur das zweite
Drängt mich zum Schreibtisch.

Bertolt Brecht

---

[1] Mit ‚dem Anstreicher‘ ist Hitler gemeint.

Zielsetzung und Planung

Beschäftigung mit Gedichten kann
- die Erlebnisfähigkeit und den Sinn für die Bildkraft und Musikalität der Sprache vertiefen
- die Bereitschaft zum Lesen und Sprechen verstärken
- die kreativen Kräfte, Ausdrucks- und Gestaltungswillen wecken
- zum besseren Selbst- und Weltverständnis beitragen.

Darüber hinaus möchte das Kapitel
- ein persönliches Verhältnis zu einzelnen Dichtern und Gedichten vermitteln
- zum Gespräch über Gedichte anleiten und
- euch zu kleinen lyrischen Versuchen ermuntern.

Anregungen

Von den vielen Wegen zum Gedicht wird im folgenden nur auf einige wenige hingewiesen. Sucht selbst *euren* Weg. Auf das Sprechen und Vortragen von Gedichten solltet ihr allerdings nicht verzichten.

1   Spielarten

Eine kleine Gruppe von Gedichten ist typographisch so gestaltet, daß die visuelle Anordnung des Textes zu einem Bestandteil des Inhalts wird. Man spricht deshalb auch von „visueller Lyrik" oder von „Seh-Gedichten".
Beispiele:

Texte
S. 127 f.

Goethes „Liebeslied eines Wilden" wurde von Andreas Thalmayr typographisch gestaltet. Kurt Marti („vorzug von parlamentswahlen") und Claus Bremer („Selig sind ...") haben ihre Gedichttexte selbst „visualisiert".

○ In welcher Weise trägt die visuelle Form zum Verständnis des Ganzen bei?
- Welche Bedeutung haben Band und Gürtel in dem Goethe-Gedicht?
- Überzeugt dich die Textanordnung des Marti-Gedichts?
  Begründe deine Meinung.
- Warum wählt Claus Bremer die Form von Panzern für einen Text aus der Bergpredigt?

Es gibt viele graphische Figuren oder Symbolzeichen, die ihr bei eigenen Versuchen im Verfassen von Seh-Gedichten benützen könnt, z. B. die Friedenstaube, das Unendlichkeitssymbol, die Olympischen Ringe.
Hier ein Schülerversuch:

Unendlich

Unendlich

Ich suche den Anfang.
Endlose Straße,
wo kommst du her?
Vom Ende.

Ich suche das Ende.
Endlose Straße,
wo führst du hin?
Zum Anfang.

2 Persönliche Erfahrungen

Das lyrische Gedicht ist immer ein Ausdruck persönlicher Erfahrung.
Je genauer wir den Anlaß zu einem Gedicht kennen, desto besser verstehen
wir es. Die Lebensgeschichte des Dichters kann uns dabei helfen.
Zwei Beispiele:

Text S. 130

Am Thurme (1841/42)

Annette von Droste-Hülshoff wurde 1797 auf Schloß Hülshoff im Münsterland geboren.
Dort wuchs sie auf.
Im 19. Jahrhundert hatten Mädchen kaum Zugang zu Beruf oder Studium. Das adelige
Fräulein war auf die Familie angewiesen, wenn es nicht heiratete.
1820 hatte Annette von Droste-Hülshoff ein unglückliches Liebeserlebnis, das ihr
Selbstvertrauen und ihren Stolz verletzte. Sie blieb unverheiratet.
Ihre Familie brachte kein Verständnis für ihr dichterisches Schaffen auf. Viele ihrer Ge-
dichte erschienen Jahre hindurch anonym: Dichtende Frauen waren nicht geschätzt.
Nach dem Tod ihres Vaters lebte sie zurückgezogen bei ihrer Mutter in Haus Rüsch-
haus bei Münster.
1838 erwarb ihr Schwager Schloß Meersburg am Bodensee. Dort verbrachte sie
1841/42 sechzehn Monate, die sie in einem Brief als die glücklichste Zeit ihres Lebens
bezeichnete. In diesem Jahr vertiefte sich ihre Freundschaft mit dem 17 Jahre jüngeren
Schriftsteller Levin Schücking, der den Auftrag hatte, die Schloßbibliothek in Meersburg
zu ordnen. Nach Beendigung seiner Arbeit verließ er das Schloß. Er heiratete 1843 ein
junges adeliges Fräulein.

○ Vergleicht diese biographischen Notizen mit dem Gedicht „Am Thurme".
  Welche persönlichen Erfahrungen der Dichterin findet ihr darin wieder?
  Wo geht das Gedicht über die realen Erfahrungen hinaus?
○ Untersucht, in welchem Verhältnis Inhalt, Sprachform und Rhythmus zuein-
  ander stehen.

Text S. 131

Willkommen und Abschied (1771)

Johann Wolfgang Goethe, 1749 in Frankfurt am Main geboren, studierte 1770/71 in Straßburg Rechtswissenschaft. Bei einem Ausflug nach Sesenheim lernte er die Pfarrerstochter Friederike Brion (1752–1813) kennen. Von da an ritt er häufig zum Sesenheimer Pfarrhaus. In seinen Lebenserinnerungen berichtet er über einen solchen Ritt von Straßburg nach Sesenheim:

„So stark ich auch ritt, überfiel mich doch die Nacht. Der Weg war nicht zu verfehlen, und der Mond beleuchtete mein leidenschaftliches Unternehmen. Die Nacht war windig und schauerlich, ich sprengte zu, um nicht bis morgen früh auf ihren Anblick warten zu müssen."

(Aus meinem Leben. Dichtung und Wahrheit. Hamburger Ausgabe, Bd. 9, 3. Teil, 11. Buch, S. 452.)

Über seinen endgültigen Abschied von Friederike am Ende seiner Straßburger Zeit sagt er:

„Als ich ihr die Hand noch vom Pferde reichte, standen ihr die Tränen in den Augen, und mir war sehr übel zu Mute." (A. a. O., S. 500)

Texte S. 135 und 137

○ Vergleicht die Prosastellen mit dem Gedicht.
○ Untersucht, welche Rollen Mann und Frau in dem Gedicht spielen.
○ Untersucht die Rollen von Mann und Frau bei anderen Liebesgedichten, z. B. bei „Ez stuont ..." (Eist) und bei „Warnung" (Krechel).

3   Mensch und Natur

Die gleichen Motive können bei verschiedenen Dichtern und in verschiedenen Epochen völlig anders gestaltet werden.
Beispiel: *Sonnenblume*

Peter Huchel spricht in seinem Gedicht „Herbst der Bettler" (Bd. 5/6, S. 151) von einer ihrer Samenkerne beraubten Sonnenblume:

Wie eine Wabe, ausgeleert,
die Sonnenblume starrt.
Der Wind, der durch die Dornen fährt,
klirrt wie ein Messer hart. (4. Str.)

Text S. 148 2 Str.

Eine ganz andere Sonnenblume sieht Eduard Mörike in dem Gedicht „Im Frühling".
○ Was bedeutet für ihn die aufblühende, der Sonne zugewandte große Korbblüte, die alle Strahlen der Sonne aufzufangen scheint?
○ Vergleicht die zweite Strophe des Gedichts von Mörike mit der Huchel-Strophe.

Texte S. 140 und 125

○ Wie wird das Motiv bei Christine Busta und Günter Kunert verwendet? Welche Bedeutung hat es für die Gedichte?
○ Wie wirkt sich die verschiedene Gestaltung des Motivs auf Sprachform und Klang bzw. Rhythmus der vier Gedichtbeispiele aus?
○ Untersucht und vergleicht die Texte anderer Gruppen dieses Abschnitts.

4   Allen Gewalten zum Trotz.
Balladen und Zeitgedichte

Texte 4.1
S. 152 ff.

In den drei Balladen werden verschiedene Arten von Bedrohung des Menschen sichtbar.
○ Wodurch fühlen sich die Personen in diesen Balladen bedroht, und wie stellen sie sich zu der auf sie zukommenden Gefahr?
○ Wie stehen die Autoren zu dem Geschehen? Was wollen sie mit ihren Gedichten aussagen?
○ Zu welchen Arten von Balladen könnten die drei Gedichte gehören?

Texte 4.2
S. 158 ff.

Die drei Gruppen von politisch-zeitkritischen Gedichten lassen sich jeweils für sich, aber auch zusammen mit anderen Texten zu kleineren oder größeren Unterrichtseinheiten verwenden. Möglichkeiten:

Texte
S. 158 ff.

– Der Weberaufstand 1844 zusammen mit der Lektüre von Gerhart Hauptmanns Drama „Die Weber'' (1892).

Texte
S. 160 ff.

– Die Brecht-Gedichte als Ausgangspunkt für eine Unterrichtseinheit „Bertolt Brecht''. Dieser Band bietet dazu weitere Brecht-Texte an (vgl. Kap. 5, Kap. 2, Kap. 8).

Texte S. 163 f.

– Zeitgedichte nach 1945, verbunden mit anderen Texten aus den Kapiteln 2, 3 und 4.

Texte 4.3
S. 165 ff.

Krieg und Frieden ist das gemeinsame Thema dieser Gedichte.
○ Welche Erfahrungen könnten den einzelnen Gedichten zugrunde liegen?
○ Untersucht die Metaphern, die das Kriegsgeschehen und den Friedenswillen besonders deutlich machen.
○ Vergleicht damit andere Texte aus Abschnitt 4.2 (z. B. Kaschnitz, Hiroshima; Meyer, Die Bartholomäusnacht) oder Texte aus Kapitel 2.

5   Dichter über Gedichte

Texte
S. 223 ff.

Die in Abschnitt 5 vorgelegten Texte machen z. T. gegensätzliche Aussagen darüber, was ein Gedicht ist und bewirken soll.
○ Stellt die verschiedenen Aussagen über Wesen und Wirkung von Gedichten zusammen. Welche dieser Aussagen überraschen euch, welche stimmen mit eurer Auffassung überein?
○ Versucht in Prosa oder (reimlosen) Versen eine Aussage zu machen zum Thema „Was Gedichte für mich bedeuten''.
○ Haltet ein für euch wichtiges Erlebnis in einer Prosaskizze oder in Gedichtform fest.

Kapitel 5

Die Bretter, die die Welt bedeuten

Einführung

Dramatische Werke wollen nicht gelesen, sie wollen gespielt werden; denn auf der Bühne hat der dramatische Text seine Heimat; erst auf den Brettern, die für das Publikum wie für die Schauspieler die Welt bedeuten, kann er wirkliches Leben entfalten. „Sichtbare Darstellung wirkt mächtiger als toter Buchstabe und kalte Erzählung" (Friedrich Schiller).

Das Kapitel führt euch an Szenen aus zwei bedeutenden Stücken der letzten hundert Jahre heran, die zum Spielen herausfordern. Bereits auf der Lesebühne, mehr noch beim Szenenspiel gewinnt ihr tiefere Einblicke in soziale und psychische Konflikte, aber auch in dramatische und theatralische Gesetze als durch jede theoretische Belehrung.

Versucht euch selbst als Dramaturgen, die ein Theaterstück für die Aufführung auf der Schulbühne kürzen, als Regisseure, die es in Szene setzen, als Bühnenbildner oder Darsteller: Ihr werdet erleben, wie verschieden ein Drama verstanden, wie unterschiedlich es auf der Bühne eingerichtet werden kann.

William Shakespeare: „Hamlet".

Aufführung der Schaubühne am Lehniner Platz in Berlin. Regie: Klaus Michael Grüber.

1 Gerhart Hauptmann: Der Biberpelz

Als das Deutsche Theater in Berlin 1893 Gerhart Hauptmanns Komödie „Der Biberpelz" zur Uraufführung bringen wollte, standen die Zeichen für Erfolg und Anerkennung des jungen Autors nicht günstig. Seine ersten Dramen hatten politische Skandale ausgelöst, waren von der Obrigkeit, die sich angegriffen fühlte, beschimpft, teilweise verboten worden. Dem Dichter wurde Zügellosigkeit, Lasterhaftigkeit, Umstürzlerei vorgeworfen. Was an den „gräßlichen Machwerken" mißfiel, waren vor allem die sozialistischen Ideen und der „realistische Stil".
Die königlich-preußische Zensurbehörde prüfte das verdächtige neue Werk besonders gründlich; sie fand jedoch keinen Grund, die Aufführung zu untersagen. „,... Eine in sich abgeschlossene Handlung hat ‚Der Biberpelz' nicht. Das Stück besteht aus einer Reihe von Bildern; ... realistische Darstellung einer nur auf Diebereien bedachten Wäscherin und ihrer ebenfalls ganz verkommenen Angehörigen; daneben ein sich lächerlich überhebender Beamter. Kleinmalerei ohne alle Handlung von Belang, welche in solcher Ausdehnung nur langweilt. Bedenken gegen die Gestattung einer öffentlichen Aufführung werden nicht erhoben werden können. Daß das öde Machwerk mehrere Aufführungen erleben dürfte, steht kaum zu erwarten ...''

Am 21. September 1893 wurde „Der Biberpelz" uraufgeführt. Er wurde zu einem der erfolgreichsten Lustspiele der neueren deutschen Literatur.

1.1 Eine Szene aus der Komödie

Regieanweisung zum 1. Akt

Kleiner, blaugetünchter, flacher Küchenraum mit niedriger Decke, ein Fenster links; eine rohgezimmerte Tür ins Freie führend rechts; eine Tür mit ausgehobenem Flügel mitten in der Hinterwand. – Links in der Ecke der Herd, darüber an der Wand Küchengerät am Rahmen, rechts in der Ecke Ruder und Schiffereigerät; gespaltenes Holz, sogenannte Stubben, unter dem Fenster in einem Haufen.
Eine alte Küchenbank, mehrere Schemel usw. usw. – Durch den leeren Türrahmen der Hinterwand blickt man in einen zweiten Raum. Darin steht ein hoch gemachtes, sauber gedecktes Bett, darüber hängen billige Photographien in noch billigeren Rahmen, Öldruckköpfe in Visitenkartenformat usw. Ein Stuhl aus weichem Holz ist mit der Lehne gegen das Bett gestellt. – Es ist Winter, der Mond scheint. Auf dem Herd in einem Blechleuchter steht ein brennendes Talglicht ...

Aus dem 1. Akt

*Eine der beiden Hauptfiguren dieses Stückes ist Mutter Wolffen, eine resolute, im Ort angesehene
Waschfrau. Sie ist verheiratet mit dem schwerfällig-trägen Schiffszimmermann Julius. Aus ihrer
Ehe stammen die beiden Töchter Leontine und Adelheid. Soeben hat Mutter Wolffen, die mit zä-
her Energie, Mutterwitz und nicht immer legalen Mitteln um die Existenz ihrer Familie kämpft,
einen gewilderten Rehbock nach Hause geschleppt, um ihn an den Spree-Schiffer Wulkow zu verkaufen. Mit Mühe hängt sie das schwere tote Tier an den Türpfosten. Adelheid tritt ein und geht
daran, Feuer im Ofen zu machen.*

WULKOW *hat mehrmals von außen an die Tür
gepocht und ruft nun mit heiserer Stimme:*
Wollt ihr mir woll mal jefälligst rinlassen?

FRAU WOLFF: Na freilich, warum nich? Immer
5 rin in de Bude!

WULKOW *kommt herein; ein Spreeschiffer, nahe
an sechzig Jahre alt, gebückt gehend, mit
graugelbem Bart von Ohr zu Ohr und unter
dem Kinn herum, der das verwitterte Ge-
10 sicht frei läßt:* Ick wünsche schönen juten
Abend.

FRAU WOLFF: Nu kommt a doch wieder ange-
zogen, die Wolffen a bissel ieberch Ohr
haun.

15 WULKOW: I, det versuch ick schon ja nich
mehr!

FRAU WOLFF: Na, anderscher wird's ja doch
wieder nich wern.

WULKOW: Umjekehrt wird 'n Schuh draus!

20 FRAU WOLFF: Noch was! Gelt? – Hier hängt a.
Na? A Kapitalsticke, was?

WULKOW: Det Julius man ooch jehörig uff-
paßt. Se sin jetzt alle böse hinterher.

FRAU WOLFF: Was woll'n Se'n geben, das ist de
25 Hauptsache. Was nutzt das lange Gequas-
sele da!

WULKOW: Wat ick Ihn sache. Ick komme von
Grünau. Da hebb ick et janz bestimmt jehört. Sie hebben Fritze Webern jeschos-
30 sen. Se hebb'n em de Hosen voll Schrot je-
senget.

FRAU WOLFF: Was woll'n Se geben, das is de
Hauptsache.

WULKOW, *das Reh befühlend:* Ick hebbe man
35 schon vier Böcke zu liejen.

FRAU WOLFF: Derwegen da geht eure Zille[1]
nich unter.

WULKOW: Det soll se ooch nich. Det wär so'n
40 Fest. Aber wat 'n dann, wenn ick nu lie-
jenbleibe? Ick muß mit die Dinger doch
rin nach Berlin. Et arbeet heut all schlecht
jenug uff de Spree, und wenn et de Nacht
so weiter backt[2], denn jibt et morjen
45 schon ja keen Fortkomm. Denn sitz ick
im Eise mit mein Kahn und hebbe die
Dinger uff'm Halse.

FRAU WOLFF, *scheinbar ihren Entschluß än-
dernd:* Na, Mädel, spring amal runter zu
Schulzen. Sag'n scheenen Gruß, und a soll
50 amal ruffkomm'n, de Mutter hätte was zu
verkoofen.

WULKOW: Hebb ick jesacht, ick will et nich
koofen?

FRAU WOLFF: Mir is das ja ganz eengal, wersch
55 kooft.

WULKOW: Ick will et ja koofen.

FRAU WOLFF: I, wer de ni will, der läßt's halt
bleiben.

WULKOW: Ick koofe det Stick! Wat soll et
60 denn bringen?

FRAU WOLFF, *das Reh anfassend:* Das Reh hier,
das hat seine dreißig Fund. Aber gutt un
gerne kann ich Ihn sagen. Na, Adelheid!
Du warscht doch dabei! Mir konnten's
65 doch kaum uff a Nagel heben.

ADELHEID, *welche ja nicht dabei war:* Ick habe
mir richtig wat ausjerenkt.

WULKOW: Mit Märker dreizehn is et bezahlt.
Da verdien ick ooch noch nich zehn Fen-
70 nije bei.

---

[1] flacher Frachtkahn
[2] zufriert

Carla Hagen („Frau Wolff") und Katharina Thalbach (rechts) als „Adelheid" in
G. Hauptmanns „Der Biberpelz".
Aufführung des Schloßpark-Theaters, Berlin 1978. Inszenierung Hans Lietzau.

FRAU WOLFF *tut fürchterlich erstaunt; im nächsten Augenblick nimmt sie etwas anderes vor. Als hätte sie Wulkows Anwesenheit vergessen, spricht sie, ihn scheinbar erst wieder gewahrend:* Ich winsch Ihn ooch eine glickliche Reise!

WULKOW: Na, mehr wie dreizehn kann ick nich jeben.

FRAU WOLFF: I, lassen Se's man!

WULKOW: Ick kann nich mehr jeben. Wat ick Ihn'n sage. Et is bloß, det ick die Kundschaft behalte. Jott soll mich strafen! So wah, wie ick hier steh. Bei det janze Jeschät verdien ick nicht so viel. Un wenn ick ooch sagen wollte: vierzehn, denn setz ick zu, denn hebb ick Verlust von eene Mark. Det soll mir aber nun janz ejal sind. Det ihr all 'n juten Willen seht. For Märker vierzehn ...

FRAU WOLFF: Lußt's gutt sein! Lußt's gutt sein! Das Reh werd'n m'r los, da warten m'r noch nich bis morgen frieh.

WULKOW: Na, wenn et man keener hängen sieht. Det is nich mit Jelde abzumachen.

FRAU WOLFF: Das Reh hier, das hab mir verendet gefunden.

WULKOW: Ja, in de Schlinge, det will ick jlooben!

FRAU WOLFF: Kommt bloß nich uff die Art! Da habt Ihr ke Glicke! Ma soll euch woll all's in a Rachen schmeißen? Ma schind't sich, bis ma keen Oden mehr hat. Stundenlang muß ma baden im Schnee, geschweige was ma dabei riskiert, im Stockbrandfinstern. Das ist kee Spaß.

WULKOW: Ick hebbe man schon Sticker viere zu liejen. Sonst wollt ick ja sagen funfzehn Mark.

FRAU WOLFF: Nee, Wulkow, heute is kee Geschäfte mit uns. Da geht ock ruhig a Häusel weiter, mir hab'n uns geschind't hier ieber a See ... ee Haar, da saß m'r noch fest im Eise. Mir konnten nich vorwärts und nich rückwärts. Aso was kann ma zuletzt nich wegschenken.

WULKOW: Na, hebb ick nu etwa wat davon? Det Schiffwerken is 'n jezwungenes Werk! Un Paschen[3], det is 'n schlechtet Jeschäft. Wenn ihr all rinfallt, denn flieg ick schon längst rin. Bei Jahre vierzig plag ick mir nu. Wat hebb ick heute? t' Reißen hebb ick. Wenn ick det Morjens früh uffsteh, denn muß ich schriegen[4] wie'n junger Hund. Ich will mir schon viele Jahre 'n Pelz koofen, det hebben mir alle Dokters jeraten, weil det ick so leidenschaftlich bin. Ick hebb mir noch keen könn koofen, Wolffen. Bis heute noch nich, so wah, wie ick hier steh!

ADELHEID, *zur Mutter:* Haste von Leontinen jehört?

WULKOW: Na, will ick man sagen: sechzehn Mark!

FRAU WOLFF: Nee, is nich! Achtzehn! *Zu Adelheid:* Wat redst'n da wieder?

ADELHEID: Frau Krüger hat doch 'n Pelz jekauft, der hat bei fünfhundert Mark jekost't. 'n Biberpelz.

WULKOW: 'n Biberpelz?

FRAU WOLFF: Wer hat'n jekooft?

ADELHEID: Nu, Frau Krüger doch, für Herr Krüger zu Weihnachten.

WULKOW: Det Mächen is woll bei Krüger in Dienst?

ADELHEID: Ick nich. Meine Schwester. Ick jeh überhaupt nich bei Leute in Dienst.

WULKOW: Ja, wenn ick nu so wat mal hebben könnte. Um so wat erwerb ick mir schon lange. Da jeb ick ooch sechzig Dahler für. Det Doktor- und Apothekerjeld, det jeb ick doch lieber für Pelzwerk aus. Da hebb ick ooch noch 'n Verjnüjen all.

FRAU WOLFF: Ihr braucht ja bloß amal hingehn, Wulkow, zu Kriegern rieber. Vielleicht schenkt a'n weg.

---

[3] schmuggeln
[4] schreien

WULKOW: Nee, jutwillig nich. Aber wie jesacht: fer so wat verinteressier ick mir
sehr.

FRAU WOLFF: I ja, so'n Pelz mecht ich ooch
mal haben.

WULKOW: Wie is et nu? Sechzehn?

FRAU WOLFF: Unter achtzehn is nich. Nich
unter achtzehn, hat Julian gesagt. Mit
sechzehn Mark darf ich dem nich erscht
kommen. Wenn der sich asowas in a
Kopp setzt – *Julius kommt herein.* Na, Julius, du hast doch gesagt: achtzehn Mark?

JULIUS: Wat hebb ick jesacht?

FRAU WOLFF: Du heerscht woll wieder amal
nich gutt! Du hast doch gesagt, nich unter
achtzehn. Um weniger soll ich den Bock
nich hergeben.

JULIUS: Ick hebbe jesacht? ... Ja so, det Stück
Wild. Ja! So! Hm! Det is ooch noch ja nich
zu ville.

WULKOW, *Geld herausnehmend und aufzäh-
lend:* Det's nu mal 'n Ende hat. Siebzehn
Marcht. Na, stimmt et nu?

FRAU WOLFF: Ihr seid schon eemal a beschisse-
ner Kerl. Ich hab's ja gesagt, wie a rein-
kam zer Tiere: der braucht bloß ieber de
Schwelle zu treten, da hat ma ooch
schonn a Ding iebersch Ohr.

WULKOW *hat einen versteckt gehaltenen, einge-
rollten Sack aufgewickelt:* Nu helft et man
jleich hier rinbugsieren. *Frau Wolff ist be-
hilflich, das Reh in den Sack zu stecken.* Un
wenn Se all mal wat zu hören kriejen von
so wat – ick meen all beispielsweise so'n
Pelz zum Beispiel. So Stücker sechzig,
siebzig Dahler, die bin ick imstande und
leje se an.

FRAU WOLFF: Ihr seid woll ni recht ...! Wie
soll'n mir zu so an Pelze komm'n? [...]

1.2 Zur Entstehungsgeschichte des Stückes

Wie und wo mein „Biberpelz" entstand

Gerhart Hauptmann

Die Komödie „Der Biberpelz" ist ganz ein
Kind der märkischen Erde. Ohne die weiten
Seen und Kiefernforsten des märkischen San-
des ist sie nicht zu denken ...
Es ist die Gegend von Erkner bei Berlin, in
der meine junge Frau und ich uns vor dem
letztvergangenen halben Jahrhundert nieder-
gelassen hatten.
Die Monotonie des Winters stand vor der
Tür ... Damals lebte man ohne elektrisches
Licht, und die schwarze Nacht preßte sich
unmittelbar um die Glocke der Petroleum-
lampe.
Um Mitternacht pfiffen einander draußen
die Holzdiebe ... Trat ich des Abends vor das
Haus, so sah ich im Westen bei klarer Luft
den Widerschein der Riesin Berlin blutrot
am Himmel. Das wimmelnde Leben der
Weltstadt, das ich ja aus vielen Nachtwachen
kannte, lebte in mir.
Alle Gestalten des „Biberpelz" habe ich in
Erkner kennengelernt. Die Mutter Wolffen
ist zugewanderte Schlesierin. Sie bringt in
die Dickflüssigkeit des märkischen Platt ein
regeres Element. Sie hat Kolonistengeist, un-
terliegt aber zum Teil dem vielfältig licht-
scheuen Wesen einer Großstadtperipherie.
Aber es ist auch viel von dem in sie eingetre-
ten, was man als Berliner Witz zu bezeichnen übereingekommen ist.

Erkner

Richard Weber

Um 1884 zählte Erkner 1100 Einwohner, das waren viermal soviel gegenüber 1856, und die Einwohnerzahl stieg stetig weiter, 1891 waren es bereits 2500. Die Bevölkerung setzte sich
5 hauptsächlich aus Beamten, Angestellten und Rentnern – im „Biberpelz" repräsentiert durch den Amtsvorsteher von Wehrhahn, den Amtsschreiber Glasenapp, den Amtsdiener Mitteldorf, Dr. Fleischer, Motes und Rentier
10 Krüger –, aus Bauern, kleinen Kaufleuten und Handwerkern – vor allem Schiffbauern und Segelmachern –, aus Fischern, Schiffern, Wald- und Holzarbeitern, Lohn- und Fuhrknechten zusammen. Das in Erkner lebende
15 Industrieproletariat fuhr vorwiegend mit der 1882 erbauten Vorortbahn nach Berlin zur Arbeit; ein zahlenmäßig nur geringer Teil war in Erkner selbst beschäftigt, nämlich in der 1861 gegründeten Theer-Producten-Fabrik.

1.3 „Der Biberpelz" auf der Bühne

1893 am Deutschen Theater in Berlin

Franz Mehring

Die Fabel der Komödie ist denkbar einfach und ergibt sich von selbst aus den Charakteren der Personen. Wie der Amtsvorsteher hinter den Hochverrätern Fleischer und Krüger
5 herjagt und dabei immer über die Diebe stolpert, ohne sie trotz aller Beschwerden der Bestohlenen und trotz aller handgreiflichsten Indizien zu entdecken, das führt zu einer übersprudelnden Fülle komischer und völlig
10 ungezwungener Szenen. Zweimal tobt die wilde Jagd, in den beiden ersten Akten um die gestohlene Fuhre Holz, in den beiden letzten um den gestohlenen Biberpelz, beide Male mit dem gleichen Mißerfolg. Die Komödie
15 schließt damit, daß der Amtsvorsteher der Mutter Wolff auf die Schulter klopft: „So wahr es ist, wenn ich hier sage, die Wolffen ist eine ehrliche Haut, so sage ich Ihnen mit gleicher Bestimmtheit: Ihr Doktor Fleischer, das ist ein
20 lebensgefährlicher Kerl." Worauf die gutmütige Diebesmutter: „Da weeß ich nu nich ..." Gegen diesen Schluß und überhaupt gegen die Komposition der Komödie hat die bürgerliche Kritik mancherlei auf dem Herzen, das
25 sich wohl der Prüfung verlohnt. Sie klagt den Dichter des Verrats an den ‚ewigen Kunstgesetzen des Dramas' an, weil sein Stück sich im Kreise herumbewege, weil es zweimal hintereinander dieselben Vorgänge wiederhole
30 und doch zu keinem Schluß komme; ebensogut hätten drei Diebstähle der Mutter Wolff zu sechs oder vier zu acht Akten verarbeitet werden können und so ins Endlose. Und gewiß, in Wirklichkeit wird sich diese Diebskomödie
35 wohl ins unendliche fortspinnen. Aber auf der Bühne war der zweimalige Diebstahl gerade genug, nicht zuviel und nicht zuwenig. Nicht zuviel, denn zweimal mußten wir die Geschichte schon erleben, um die unergründ-
40 liche Borniertheit des loyalen Patriotismus zu erschöpfen, und zudem hatte der Dichter durch fesselnde Details für hinreichende Abwechslung gesorgt. Nicht zuwenig, denn einer weiteren Erleuchtung bedürfen wir frei-

lich, und jedes gute Ding will sein Ende haben. Und was den Schluß anbetrifft – je nun, welchen anderen Schluß soll die Komödie haben, als daß der Amtsvorsteher v. Wehrhahn in seiner hoffnungslosen Schneidigkeit so weiterwurstelt, wie er bisher gewurstelt hat? Soll etwa der Landrat oder Regierungspräsident auf der Bildfläche erscheinen, um ihn abzusetzen, Mutter Wolff ins Zuchthaus zu sperren und dem Rentier Krüger wieder den Glauben an irdische Gerechtigkeit beizubringen? ...

1960 in der Berliner Komödie

Walther Karsch

Schon bei der großen Käthe Dorsch war, vor acht Jahren im Schloßpark-Theater, die Mutter Wolffen bedenklich ins Komödiantische gerutscht, immer aber auf der dichterischen Höhe dieser Volksfigur geblieben; Grethe Weiser nun spielt die diebische Waschfrau unbedenklich in den Schwank hinunter. Komödie – gewiß. Doch was ist diese Mutter Wolffen? Etwa eine kleine Gaunerin, die alle übers Ohr haut – Wulkow, Krüger, Fleischer und Wehrhahn? Ganz und gar nicht. Hauptmanns Mutter Wolffen ist eine höchst entschlossene, ja harte Person, die von unten nach oben drängt, der die Diebstähle nur, moralisch überhaupt nicht in Frage gestellt, Mittel zum Zweck, zum Durchbruch in die besseren gesellschaftlichen Schichten sind. Ihr Dialekt, ihre Scherze, ihr Herumkommandieren mit dem Mann und den Kindern, ihr Getue mit Fleischers Knaben, ihre kleinen Sentimentalitäten – das alles sind bei Hauptmann nur Farbflecke. Grethe Weiser setzt aus diesen Flecken die Figur zusammen und bleibt ihr, bis auf das Mundwerk, alles schuldig. Und selbst das Mundwerk stimmt nicht. Diese Mutter Wolffen stammt aus dem Häusermeer des Weddings, Hauptmanns Mutter Wolffen riecht nach Bretterbude, Kartoffelbeet und Spree. Bei Hauptmann spricht die Mutter Wolffen einen urwüchsigen Dialekt, Frau Weiser berlinert nur ...

Hauptmanns Frau Wolffen (und natürlich auch der Dorsch) glaubt man, daß sie alle hereinlegt, sogar den klugen Dr. Fleischer; in der „Komödie" staunt man über so viel Begriffsstutzigkeit der Männer. Das heißt: auch wieder nicht. Denn diese Männer sind ... gar keine Männer mehr – sie sind durchweg Karikaturen, Schießbudenfiguren. Und das ist der zweite Regiefehler von Herbert Maisch. Der Wehrhahn ist keine Karikatur. Dieser Amtsvorsteher mit dem hochgezwirbelten Schnurrbart ist im Grunde eine aristokratische Natur – das Amt macht ihn borniert. Das Monokel, der Stelzschritt, die abgehackte Redeweise – das sind nur Requisiten. Fritz Tillmann spielt leider nur die Requisiten. Kein Wunder, daß ihn die Wolffen mir nichts dir nichts einpackt ...

2 Bertolt Brecht: Mutter Courage und ihre Kinder

Bertolt Brecht (1898 – 1956) wurde von den Nationalsozialisten wegen seiner marxistischen Haltung bekämpft. 1933 flüchtete er über Prag, Wien, Zürich, Paris nach Dänemark und schließlich nach Finnland.

Im Spätsommer 1939 schreibt er – in einem einzigen Monat – das Stück ,,Mutter Courage und ihre Kinder'', mit dem er die Menschen vor einem zweiten Weltkrieg warnen will.

Brecht verwendet für dieses Stück eine neue Form, die er – im Gegensatz zum herkömmlichen dramatischen Theater – episches Theater nennt. Diese Form soll helfen, den Zuschauer zu eigenem Nachdenken und Handeln zu führen. An die Stelle des üblichen Illusionstheaters tritt damit das kritische Theater, in dem der Zuschauer unbeeinflußt das Bühnengeschehen beobachten und sich selbständig ein Urteil bilden kann.

Über die Wirkung seines Stückes berichtet Brecht später: ,,Ich stellte mir, schreibend, vor, daß von den Bühnen einiger großer Städte herab die Warnung des Stückeschreibers zu hören sein würde, die Warnung, daß der einen langen Löffel haben muß, der mit dem Teufel frühstücken will. Ich mag darin naiv gewesen sein, aber ich halte es nicht für eine Schande, naiv zu sein. – Es kam nicht zu solchen Aufführungen. Die Schriftsteller können nicht so schnell schreiben, wie die Regierungen Kriege machen können: denn das Schreiben verlangt Denkarbeit. Die Bühnen waren viel zu früh in den Händen des großen Räubers. ,Mutter Courage und ihre Kinder' kam also zu spät.''

Das Stück mit dem Untertitel ,,Eine Chronik aus dem Dreißigjährigen Krieg'' erzählt in 12 Bildern die Geschichte der Anna Fierling, genannt Mutter Courage, die mit ihren Söhnen Eilif und Schweizerkas und mit ihrer stummen Tochter Kattrin durch die Lande zieht, darum besorgt, ihre Kinder durchzubringen und am großen Krieg ,,ihren Schnitt zu machen''. Im Laufe des Kriegsgeschehens verliert die Courage – nacheinander – ihre drei Kinder, so daß sie schließlich einsam und gebrochen zurückbleibt. Aber lernt sie daraus?

2.1 1. Bild

Landstraße in Stadtnähe

Ein Feldwebel und ein Werber stehen frierend.

DER WERBER Wie soll man sich hier eine Mannschaft zusammenlesen? Feldwebel, ich denk schon mitunter an Selbstmord. Bis zum Zwölften soll ich dem Feldhauptmann vier Fähnlein hinstelln, und die Leut hier herum sind so voll Bosheit, daß ich keine Nacht mehr schlaf. Hab ich endlich einen aufgetrieben und schon durch die Finger gesehn und mich nix wissen gemacht, daß er eine Hühnerbrust hat und Krampfadern, ich hab ihn glücklich besoffen, er hat schon unterschrieben, ich zahl nur noch den Schnaps, er tritt aus, ich hinterher zur Tür, weil mir was schwant: Richtig, weg ist er, wie die Laus unterm Kratzen. Da gibts kein Manneswort, kein Treu und Glauben, kein Ehrgefühl. Ich hab hier mein Vertrauen in die Menschheit verloren, Feldwebel.

DER FELDWEBEL Man merkts, hier ist zu lang kein Krieg gewesen. Wo soll da Moral herkommen, frag ich? Frieden, das ist nur Schlamperei, erst der Krieg schafft Ordnung. Die Menschheit schießt ins Kraut im Frieden. Mit Mensch und Vieh wird herumgesaut, als wärs gar nix. Jeder frißt, was er will, einen Ranken Käs aufs Weißbrot und dann noch eine Scheibe Speck auf den Käs. Wie viele junge Leut und gute Gäul diese Stadt da vorn hat, weiß kein Mensch, es ist niemals gezählt worden. Ich bin in Gegenden gekommen, wo kein Krieg war vielleicht siebzig Jahr, da hatten die Leut überhaupt noch keine Namen, die kannten sich selber nicht. Nur wo Krieg ist, gibts ordentliche Listen und Registraturen, kommt das Schuhzeug in Ballen und das Korn in Säck, wird Mensch und Vieh sauber gezählt und weggebracht, weil man eben weiß: Ohne Ordnung kein Krieg!

DER WERBER Wie richtig das ist!

DER FELDWEBEL Wie alles Gute ist auch der Krieg am Anfang halt schwer zu machen. Wenn er dann erst floriert, ist er auch zäh; dann schrecken die Leut zurück vorm Frieden, wie die Würfler vorm Aufhören, weil dann müssens zählen, was sie verloren haben. Aber zuerst schreckens zurück vorm Krieg. Er ist ihnen was Neues.

DER WERBER Du, da kommt ein Planwagen. Zwei Weiber und zwei junge Burschen. Halt die Alte auf, Feldwebel. Wenn das wieder nix ist, stell ich mich nicht weiter in den Aprilwind hin, das sag ich dir.
Man hört eine Maultrommel. Von zwei Burschen gezogen, rollt ein Planwagen heran. Auf ihm sitzen Mutter Courage und ihre stumme Tochter Kattrin.

MUTTER COURAGE Guten Morgen, Herr Feldwebel!

DER FELDWEBEL *sich in den Weg stellend:* Guten Morgen, ihr Leut! Wer seid ihr?

MUTTERR COURAGE Geschäftsleut.
Singt:

Ihr Hauptleut, laßt die Trommel ruhen
Und laßt eur Fußvolk halten an:
Mutter Courage, die kommt mit Schuhen
In denens besser laufen kann.

---

[1] mittelschwedische Landschaft

Mit seinen Läusen und Getieren
Bagage, Kanonen und Gespann –
Soll es euch in die Schlacht marschieren
So will es gute Schuhe han.
   Das Frühjahr kommt. Wach auf, du
Christ!
   Der Schnee schmilzt weg. Die Toten
ruhn.
   Und was noch nicht gestorben ist
   Das macht sich auf die Socken nun.
Ihr Hauptleut, eure Leut marschieren
Euch ohne Wurst nicht in den Tod.
Laßt die Courage sie erst kurieren
Mit Wein von Leibs- und Geistesnot.
Kanonen auf die leeren Mägen
Ihr Hauptleut, das ist nicht gesund.
Doch sind sie satt, habt meinen Segen
Und führt sie in den Höllenschlund.
   Das Frühjahr kommt. Wach auf, du
Christ!
   Der Schnee schmilzt weg. Die Toten
ruhn.
   Und was noch nicht gestorben ist
   Das macht sich auf die Socken nun.

DER FELDWEBEL Halt, wohin gehört ihr, Bagage?

DER ÄLTERE SOHN Zweites Finnisches Regiment.

DER FELDWEBEL Wo sind eure Papiere?

MUTTER COURAGE Papiere?

DER JÜNGERE SOHN Das ist doch die Mutter Courage!

DER FELDWEBEL Nie von gehört. Warum heißt sie Courage?

MUTTER COURAGE Courage heiß ich, weil ich den Ruin gefürchtet hab, Feldwebel, und bin durch das Geschützfeuer von Riga gefahrn mit fünfzig Brotlaib im Wagen. Sie waren schon angeschimmelt, es war höchste Zeit, ich hab keine Wahl gehabt.

DER FELDWEBEL Keine Witze, du. Wo sind die Papiere!

MUTTER COURAGE *aus einer Zinnbüchse einen Haufen Papiere kramend und herunterkletternd:* Das sind alle meine Papiere, Feldwebel. Da ist ein ganzes Meßbuch dabei, aus Altötting, zum Einschlagen von Gurken, und eine Landkarte von Mähren, weiß Gott, ob ich da je hinkomm, sonst ist sie für die Katz, und hier stehts besiegelt, daß mein Schimmel nicht die Maul- und Klauenseuch hat, leider ist er uns umgestanden, er hat fünfzehn Gulden gekostet, aber nicht mich, Gott sei Dank. Ist das genug Papier?

DER FELDWEBEL Willst du mich auf den Arm nehmen? Ich werd dir deine Frechheit austreiben. Du weißt, daß du eine Lizenz haben mußt.

MUTTER COURAGE Reden Sie anständig mit mir und erzählen Sie nicht meinen halbwüchsigen Kindern, daß ich Sie auf den Arm nehmen will, das gehört sich nicht, ich hab nix mit Ihnen. Meine Lizenz beim Zweiten Regiment ist mein anständiges Gesicht, und wenn Sie es nicht lesen können, kann ich nicht helfen. Einen Stempel laß ich mir nicht draufsetzen.

DER WERBER Feldwebel, ich spür einen unbotmäßigen Geist heraus bei der Person. Im Lager da brauchen wir Zucht.

MUTTER COURAGE Ich dacht Würst.

DER FELDWEBEL Name.

MUTTER COURAGE Anna Fierling.

DER FELDWEBEL Also dann heißt ihr alle Fierling?

MUTTER COURAGE Wieso? Ich heiß Fierling. Die nicht.

DER FELDWEBEL Ich denk, das sind alles Kinder von dir?

MUTTER COURAGE Sind auch, aber heißen sie deshalb alle gleich? *Auf den älteren Sohn deutend:* Der zum Beispiel heißt Eilif Nojocki, warum, sein Vater hat immer behauptet, er heißt Kojocki oder Mojocki. Der Junge hat ihn noch gut im Gedächtnis, nur, das war ein anderer, den er im Gedächtnis hat, ein Franzos mit einem Spitzbart. Aber sonst hat er vom Vater die Intelligenz geerbt; der konnt einem Bauern die Hos vom Hintern wegziehen, ohne daß der was gemerkt hat. Und so hat eben jedes von uns seinen Namen.

Helene Weigel in „Mutter Courage" von Bertolt Brecht. Aufführung des Berliner Ensembles 1956.

170 DER FELDWEBEL Was, jedes einen anderen?

MUTTER COURAGE Sie tun grad, als ob Sie das nicht kennten.

DER FELDWEBEL Dann ist der wohl ein Chineser? *Auf den Jüngeren deutend.*

175 MUTTER COURAGE Falsch geraten. Ein Schweizer.

DER FELDWEBEL Nach dem Franzosen?

MUTTER COURAGE Nach was für einem Franzosen? Ich weiß von keinem Franzosen.

180 Bringen Sies nicht durcheinander, sonst stehn wir am Abend noch da. Ein Schweizer, heißt aber Fejos, ein Name, der nix mit seinem Vater zu tun hat. Der hieß ganz anders und war Festungsbaumeister,

185 nur versoffen.

Schweizerkas nickt strahlend, und auch die stumme Kattrin amüsiert sich.

DER FELDWEBEL Wie kann er da Fejos heißen?

MUTTER COURAGE Ich will Sie nicht beleidi-

190 gen, aber Phantasie haben Sie nicht viel. Er heißt natürlich Fejos, weil, als er kam, war ich mit einem Ungarn, dem wars gleich, er hatte schon den Nierenschwund, obwohl er nie einen Tropfen

195 angerührt hat, ein sehr redlicher Mensch. Der Junge ist nach ihm geraten.

DER FELDWEBEL Aber er war doch gar nicht der Vater?

MUTTER COURAGE Aber nach ihm ist er gera-

200 ten. Ich heiß ihn Schweizerkas, warum, er ist gut im Wagenziehen. *Auf ihre Tochter deutend:* Die heißt Kattrin Haupt, eine halbe Deutsche.

DER FELDWEBEL Eine nette Familie, muß ich

205 sagen.

MUTTER COURAGE Ja, ich bin durch die ganze Welt gekommen mit meinem Planwagen.

DER FELDWEBEL Das wird alles aufgeschrieben. *Er schreibt auf.* Du bist aus Bamberg in

210 Bayern, wie kommst du hierher?

MUTTER COURAGE Ich kann nicht warten, bis der Krieg gefälligst nach Bamberg kommt.

DER WERBER Ihr solltet lieber Jakob Ochs und Esau Ochs heißen, weil ihr doch den Wa-

215 gen zieht. Aus dem Gespann kommt ihr wohl nie heraus?

EILIF Mutter, darf ich ihm aufs Maul hauen? Ich möcht gern.

MUTTER COURAGE Und ich untersags dir, du

220 bleibst stehn. Und jetzt, meine Herren Offizier, brauchens nicht eine gute Pistolen oder eine Schnall, die Ihre ist schon abgewetzt, Herr Feldwebel.

DER FELDWEBEL Ich brauch was andres. Ich

225 seh, die Burschen sind wie die Birken gewachsen, runde Brustkästen, stämmige Haxen: warum drückt sich das vom Heeresdienst, möcht ich wissen?

MUTTER COURAGE *schnell:* Nicht zu machen,

230 Feldwebel. Meine Kinder sind nicht für das Kriegshandwerk.

DER WERBER Aber warum nicht? Das bringt Gewinn und bringt Ruhm. Stiefelverramschen ist Weibersache. *Zu Eilif:* Tritt ein-

235 mal vor, laß dich anfühlen, ob du Muskeln hast oder ein Hühnchen bist.

MUTTER COURAGE Ein Hühnchen ist er. Wenn einer ihn streng anschaut, möcht er umfallen.

240 DER WERBER Und ein Kalb dabei erschlagen, wenn eins neben ihm stünd. *Er will ihn wegführen.*

MUTTER COURAGE Willst du ihn wohl in Ruhe lassen? Der ist nix für euch.

245 DER WERBER Er hat mich grob beleidigt und von meinem Mund als einem Maul geredet. Wir zwei gehen dort ins Feld und tragen die Sach aus unter uns Männern.

EILIF Sei ruhig. Ich besorgs ihm, Mutter.

250 MUTTER COURAGE Stehen bleibst! Du Haderlump! Ich kenn dich, nix wie raufen. Ein Messer hat er im Stiefel, stechen tut er.

DER WERBER Ich ziehs ihm aus wie einen Milchzahn, komm, Bürschchen.

255 MUTTER COURAGE Herr Feldwebel, ich sags dem Obristen. Der steckt euch ins Loch. Der Leutnant ist ein Freier meiner Tochter.

DER FELDWEBEL Keine Gewalt, Bruder. *Zu*

260 *Mutter Courage:* Was hast du gegen den Heeresdienst? War sein Vater nicht Soldat? Und ist anständig gefallen? Das hast du selber gesagt.

MUTTER COURAGE Er ist ein ganzes Kind. Ihr
wollt ihn mir zur Schlachtbank führen,
ich kenn euch. Ihr kriegt fünf Gulden für
ihn.

DER WERBER Zunächst kriegt er eine schöne
Kappe und Stulpenstiefel, nicht?

EILIF Nicht von dir.

MUTTER COURAGE Komm, geh mit angeln,
sagt der Fischer zum Wurm. *Zum Schweizerkas:* Lauf weg und schrei, die wollen
deinen Bruder stehlen. *Sie zieht ein Messer.*
Probierts nur und stehlt ihn. Ich stech
euch nieder, Lumpen. Ich werds euch geben, Krieg mit ihm führen! Wir verkaufen
ehrlich Leinen und Schinken und sind
friedliche Leut.

DER FELDWEBEL Das sieht man an deinem Messer, wie friedlich ihr seid. Überhaupt sollst
du dich schämen, gib das Messer weg, Vet-
tel! Vorher hast du eingestanden, du lebst
vom Krieg, denn wie willst du sonst leben,
von was? Aber wie soll Krieg sein, wenn
es keine Soldaten gibt?

MUTTER COURAGE Das müssen nicht meine
sein.

DER FELDWEBEL So, den Butzen soll dein Krieg
fressen, und die Birne soll er ausspucken!
Deine Brut soll dir fett werden vom Krieg,
und ihm gezinst wird nicht. Er kann
schauen, wie er zu seine Sach kommt,
wie? Heißt dich Courage, he? Und fürch-
test den Krieg, deinen Brotgeber? Deine
Söhne fürchten ihn nicht, das weiß ich
von ihnen.

EILIF Ich fürcht kein Krieg.

DER FELDWEBEL Und warum auch? Schaut
mich an: ist mir das Soldatenlos schlecht
bekommen? Ich war mit siebzehn dabei.

MUTTER COURAGE Du bist noch nicht siebzig.

DER FELDWEBEL Ich kanns erwarten.

MUTTER COURAGE Ja, unterm Boden vielleicht.

DER FELDWEBEL Willst du mich beleidigen und
sagst, ich sterb?

MUTTER COURAGE Und wenns die Wahrheit
ist? Wenn ich seh, daß du gezeichnet bist?
Wenn du dreinschaust wie eine Leich auf
Urlaub, he?

SCHWEIZERKAS Sie hat das Zweite Gesicht, das
sagen alle. Sie sagt die Zukunft voraus.

DER WERBER Dann sag doch mal dem Herrn
Feldwebel die Zukunft voraus, es möcht
ihn amüsieren.

DER FELDWEBEL Ich halt nix davon.

MUTTER COURAGE Gib den Helm.
Er gibt ihn ihr.

DER FELDWEBEL Das bedeutet nicht so viel wie
ins Gras scheißen. Nur daß ich was zum
Lachen hab.

MUTTER COURAGE *nimmt einen Pergamentbo-
gen und zerreißt ihn:* Eilif, Schweizerkas
und Kattrin, so möchten wir alle zerrissen
werden, wenn wir uns in'n Krieg zu tief
einlassen täten. *Zum Feldwebel:* Ich werds
Ihnen ausnahmsweis gratis machen. Ich
mal ein schwarzes Kreuz auf den Zettel.
Schwarz ist der Tod.

SCHWEIZERKAS Und den anderen läßt sie leer,
siehst du?

MUTTER COURAGE Da falt ich sie zusammen,
und jetzt schüttel ich sie durcheinander.
Wie wir alle gemischt sind, von Mutter-
leib an, und jetzt ziehst du und weißt Bescheid.
Der Feldwebel zögert.

DER WERBER zu Eilif: Ich nehm nicht jeden,
ich bin bekannt für wählerisch, aber du
hast ein Feuer, das mich angenehm berührt.

DER FELDWEBEL *im Helm fischend:* Blödheit!
Nix als ein Augenauswischen.

SCHWEIZERKAS Ein schwarzes Kreuz hat er gezogen. Hin geht er.

DER WERBER Laß du dich nicht ins Bockshorn
jagen, für jeden ist keine Kugel gegossen.

DER FELDWEBEL *heiser:* Du hast mich beschis-
sen.

MUTTER COURAGE Das hast du dich selber an
dem Tag, wo du Soldat geworden bist.
Und jetzt fahrn wir weiter, es ist nicht alle
Tag Krieg, ich muß mich tummeln.

DER FELDWEBEL Hölle und Teufel, ich laß
mich von dir nicht anschmieren. Deinen
Bankert nehmen wir mit, der wird uns
Soldat.

EILIF Ich möchts schon werden, Mutter.

360 MUTTER COURAGE Das Maul hältst du, du finnischer Teufel.

EILIF Der Schweizerkas will jetzt auch Soldat werden.

MUTTER COURAGE Das ist mir was Neues. Ich 365 werd euch auch das Los ziehen lassen müssen, euch alle drei.

Sie läuft nach hinten, auf Zettel Kreuze zu malen.

DER WERBER *zu Eilif:* Es ist gegen uns gesagt 370 worden, daß es fromm zugeht im schwedischen Lager, aber das ist üble Nachred, damit man uns schadet. Gesungen wird nur am Sonntag, eine Stroph! und nur, wenn einer eine Stimm hat.

375 MUTTER COURAGE *kommt zurück mit den Zetteln im Helm des Feldwebels:* Möchten ihrer Mutter weglaufen, die Teufel, und in den Krieg wie die Kälber zum Salz. Aber ich werd die Zettel befragen, und da wer-380 den sie schon sehen, daß die Welt kein Freudental ist, mit „Komm mit, Sohn, wir brauchen noch Feldhauptleut". Feldwebel, ich hab wegen ihnen die größten Befürchtungen, sie möchten mir nicht 385 durch den Krieg kommen. Sie haben schreckliche Eigenschaften, alle drei. *Sie streckt Eilif den Helm hin.* Da fisch dir dein Los raus. *Er fischt, faltet auf. Sie entreißt es ihm.* Da hast dus, ein Kreuz! Oh, ich un-390 glückliche Mutter, ich schmerzensreiche Gebärerin. Er stirbt? Im Lenz des Lebens muß er dahin. Wenn er ein Soldat wird, muß er ins Gras beißen, das ist klar. Er ist zu kühn, nach seinem Vater. Und wenn er 395 nicht klug ist, geht er den Weg des Fleisches, der Zettel beweist es. *Sie herrscht ihn an:* Wirst du klug sein?

EILIF Warum nicht?

MUTTER COURAGE Klug ist, wenn du bei dei-400 ner Mutter bleibst, und wenn sie dich verhöhnen und ein Hühnchen schimpfen, lachst du nur.

DER WERBER Wenn du dir in die Hosen machst, werd ich mich an deinen Bruder 405 halten.

MUTTER COURAGE Ich hab dir geheißen, du sollst lachen. Lach! Und jetzt fisch zu, Schweizerkas. Bei dir fürcht ich weniger, du bist redlich. *Er fischt im Helm.* Oh, 410 warum schaust du so sonderlich auf den Zettel? Bestimmt ist er leer. Es kann nicht sein, daß da ein Kreuz drauf steht. Dich soll ich doch nicht verlieren. *Sie nimmt den Zettel.* Ein Kreuz? Auch er! Sollte das 415 etwa sein, weil er so einfältig ist? Oh, Schweizerkas, du sinkst auch dahin, wenn du nicht ganz und gar redlich bist allzeit, wie ichs dir gelehrt hab von Kindesbeinen an, und mir das Wechselgeld zurück-420 bringst vom Brotkaufen. Nur dann kannst du dich retten. Schau her, Feldwebel, obs nicht ein schwarzes Kreuz ist?

DER FELDWEBEL Ein Kreuz ists. Ich versteh nicht, daß ich eins gezogen hab. Ich halt mich immer hinten. *Zum Werber:* Sie treibt keinen Schwindel. Es trifft ihre eigenen auch.

SCHWEIZERKAS Mich trifft's auch. Aber ich laß mirs gesagt sein.

430 MUTTER COURAGE *zu Kattrin:* Und jetzt bleibst mir nur noch du sicher, du bist selber ein Kreuz: du hast ein gutes Herz. *Sie hält ihr den Helm zum Wagen hoch, nimmt aber selber den Zettel heraus.* Ich möcht 435 schier verzweifeln. Das kann nicht stimmen, vielleicht hab ich einen Fehler gemacht beim Mischen. Sei nicht zu gutmütig Kattrin, seis nie mehr, ein Kreuz steht auch über deinem Weg. Halt dich immer 440 recht still, das kann nicht schwer sein, wo du doch stumm bist. So, jetzt wißt ihr. Seid alle vorsichtig, ihr habts nötig. Und jetzt steigen wir auf und fahren weiter. *Sie gibt dem Feldwebel seinen Helm zurück und 445 besteigt den Wagen.*

DER WERBER *zum Feldwebel:* Mach was!

DER FELDWEBEL Ich fühl mich gar nicht wohl.

DER WERBER Vielleicht hast du dich schon verkühlt, wie du den Helm weggeben hast im 450 Wind. Verwickel sie in einen Handel. *Laut:* Du kannst dir die Schnalle ja wenigstens anschauen, Feldwebel. Die guten

Leut leben vom Geschäft nicht? He, ihr, der Feldwebel will die Schnalle kaufen!

455 MUTTER COURAGE Einen halben Gulden. Wert ist so eine Schnalle zwei Gulden. *Sie klettert wieder vom Wagen.*

DER FELDWEBEL Sie ist nicht neu. Da ist so ein Wind, ich muß sie in Ruh studieren. *Er 460 geht mit der Schnalle hinter den Wagen.*

MUTTER COURAGE Ich finds nicht zugig.

DER FELDWEBEL Vielleicht ist sie einen halben Gulden wert, es ist Silber.

MUTTER COURAGE *geht zu ihm hinter den Wa-465 gen:* Es sind solide sechs Unzen.

DER WERBER *zu Eilif:* Und dann heben wir einen unter Männern. Ich hab Handgeld bei mir, komm.

Eilif steht unschlüssig.

470 MUTTER COURAGE Dann ein halber Gulden.

DER FELDWEBEL Ich verstehs nicht. Immer halt ich mich dahint. Einen sichereren Platz, als wenn du Feldwebel bist, gibts nicht. Da kannst du die andern vorschicken, daß 475 sie sich Ruhm erwerben. Mein ganzes Mittag ist mir versaut. Ich weiß genau, nix werd ich hinunterbringen.

MUTTER COURAGE So sollst du dirs nicht zu Herzen nehmen, daß du nicht mehr essen 480 kannst. Halt dich nur dahint. Da, nimm einen Schluck, Mann. *Sie gibt ihm zu trinken.*

DER WERBER *hat Eilif untern Arm genommen und zieht ihn nach hinten mit sich fort:* 510

485 Zehn Gulden auf die Hand, und ein mutiger Mensch bist du und kämpfst für den König, und die Weiber reißen sich um dich. Und mich darfst du in die Fresse hauen, weil ich dich beleidigt hab. *Beide 485 ab.*

Die stumme Kattrin springt vom Wagen und stößt rauhe Laute aus.

MUTTER COURAGE Gleich, Kattrin, gleich. Der Herr Feldwebel zahlt noch. *Beißt in den 490 halben Gulden.* Ich bin mißtrauisch gegen jedes Geld. Ich bin ein gebranntes Kind, Feldwebel. Aber die Münz ist gut. Und jetzt fahrn wir weiter. Wo ist der Eilif?

SCHWEIZERKAS Der ist mitm Werber weg.

MUTTER COURAGE *steht ganz still, dann:* Du 495 einfältiger Mensch. *Zu Kattrin:* Ich weiß, du kannst nicht reden, du bist unschuldig.

DER FELDWEBEL Kannst selber einen Schluck nehmen, Mutter. So geht es eben. Soldat ist nicht das Schlechteste. Du willst vom 500 Krieg leben, aber dich und die Deinen willst du draußen halten, wie?

MUTTER COURAGE Jetzt mußt du mit deinem Bruder ziehn, Kattrin.

Die beiden, Bruder und Schwester, spannen 505 sich vor den Wagen und ziehen an. Mutter Courage geht nebenher. Der Wagen rollt weiter.

DER FELDWEBEL *nachblickend:*

Will vom Krieg leben
Wird ihm wohl müssen auch was geben.

2.2 „Mutter Courage und ihre Kinder" auf der Bühne

Die Uraufführung in Zürich 1941

*Im April 1941 wurde „Mutter Courage und ihre Kinder" am Züricher Schauspielhaus uraufge-
führt. Brecht notiert dazu in sein Tagebuch: „Es ist mutig von diesem hauptsächlich von Emigranten gemachten Theater, jetzt etwas von mir aufzuführen. Keine skandinavische Bühne war
mutig genug dazu." Die Rolle der Courage spielt Therese Giehse, eine persönliche Freundin
Brechts und seiner Frau.*

Heute bringt das Schauspielhaus Zürich eine Uraufführung von Brecht, „*Mutter Courage und
ihre Kinder, ein Schauspiel in 11 Bildern*". Anklänge an altes Volkstheater, filmische Eindrücke
und neues Theaterwollen bilden in dem Stück eine interessante Mischung. Kaleidoskopartig rollen die Einblicke in verschiedene Lebensepochen einer Marketenderin an uns vorüber, packen,
5 fesseln, ergreifen! Mit ihrem Wagen zieht Mutter Courage zur Zeit des Dreißigjährigen Krieges
den Fronten entlang und verkauft ihre Ware an arme Soldaten und halbverhungerte Zivilisten.
Auf diesem beschwerlichen und gefährlichen Lebensweg hat sich die Frau eine Fülle von klugen Lebenserfahrungen angeeignet, die sich an den realen harten Tatsachen des Daseins, an
Armut und Schmerz, an Kampf und Not und menschlichem Ungenügen schulten und nicht an
10 Scheinideologien.
Wir lernen die Frau in jenen reifen Jahren kennen, da Frauen- und Muttertum sich am unge-
hemmtesten entfalten. Ihre drei erwachsenen Kinder stammen alle von andern Vätern, der
Schweizerköbi *(Paryla),* Eilif der Finne *(Langhoff)* und Kattrin, die stumme Tochter, von *Erika
Pesch* in qualvoller Echtheit dargestellt. Wie der Prototyp der Urmutter umfängt die Mutter Cou-
15 rage alles, was in ihre Nähe kommt, mit mütterlicher Fürsorge - eine Figur von Format wie geschaffen für die weise Kunst einer *Therese Giehse.* In jedem Bild steht Mutter Courage-Giehse
im Mittelpunkt des Geschehens, ob sie im Gefängnis sitzt und ihr „Lied von der großen Kapitulation" singt; ob sie sich wehrt für ihre Kinder, die der grausame Krieg ihr eins nach dem andern
entreißt; ob sie sich in gutmütigem oder grimmigem Humor äußert über Geschehnisse, die *heu-*
20 *tige* Geschehnisse sein könnten; ob sie sich mit Anträgen ihrer Lebensbegleiter auseinander-
setzt, die vom Autor als richtige Schwächlinge gezeichnet werden - *immer* gibt Therese Giehse
eine menschlich überaus starke, schauspielerisch große Leistung! Ihren männlichen Kameraden, dem schlau berechnenden Feldprediger (Sigfrit Steiner) und dem gutmütig schwachen
Koch (Wolfgang Heinz), ist Mutter Courage eine Art Nährmutter - für die Zeichnung dieser star-
25 ken Frauenfigur dürfen alle Frauen Bert Brecht dankbar sein! Am Schluß des Stückes zieht Mutter Courage, von jeder Hilfe entblößt, aber ungebrochen - wie Millionen von Müttern der Gegenwart! - neu hinaus in das harte Leben. Ein erschütterndes Schlußbild, wie die Altgewordene allein den Karrren weiterziehen muß ...

Therese Giehse als Mutter Courage bei der Uraufführung in Zürich, 1941.
Die schauspielerische Leistung Therese Giehses als Mutter Courage wird von Publikum und Presse begeistert aufgenommen. In Zeitungsberichten ist die Rede ,,von der unerschütterlichen Lebenskraft des Muttertieres'', von der ,,Urmutter'' und der ,,herrlich frechen, großartigen Mutter ihrer Kinder''. Damit wird offenbar, daß die Absicht des Stückeschreibers mißverstanden worden ist: Nicht die ,,Lebenskraft'' der Marketenderin soll gezeigt werden, sondern ihre Unbelehrbarkeit!

Die Aufführung des Berliner Ensembles 1949

Bertolt Brecht

1949 inszeniert Brecht ,,Mutter Courage und ihre Kinder'' in Berlin (Ost). Es ist seine erste Theaterarbeit auf deutschem Boden nach der Rückkehr aus dem Exil. Die Trümmer des Krieges sind noch überall zu sehen.
Gewarnt durch die falsche Auslegung des Stückes in Zürich ändert er einige Textstellen, um den fatalen Händlersinn der Courage stärker zu betonen.
Die Aufführung wird ein jahrelanger Erfolg. Im Mittelpunkt als Courage steht Brechts Frau Helene Weigel, die in dieser Rolle zum Vorbild für alle weiteren Inzenierungen wird.
Rückblickend schreibt Brecht 1955:

Im Zuschauerraum hing der säuerliche Geruch schlecht gesäuberter Kleider; er tat der Feierlichkeit der Stimmung keinen Abbruch. Wer gekommen war, war aus Ruinen gekommen und ging zurück in Ruinen. So viel Licht wie auf der Bühne gab es auf keinem Platz und in keinem Haus.

5 Der alte, weise Bühnenmeister aus der Rheinhardtzeit hatte mich wie einen König empfangen, aber es war eine bittere Erfahrung, allen hier gemeinsam, die der Aufführung zu harter Realistik verhalf. Die Schneiderinnen der Werkstätten verstanden, daß die Kostüme zu Beginn des Spiels reicher sein mußten als am Ende. Die Bühnenarbeiter wußten, wie die Blache über dem Couragewagen sein mußte: weiß und neu zu Beginn, dann schmutzig und geflickt, dann wieder ein-
10 mal etwas sauberer, aber nie mehr wirklich weiß und am Ende ein Lumpen.

Die Weigel spielte die Courage hart und zornig: das heißt, nicht ihre Courage war zornig, sondern sie, die Darstellerin. Sie zeigte eine Händlerin, kräftig und verschlagen, die eins ums andere ihrer Kinder an den Krieg verliert und doch immer weiter an den Gewinn aus dem Krieg glaubt.

15 Davon, daß die Courage nichts lernt aus ihrem Elend, daß sie nicht wenigstens am Schluß begreift, war viel die Rede. Wenige begriffen, daß gerade dies die bitterste und verhängnisvollste Lehre des Stücks war.

Der Erfolg des Stücks, das heißt der Eindruck, den das Stück machte, war zweifellos groß. Leute zeigten auf der Straße auf die Weigel und sagten: ,,Die Courage!'' Aber ich glaube nicht
20 und glaubte damals nicht, daß Berlin – und alle andern Städte, die das Stück sahen – das Stück begriffen. Sie waren alle überzeugt, sie hätten gelernt aus dem Krieg: sie verstanden nicht, daß die Courage aus ihrem Krieg nichts gelernt haben sollte, nach der Meinung des Stückeschreibers. Sie sahen nicht, was der Stückeschreiber meinte: daß die Menschen aus dem Krieg nichts lernen.

25 Das Unglück allein ist ein schlechter Lehrer.

Die Zuschauer des Jahres 1949 und der folgenden Jahre sahen nicht die Verbrechen der Courage, ihr Mitmachen, ihr am Kriegsgeschäft mitverdienen Wollen; sie sahen nur ihren Mißerfolg, ihre Leiden. Und so sahen sie den Hitlerkrieg an, an dem sie mitgemacht hatten: Es war ein schlechter Krieg gewesen, und jetzt litten sie. Kurz, es war so, wie der Stückeschreiber ihnen
30 prophezeit hatte. Der Krieg würde ihnen nicht nur Leiden bringen, sondern auch die Unfähigkeit, daraus zu lernen.

,,Mutter Courage und ihre Kinder'' läuft jetzt im sechsten Jahr. Es ist bestimmt eine glänzende Aufführung, große Künstler spielen darin. Etwas hat sich geändert, kein Zweifel. Das Stück ist heute kein Stück mehr, das zu spät gekommen ist, nämlich *nach* einem Krieg. Schrecklicher-

35 weise droht ein neuer Krieg. Niemand spricht davon, jeder weiß davon. Die große Menge ist nicht für Krieg. Aber es gibt so viele Mühsale. Könnten sie nicht durch einen Krieg beseitigt werden? Hat man nicht doch ganz gut verdient im letzen, jedenfalls bis knapp vor dem Ende? Gibt es nicht doch auch glückliche Kriege?

Ich möchte gern wissen, wieviele der Zuschauer von ,,Mutter Courage und ihre Kinder'' die
40 Warnung des Stücks heute verstehen.

Regiebesprechung für die deutsche Erstaufführung von Brechts ,,Mutter Courage'' durch das Berliner Ensemble 1949. Neben dem regieführenden Autor (2. von links) und der Hauptdarstellerin Helene Weigel der Komponist zu den eingelegten Songs, Paul Dessau (2. von rechts).

2.3 Brechtsches Theater

Neue Technik der Schauspielkunst

Bertolt Brecht

Im folgenden soll der Versuch gemacht werden, eine Technik der Schauspielkunst zu beschreiben, die auf einigen Theatern angewandt wurde, um darzustellende Vorgänge dem Zuschauer zu verfremden. Der Zweck dieser Technik des Verfremdungseffekts war es, dem Zuschauer eine untersuchende, kritische Haltung gegenüber dem darzustellenden Vorgang zu verleihen.
5 Die Mittel waren künstlerische.

Frühjahr 1624. In Dalarne
werden Truppen für den Feldzug
in Polen geworben.
Die Courage (mit dem Wagen
und ihrer Familie) trifft mit den
Werbern zusammen. (1. Bild)

Die Courage wird in einen Handel verwickelt. Inzwischen wird
ihr Sohn Eilif für das Kriegshandwerk geworben. (1. Bild)

1625/26 zieht Mutter Courage im
Troß des schwedischen Heeres
durch Polen. Im Zelt des Feld-
hauptmanns trifft sie ihren kühnen Sohn Eilif wieder. (2. Bild)

Aufnahmen aus der Inszenierung von Peter Palitzsch in Köln, 1965.

Voraussetzung für die Anwendung des V-Effekts zu dem angeführten Zweck ist, daß Bühne und Zuschauerraum von allem „Magischen" gesäubert werden und keine „hypnotischen Felder" entstehen. Es unterblieb daher der Versuch, die Atmosphäre eines bestimmten Raumes auf der Bühne (Abendliches Zimmer, Straße im Herbst) zu schaffen, sowie der Versuch, durch einen
10 abgestimmten Rhythmus des Sprechens Stimmung zu erzeugen: das Publikum wurde weder durch die Entfesselung von Temperament „angeheizt", noch durch ein Spiel mit angezogenen Muskeln „in Bann gezogen"; kurz, es wurde nicht angestrebt, das Publikum in Trance zu versetzen und ihm die Illusion zu geben, es wohne einem natürlichen, uneinstudierten Vorgang bei. Wie man sehen wird, muß die Neigung des Publikums, sich in eine solche Illusion zu werfen, durch bestimmte Kunstmittel neutralisiert werden.
15 fen, durch bestimmte Kunstmittel neutralisiert werden.
Die Voraussetzung für die Hervorbringung des V-Effekts ist, daß der Schauspieler das, was er zu zeigen hat, mit dem deutlichen Gestus des Zeigens versieht. [...]
Der Schauspieler läßt es auf der Bühne nicht zur restlosen Verwandlung in die darzustellende Person kommen. Er ist nicht Lear, Harpagon, Schwejk, er zeigt diese Leute. Er bringt ihre Aus-
20 sprüche so echt wie möglich, er führt ihre Verhaltensweise vor, so gut es ihm seine Menschenkenntnis erlaubt, aber er versucht nicht, sich (und dadurch andern) einzubilden, er habe sich hiermit restlos verwandelt. Schauspieler werden wissen, was gemeint ist, wenn man als Beispiel für eine Spielweise ohne restlose Verwandlung das Spiel des Regisseurs ..., der ihnen eine besondere Stelle vormacht, anführt. Da es sich nicht um seine eigene Rolle handelt, ver-
25 wandelt er sich nicht völlig. [...]

Über „Mutter Courage und ihre Kinder"

Fritz Kortner

„Mutter Courage und ihre Kinder" läuft über viele deutsche Bühnen. Bereits 1951 inszeniert Brecht selbst das Stück – wiederum mit der Giehse – an den Münchener Kammerspielen. Dort sieht es der Schauspieler und Regisseur Fritz Kortner.

Der radikale Brecht ging zunächst radikal vor: sein Theater sollte völlig emotionsfrei werden. Anstelle des genießerischen Mitgefühls sollte der Genuß der Erkenntnis, des Lernens gesetzt werden. Brecht aber mußte einlenken, da er gegen das Naturrecht des Theaters verstoßen hatte. Der geglückteste Verrat an seiner einstigen Theorie war des gereiften Brecht Inszenie-
5 rung von „Mutter Courage". Die Darstellerin dieser Rolle – in München die unvergeßliche Therese Giehse,...spielte unter Brechts Weisung eine Szene, in der die Mutter gerade eine geldbringende Ehe zugunsten ihrer zurückgebliebenen, stummen Tochter zurückgewiesen hatte, ohne die obligaten gefühlserpresserischen Töne, ohne mimische Mitleidsschnorrerei, erschütternd. Sie flößt ihrem frierenden Kind warme Suppe löffelweise ein. Das Gesicht der Giehse
10 drückte nur die Befürchtung aus, einen Tropfen der kostbaren Nahrung zu verschütten. Sie achtete mit äußerster Konzentration darauf, daß der Löffel nicht erschüttert wurde, daß er den Mund des Kindes mit vollem Inhalt erreichte. Das Muttergefühl war in diese langsame Aktion eingegangen. Den Suppenbodensatz erspähte sie mit vor Eifer zusammengekniffenen Augen, kratzte ihn zusammen, führte ihn mit gespannter Behutsamkeit zum Munde ihres Kindes. Selbst
15 beim Einflößen kam es zu keinem zärtlichen Betrachten der Tochter. Darauf entdeckte sie, daß noch etwas von der kargen Nahrung im Löffel geblieben war. Auch das wurde noch für das Kind gerettet. Dieser einfache Vorgang brachte mich an den Rand der Tränen.

3 Schultheater heute

3.1 Allerlei dramatische Übungen auf der selbstgemachten Schulbühne

Esther Augustin

In Lübeck trafen sich zum zweitenmal die Schultheater der Bundesländer zu Vorführung und Austausch

[...]
Darstellendes Spiel wird in vielen Schulen der Bundesrepublik betrieben: seit langem bestehen Theater-Arbeitsgemeinschaften als zusätzliches Angebot zu den Lehrplänen. Allzu selten aber wird darstellendes Spiel in den regulären Unterricht einbezogen. Positive Beispiele aus anderen Ländern, wie etwa Großbritannien, sollten stärker aufgegriffen werden. Die frühe aktive Ausein-
5 andersetzung mit Theater fördert ja nicht nur Kreativität und Selbstbewußtsein der Schüler, sie kann auch helfen, kritische und aufgeschlossene Theaterkonsumenten zu erziehen. In Lübeck wurde es deutlich: Schüler, die selbst Theater machen oder musizieren, sind aufmerksame Zuschauer.
Obwohl Teilnehmer aus allen Schulformen Aufführungen boten, überwogen eindeutig die Bei-
10 träge aus dem Gymnasium. Wer deshalb aber traditionelle Klassiker- Inszenierungen erwartete, lag falsch: Das selbsterarbeitete Stück steht offenbar im Vordergrund. Die Schüler wollen vermehrt ihre Probleme mit eigenen Worten zum Ausdruck bringen. Ein hoher Anspruch, der trotz intensiven und kreativen Arbeitens nicht immer überzeugend erfüllt werden kann. [...]
Überzeugend schülergerecht in Konzept und Ausführung war der Beitrag aus Rheinland-Pfalz.
15 Die Theater-AG des Hohenstaufen-Gymnasiums Kaiserslautern hatte sich Raymond Queneaus *Stilübungen (Exercices du style)* als Basis für eine höchst amüsante Szenenfolge gewählt. Queneau gibt darin eine bewußt banale Szene in 108 Varianten wieder: Augenzeugen verschiedener Herkunft und aus unterschiedlicher Gruppenzugehörigkeit berichten ein und denselben von ihnen verschieden formulierten Sachverhalt. Der Reiz liegt in der nahezu unbegrenzten Mög-
20 lichkeit szenischer Umsetzung.
Die Theatergruppe des HSG, Schüler der Klassen 6 bis 13, gibt diese Szene in fast vierzig Varianten wieder, teils textgetreu, teils in freiem Ausdruck. Spiel und Sprache verbinden sich aufs glücklichste mit der Musik (von einem Schüler-Jazztrio). Neben der vitalen Gruppenarbeit werden da virtuose Einzelleistungen geboten, wenn zum Beispiel ein Rock'n Roller (Sven Lade-
25 mann) den Text singend und tanzend vorträgt oder ein Dichter (Andreas Gravenhorst) ihn lyrisch deklamiert. Drei Bühnen, eine geschickte Choreographie der Szenenabfolge und nicht zuletzt die Einbeziehung des Publikums machten diese nachmittägliche Aufführung in der Lübekker Holstenhalle zum Erfolg.

,,Ödipus'' – Schultheater Rastatt

,,Sehnsucht''
– Schultheater Schloß Holte-Stukenbrock

,,Autobus S'' – Schultheater Kaiserslautern

Ein Blick auf das Gesamtprogramm macht die enorme Vielfalt der hier gezeigten Stücke und die
regional sehr unterschiedlichen Ansätze im Schultheater deutlich. Neben dem bereits erwähnten waren das selbsterarbeitete und zum Teil experimentelle Stücke und Szenen (aus Nord-
rhein-Westfalen, Hessen und Baden-Württemberg), Schwarzes Theater (Berlin), Sprechoper
und Kabarett (Bayern), aber auch Tanzpantomime (Saarland). Es fehlten aber auch nicht Inter-
pretationen bekannter Vorlagen: Gymnasiasten aus Niedersachsen spielten *Das hältste ja im
Kopf nicht aus* und die Theater-AG des Hamburger Ohmoor-Gymnasiums versuchte sich an
Slawomir Mrożeks *Tango*. Ebenso abwechslungsreich erwies sich der Einsatz von Musik – er
reichte von der collageartigen Tonbandeinspielung über die ständige Begleitung durch eine
Rockband bis zum gelegentlichen Einsatz eines Einzelinstruments mit Gesang. [...]

3.2 Aus der Dokumentation des Hagener Fichte-Gymnasiums

„Hinter den Kulissen"

Bühnenbau und Technik

Nichtprofessionelle Theatermacher wissen,
daß massive Kulissen, die schwer zu bewegen sind, ihre Möglichkeiten übersteigen.
Deshalb wählen sie einfachere Mittel, wie Vorhänge, Stellwände, Podien und leichte Ver-
satzstücke. So gilt für fast alle Bauelemente,
daß sie möglichst vielseitig verwendbar sind.
Das Bühnenbild dient dazu, daß der Zuschauer erkennen kann, wann und wo das
Stück spielt. Vor allem soll es die „Intention"
des Stückes verdeutlichen.

„Wer sucht, der findet"

Die Arbeit des Requisiteurs

Requisiten sind die Gegenstände, mit denen
die Darsteller auf der Bühne hantieren. Deshalb müssen sie dem Stil der Spielvorlage
entsprechen, was zwangsläufig das Problem
des Requisiteurs ist, der solche Dinge oftmals
beschaffen, eben „requirieren" muß, da sie
nicht immer zur Hand sind. Manchmal muß
der Requisiteur die Requisiten selber herstellen, er muß handwerkliche Fähigkeiten besitzen, denn der Satz: „Wer sucht, der findet",
der gilt eben nicht immer.

„Maskenmachen und Abschminken"

Die Arbeit der Maskenbildnerin

Mit einem Tuschkasten, diversen Farben, einigen Dosen Teint und einer Dose Puder kann der
Maskenbildner in Kürze ein jugendlich-frisches Gesicht in eine kränkliche, schmerzverzerrte
Miene verwandeln – oder umgekehrt.
Wichtig ist, daß sich handwerkliches Geschick mit zeichnerischer oder künstlerischer Bega-
bung paart. Doch leider ist diese Kunst allzu vergänglich: Selbst die schönste „Charakter-
maske" wird am Ende „abgeschminkt".

„Es ist noch kein Meister vom Himmel gefallen"

Über die Probenarbeit

Soll die szenische Darstellung eines Stückes gelingen, dann ist ein genauer Probenplan erforderlich. Die Probenarbeit beginnt nach der Lektüre des Textes mit Vorgesprächen.
Nach den vorbereiteten Leseproben beginnen Stellproben, in denen Auftritte, Abgänge sowie die für das Zusammenspiel wichtigen Bewegungsabläufe erarbeitet werden müssen.
Dann folgen die Stückproben und daraufhin die Durchlaufproben, die allen Beteiligten die Möglichkeiten geben, Stück und Inzenierung als Ganzes zu spielen oder kennenzulernen.
Schließlich kommen Bühnenbild, Kostüm und Maske hinzu. Die Hauptprobe und die Generalprobe bieten kurz vor der Premiere letzte Möglichkeiten der Kritik und der Veränderung.

„Kleider machen Leute"

Kostüm im Schultheater

Zu jeder Inszenierung benötigt man ein passendes Kostüm. Es ist im Gesamtkomplex der szenischen Vorgänge allerdings nur eines von vielen Wirkungsmitteln. Das Kostüm soll nicht nur auf das Bühnenbild abgestimmt sein; es muß auch zur Zeitepoche und zum geographischen Raum des Stückes passen. Darüber hinaus muß es noch charakterisieren, die Rolle formen und Beziehungen zur Gegenwart schaffen.

Der Regisseur: Ein notwendiges Übel?

Über Regie auf der Schulbühne

Auch im Schultheater ist die Regie zur Aufführung eines Stückes unumgänglich. Der Regisseur verlebendigt das literarische Werk zum Bühnengeschehen. Bei den Proben arbeitet der Regisseur eng mit den Schauspielern zusammen; man probiert Sprechweisen, „Gänge" und Bewegungen. Im Regiebuch werden dann alle Reaktionen dokumentarisch festgehalten. Der Regisseur und sein Team behalten so die Übersicht über das ganze Stück.

„Du sollst nicht stehlen"

Über Urheberrecht und Tantiemen

Das Urheberrecht sichert das Recht am geistigen Eigentum. Es schützt die Urheber von Werken der Literatur, der Wissenschaft und der Kunst. Dem Urheber allein steht das Vervielfältigungs-, Verbreitungs- und Aufführungsrecht zu. Doch kommt es oft vor, daß ein „Stückschreiber" seine Rechte an einen Theaterverlag abtritt. Wer ein so geschütztes Stück auf die Bühne bringen will, muß das Aufführungsrecht erwerben und Tantiemen zahlen.
- Wer nicht zahlt, stiehlt.
- Wer stiehlt, wird bestraft.
- Also: Du sollst nicht stehlen! (siehe oben)

Bühnenbildentwurf zu Bertolt Brechts „Kleinbürgerhochzeit"

3.3 Horner Thesen zum Schultheater

Auf der Fachtagung der Bundesarbeitsgemeinschaft (BAG) für das Darstellende Spiel 1984 in Hamburg-Horn erarbeitete Thesen:

1.
Schultheater ist dann besonders überzeugend, wenn es sowohl im Thema als auch im Arbeitsprozeß den Schülern Möglichkeiten
5 zur Selbstfindung bietet und dabei zugleich eine ästhetische Gestaltung verfolgt.

2.
Wenn in einem Theaterstück Probleme der Heranwachsenden thematisiert werden,
10 macht dies allein noch keine gelungene Aufführung aus.

3.
Darstellendes Spiel ist geeignet, „jugendliche" Seiten der menschlichen Psyche zu ent-
15 wickeln: Offenheit für Situationen und Beziehungen, Mut zum Risiko und zum Experiment, Kreativität und soziale Lernbereitschaft.

4.
Für die Arbeit an einem Theaterprojekt sind
20 sowohl der Entstehungsprozeß als auch die Vorstellung des Ergebnisses vor einem Publikum wichtig.

5.
Die Pädagogik des Darstellenden Spiels in der Schule kann die Frage nach den Inhalten nicht ausklammern. Spiel schafft bei der Wahl des richtigen Themas allerdings nur ein Problembewußtsein; es kann helfen, Probleme zu durchschauen. Spiel ersetzt nicht das Handeln in der Realität.

6.
Genaue Kenntnisse über das soziale Umfeld einer Spielgruppe und über das besondere Verhältnis dieser Gruppe zu Strömungen in der Jugendkultur stellen wichtige Voraussetzungen für die schulische Theaterarbeit dar.

7.
Darstellendes Spiel in der Schule muß die spezifischen Ausdrucksmittel und Ausdrucksbedürfnisse von Heranwachsenden berücksichtigen, ohne die vielfältigen ästhetischen Gesetze des Theaters zu mißachten.

8.
Das Schultheater sollte das Kopieren des professionellen Theaters unbedingt vermeiden. Es sollte sich vielmehr auf die eigenen Ausdrucksmöglichkeiten besinnen.

9.
Die Arbeit des professionellen Theaters sollte auf die Schultheaterarbeit anregend, aber nicht bestimmend wirken. Eine Zusammenarbeit zwischen Schultheater und Berufstheater muß von der jeweiligen Eigenständigkeit ausgehen. [...]

3.4 Spielräume

Aus dem Protokoll eines Arbeitstreffens

Unentdeckte „Spielplätze"
Üblicherweise gilt in der Schule die Aula oder ein vergleichbarer Raum als der einzige für das Schultheater zuständige Spielort. Aber die Architektur jeder Schule – das Schulgelände eingeschlossen – bietet darüber hinaus viele Stellen und Plätze, die zu einem Spielort verwandelt werden können: Treppen, Flure, Eingangs- und Pausenhallen, Winkel und Ecken auf dem Schulhof, Innenhöfe, vielleicht auch das Flachdach eines Schulpavillons.

Solche Plätze können gelegentlich durch Spiel eine ungewohnte Funktion erhalten – etwa als Station eines theatralischen Parcours, der sich durch Schule und Schulgelände zieht: sie können aber auch zum ständigen, über die einmalige Aktion hinausgehenden Spielort werden z. B. als Schauplatz eines regelmäßig an dieser Stelle stattfindenden Pausentheaters. Bühnentechnik ist für diese Spielorte nicht erforderlich. Das Theater ist hier – wie beim Straßentheater – dicht am Zuschauer dran.

Spielraum – Publikum

Die Verlagerung des Theaters von der Aula an andere Plätze in der Schule schafft ein anderes Verhältnis zwischen Spielraum und Publikum. Im Gegensatz zum Besuch einer Aufführung in der Aula begibt sich der Zuschauer nicht zum Theater, das Theater muß vielmehr zum Zuschauer kommen.

Das Publikum solcher Theateraktionen ist fast ausschließlich ein Pausenpublikum. Es hält sich an ganz bestimmten Plätzen auf, meist nach Altersstufen gruppiert. Diese Plätze müssen die Theatermacher kennen; sie müssen aber auch wissen, daß solche „Brennpunkte" gelegentlich wechseln. Ein Pausenpublikum bringt grundsätzlich gute Zuschauerqualitäten mit: Nach langer – oft langweiliger Unterrichtszeit – ist es auf Abwechslung eingestellt und bereit, bei fast jeder Aktion mitzugehen und eventuell mitzumachen. Es kann aber auch aus gleichen Gründen „genervt" sein. Über diese Schwelle müssen die Spieler dann schnell hinwegkommen, um den gewünschten Kontakt mit den Zuschauern herzustellen.

Wichtig für alle Mitspielaktionen: Das Publikum hat in jedem Fall Partner zu sein und darf nicht überfahren oder herabgesetzt werden. [...]

Spielraum – Spielformen/Spielmittel

Im Gegensatz zur Aula gibt es beim Pausentheater keine Sitzreihe, aus der man nicht heraus kann, und keine geschlossene Tür, die einen, der sich langweilt, am Weggehen hindert.

Daher sind geeignete Spielformen einzusetzen, um den Zuschauer zu binden. Wie beim Straßentheater gilt deshalb: „... prägnant auftreten, mitreißend agieren, Typisches betonen, wenig psychologisieren, handfeste Situationen bauen und besonders: rechtzeitig aufhören." Es sind also kurze Aktions- und Spielformen (Doubeln, walk acts, Parcours, Pantomimen, Grotesken, Sketche u. ä.) zu bevorzugen, mehr körperbetont als verbal ausgerichtet, inhaltlich auf Schule, Jugendprobleme und alles, was naheliegt, bezogen. Auch nur Unterhaltendes ist hier am Platz.
[...]

Zielsetzung und Planung

Die abgedruckten Texte bieten mehrere Arbeitsmöglichkeiten.
1. Das Erspielen einer Szene aus dem „Biberpelz" mit Hilfe von Stellproben. Ziel: Die Aufführung in der Klasse oder auf der Schulbühne.
2. Das Erarbeiten einer modernen Theaterform anhand einer Szene aus „Mutter Courage und ihre Kinder".
3. Das Gespräch über Erfahrungen aus eigenen und fremden Schultheater- inszenierungen.

Die Beschäftigung mit dem einen oder anderen Abschnitt kann verbunden werden mit
– einem Referat über Inhalt und Gegenwartsbezug des Werkes, dem die ab- gedruckte Szene entnommen ist
– einem Theaterbesuch nach vorheriger Lektüre des gesamten Stückes
– einer Diskussion der Klasse mit einem Theaterfachmann
– der Teilnahme an der Probenarbeit auf einer öffentlichen Bühne
– einem Vergleich des dramatischen Werkes mit der entsprechenden Film- fassung.

Anregungen

1   Gerhart Hauptmann: „Der Biberpelz"

Eine Szene wird erspielt:

Text 1.1
S. 176
Der Handel der Mutter Wolffen um den Preis des gewilderten Rehbocks ist ein in sich geschlossenes Geschehen, das, gut gespielt, sehr wirkungsvoll ist.

Durch das Erspielen mit oder ohne Vorführung vor Gästen entdeckt ihr selbst, was eine Komödie ist, welche Arten von Komik es gibt und weshalb man den „Biberpelz" als eine „naturalistische Gesellschaftskomödie" bezeichnet.

Texte 1.2
S. 180
Aus den Texten „Zur Entstehungsgeschichte des Stückes" erfahrt ihr, wie na- turgetreu – der Fachausdruck heißt „naturalistisch" – der Dichter das soziale Milieu nachzeichnet.

Texte 1.3
S. 181
Die Texte „ „Der Biberpelz' auf der Bühne" können euch helfen, sachkundig zu erörtern, wie ihr selbst die Mutter Wolffen verstehen und spielen wollt.

S. 176
○ Zeichnet nach der Regieanweisung zum 1. Akt eine Grundrißskizze für das Bühnenbild. Überlegt, weshalb der Autor so viele Einzelheiten vorschreibt.

S. 176
○ Weshalb läßt der Dichter seine Personen Dialekt sprechen? Versucht euch selbst im Vortragen.

○ Wodurch werden Mutter Wolffen und Wulkow zu Figuren einer Komödie? An welchen Stellen wird die komische Wirkung durch das Wort *(Wortkomik)*, durch die Charaktere *(Charakterkomik)* oder durch die Situation *(Situationskomik)* ausgelöst? Hinweise dazu findet ihr in den Texten 1.3.

S. 181 f.

Die Rollengestaltung wird vor allem bestimmt durch die Art der Gesprächsführung sowie durch Sprechweise, Mimik und Gestik.
○ Wie verlaufen die einzelnen Phasen des Gesprächs? Welche Emotionen werden wach? Wie wird argumentiert?
○ Welche Stellen in dieser Szene verlangen besondere Überlegungen für die mimisch-gestische Gestaltung?
○ Wie bewegen sich die Figuren auf der Bühne?
○ Wie kann man den Figuren durch die Sprechweise eine individuelle Note geben?

Überlegungen zu einer Aufführung vor Gästen:
○ Wie könnt ihr mit einfachen Mitteln ein „naturalistisches Bühnenbild" erreichen?
○ Wie sind die Figuren zu spielen? Wie agieren sie auf der Bühne? Probiert die Haltungen, Stellungen, Gänge auf der Spielfläche aus. Wie sprechen sie? Wie könnt ihr die verschiedenen Arten von Komik darstellen?
○ Zu einer Vorführung der Szene vor Gästen empfiehlt es sich, daß ihr vor Beginn den Inhalt der ganzen Komödie berichtet, von des Dichters Kindheit und Jugend sowie seinem Aufenthalt in Erkner erzählt und die Absicht erklärt, die ihr mit der Vorführung verfolgt.

2   Bertolt Brecht: „Mutter Courage und ihre Kinder"

1. Bild: Eine moderne Theaterform wird erspielt

Text 2.1
S. 184 ff.

Die episodenhafte Anlage des 1. Bildes als kleine, in sich geschlossene Einheit mit einer Fülle von Begebenheiten und episch-demonstrierenden Elementen macht es für eine szenische Erarbeitung und Aufführung gut geeignet. Dabei läßt sich herausfinden, was Brecht unter „epischem Theater" versteht.
Im Modellbuch zu seiner eigenen Inszenierung des Stückes in Berlin (Ost) gibt Brecht Hinweise zur *Bühnengestaltung:*
- Die Bühne wird mit einer halbhohen, leichten Leinengardine vom Zuschauerraum abgegrenzt. Auf ihr wird vor Beginn des Spiels mit Hilfe kurzer Titel der Inhalt der folgenden Szene angezeigt.
- Nach Öffnung der Gardine wird eine leere Bühne mit einem Rundhorizont im Hintergrund sichtbar. Darüber ist in großen schwarzen Buchstaben der Name des Landes zu lesen, in dem sich die Courage aufhält.
- Die Bühne ist gleichmäßig strahlend hell erleuchtet.
„Die Illusion des Theaters muß eine teilweise sein, so daß sie immer als Illusion erkannt werden kann" *(Brecht in „Materialien", S. 15).*

– Vor Beginn des Songs wird vom Schnürboden ein Musikemblem heruntergelassen. Es dient dazu, „den Wechsel zu einer anderen ästhetischen Ebene, der musikalischen, sichtbar zu machen" *(Brecht in „Materialien", S. 12).*

Das wichtigste Requisit der Bühnenausstattung ist der Marketenderwagen. Er erscheint in allen 12 Bildern.
○ Inwiefern läßt sich seine zentrale Bedeutung bereits im 1. Bild erkennen?
○ Auf welche Weise wird im Laufe des Stücks das Aussehen des Wagens mehrmals abgeändert werden müssen, damit er die jeweilige gute oder schlechte geschäftliche Situation der Courage anzeigt?

In dem Gespräch zwischen Werber und Feldwebel ist von „Ordnung" und „Moral" die Rede.
○ Welche Art von Ordnung und welche Art von Moral ist gemeint?
○ Welche Funktion hat dieses Gespräch am Beginn des Stückes?

Im Mittelpunkt des ganzen Stückes steht die Courage.
○ Weshalb zieht sie in den Krieg? Was sagt das 1. Bild darüber aus?

Texte 2.2
S. 191 ff.
○ Vergleicht die Berichte über die Aufführungen in Zürich 1941 und Berlin 1949. Weshalb meint Brecht, die Züricher Uraufführung des Stückes sei seiner Intention nicht gerecht geworden? Warum will er vermeiden, daß sich die Zuschauer mit der Mutter Courage identifizieren?

Text 2.3
S. 194
○ Untersucht: In welcher Weise hat sich das Rollenverhalten der Schauspieler im Brechtschen Theater verändert?

Der Song im 1. Bild und die Bedeutung der Songs für das Stück insgesamt:
○ Ist der Song Bestandteil der Handlung oder ist er eine Einlage, die nicht unmittelbar zum Geschehen gehört? Welche Funktion hat er im 1. Bild?
○ Wie ist er im 1. Bild vorzutragen? Versucht es.

Hinweise zur Aufführung des 1. Bildes auf der Schulbühne:
– Auf den Einsatz eines realen Marketenderwagens könnt ihr verzichten. Es genügt, wenn ihr ihn mittels Dia auf den hinteren Rundhorizont projiziert.
– Der Song mit seiner musikalischen Begleitung kann durch Schallplatte „eingespielt" werden.

3 Schultheater heute

Die Texte dieses Abschnittes sollen Mut machen zur Arbeit auf der Schulbühne und die Diskussion anregen über das Thema: „ Wozu und wie Theater in der Schule?"
○ Berichtet über eine Theateraufführung, die großen Eindruck auf euch gemacht hat.

Vgl. Text 3.3
S. 201
○ Worin besteht nach eurer Meinung der Unterschied zwischen einer Aufführung des öffentlichen Theaters und einer Schulaufführung?

○ Erkundigt euch, welche Stücke in den letzten Jahren an eurer Schule aufgeführt worden sind. Wie kam ihre Wahl zustande?

Text 3.1
S. 197
○ Welche der in diesem Abschnitt erwähnten Schüleraufführungen möchtet ihr selbst einmal versuchen?

Literaturhinweise

Bellmann, Werner (Hrsg.): Gerhart Hauptmann. Der Biberpelz. Erläuterungen und Dokumente. Stuttgart: Reclam (8141).

Hecht, Werner (Hrsg.): Materialien zu Brechts ,,Mutter Courage und ihre Kinder''. edition suhrkamp 50. Frankfurt/M.: Suhrkamp 1964.

Daiber, Hans: Deutsches Theater seit 1945. Stuttgart: Reclam 1976.

Batz, Michael/Schroth, Horst: Deutsches Theater zwischen Tür und Angel. Reinbek: Rowohlt Taschenbuchverlag 1983.

Kramer, Michael: Pantomime und Clownerie. Anleitung und Vorschläge. Gelnhausen: Burckhardthaus-Laetare 1986.

Kapitel 6

Die Zukunft des Menschen: Sachbuch und erzählende Literatur

Einführung

Der Mensch ist das einzige Wesen, das weiß, daß es eine Zukunft hat. Doch diese Zukunft liegt im dunkeln. Wir wissen nicht, was sie uns bringt, und möchten sie erhellen.

Es gibt Hoffnung, daß der wissenschaftliche Forschungsdrang, die technische Erfindungskraft und der politische Wille vieler Menschen eine Welt künftig in Gerechtigkeit, Frieden und Freiheit schaffen.

Daneben gibt es aber auch Ängste und Ungewißheiten: Wer übersieht heute schon die Folgen wissenschaftlicher Entdeckungen? Wer weiß, welche technischen Erfindungen langfristig dem Menschen nützen? Wer kennt einen Weg, wie man den Frieden sichern, Krankheit, Hungersnot und Unterdrückung eindämmen und die gleichen Rechte für alle verwirklichen kann?

Dieses Kapitel handelt von der Zukunft des Menschen.

Abschnitt 1 stellt Erkenntnisse aus der Weltraumforschung und Bilder aus der Raumfahrt in Gegensatz zu den Phantasien berühmter Science-fiction-Autoren.

Abschnitt 2 kontrastiert gegensätzliche Zukunftsvisionen, die uns die Gefahren einer totalitären und die Träume von einer besseren Welt vor Augen stellen, mit der Prognose eines modernen Philosophen und Naturwissenschaftlers.

Abschnitt 3 macht auf Besonderheiten von Sachbuch, Science-fiction und Utopie aufmerksam.

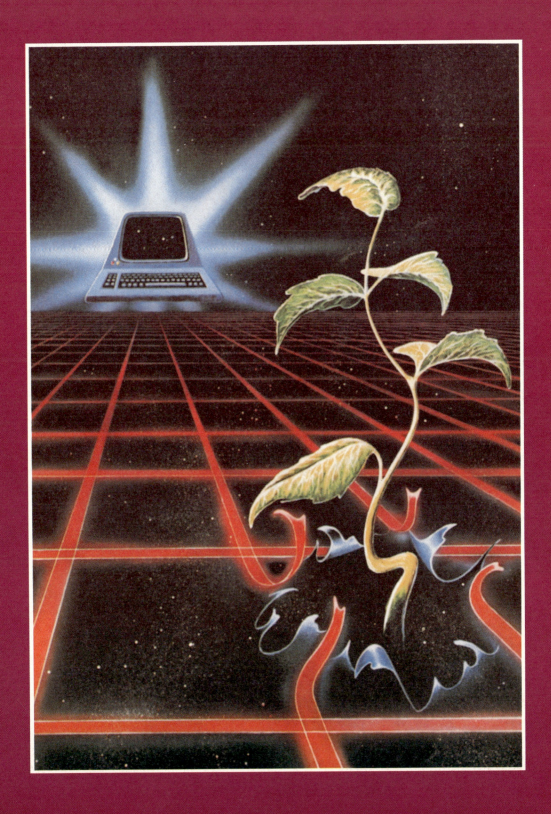

1 Weltraum in Wirklichkeit und Science-fiction

1.1 Der himmlische Ausblick (1986)

Ulf Merbold

Am 28. November erhob sich die Raumfähre ,,Columbia'' von der Startrampe des amerikanischen Raumfahrtzentrums Cape Canaveral. Unter den sechs Astronauten an Bord des Shuttle, mit dem das europäische Raumlabor zum ersten Mal in den Orbit getragen wurde, befand sich Dr. Ulf Merbold als wissenschaftlicher Astronaut, einziger Europäer bei der Spacelab-1-Mission und erster Bürger der Bundesrepublik Deutschland im Weltall.
Zweitausend Bewerber hatten sich Jahre zuvor für dieses Unternehmen gemeldet. Physische und psychische Belastbarkeit, hohe wissenschaftliche Qualifikation und leidenschaftliches Interesse für die Fliegerei führten schließlich dazu, daß die Wahl auf Ulf Merbold fiel. Sechs Jahre der Vorbereitung und intensiven Trainings vergingen, ehe das Spacelab mit sechs Astronauten an Bord um die Erde kreiste.

[...]

Für den Ausblick aus den Fenstern des Cockpits gab es keine Worte. Vor allem die Schönheit unseres Heimatplaneten Erde raubte mir den Atem.

Aus unserer Höhe von 250 km betrug die Entfernung bis zum Horizont 1800 km. Wir konnten also nicht die gesamte Erde sehen, sondern überblickten eine Scheibe von etwa 3500 km Ge-
5 samtdurchmesser. Die Nähe der Erde gab uns das Gefühl, noch immer ihren mütterlichen Schutz zu genießen. Das war zwar trügerisch, aber im Falle einer Notsituation wären wir immerhin in der Lage gewesen, innerhalb weniger Stunden am Boden zu sein. Wie anders mögen sich die zwölf Amerikaner auf dem Weg zum Mond gefühlt haben? Sie hätten nicht einfach umkehren können. Erst mußten sie zum Mond fliegen, da seine Anziehungskraft die Apollo-Kapsel wie-
10 der zur Erde zurückschleuderte. Die vielen Bilder zeigen, daß für sie die Erde zu einer kleinen Scheibe schrumpfte. Sie sahen die Heimat als fernen Körper am Firmament.

Trotz der relativen Nähe unserer Umlaufbahn sahen wir die Krümmung des Horizonts. Darüber erstreckte sich der pechschwarze, unendliche Weltraum. Darunter aber leuchtete unser Heimatplanet in den Farben Weiß und Blau. Das Blau rührt von den großen Ozeanen, das Weiß
15 von den Wolken her.

Um den Horizont zieht sich ein königsblauer Saum von geradezu hinreißender Schönheit. Er ist hauchdünn und wird von der irdischen Atmosphäre, der Lufthülle, gebildet.

In meiner Kindheit hatte ich öfter Ausdrücke wie Luftozean oder Luftmeer gehört. Sie suggerierten eine fast unbegrenzte Mächtigkeit der Lufthülle. Nun rührte es mich wie ein Donner-
20 schlag, wie wenig davon um den Erdball vorhanden ist. Immerhin hängt das Leben davon ab.

Die Sonne erstrahlt als gleißender Stern. Vom Weltraum aus gesehen steht sie mitten im Schwarzen. Ich konnte sie nicht ohne Augenschutz betrachten, weil mir vor Helligkeit die Augen schmerzten. Das tiefe Schwarz des Weltraums und die gleißende Sonne bildeten den extremsten Gegensatz, den ich überhaupt gesehen hatte.

25 Außer der Sonne stehen natürlich auch Sterne am Himmel. Man kann sie aber mit dem bloßen Auge nicht erkennen, weil sie vom Licht der Sonne und der Erde überstrahlt werden.

Um die Sterne zu sehen, brauchten wir nicht lange zu warten, denn innerhalb von 90 Minuten umrundete unser Raumschiff die Erde. In dieser Zeit geht die Sonne auf und wieder unter. Der Sonnenauf- und -untergang verläuft sechzehnmal schneller als am Boden. Es ist faszinierend,

Astronautenansicht der Erde: die großartige Schönheit der Meere und Kontinente
unterhalb der ständig wechselnden Wolkengebilde.

30 diesem Schauspiel zuzusehen. Es wird sehr rasch dunkel, so, als würde in einer romantischen Oper der Beleuchtungsmeister die Bühnenbeleuchtung ausgehen lassen. Kurz bevor die Sonne endgültig versinkt, leuchtet der dünne Saum der Atmosphäre nochmals in allen Farben des Regenbogens auf.

Ist die Sonne untergegangen, sieht man den Sternenhimmel leuchtend klar. Von der Schön-
35 heit der hellen Wintersterne – wie Sirius – und ihrer Sternbilder waren wir alle beeindruckt. Sie standen am Himmel, ohne zu funkeln. Von unserer Position aus betrachteten wir sie nicht durch die Atmosphäre hindurch, so daß die Lichtbrechung keine Rolle mehr spielte. Viel deutlicher als am Boden konnten wir ihre Farben unterscheiden. Der Stern Riegel im Sternbild Orion leuch-tete zum Beispiel blau, während Beteigeuze, der linke Schulterstern des Orion, in rötlichem
40 Licht erstrahlte.

Eine Überraschung erlebte ich, als ich Sterne beim Untergehen beobachtete. Erst ver-schwanden sie, dann tauchten sie nochmals auf, und wenig später waren sie endgültig unterge-gangen. Ich litt keineswegs an Halluzinationen, sondern des Rätsels Lösung liegt in der OH⁻-Schicht. [...] Nähert sich ein Stern dem Horizont, dann sinkt er durch diese in etwa 85 km Höhe
45 liegende Schicht hindurch. Sein Schein wird dabei vom hellen Infrarotlicht, das von ihr ausgeht, überdeckt. Hat der Stern diese Schicht passiert, nimmt ihn das Auge wieder wahr, bis er unter dem wirklichen Horizont verschwindet.

Zum nächtlichen Firmament möchte ich noch anmerken, daß das menschliche Auge von der Erde aus vermutlich denselben Reichtum an Sternen sehen kann, wenn man den Himmel
50 fernab von Streulichtquellen, also vom Hochgebirge oder von hochliegenden Wüsten aus, be-obachtet. Im sichtbaren Spektralbereich ist unsere Atmosphäre vollständig durchlässig, sofern sie nicht zu sehr von Aerosolen[1] verunreinigt ist.

Betrachtet man die Erde bei Nacht, gewinnt man einen direkten Eindruck von der Bevölke-rungsdichte auf Grund der künstlichen Beleuchtung. Die großen Städte schienen mir durch das
55 Meer ihrer Millionen von Lichtern zum Greifen nahe zu sein. Sie leuchteten zu uns herauf, als wollten sie die Sterne des Himmels verblassen lassen.

Wie am Beispiel Italiens schon erwähnt, kann man an Hand der künstlichen Beleuchtung sogar die Küstenlinien eines Landes ausmachen.

Ein anderes spektakuläres Schauspiel boten uns die Erdölfelder. Die Flammen, in denen das
60 ausströmende Gas abgefackelt wird, sind die hellsten Lichtquellen überhaupt. Sie sind so inten-siv, daß man ihren roten Schein sogar durch Wolkendecken hindurch wahrnehmen kann.

Sehr dramatisch und zugleich ästhetisch schön kamen mir die Kaltfronten vor, die Grenz-zonen der Atmosphäre, in denen kalte Luft auf warme trifft. Welche ungeheuren Energien dabei frei werden, veranschaulichen überaus deutlich die linienartig aufgereihten Gewitter. In den ge-
65 waltigen Wolkenmassen blitzt es ständig irgendwo. Dabei werden die Wolken von innen heraus erleuchtet. Wenn man die Energie, die sich hier in einer oft 1000 km langen Linie entlädt, fassen könnte, ließe sich vermutlich der ganze Erdball damit versorgen. Von oben bieten die Gewitter ein gewaltiges, aber herrliches Schauspiel. Beim zuckenden Schein der Blitze dachte ich jedes-mal: bloß nicht mit einem Flugzeug in einen solchen Hexenkessel geraten!

70 In der Regel blieb uns aber keine Zeit, am Fenster unseren Gedanken nachzuhängen. Auf Grund unserer hohen Geschwindigkeit jagte ein Wunder das nächste. Kamen wir zum Beispiel in die Nähe der magnetischen Pole, sahen wir bei Nacht die Nordlichter schräg von oben. Zwei-

---

[1] Schwebstoffteilchen in der Luft, z.B. feinverteilte Flüssigkeit (Nebel; Staub; Rauch)

fellos gehören sie zu den grandiosesten Phänomenen, die die Natur hervorbringt. Sie werden
dadurch erzeugt, daß schnelle Elektronen in die hohe Atmosphäre eindringen, in etwa 110 km
75 Höhe durch Stoßprozesse ihre Energie abgeben und die Luft zum Leuchten bringen.

Von uns aus gesehen erschienen die Nordlichter wie märchenhaft leuchtende Gardinen. Sie
waren ständig in Bewegung und änderten auch ihre Farbe. Vielleicht ist es nur einem Dichter
möglich, in Sprache wiederzugeben, welche Saiten der menschlichen Seele durch ihren Anblick in Schwingungen versetzt werden. Auf mich wirkten die Leuchtphänomene wie elfenartige
80 Wesen. Sie haben keine Formen, und auch ihre Farben sind zart und pastellartig. Auf der anderen Seite machten sie auf mich wegen ihrer riesenhaften Dimensionen und energiegeladenen
Dynamik auch den Eindruck roher Gewalt. Ich sah ihnen mit staunenden Augen zu und fühlte
mich klein dabei. Einem Matthias Claudius, einem Novalis, einem Goethe, einem Eichendorff
oder einem Rilke fiele es bestimmt leichter als mir, die Wunder dieser Welt zu beschreiben.
85 Ich selbst wäre oft gern geblieben, um das gigantische Schauspiel der Natur länger in mich
aufnehmen zu können, aber der Shuttle duldete kein Verweilen. Unerbittlich ging es mit
27 000 km in der Stunde vorwärts. So löschte der rasche Sonnenaufgang die Nordlichter aus.

Doch auch dieser betörte die Sinne. Für uns gab es keine Dämmerung. Mit einem Mal war die
Sonne da und „förderte neues Leben". Jedesmal, wenn ich sie heraufsteigen sah, kamen mir
90 die Worte in den Sinn, die Goethe Faust in den Mund gelegt hat: „Ich eile fort, ihr ew'ges Licht
zu trinken, / Vor mir den Tag und hinter mir die Nacht, / Den Himmel über mir und unter mir die
Wellen. / Ein schöner Traum, indessen sie entweicht ..." So kam es auch mir vor. Doch es war
keiner, ich träumte nicht. [...]

Die Hochrüstung erscheint mir seit meinem Weltraumflug als die groteskeste Entgleisung der
95 menschlichen Vernunft. Mit der Vernichtungskraft der von den Supermächten angehäuften
Waffen würde das Leben auf diesem schönen Planeten vernichtet werden. Das Furchtbare ist,
daß kein Bewohner der Erde dieser existentiellen Bedrohung entrinnen kann, weil es beim
Raumschiff Erde kein Aussteigen gibt. [...]

1.2 Der Schicksalstag der „Gallia"

Aus: Die Reise durch die Sonnenwelt (1875)

Jules Verne

*Der französische Schriftsteller Jules Verne (1828 – 1905) gilt als Vater der Science-fiction-Literatur.
In seinem Roman „Die Reise durch die Sonnenwelt" streift ein Komet die Erde in der Gegend
des Mittelmeers. Er reißt einen Teil der Erdoberfläche ab und führt ihn hinaus in den Weltraum.
Einige Menschen haben den Zusammenstoß heil überstanden: der französische Kapitän Servadac,
Leutnant Prokop und der junge Ben-Zouf. Auf dem Erdbruchstück „Gallia" leben noch der
Astronom Palyrin Rosette und der russische Graf Timascheff. Alle hoffen auf einen guten Ausgang
des Weltraumabenteuers.
Der folgende Textauszug ist dem 11. Kapitel des Romans entnommen und schildert den Augenblick der Entscheidung: Gerät die „Gallia" in das Gravitationsfeld des Planeten Jupiter, oder
kehrt sie in einer Ellipse zur Erde, wenn möglich an die gleiche Stelle, zurück?*

[...]

Nach Feststellung von Durchmesser, Umfang, Oberfläche, Rauminhalt und Dichtigkeit blieb nur noch die Berechnung der Masse, des eigentlichen Gewichts. Der arme Ben-Zouf vernahm zum erstenmal im Leben von Quintillionen, Quadrillionen und Trillionen. Ihm schwirrte es im Kopf. Je größer die Masse eines Himmelskörpers ist, desto größer ist seine Schwerkraft.
5 Ein irdisches Kilogramm würde auf der Sonne das Achtundzwanzigfache wiegen. Leutnant Prokop suchte Ben-Zouf zu belehren, freilich ohne Erfolg. Der unbelehrbare und auch wieder neugierige Schüler vom Montmartre stellte ihm nur die Gegenfrage, ob seine Zahlen auch genau auf ein Gramm berechnet waren.

Der Professor sah sehr wohl, daß Ben-Zouf selbst ihn bei aller Gelehrsamkeit durch verfängli-
10 che Fragen in Verlegenheit bringen könne, darum schwieg er und wollte die Vorlesung beenden. Doch kam ihm Kapitän Servadac noch mit einer Frage zuvor: Woraus bestand der Würfel? Erst schüttelte der Professor den Kopf, als wolle er ablehnen, dann jedoch betonte er mit eigenartig scharf gesprochenen Silben, hier sei die von Ben-Zouf verspottete Gallia der gewiß weit größeren Erde um das Vielfache überlegen. Der Komet sei eine Verbindung von soge-
15 nanntem Tellur mit Gold, und zwar sogar mit einem Goldgehalt von dreißig Prozent!

„Wahrhaftig ein Komet aus Gold?" rief der Kapitän erstaunt.

„Warum nicht", erwiderte der Professor.

„Schon unser berühmter Fachgenosse Maupertius hielt dies nicht für unwahrscheinlich. Be-
säße die Erde denselben Goldgehalt, wären alle Goldmünzen wertloser als Blech. Bei einer
20 Gesamtsumme von zweihundertvierzig Sextillionen Franken ergäbe sich eine unfaßbare Zahl von vierundzwanzig Ziffern."

Erhobenen Hauptes erwiderte der Gelehrte den Gruß seiner Besucher. Schon draußen vor der Tür fragte Ben-Zouf, was für einen Zweck solche Zahlenkünste des brummbärigen Taschenspielers überhaupt hätten. „Eigentlich gar keine", belehrte ihn der Kapitän, „doch ge-
25 rade deswegen sind sie oft so reizvoll."

Seit die drei Herren und die getreue Ordonnanz erfahren hatten, daß sie mehr noch als Goldgrund unter den Füßen hatten, überließen sie den Professor wieder seinen Beobachtungen und Berechnungen. Der nächste Tag war nach dem hier entthronten Erdkalender der 1. August. Für den Gelehrten war es der 63. Gallia-April. Der Komet war jetzt etwas mehr als 118
30 Millionen Meilen von der Sonne entfernt. Fast noch 48 Millionen lagen vor ihm, bis er am 15. Januar am weitesten von ihr entfernt war und die Wendung zum Rückflug begann. Ihr Gestirn strebte einer glanzvollen Welt zu.

Um nichts hätte der Astronom oben in seinem einsamen Observatorium die stillen Nächte hergegeben. Entzückt las er die Flammenschrift am nächtlichen Himmel. Mehr und mehr nä-
35 herte sich die Gallia der Welt des Planeten Jupiter und seiner Monde.

Bisweilen kam dem Gelehrten der Gedanke, ob nicht der ungeheure Planet die schwache Gallia an sich fesseln und sie in die Gesellschaft seiner Monde eingliedern könne. Auch Leutnant Prokop verhehlte sich diese Gefahr nicht. Nur war Palmyrin Rosette in seine Wissenschaft so vernarrt, daß er sogar zufrieden gewesen wäre, wenn seine Gallia sich den Milliarden der
40 Milchstraßengestirne zugesellt hätte.

Der Durchmesser des Riesen Jupiter ist elfmal so groß wie der der Erde, nicht minder weit überragend sein Umfang, sein Rauminhalt so gewaltig wie der von 1414 Erdkugeln und seine Masse fast dreihundertvierzigmal so groß. Seine Kreisbahn um die Sonne beanspruchte nach irdischen Maßstäben statt eines Jahres elf Jahre, zehn Monate, siebzehn Tage und acht Stun-
45 den, nicht zu vergessen noch zweiundvierzig Minuten. In der Sekunde legte der Gigant dreizehn Kilometer zurück.

Die beiden Himmelskörper rasten aufeinander zu. Schon waren die einzelnen Kontinente
voneinander zu unterscheiden.
Holzstichillustration der ersten französischen Gesamtausgabe.

Von Jahreszeiten konnte keine Rede sein, denn seine Bahn – anders als die der Erde – verlief nahe seinem Äquator.

Graf Timascheff und Kapitän Servadac folgten eines Abends mit reger Anteilnahme der Vorlesung des kundigen Leutnants Prokop und den anregenden „Berichten aus der Unendlich-
keit" des berühmten Astronomen Flammarion, einer russischen Übersetzung des französischen Werkes. Je entfernter die Planeten waren, desto ehrwürdiger und am meisten entwik-
kelt waren sie. Ein Vorteil war, daß Jupiter und Gallia nicht denselben Bahnen sich näherten.
Nur mitgerissen, nicht gestoßen, müßte der Komet sich, falls unvermeidbar, anschließen.

Neptun, 690 Millionen Meilen von der Sonne, dem Mittelpunkt unseres Planetensystems entfernt, hatte sich nach Flammarions Überzeugung zuerst aus der Nebelmasse der Sonne entfernt und schon vor Milliarden von Jahrhunderten gelöst. Jupiter, der Gigant unseres Sy-
stems, hatte laut Flammarion immerhin auch schon seine siebzig Millionen Jahrhunderte auf
dem Rücken, Uranus weniger, Mars noch weniger, und unsere Erde, nur gut zwanzig Millionen Meilen von der Sonne entfernt, entsprang dem Schoß der Sonne vermutlich erst vor
kaum hundert Millionen Jahren. Noch erheblich später machten sich Venus und Merkur auf
ihre beträchtlich kürzere Bahn, und unser Mond, Frau Luna benannt, kam überhaupt nicht
aus der Sonne zum Vorschein, sondern war und ist irdischen Ursprungs.

In der zweiten Septemberhälfte näherten sich Gallia und Jupiter einander immer mehr. Noch
nie hatte bisher ein Menschenauge die ungeheure Scheibe des Riesen unter den Planeten so
deutlich gesehen. Von der Sonne beleuchtet, ließ sie ihre Strahlen auf die Gallia fallen. Die
kleine Nerina, Mond und Begleiter des Kometen, verschwand an eigenem Licht fast völlig.
Schon immer galt es als unmöglich, ohne Fernrohr die Jupitermonde zu erkennen. Nur wenigen Menschen mit besonders beneidenswertem Sehvermögen war dies vergönnt, so dem Lehrer des berühmten deutschen Astronomen Kepler, einem sibirischen Jäger, einem ehemaligen
Direktor der Sternwarte in Breslau und einem dortigen Schneidermeister. Der erste der Jupitermonde schimmerte weißlich, der zweite hellbläulich, der dritte wieder weiß und der vierte
rötlich.

Aus begreiflichen Gründen vermied es der Professor, seinen drei gebildeten Zuhörern etwas
von seinen Hoffnungen und Befürchtungen über den Einfluß des Riesenplaneten auf ihren
kleinen Kometen mitzuteilen. Es blieb den drei Herren überlassen, über dies für sie alle doch
überaus wichtige Thema unter sich zu plaudern. Der Kapitän sagte seinen Gefährten ohne Be-
schönigung, sein alter Lehrer würde sie nur auslachen, wenn gegen ihre Hoffnungen der Jupiter die Gallia aus der errechneten Bahn herausreißen werde.

„Gebe Gott", sagte Graf Timascheff voll tiefen Ernstes, „daß der Professor bei seinen Berechnungen keine Fehler gemacht hat, mehr noch, daß der Jupiter die Gallia ungeschoren
läßt!"

„Für die Richtigkeit seiner Berechnungen stehe ich ein!" antwortete Servadac.

„Darf ich mir dazu ein Wort erlauben, Herr Kapitän?" unterbrach Ben-Zouf.

„Sprich dich nur aus, Ben-Zouf!" forderte der Kapitän seine Ordonnanz auf.

„Tag und Nacht hockt der gelehrte Herr einsam in seinem Observatorium. Ohne Unterbrechung guckt er durch sein verdammtes Fernrohr den Jupiter an. Ob er nicht gar mit dem
Ding den gefährlichen Riesenstern anlockt? Sie lachen, Herr Kapitän, aber mir kommt das
schon lange nicht geheuer vor. Ich ahne Gefahr für uns alle, Herr! Müßte man ihm nicht das
schlimme Rohr aus der Hand nehmen? Oder gar in tausend Stücke zerschlagen, ehe es zu spät
ist?" meinte Ben-Zouf allen Ernstes.

„Untersteh dich nicht, du einfältiger, abergläubischer, unbelehrbarer Mensch! Wenn du dich
an unserem Herrn Professor vergreifst, lasse ich dich hängen! Das muß ich sogar, dafür bin
ich Generalgouverneur."

95 Am 1. Oktober war der Zwischenraum zwischen Planeten und Kometen erstaunlich klein geworden. Die Färbung des Riesen änderte sich dauernd, ohne daß der Grund erkennbar war. Was wäre ihr Los, wenn sie in die Klauen des Untiers der Gestirne gerieten? War selbst der Gedanke, was kommen könne, nicht zu viel für Hirn und Herz eines Menschen?
Und doch, wenn die drei Männer die Frage ruhig bedachten, glaubten sie die Stimme der
100 Hoffnung zu vernehmen. Sie vertrauten der höheren Macht, die die Geschicke aller Menschen lenkt.
Der 15. Oktober brach an, der Schicksalstag. Jetzt oder nie! Doch als alle drei ungerufen das Zimmer des Professors betraten, um ihn hart und streng nach der Wahrheit zu fragen, sahen sie schon an seinen von Zorn und Enttäuschung fast verzerrten Gesichtszügen, daß er sein
105 Spiel verloren hatte. Die Gallia war spurlos am Jupiter vorbeigegangen! [...]

1.3 Der Untergang der Venusbewohner

Aus: Astronauten (1970)

Stanislaw Lem

Der polnische Arzt und Schriftsteller Stanislaw Lem, geb. 1921, zählt zu den bedeutendsten Science-fiction-Autoren der Gegenwart.
Sein Roman „Astronauten" beschäftigt sich mit dem Schicksal der Venus und ihrer Bewohner. Auslöser der Geschichte ist die Nachricht aus dem Jahre 1908, in der unzugänglichen russischen Tundra sei ein Meteor niedergegangen, der ungeheuren Schaden angerichtet habe. Trotz intensiver Suche im Laufe des 20. Jahrhunderts findet man aber keine Meteormasse. 100 Jahre später, im Jahre 2003, stößt man auf einen ungewöhnlich harten Block, der einen Rapport, eine zunächst nicht voll entschlüsselbare Botschaft von Lebewesen der Venus, enthält.
Arsenjew, Oswatitsch, Kaotsu, Chandrasekar und Ich-Erzähler Robert Smith werden von der Weltregierung zum Planeten Venus geschickt, das Rätsel zu lösen. Dort machen sie nach zahlreichen Abenteuern die Entdeckung vom furchtbaren Schicksal der Venusbewohner im Jahre 1908. Der folgende Textauszug ist dem Schluß des Romans entnommen.

[...]
Arsenjew ging in der Kabine auf und ab, fuhr sich mit dem Handrücken über die Stirn, blieb stehen und sah mir in die Augen.
„Willst du es wissen?" Ich nickte.
„Es ist nicht leicht, aus erhalten gebliebenen Fragmenten die Geschichte einer fremden Welt
5 zu rekonstruieren ..., besonders dann, wenn es eine Geschichte der Vernichtung, des Unterganges ist ..."
Der letzte Lichtschimmer auf den Leuchtschirmen erlosch. Grau und tot blickten sie von der Wand.
„Die Chroniken, die wir besitzen, umfassen in Bruchstücken einen Zeitraum von annähernd
10 einhundertachtzig Jahren. Der erste Abschnitt, den wir entziffern konnten, enthält den Plan einer Invasion auf die Erde. Anfangs vermutete ich, daß die Beherrschung der Erde für die Venusbewohner die Erfüllung eines mythisch-religiösen Gebotes gewesen sei. Die Darstellung

der beiden durchgestrichenen Kreise, auf die wir in den Ruinen stießen, hielt ich für ein entsprechendes Symbol. Die Chroniken enthüllten jedoch ein Bild, das von dieser Hypothese
15 abweicht: Den Planeten bewohnte eine kühl berechnende Gattung von Lebewesen. Schon hundertfünfzig Jahre bevor sie an die Verwirklichung ihres Planes gingen, erwogen sie, ob sie die Menschen nicht in irgendeiner Form für ihre Zwecke gebrauchen könnten. Sie kamen zu der Meinung, daß wir keinen Wert für sie besäßen und daher beseitigt werden müßten. Da sie aber unsere Städte, Straßen und Fabriken nicht beschädigen wollten, um sie später selbst be-
20 nutzen zu können, beschlossen sie, eine radioaktive Wolke gegen die Erde zu schleudern. Nach dem Absinken der Ionisierung hätte dann die weiße Kugel ihre Tätigkeit aufgenommen und Tausende von Weltraumschiffen auf die nun tote Erde geschickt. Sie wollten das Leben vernichten und das Leblose erhalten. Obwohl sie dabei alle erdenklichen Größen in Rechnung stellten, vergaßen sie eine einzubeziehen: sich selbst. Als dann die riesigen Strahlenwer-
25 fer und die weiße Kugel vor ihrer Vollendung standen, begannen die Venusbewohner gegeneinander Krieg zu führen. Es gelang ihnen, das gesteckte Ziel zu erreichen, aber auf ihrem eigenen Planeten!"
Die Kabinenwand mit ihren Schalttafeln und Geräten verschwamm vor meinen Augen. Ich sah nur noch Arsenjews Gesicht als weißen Fleck vor einem dunklen Hintergrund. Ruhig
30 fuhr er fort: „Ihr Verhältnis zu den Maschinen ist uns unklar. Es kann sein, daß die Maschinen die höchste Staatsmacht verkörperten. Auf jeden Fall waren sie es, die den genauen Plan des Angriffes gegen die Erde ausarbeiteten. Sie schufen auch die Kriegspläne und schickten die Bewohner ihres Planeten in den Tod."
„Und um was kämpften sie?"
35 Arsenjew nahm ein Bündel Drähte von der Platte und wog es in der Hand.
„Das ist nicht klar zu erkennen. Vielleicht um das Recht der Ansiedlung auf der Erde." [...]
„Und wann soll dies geschehen sein?"
„Im April 1915 veröffentlichte ein junger belgischer Gelehrter eine Arbeit, in der er auf einen eigenartigen Sprung in der durchschnittlichen Jahrestemperatur der Venus hinwies. Die
40 Werte, die er für einen Zeitraum von vierzehn Jahren zusammengestellt hatte, schwankten um vierzig Grad Celsius; im letzten Beobachtungsjahr hingegen wurden zweihundertneunzig Grad verzeichnet. Dieser abnorme Temperaturanstieg dauerte einen knappen Monat. Die Arbeit erschien während des Ersten Weltkrieges, und damals beschäftigte sich niemand mit astronomischen Phantastereien. Die Sache wurde als spekulative Anfängerarbeit eines jungen
45 Forschers abgetan und geriet bald in Vergessenheit ..."
Das Telefon summte. Oswatitsch rief den Astronomen in die Zentrale: Die Erde hatte sich gemeldet. Arsenjew ging hinaus.
„Sind sie denn alle umgekommen?" wandte ich mich an Lao Tsu, der noch immer über das Pult gebeugt saß und mit einer großen Lupe Zeichnungen und Fotografien untersuchte. „Wie
50 war das möglich? Warum flüchteten sie denn nicht selbst in die tiefsten unterirdischen Räume, dort, wo das schwarze Plasma ist ..., oder leben vielleicht an irgendeiner entlegenen Stelle des Planeten noch einige?"
„Die Gewißheit haben wir natürlich nicht", erwiderte der Chinese. „Und wenn wir trotzdem fest davon überzeugt sind, dann nur deshalb, weil wir in die überragende Geisteskraft
55 dieser Wesen großes Vertrauen setzen. Das klingt wie Hohn; aber es ist tatsächlich so."
Ich schwieg.
„Sich selbst vernichten im Glauben, daß man damit die ganze Welt vernichtet – das ist eine große und furchtbare Versuchung ..."
Der Chinese kniff die Augen zusammen und blickte mich scharf an. Nach einer Weile trat
60 Arsenjew in die Kabine. Er war sichtlich aufgeregt. [...]

„So war also das Ende ...", sagte ich. „Sie wollten uns vernichten. Eines aber ist mir unbegreiflich: Waren sie tatsächlich ihrer Veranlagung nach böse?" Nach meinen Worten trat Stille ein. Chandrasekar, der am Pult des Marax arbeitete, ließ die Hand mit dem Werkzeug sinken. „Ich glaube nicht daran", erwiderte er.

65 „Das heißt ...?"
Chandrasekar warf das Kabelende, das er in der anderen Hand hielt, auf die Pultplatte. „Was wissen wir über die Bewohner dieses Planeten? Nichts. Wir wissen nicht, wie sie ausgesehen haben, wir können es nicht einmal mutmaßen, wir wissen nicht, wovon ihr Leben erfüllt war ... und von all ihrem Gedankengut kennen wir lediglich eines: den Plan und die Methode, uns
70 zu vernichten."
Er schwieg einen Augenblick, dann fuhr er fort: „Es ist uns bekannt, daß die Materie blind ist. Der Mensch bringt Ordnung in den unermeßlichen Raum des Weltalls; denn er schafft Werke. Wesen aber, die sich die Vernichtung anderer zum Ziel setzen, tragen den Keim des eigenen Verderbens in sich – und wenn sie noch so mächtig sind. Was wollen und können wir
75 über sie denken? Die Vorstellungskraft versagt, der menschliche Geist schreckt vor dem Riesenmaß an Leiden und Sterben zurück, das in dem Worte ,Untergang eines Planeten' enthalten ist. Sollen wir diese Geschöpfe verdammen? Waren es Ungeheuer, die die Venus bewohnten? Ich glaube es nicht. Gab es nicht auch auf der Erde, innerhalb der menschlichen Gemeinschaft die furchtbarsten Kriege, in denen Bauern, Fischer, Töpfer, Zimmerleute, Beamte und
80 Künstler verleitet und gezwungen wurden, einander umzubringen? Und waren etwa die Millionen und aber Millionen, die in den Kriegen zugrunde gingen, schlechter als wir? Verdienten sie nichts anderes als diesen sinnlosen Tod? Professor Arsenjew ist der Meinung, daß Maschinen die Bewohner der Venus in den Abgrund trieben. Das steht noch nicht fest; aber nehmen wir an, daß es tatsächlich so gewesen ist. Ja, gab es auf der Erde nicht auch Wesen, die das
85 taten, was Ihnen, Pilot, als widersinnig erscheint – gab es bei uns keine Händler des Todes, die in den Kriegen beiden kämpfenden Parteien dienten und ihnen Waffen verkauften? Wir können hier so manche Parallele finden, und das ist kein Zufall; denn es müssen gemeinsame Gesetze bestehen, denen die Geschichte vernunftbegabter Wesen unterworfen ist. Vernunftsbegabter – wie bitter klingt das Wort in diesem Zusammenhang!
90 Es besteht jedoch zwischen uns und den Venusbewohnern ein Unterschied, der ebenso groß ist wie der zwischen Leben und Tod. Über allen Städten dieses Planeten schwebten Atomsonnen, die nicht für Ewigkeiten leuchteten, um Leben zu spenden und sein Gedeihen zu fördern, sondern nur für einen einzigen Augenblick – um es auszulöschen. In einer Temperatur von Millionen Grad siedeten und zerschmolzen ihre prächtigen Gebäude, verbrannten die
95 Maschinen, barsten die Maste der Radiosender und zersprangen die unterirdischen Rohrleitungen. So entstand das Landschaftsbild, das wir wenige Jahrzehnte nach der Katastrophe erblickt haben: Ruinen, Trümmerfelder, Wüsten, Wälder erstarrter Kristalle, Flüsse gärenden Plasmas und die weiße Kugel, die letzte Zeugin dieses Weltunterganges, deren Schaltwerke, von niemandem geregelt, noch immer rastlos tätig sind. Ohne jeden Zweck und Nutzen wer-
100 den ungeheure Energien entfesselt, und das wird so lange weitergehen, wie noch das schwarze Plasma in den unterirdischen Speichern und Leitungen pulsiert, Hunderte von Jahren vielleicht ... falls nicht inzwischen der Mensch von diesem Planeten Besitz ergreift."
„Eine furchtbare Hinterlassenschaft", flüsterte ich.
„Ja", sagte Arsenjew, „aber das Leben allein gibt der Welt ihren Sinn. Deshalb werden wir
105 auch den Mut haben, auf die Venus zurückzukehren. Wir werden für immer ihrer Tragödie ein Andenken bewahren, der Tragödie des Lebens, das sich gegen das Leben erhob und dabei selbst vernichtet wurde."
Arsenjew trat an den Televisor.

„Freunde. Die Expediton zur Venus ist nur eine Etappe, der erste Schritt auf einem Wege,
110 dessen Endziel keiner von uns vermuten kann. Ich bin fest davon überzeugt, daß wir auch die
Grenzen unseres Sonnensystems überschreiten, daß wir auf Tausende Himmelskörper, die
um andere Sonnen kreisen, unseren Fuß setzen werden. Nach Millionen, vielleicht nach Milliarden Jahren wird die Zeit kommen, wo der Mensch die ganze Milchstraße bevölkert und
die Lichter des nächtlichen Himmels ihm so nahe, so vertraut sind wie die Lichter entfernter
115 Häuser. Wir können diese Zeiten nur dunkel ahnen; aber eines weiß ich, daß die Liebe bis dahin nicht zu bestehen aufhört; denn erst durch sie spiegelt sich die Schönheit der Welt in den
Augen des Nächsten wider."
Arsenjew stand unter dem Leuchtschirm. Ein schwacher Abglanz von den Schwärmen flimmernder Sternenstäubchen schien auf sein Gesicht zu fallen. Lange Zeit verharrten wir in
120 Schweigen, als lauschten wir Stimmen aus unendlich fernen Welten.
Da klingelte das Telefon. Lao Tsu nahm den Hörer ab, dann legte er ihn neben den Apparat
und blickte zu Arsenjew hinüber.
„Die Erde ruft uns!"

1.4 Leben auf anderen Planeten

Udo Becker/Rolf Sauermost

[...]
Leben in der Form, wie wir es kennen, ist an das Vorhandensein von Kohlenstoff gebunden, aus
dem sich aufgrund seiner besonderen atomaren Struktur die ring- und kettenförmigen Moleküle
bilden können, die in den Zellen der Organismen vorhanden sind. Abgesehen vom Kohlenstoff-
atom können nur noch aus dem Siliciumatom komplizierte Moleküle dieser Art aufgebaut wer-
5 den. Das Übergewicht liegt aber bei weitem bei den Kohlenstoffatomen. Leben auf der Basis
von Silicium existiert weder auf der Erde, noch scheint es irgendwo anders vorhanden zu sein.
Wenn wir von der Vorstellung ausgehen, daß das Leben an das Vorhandensein von Kohlenstoff
gebunden ist, so können wir die Möglichkeit nicht ausschließen, daß nicht nur auf der Erde, sondern auch in den anderen Bereichen des Alls Leben existiert. Kohlenstoff ist in allen Teilen des
10 Milchstraßensystems, die wir überblicken können, vorhanden. Die Wahrscheinlichkeit dafür,
daß irgendwo Leben vom „Typ Erde" existiert, wird durch die Temperatur begrenzt. Die Aufrechterhaltung des Lebens vollzieht sich durch eine Reihe biochemischer Reaktionen, die Temperaturen, grob gesagt, zwischen 0 °C und 100 °C benötigen, um im richtigen Rhythmus und in
der notwendigen Reihenfolge ablaufen zu können. [...]
15 Wasser spielt, soweit man heute weiß, für das Leben eine noch bedeutendere Rolle, da die lebenden Organismen wahrscheinlich zuerst im Wasser entstanden sind. Dabei haben sich vermutlich gasförmige oder gelöste Kohlenwasserstoffe unter der Einwirkung von solarer Ultravio-
lettstrahlung oder von elektrischen Entladungen in Aminosäuren umgewandelt. Diese sind die
Grundbestandteile der Proteine, aus denen die Zellen aufgebaut sind. [...]

Leben im Sonnensystem

Auf den meisten Planeten des Sonnensystems dürfte die Existenz von Leben ziemlich ausgeschlossen sein. Merkur ist auf der einen Seite zu heiß, auf der anderen zu kalt; außerdem besitzt
er nahezu keine Atmosphäre. Auf der Venus herrschen zu hohe Temperaturen. Jupiter, Saturn,
Uranus, Neptun und Pluto sind samt ihren Monden zu kalt, und die vier größten Planeten haben
wahrscheinlich keine feste Oberfläche. Auf unserem Mond herrschen zu große Temperatur-
unterschiede. Ferner existieren auf ihm weder eine Atmosphäre noch Wasser.
Der einzige Planet außer der Erde, auf dem Leben existieren könnte, ist der Mars. Die dort herrschenden Temperaturen sind zwar tief, reichen aber zur Aufrechterhaltung primitiven Lebens,
wie Flechten, Bakterien usw., aus. Wasser ist nur wenig vorhanden, hat aber wahrscheinlich in
einem früheren Stadium in größeren Mengen existiert. Zahlreiche Forscher vermuten, daß die
blaugrünen Gebiete der Marsoberfläche, die zur Zeit des Marssommers an Ausdehnung zuneh-
men, von primitiver Vegetation bedeckt sind. Auch die Marssonden haben die Frage nach dem
Leben auf dem Mars noch keiner Klärung näherbringen können.

Leben außerhalb des Sonnensystems

Für einen Planeten eines fremden Sonnensystems müssen eine Reihe von günstigen Bedingungen erfüllt sein, damit Leben vom ,,Typ Erde" auf ihm existieren kann. Ein solcher Planet
müßte um einen Stern kreisen, der die richtige Größe und einen günstigen Spektraltyp hat. Gün-
stige Spektralklassen[1] sind beispielsweise A, F und G.
Die heißen Sterne eines Spektraltyps kommen nicht in Frage. Wenn die modernen Theorien
über die Sternentwicklung richtig sind, haben die Roten Riesen eines späten Spektraltyps eine
Ausdehnungsphase durchgemacht, während der eventuelles Leben auf deren Planeten ausgelöscht worden ist. Die Roten Zwerge besitzen so geringe Massen, daß die sie umgebenden Zo-
nen, deren Temperaturen für die Existenz von Leben ausreichen, zu klein sind. Dasselbe gilt
auch für die übrigen Sterne, deren Masse kleiner als die der Sonne ist. Überdies gilt es als sicher, daß die Lebensmöglichkeiten auf Planeten, die zu Veränderlichen und Mehrfachsternen
gehören, gleich Null sind. Zum einen ergäben sich zu starke Temperaturschwankungen, zum
anderen hätten die Planeten, die um eine Komponente eines Mehrfachsterns kreisen, so eigen-
tümliche Bahnformen, daß deren Abstände vom Mutterstern zu stark schwanken würden.
Selbst wenn man nur Sterne mit günstigem Durchmesser und günstiger Spektralklasse betrachtet, so gibt es Millionen derartiger Sterne in unserem Milchstraßensystem, die eventuell
von Planeten umgeben sind, auf denen Leben existieren kann. Rechnet man noch die anderen
Milliarden Sternsysteme dazu, so steigt die Zahl ins Unermeßliche.
Die Entwicklung der astronomischen Forschung hat gelehrt, wie vermessen es ist zu glauben,
daß unsere Erde einzigartig im Universum dasteht. Es ist vernünftiger anzunehmen, daß überall
dort, wo es die Bedingungen zulassen, Leben vorhanden ist, was wahrscheinlich an vielen Stellen des Weltalls der Fall ist. Es ist dagegen wenig wahrscheinlich, daß das Leben an den anderen Stellen des Universums sich unter den gleichen Bedingungen wie auf der Erde entwickelt
hat. [...]

---

[1]Die im Hinblick auf das verschiedene Aussehen der Sterne gebildeten Klassen, z. B. G: gelbe Sterne (Sonne).

2 Utopie und Zukunftserwartung

2.1 Menschen aus der Retorte

Aus: Schöne neue Welt (1932)

Aldous Huxley

*Aldous Huxley, geb. 1894 in England, schildert in seinem 1932 erschienenen Roman mit dem iro-
nischen Titel „Schöne neue Welt" (Originaltitel: „Brave New World") eine düstere Zukunft.
Die Menschen sind zwar von Krieg und Unruhen, materiellen Nöten und Krankheiten erlöst, haben in einem diktatorischen Staat aber auch keine persönliche Entscheidungsfreiheit. Der Mensch
ist zu einer im Sinne des Staates funktionierenden Marionette geworden. Eine der wichtigsten Einrichtungen des Staates ist die BUND, die Brut- und Normzentrale Berlin-Dahlem, in der bewußt
und gezielt bestimmte, vom Staat gewünschte Menschentypen am Fließband produziert werden.
Im folgenden Text, der dem 1. Kapitel des Romans entnommen ist, erklärt der Direktor der
BUND einer Studentengruppe die Arbeitsweise der Brut- und Normzentrale und erläutert deren
Bedeutung für die zukünftige Gesellschaft.*

[...]
An die Brutöfen gelehnt, gab er den unleserlich über die Seiten flitzenden Bleistiften eine
kurze Beschreibung des modernen Befruchtungsvorgangs, sprach selbstverständlich zuerst
von dessen chirurgischer Einleitung mittels „einer freiwillig zum Gemeinwohl auf sich ge-
nommenen Operation, die überdies noch mit einer Prämie in der Höhe von sechs Monats-
5 gehältern verbunden ist", beschrieb hierauf das Verfahren, um das exstirpierte Ovar[1] am
Leben zu erhalten und weiterzuentwickeln, ging dann auf die Frage der Optimaltemperatur,
des Salzgehalts und der Viskosität[2] über, erwähnte die Nährlösung, in der die abgetrennten
und ausgereiften Eier aufbewahrt wurden, führte seine Schützlinge an die Arbeitstische und
zeigte ihnen, wie diese Flüssigkeit aus den Reagenzgläsern abgezogen und tropfenweise auf
10 die vorgewärmten Objektträger der Mikroskope geträufelt wurde, wie die in ihr enthaltenen
Eier auf Entartungen untersucht, gezählt und in einen porösen Behälter übertragen wurden
und – hier ließ er sie der Prozedur zusehen – wie man diesen Behälter in eine warme Nähr-
bouillon voll freischwimmender Spermatozoen tauchte – Mindestgehalt 100 000 auf den Ku-
bikzentimeter, so betonte er – und wie nach zehn Minuten der Behälter aus der Flüssigkeit

---

[1] exstirpiertes Ovar = (lat.) vollständig operativ entfernter Eierstock
[2] Viskosität = Zähflüssigkeit

15 gehoben und sein Inhalt neuerlich untersucht wurde. Waren einige Eier unbefruchtet geblieben, wurden sie flugs nochmals und, wenn nötig, noch mehrmals eingetaucht. Dann kamen die befruchteten Eier zurück in die Brutöfen, wo die Alphas und Betas bis zur endgültigen Abfüllung auf Flaschen blieben, während die Gammas, Deltas und Epsilons schon nach sechsunddreißig Stunden herausgenommen und dem Bokanowskyverfahren unterzogen wurden.

20 „Bokanowskyverfahren", wiederholte der Direktor, und die Studenten unterstrichen das Wort in ihren Heftchen.

Ein Ei – ein Embryo – ein erwachsener Mensch: das Natürliche. Aber ein bokanowskysiertes Ei knospt und sproßt und spaltet sich. Acht bis sechsundneunzig Knospen – und jede Knospe entwickelt sich zu einem vollausgebildeten Embryo, jeder Embryo zu einem vollausgewach-

25 senen Menschen. Sechsundneunzig Menschenleben entstehen zu lassen, wo einst nur eins wuchs: Fortschritt. [...]

Ein Student war töricht genug, zu fragen, wo da der Vorteil liege.

„Aber, lieber Freund!" Der Direktor drehte sich mit einem Ruck nach ihm um. „Begreifen Sie nicht? Ja, begreifen Sie denn das nicht?" Er hob den Zeigefinger mit feierlicher Miene.

30 „Das Bokanowskyverfahren ist eine der Hauptstützen menschlicher Beständigkeit."

Eine der Hauptstützen menschlicher Beständigkeit.

Menschen einer einzigen Prägung, in einheitlichen Gruppen. Ein einziges bokanowskysiertes Ei lieferte die Belegschaft für einen ganzen kleineren Fabrikbetrieb.

„Sechsundneunzig völlig identische Geschwister bedienen sechsundneunzig völlig identische

35 Maschinen!" Seine Stimme bebte fast vor Begeisterung. „Da weiß man doch zum erstenmal in der Weltgeschichte, woran man ist!" Er zitierte den Wahlspruch des Erdballs: „Gemeinschaftlichkeit, Einheitlichkeit, Beständigkeit." Goldene Worte. „Wenn sich das Bokanowskyverfahren unbegrenzt vervielfältigen ließe, wäre das ganze Problem gelöst."

Gelöst durch gleiche Gammas, identische Deltas, einheitliche Epsilons. Millionlinge. Massen-

40 erzeugung endlich in der Biologie angewendet. [...]

Der Rundgang durch purpurne Dämmerung führte sie in die Nähe von Meter 170 des Regals 9. Von dieser Stelle an war Regal 9 verschalt, die Flaschen legten den Rest der Reise in einem Tunnel zurück, der stellenweise von zwei bis drei Meter langen Öffnungen unterbrochen war.

45 „Wärmegewöhnung", erklärte Päppler.

Hitzetunnels wechselten mit Kältetunnels ab. Kälte war gekoppelt mit Unbehagen in Form starker Röntgenstrahlen. Wenn die Embryos entkorkt wurden, war ihnen das Grauen vor Kälte bereits eingefleischt. Sie waren prädestiniert, in die Tropen auszuwandern oder Bergarbeiter, Azetatseidenspinner oder Eisengießer zu werden. Später wurde ihr Verstand dazu

50 gezwungen, dem Instinkt ihres Körpers zu folgen. „Denn wir normen sie auf Gedeihen bei Hitze", schloß Päppler. „Unsere Kollegen im nächsten Stockwerk bringen ihnen die Liebe zu ihr bei."

„Und darin", warf der Direktor salbungsvoll ein, „liegt das Geheimnis von Glück und Tugend: tue gern, was du tun mußt! Unser ganzes Normungsverfahren verfolgt dieses Ziel: die

55 Menschen ihre unentrinnbare soziale Bestimmung lieben zu lehren." [...]

Auf Regal 10 wurden ganze Reihen künftiger Arbeiter für chemische Fabriken an die Einwirkungen von Blei, Ätznatron, Teer und Chlor gewöhnt. Der erste Schub einer Lieferung von zweihundertfünfzig Raketenflugzeugingenieuren in embryonalem Zustand passierte soeben Meter 1100 auf Regal 3. Eine besondere Vorrichtung kippte diese Flaschen und bewirkte, daß

60 sie fortwährend Purzelbaum schlugen. „Damit sich ihr Gleichgewichtssinn stärkt", bemerkte Päppler. „Reparaturen an der Außenseite eines Raketenflugzeugs mitten in der Luft

sind eine kitzlige Aufgabe. Wir verlangsamen, wenn die Embryos aufrecht stehn, den Kreislauf des Blutsurrogats, bis sie halb verhungert sind, und verdoppeln ihn, wenn sie auf dem Kopf stehn. Sie gewöhnen sich also daran, Kopfstehn und Wohlbehagen zu assoziieren. Ja sie
65 sind geradezu nur dann glücklich, wenn sie auf dem Kopf stehn können."
„Und nun", fuhr Päppler fort, „möchte ich Ihnen einiges Interessante aus der Aufnormung von alpha-plus Intellektuellen zeigen. Wir haben eine große Lieferung auf Regal 5. Erste Galerie!" rief er zwei Studenten zu, die weiter, ins Parterre, hinuntersteigen wollten.
„Sie befinden sich etwa bei Meter 900", erklärte er. „Die Aufnormung Intellektueller kann
70 mit Erfolg erst dann begonnen werden, wenn die Fötusse ihren Schwanz verloren haben. Folgen Sie mir!" [...]

2.2 Diener der Macht

Aus: „1984" (1949)

George Orwell

Unter dem Eindruck von Nationalsozialismus, Stalinismus und der Wirtschaftspolitik der Industriestaaten während des Zweiten Weltkrieges schrieb der Engländer Eric Blair (1903 – 1950) unter dem Pseudonym George Orwell seinen Roman „1984". Der Titel ist eine Umstellung des Entstehungsjahres 1948.

Darin schildert er das Schicksal des kleinen Angestellten Winston Smith im Lande Ozeanien, das angeblich vom „Großen Bruder", in Wirklichkeit von einigen wenigen Mitgliedern der mächtigen „äußeren" Partei beherrscht wird. Mittels sogenannter Televisoren wird das Leben der Bürger rund um die Uhr überwacht. Eine Neusprache soll jeden Zweifel an der Rechtmäßigkeit und Richtigkeit von Parteientscheidungen als schweres Verbrechen brandmarken.

Mittels einer gewaltigen Propagandamaschinerie werden den Untertanen die Neudefinitionen der Partei eingehämmert: „Krieg ist Frieden. Freiheit ist Sklaverei. Unwissenheit ist Stärke."

Geschichtliche Fakten werden vom „Wahrheitsministerium" nach Bedarf abgeändert oder ausgelöscht, gegenteilige Belege in den Archiven vernichtet, eine Arbeit, mit der der Romanheld in Ozeanien betraut ist.

Smith lehnt sich in Gedanken immer entschiedener gegen dieses diktatorische System auf und schreibt ein Tagebuch. Nach außen hin verhält er sich loyal, um der grausamen Gedankenpolizei zu entgehen. Er sucht Kontakt zur Untergrundbewegung, muß aber bald erkennen, daß selbst der Führer dieser Widerstandsbewegung, Emanuel Goldstein, eine Erfindung der Partei ist: ein gefahrloses Ventil für den Aggressionstrieb oppositioneller Parteimitglieder. O'Brien, angeblicher Verbindungsmann Goldsteins, entpuppt sich als Funktionär der Gedankenpolizei.

Die Begegnung mit O'Brien schildert der folgende Textauszug.

Smith wird verhaftet, gefoltert, „gereinigt". Er hört auf, Individuum zu sein. Da läßt man ihn frei: „Er hatte den Sieg über sich selbst errungen. Er liebte den Großen Bruder."

[...] Das Schreckliche, dachte Winston, das Schreckliche war, daß O'Brien daran glaubte, wenn er das sagte. Man konnte es an seinem Gesicht ablesen. O'Brien wußte alles. Er wußte tausendmal besser als Winston, wie die Welt wirklich aussah, in welcher Erniedrigung die Masse der Menschen lebte und durch welche Lügen und Barbareien die Partei dafür sorgte, daß es so blieb. Er hatte alles begriffen, alles erwogen, und es änderte nichts: der Endzweck rechtfertigte alles. Was kann man gegen einen Wahnsinnigen unternehmen, dachte Winston, der intelligenter ist als man selbst, der sich die Argumente des anderen in Ruhe anhört und dann ganz einfach weiter auf seinem Wahnsinn besteht?

„Ihr beherrscht uns zu unserem eigenen Besten", sagte er matt. „Ihr glaubt, daß die Menschen nicht fähig sind, sich selbst zu regieren, und deshalb –"

Er fuhr hoch und hätte beinahe laut aufgeschrien. Heftiger Schmerz war durch seinen Körper gerast. O'Brien hatte den Regler auf fünfunddreißig hochgedreht.

„Das war dumm, Winston, sehr dumm!" sagte er. „Sie sollten es eigentlich besser wissen."

Er drehte den Regler zurück und fuhr fort:

„Ich werden Ihnen jetzt die Antwort auf meine Frage geben. Sie lautet wie folgt: Die Partei strebt nur aus eigenem Interesse nach der Macht. Das Wohl anderer interessiert uns nicht; uns interessiert einzig die Macht. Weder Reichtum und Luxus noch langes Leben und Glück: nur Macht, reine Macht. Was reine Macht bedeutet, werden Sie gleich verstehen. Wir unterscheiden uns von allen Oligarchien der Vergangenheit dadurch, daß wir wissen, was wir tun. Alle anderen, selbst die, die uns ähnelten, waren Feiglinge und Heuchler. Die deutschen Nazis und die russischen Kommunisten reichten in ihren Methoden nahe an uns heran, aber es fehlte ihnen immer der Mut, ihre eigenen Motive anzuerkennen. Sie gaben vor, sie glaubten es vielleicht sogar, daß sie die Macht widerwillig und nur für begrenzte Zeit ergriffen hatten und daß gleich um die nächste Ecke ein Paradies liege, in dem die Menschen frei und gleich sein würden. Wir sind nicht so. Wir wissen, daß niemand die Macht je in der Absicht ergreift, sie wieder abzugeben. Macht ist kein Mittel, sondern ein Endzweck. Man errichtet keine Diktatur, um eine Revolution zu garantieren; man macht die Revolution, um die Diktatur zu erreichen. Das Ziel der Verfolgung ist die Verfolgung. Das Ziel der Folter ist die Folter. Das Ziel der Macht ist die Macht. Begreifen Sie nun allmählich?"

Winston bemerkte, wie früher schon, die Müdigkeit in O'Briens Gesicht. Es wirkte stark und fleischig und brutal, es zeigte Intelligenz und eine Art kontrollierter Leidenschaft, vor der er sich hilflos fühlte; doch es war müde. Unter den Augen hingen Säcke, die Haut lag welk auf den Wangenknochen. O'Brien beugte sich mit seinem abgespannten Gesicht über ihn.

„Sie denken", sagte er, „daß mein Gesicht alt und müde ist. Sie denken, daß ich von Macht rede und nicht einmal in der Lage bin, den Verfall meines eigenen Körpers zu verhindern. Begreifen Sie denn nicht, Winston, daß das Individuum nur eine Zelle ist? Die Schwäche der Zelle ist die Stärke des Organismus. Sterben Sie etwa, wenn Sie sich die Fingernägel schneiden?"

Er wandte sich vom Bett ab und begann mit einer Hand in der Tasche wieder hin und her zu gehen.

„Wir sind die Priester der Macht", sagte er. „Gott ist Macht. Doch für Sie ist Macht im Moment noch nicht mehr als ein Wort. Es ist an der Zeit, daß Sie eine Vorstellung davon bekommen, was Macht bedeutet. Als erstes müssen Sie sich klarmachen, daß Macht kollektiv ist. Das Individuum besitzt nur dann Macht, wenn es aufhört, ein Individuum zu sein. Sie kennen die Parteiparole: ‚Freiheit ist Sklaverei.' Ist Ihnen schon einmal die Idee gekommen,

Marc Chagall (1887–1985): Engelsturz (1923/33/47)

daß man sie auch umkehren kann? Sklaverei ist Freiheit. Allein – frei – geht der Mensch immer zugrunde. Das muß so sein, denn jeder Mensch ist zum Sterben verurteilt, und das ist die
50 größte Schwäche. Doch wenn er sich vollständig, total unterwerfen, seiner Identität entfliehen, in der Partei aufgehen kann, so daß *er* die Partei ist, dann ist er allmächtig und unsterb-
lich. Das zweite, was Sie sich klarmachen müssen, ist, daß Macht meint: Macht über Menschen. Über den Körper – aber vor allem über den Geist. Macht über die Materie – über die
äußere Realität, wie Sie sagen würden – ist nicht wichtig. Unsere Kontrolle über die Materie
55 ist bereits absolut." [...]

„Die wahre Macht, die Macht, um die wir Tag und Nacht kämpfen müssen, ist nicht die
Macht über Dinge, sondern über Menschen." Er hielt inne und war für einen Augenblick
wieder der Lehrer, der einen vielversprechenden Schüler prüft: „Wie behauptet ein Mensch
seine Macht über einen anderen Menschen, Winston?" Winston überlegte. „Indem er ihn
60 leiden läßt", sagte er.

„Genau. Indem er ihn leiden läßt. Gehorsam reicht nicht. Wenn er nicht leidet, wie kann
man da sicher sein, daß er unserem Willen gehorcht und nicht seinem eigenen? Macht bedeutet, Schmerz und Demütigungen zufügen zu können. Macht bedeutet, den menschlichen
Geist zerpflücken und dann nach eigenem Gutdünken in neuer Gestalt wieder zusammenset-
65 zen zu können. Sehen Sie jetzt allmählich, was für eine Art von Welt wir erschaffen? Sie ist
das genaue Gegenteil der törichten, hedonistischen[1] Utopien, die den alten Reformern vor-

---

[1] Hedonismus: die vom Griechen Aristipp begründete ethische Lehre, daß Lust und Vergnügen der oberste Wert und das einzige Ziel
menschlichen Handelns sind.

schwebten. Eine Welt der Furcht, des Verrats und der Folter, eine Welt des Tretens und Getretenwerdens, eine Welt, die mit fortschreitender Höherentwicklung nicht weniger gnadenlos, sondern immer *noch* gnadenloser werden wird. Fortschritt in unserer Welt wird ein Fort-
70 schritt hin zu mehr Schmerzen sein. Die alten Zivilisationen behaupteten, auf Liebe und Gerechtigkeit gegründet zu sein. Unsere ist auf Haß gegründet. In unserer Welt wird es keine Gefühle geben außer Angst, Wut, Triumph und Selbsterniedrigung. Alles andere werden wir zerstören – alles. Wir rotten bereits die Denkweisen aus, die noch aus der Zeit vor der Revolution überlebt haben. Wir haben die Bande zwischen Kind und Eltern, zwischen Mensch
75 und Mensch, zwischen Mann und Frau durchtrennt. Keiner traut mehr einer Ehefrau, einem Kind oder einem Freund. Doch in Zukunft wird es keine Ehefrauen und Freunde mehr geben. Die Kinder werden ihren Müttern gleich bei der Geburt weggenommen werden, so wie man einer Henne die Eier wegnimmt. Der Sexualtrieb wird ausgerottet. Die Zeugung wird zu einer alljährlichen Formalität werden, wie die Erneuerung einer Lebensmittelkarte. Wir wer-
80 den den Orgasmus abschaffen. Unsere Neurologen arbeiten gegenwärtig daran. Es wird nur noch die Loyalität gegenüber der Partei geben und sonst keine. Es wird nur noch das Lachen des Triumphs über einen besiegten Feind geben und sonst keines. Es wird keine Kunst, keine Literatur, keine Wissenschaft geben. Wenn wir allmächtig sind, werden wir die Wissenschaft nicht mehr nötig haben. Es wird keinen Unterschied zwischen schön und häßlich geben. Es
85 wird keine Neugier, keinen Lebensgenuß geben. Alle konkurrierenden Freuden werden vernichtet sein. Aber immer – vergessen Sie das nicht, Winston –,immer wird es den Rausch der Macht geben, die ständig wächst und immer subtiler[2] wird. Immer, in jedem Moment, wird es den erregenden Kitzel des Sieges geben, die Empfindung, auf einem wehrlosen Feind herumzutrampeln. Wenn Sie ein Bild von der Zukunft haben wollen, dann stellen Sie sich einen
90 Stiefel vor, der auf ein Gesicht tritt – unaufhörlich.“ [...]

2.3 Die Wurzeln allen Übels

Aus: Utopia (1516)

Thomas Morus

Im Jahre 1516 schreibt Thomas Morus (1478–1535), der spätere Lordkanzler König Heinrichs VIII. von England, seinen Dialog-Roman „Utopia“, der in Anlage und Inhalt Vorbild wurde für die utopische Literaturgattung. Der Ich-Erzähler lernt als Gesandter in Flandern einen Mann namens Raphael Hythlodeus kennen, der auf einer Reise mit dem berühmten Seefahrer Amerigo Vespucci die Insel Utopia vor der südamerikanischen Pazifikküste entdeckt haben will. Er gibt vor, dort mehrere Jahre gelebt zu haben.
Im Roman werden zunächst die Mißstände im zeitgenössischen England gegeißelt: die Kriegslüsternheit des Königs, die Schmeichelei bei Hofe, die Ausbeutung des Volkes durch die Adeligen und die korrupte Justiz. Diesem Staat wird Utopia entgegengesetzt. Beide Staaten werden im folgenden Textauszug in einer Rede Raphaels miteinander verglichen. Abschließend kommentiert der Ich-Erzähler diese Rede.

---

[2] subtil: fein, zart, Kleinstes beachtend.

[...] Wenn ich daher alle unsere Staaten, die heute irgendwo in Blüte stehen, im Geiste be-
trachte, und darüber nachsinne, so stoße ich auf nichts anderes, so wahr mir Gott helfe, als
auf eine Art Verschwörung der Reichen, die den Namen und Rechtstitel des Staates mißbrauchen, um für ihren eigenen Vorteil zu sorgen. Sie sinnen und hecken sich alle möglichen
5 Methoden und Kunstgriffe aus, zunächst um ihren Besitz, den sie mit verwerflichen Mitteln
zusammengerafft haben, ohne Verlustgefahr festzuhalten, sodann um die Mühe und Arbeit
der Armen so billig als möglich sich zu erkaufen und zu mißbrauchen. Haben die Reichen
erst einmal im Namen des Staates, das heißt also auch der Armen, den Beschluß gefaßt, ihre
Machenschaften durchzuführen, so erhalten diese sogleich Gesetzeskraft. Aber selbst wenn
10 diese abscheulichen Menschen in ihrer unbegreiflichen Gier alle Güter des Lebens, die für alle
gereicht hätten, unter sich aufgeteilt haben – wie weit sind sie dennoch entfernt von dem
glücklichen Zustand des utopischen Staates! Welche Last von Verdrießlichkeiten ist in diesem
Staate abgeschüttelt, welche gewaltige Saat von Verbrechen mit der Wurzel ausgerottet, seit
dort mit dem Gebrauch des Geldes zugleich die Geldgier gänzlich beseitigt ist! Denn wer
15 sieht nicht, daß Betrug, Diebstahl, Raub, Streit, Aufruhr, Zank, Aufstand, Mord, Verrat und
Giftmischerei, jetzt durch tägliche Bestrafungen mehr nur geahndet als eingedämmt, mit der
Beseitigung des Geldes alle zusammen absterben müssen und daß überdies auch Furcht, Kummer, Sorgen, Plagen und Nachtwachen in demselben Augenblick wie das Geld verschwinden
müßten? Ja, selbst die Armut, deren einziges Übel doch im Geldmangel zu liegen scheint,
20 würde sogleich abnehmen, wenn man das Geld künftig überhaupt beseitigte.
Um dir das deutlicher zu machen, stelle dir einmal irgendein dürres und unfruchtbares Jahr
vor, in dem der Hunger viele Tausende von Menschen weggerafft hat; da behaupte ich mit
Bestimmtheit: hätte man am Ende dieser Hungerszeit die Speicher der Reichen ausgeleert, so
hätte man so viel Brotgetreide finden können, daß niemand überhaupt etwas von der Un-
25 gunst des Wetters und des Bodenertrages hätte zu merken brauchen, wenn nur rechtzeitig
jene Vorräte unter die Notleidenden verteilt worden wären, die in Wirklichkeit von Abmage-
rung und Auszehrung weggerafft wurden. So leicht ließe sich beschaffen, was zum Leben
nötig ist, wenn nicht unser gesegnetes Geld, das noch ganz offenbar dazu erfunden ist, um
uns den Zugang zu den lebensnotwendigen Gütern zu eröffnen, in Wirklichkeit uns nur den
30 Weg zu diesen Gütern versperrte!
Das merken sogar die Reichen, wie ich nicht zweifle, und wissen recht gut, wieviel angenehmer der Zustand sein müßte, nichts Notwendiges zu entbehren, als Überfluß zu haben an viel
Überflüssigem, wieviel besser es wäre, so zahlreichen Übeln enthoben zu sein, statt von großem Reichtum in Beschlag genommen zu werden. Ich möchte auch gar nicht daran zweifeln,
35 daß vielleicht schon längst die ganze Welt zu der Gesetzgebung des Utopierstaates bekehrt
worden wäre, wenn nicht ein teuflisches Laster allein dagegen ankämpfte: das Haupt und der
Ursprung allen Unheils, die Hoffart; sonst hätte wohl die vernünftige Einsicht in den Vorteil
eines jeden einzelnen die Welt bekehrt oder auch die Autorität Christi, unseres Heilands, der
in seiner tiefen Weisheit wohl wissen mußte, was das beste sei, und in seiner Güte nur das an-
40 raten konnte, was er als das beste erkannt hatte. Aber die Hoffart mißt ihr Glück nicht am eigenen Vorteil, sondern am fremden Unglück. Sie möchte nicht einmal Göttin werden, wenn
dann keine Unglücklichen mehr blieben, über die sie herrschen und die sie schmähen könnten, durch deren Elend ihre eigene Glückseligkeit im Vergleich erst den rechten Glanz gewinnen soll, deren Not sie durch die Entfaltung ihres Reichtums peinigen und aufreizen möchte.
45 Sie wühlt sich, eine höllische Schlange, in die Herzen der Menschen ein, hält sie wie eine
Bremse (den Wagen) zurück und hindert sie, wenn sie einen besseren Lebensweg einschlagen
wollen.

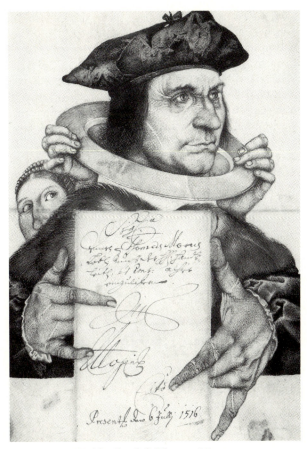

Mathias Prechtl: Thomas Morus

Sie hat sich allzu tief in das Menschenherz eingefressen, als daß sie sich ohne weiteres wieder herausreißen ließe. Und deshalb freue ich mich um so mehr, daß wenigstens den Utopiern
50 diese Staatsform auszubilden gelungen ist, die ich am liebsten allen Völkern wünschen würde. Sie haben in der Tat ihr Leben so eingerichtet, daß sie auf diesen Einrichtungen das glücklichste Fundament zu ihrem Staate legen konnten, und überdies eines, das nach menschlicher Voraussicht von ewiger Dauer sein wird. Denn seit sie im Inneren des Staates die Wurzeln des Ehrgeizes und der Parteisucht mitsamt den übrigen Lastern ausgerottet haben, droht keine
55 Gefahr inneren Zwistes mehr, der als die einzige Ursache schon die wohlbefestigte Macht vieler Städte zugrunde gerichtet hat. Solange aber die innere Eintracht nicht gestört ist und ihre heilbringende Verfassung noch besteht, vermag die Mißgunst aller benachbarten Fürsten (die das schon vor langer Zeit öfters, aber stets mit Mißerfolg, versucht haben) dieses Reich nicht zu erschüttern oder in Aufruhr zu bringen.“

60 Als Raphael so erzählt hatte, kam mir vielerlei in den Sinn, was mir an den Sitten und Gesetzen jenes Volkes überaus sonderbar erschienen war: nicht nur in der Methode ihrer Kriegführung, im Gottesdienst, in der Religion und noch anderen ihrer Einrichtungen, sondern vor

allem auch in dem, was die eigentliche Grundlage ihrer ganzen Verfassung ist, nämlich in ihrem gemeinschaftlichen Leben und der gemeinschaftlichen Beschaffung des Lebensunter-
65 haltes ohne allen Geldverkehr. Wird doch allein schon durch diese eine Verfassungsbestim-mung aller Adel, alle Pracht, aller Glanz, alle Würde und Majestät, also nach der landläufigen Ansicht alle wahre Zierde und aller Schmuck des staatlichen Lebens von Grund auf umge-stürzt. Indessen ich wußte, daß er vom Erzählen ermüdet sei, und war mir nicht ganz klar darüber, ob er es vertragen würde, wenn man abweichende Ansichten äußerte, zumal ich
70 mich an seinen heftigen Ausfall gegen gewisse Leute erinnerte, die Angst hätten, man würde sie nicht für gescheit genug halten, wenn sie nicht geschwind etwas fänden, womit sie an den Einfällen anderer Leute herumzausen könnten. Deshalb lobte ich nur die Verfassung jenes Volkes und Raphaels Erzählung, schüttelte ihm die Hand und führte ihn in das Speisezim-mer: doch bemerkte ich vorher, wir würden wohl noch später Zeit finden, über dieses Thema
75 tiefer nachzudenken und ausführlicher mit ihm darüber zu sprechen. Möchte es doch noch einmal dazu kommen! Bis dahin kann ich gewiß nicht allem zustimmen, was er sagte (übri-gens ohne Zweifel ein höchst gebildeter und weltkundiger Mann!), indessen gestehe ich doch ohne weiteres, daß es in der Verfassung der Utopier sehr vieles gibt, was ich in unseren Staa-ten eingeführt sehen möchte. Freilich ist das mehr Wunsch als Hoffnung. [...]

2.4 Friede – eine notwendige Utopie

Aus: Die Zeit drängt (1986)

Carl Friedrich von Weizsäcker

[...]

Es ist also vitales Interesse der gesamten Menschheit, auch jeden Bemühens um Gerechtig-keit und Bewahrung der Schöpfung, daß der Krieg zwischen den Supermächten des Nordens vermieden wird. Diese Kriegsverhütung aber ist nicht gesichert. Neue Schritte sind nötig. Die Zeit drängt.
5 Wir müssen in dieser Frage mehr ins einzelne gehen.
Die Atomwaffe ist nicht die Ursache der Kriegsgefahr. Im Gegenteil, Krieg ist auf der Erde seit vierzig Jahren nur dort geführt worden, wo gewiß schien, daß er nicht nuklear werden würde. Aber die nukleare Abschreckung durch beiderseits gesicherte Zweitschlagskapazitäten, eine kluge Erfindung amerikanischer Wissenschaftler, ist nicht geeignet und war nie gemeint, das
10 Problem der Kriegsverhütung endgültig zu lösen. Sie sollte nur eine Atempause gewähren, in welcher eine politische Friedenssicherung zu schaffen gewesen wäre.
Denn letzlich kann der notwendige Weltfriede überhaupt nicht technisch, sondern nur poli-tisch gesichert werden. Eine Technik, die zudem in ständigem Fluß der Weiterentwicklung be-griffen ist, kann keine permanente Garantie gegen technisches Versagen, gegen Eskalation re-
15 gionaler Konflikte, gegen menschlichen Wahnsinn geben. Und *ein* Versagen im Jahrhundert genügt für die Katastrophe. Gerade der Erfolg der Kriegsverhütung in den Sechziger- und Sieb-zigerjahren hat die Weltmacht zeitweilig eingeschläfert. Das neue Erwachen des Schreckens im Anfang der Achtzigerjahre war eine Chance. Wird sie genutzt werden? [...]

Die vierzig Jahre Waffenstillstand bei Rüstungswettlauf sind kein Trost. Ein Gleichnis sei
20 erlaubt. In Trockenzonen z. B. Australiens und Amerikas hat es oft verwüstende Waldbrände
gegeben, nach denen sich die Wälder gleichwohl wieder erholten. Heute hat man gelernt, Waldbrände immer besser zu verhüten. Dadurch sammelte sich aber immer mehr brennbares Material an. Wenn dann doch einmal ein Brand ausbrach, wuchs er zu unlöschbarer Stärke und hinterließ ein Gebiet, in dem das Pflanzen- und Tierleben des Waldes nicht wieder Fuß faßte. Der
25 nördliche Friede der letzten vierzig Jahre könnte die Periode des verhüteten Waldbrandes der
Menschheit gewesen sein. [...]

Wir sind verpflichtet, vom Ausmalen der Gefahr zur Schilderung der Hoffnung des politischen
Friedens zurückzukehren. Nur die Hoffnung schafft Kraft, der Gefahr zu begegnen. Wir wiederholen hier drei schon ältere Thesen:

30 1. Der Weltfriede wird zur Überlebensbedingung der Menschheit in einer technischen Zivili-
satlon.
2. Der politisch gesicherte Weltfriede wäre nicht das goldene Zeitalter. Er wäre die Überwindung einer speziellen, nicht mehr zu duldenden Form des Konfliktaustrags.
3. Die Schaffung des Weltfriedens fordert eine außerordentliche moralische Anstrengung.

35 Einige Erläuterungen zu den Thesen.

1. Die Begründung dafür, daß der große Weltkrieg verhütet werden müßte, liegt auf der Hand.
Begrenzte Kriege enthalten eine Eskalationsgefahr, wenn sie in Konfliktzonen der Weltmächte
geraten. Insbesondere aber sind sie schier unübersteigliche Hindernisse für die Schaffung der-
jenigen weltweiten Rechtsordnung, ohne welche der Übergang des Weltmarkts in eine Phase
40 sozialer Gerechtigkeit ausgeschlossen ist. Freilich verstehen in einer Welt sozialer und nationa-
ler Unterdrückung die Revolutionäre und später die Sieger einer Revolution als Kriegführende
ihren Kampf als Befreiungskrieg, als moralische Pflicht. Trotz des großen Beispiels von Gandhi
ist der Griff zur Waffe die übliche Reaktion. In einer Welt voller Übermacht, voller Ungerechtig-
keit und voller Waffen ist diese Reaktion zu erwarten. Nicht der behütete Bürger einer wohlha-
45 benden Demokratie ist hier zur Kritik befugt, sondern nur der gewaltlose Kämpfer. Aber es ist in
vielen Fällen zu sehen, daß der Griff zur Waffe einen verhängnisvollen Zirkel erzeugt. Er steigert
den Widerstand, den er brechen will. Im Revolutionär erzeugt er häufig eine Seelenhaltung, die
ihn nach dem Sieg verführt, eine neue Gewaltherrschaft zu gründen; ,,die Revolution frißt ihre
Kinder''. Und objektiv gesehen verzehrt die Rüstung die Mittel für den wirtschaftlichen Aufbau
50 und hindert der Krieg das Entstehen einer funktionierenden internationalen Rechtsordnung.
Wollen wir weltweite soziale Gerechtigkeit, so müssen wir weltweiten politischen Frieden wollen. Keine Gerechtigkeit ohne Frieden.
2. Die zweite These ist die Antwort auf den Einwand, Konflikte gehörten nun einmal zur menschlichen Natur. Die Antwort lautet: Konflikte ja, aber nicht der politisch organisierte gegenseitige
55 kollektive Mord als Form des Konfliktaustrags. Der Krieg von Burg zur Burg, von Stadt zu Stadt
ist in wohlorganisierten Nationalstaaten seit langem verschwunden. Unter einer Rechtsordnung
kann man ohne organisierten Krieg zusammenleben, auch wenn man den Nachbarn beneidet
oder haßt. Wahlkämpfe können moralisch so ekelhaft sein wie Kriegspropaganda. Aber das
Legalitätsprinzip[1], wo es funktioniert, verhindert den blutigen Austrag.

---

[1] Der Grundsatz, daß die Staatsanwaltschaft bei Straftaten Anklage erheben muß, ohne Rücksicht auf die Zweckmäßigkeit
der Anklage bei Vorliegen zureichender Anklagepunkte.

60 Die Frage ist nur, wie eine derartige Rechtsordnung weltweit zustande kommen soll. Ein fakti- scher Verzicht auf die Ausübung des heute völkerrechtlich bestehenden Souveränitätsrechts der Staaten auf Kriegsführung wäre unerläßlich. In gewissen Regionen der Erde besteht er heute, so seit langem zwischen den skandinavischen Staaten, zwischen USA und Kanada, seit wenigen Jahrzehnten zwischen den Staaten Westeuropas. Aber in allen diesen Fällen bestehen
65 spezielle innen- und außenpolitische Bedingungen, in den europäischen Beispielen insbeson- dere die Demokratie und der Verlust der ehemaligen Großmachtpositionen, verbunden mit der Bedrohung durch mächtigere Nachbarn. Wie der Mächtigste genötigt werden kann, auf sein Souveränitätsrecht zu verzichten, ist die Frage. Die Frage der Mäuse: ,,Wer hängt der Katze die Schelle um?''

70 Alle historischen Beispiele für die Schaffung eines langdauernden Friedens in einer großen Region beruhen auf dem militärischen Sieg eines Hegemoniekandidaten und, meist, auf der Schaffung eines riesigen Einheitsstaates nach dem Sieg; so in China, so in Rom. Die gemäß diesen Parallelen konservativste Lösung wäre heute die Schaffung eines Weltstaates durch den Sieger in einem letzten Weltkrieg. Darüber, daß dies heute nicht mehr möglich sei, besteht in
75 der gegenwärtigen Öffentlichkeit verbale Übereinstimmung. Angesichts der fortdauernden La- bilität der technischen Waffenentwicklung ist aber nicht gewiß, daß es immer so bleiben wird. Und es ist nicht gewiß, daß alle Verantwortlichen an diese Unmöglichkeit auch nur heute oder für eine nahe Zukunft glauben. Gewiß ist nur, daß wir diese Lösung nicht *wollen* dürfen.

Eine scheinbar leichtere, tatsächlich aber radikalere Lösung wäre der freiwillige Zusammen-
80 schluß zu einer Weltföderation, die ausdrücklich und bindend auf das Souveränitätsrecht der Kriegsführung verzichtete und die nationalen Armeen auf bloße Polizeikräfte reduzierte. Aus freiwilliger Vernunft auf ein Recht zu verzichten, das Gewalt uns bisher nicht entreißen kann, würde jedoch einen Bewußtseinswandel in der Menschheit voraussetzen, der zwar begonnen hat, aber noch weit von seinem Ziel entfernt ist. Heute ist der Gedanke noch utopisch. Aber der
85 Bewußtseinswandel ist unerläßlich. Was man nicht zu wollen vermag, bekommt man nicht ge- schenkt.

Was heute wirklich geschieht, ist hingegen völlig blaß. Die Staaten reservieren sich das Recht zum Krieg, verzichten aber ja nach eigener Einschätzung der Gefahr auf seine Ausübung. Die Vereinten Nationen sind wichtig, weil sie Öffentlichkeit schaffen. Aber sie sind nur ein vorausge-
90 schossener Pfeil der Friedenshoffnung; de facto sind sie weitgehend ein Äußerungsgremium der machtlosen Mehrheit. Ihre Maßnahmen garantieren allenfalls dort den Frieden, wo auch die Mächtigen am Frieden interessiert sind. Es gibt formelle Kriegsächtungspakte; aber sie verdek- ken die Wirklichkeit der Kriegführung so wenig, daß ihre Existenz der breiten Öffentlichkeit kaum bekannt ist. Träumerisch wiegt sich die Mehrheit der Menschheit in der Hoffnung, der
95 große Krieg werde nicht kommen oder er werde die eigene Region nicht erreichen; mit den klei- nen Kriegen aber müsse und könne man leben, zumal wenn sie weit entfernt sind. Und jeder kleine Krieg ist von der Mehrheit der Menschen weit entfernt. Diese Träumerei ist das eigent- liche Hindernis des Bewußtseinswandels.

3. Die außerordentliche moralische Anstrengung ist die Anstrengung des Bewußtseinswandels.
100 Diese These kommt als dritte, nach den beiden Thesen, die den politischen Weltfrieden fordern. [...]
Die gegenwärtige These verlangt [...] denjenigen vernünftigen Bewußtseinswandel, der erlaubt, politische Ordnungen zu schaffen, welche eine seelisch unerlöste Menschheit daran hindern, sich selbst zu vernichten. Diese Vernunft kommt nicht ohne menschliche Anstrengung, nicht
105 ohne einen tiefen Liebesimpuls zustande. Eine ihrer wichtigen Leistungen aber ist die intellektu- elle Anstrengung, die heutigen politischen Realitäten zu verstehen. [...]

3 Sachbuch – Science-fiction – Utopie

3.1 Forderungen an ein modernes Sachbuch

Rudolf Pörtner

Der Leser erwartet vom modernen Sachbuch eine lebendige Teilhaberschaft am wissenschaftlichen Prozeß.

Er will sich nicht nur mit Ergebnissen der Forschung beschäftigen, sondern auch mit dem Vorgang des Fragens und Durchdenkens.

5 Er will zusammen mit dem Autor, dem Forscher bei seiner Arbeit gewissermaßen über die Schultern blicken, bei ihm einkehren, sein Gast sein, sich vom Sog der Probleme mitreißen lassen und auf diese Weise Belehrung sozusagen aus erster Hand erfahren.

So betrachtet, ist der Sachbuchautor auch den didaktischen Prinzipien modernen Bildens und Unterrichtens verpflichtet.

10 Genau wie ein tüchtiger Lehrer hat er die Aufgabe, ,,tote Sachverhalte in lebendige Handlungen zurückzuverwandeln: Gegenstände in Erfindungen und Entdeckungen, Werke in Schöpfungen, Pläne in Sorgen, Verträge in Beschlüsse, Lösungen in Aufgaben'', Wissenschaft in das, was sie ihrem Wesen nach ist und bleiben soll: ein ständiges Bemühen um die Enträtselung des menschlichen Daseins.

15 Schließlich die dritte Aufgabe: den Text stilistisch zu formen und zu feilen, die Aufgabe, seinem Produkt wenigstens etwas von dem formalen Glanz auf den Weg zu geben, der eines der wichtigsten Kriterien der belletristischen Literatur ist. ,,Ein Sachbuch'', so hat sich Walther Kiaulehn[1] zu diesem Thema geäußert, ,,ist erst vollendet, wenn sein ästhetischer Reiz ebenso stark ist wie die intellektuelle Tat.''

20 Nun – auch wenn man nicht gleich nach den Sternen greift – es ist eine sehr banale, aber sehr notwendige Feststellung, daß über wissenschaftliche Leistungen nicht im Stil des gelehrten Rotwelsch und des zünftigen Abrakadabras berichtet zu werden braucht.

Auch über die Welt der Forschung und ihre komplizierten Wege kann in gutem Deutsch geschrieben werden, auch für sie gilt Nietzsches Wort, daß Gedankenverbesserung zugleich auch

25 Stilverbesserung ist.

Kurzum: ein Sachbuch sollte zumindest in einer klaren, verständlichen, präzisen, eindeutigen und sachlichen Prosa verfaßt werden.

Sachlichkeit wiederum schließt ja eine herzhafte, würzige, kraftvolle, anschauliche und bilderreiche Sprache ebensowenig aus wie eine kurzweilige, anekdotisch gewürzte und ironisch ge-

30 pfefferte Form der Darstellung. [...]

---

[1] Journalist in Berlin (1900 – 1968), erhielt 1933 Berufsverbot, ab 1945 Theaterkritiker in München.

3.2 Wie einfach, einen Blick in die Zukunft zu werfen!

Isaac Asimov

Ich habe über galaktische Imperien geschrieben, von überlichtschnellem Raumflug, über intelligente Roboter, die zu Gott wurden, über Zeitreisen. Nichts davon halte ich für eine auch nur mögliche Voraussage; so war es auch nie gemeint. Ich habe nur versucht, unterhaltsame Geschichten über das zu schreiben, was man sich vorstellen könnte, nicht etwa über das, was man
5 sich vorstellen muß.

Aber manchmal ...

In der Juli-Ausgabe 1939 von „Astounding Science Fiction" erschien eine meiner Geschichten. Sie hieß „Trends" und befaßte sich mit dem ersten Mondflug (alberne Fluchtlektüre natürlich). Natürlich waren meine Details auf kindische und lächerliche Art falsch. So ließ ich den
10 Flug etwa zehn Jahre später stattfinden, als er dann tatsächlich stattfand.

Trotzdem war ich mir selbst im zarten Alter von neunzehn bewußt, daß all diese technologischen Fortschritte in der Vergangenheit, die signifikante Veränderungen des menschlichen Lebens mit sich gebracht hatten, von wichtigen Teilen der Bevölkerung, die es aus dem einen oder anderen Grund schwierig fanden, Veränderungen zu akzeptieren, angegriffen worden waren.
15 Mir kam deshalb der Gedanke, daß es bei der Entwicklung des Raumfluges sicher nicht anders sein würde. Meine Geschichte befaßte sich deshalb in erster Linie mit der Opposition gegen eine Raumfahrt.

Diese Geschichte war, soviel ich weiß, die erste Beschreibung eines ideologischen Widerstandes gegen die Ausbreitung der Menschheit im Weltraum. Zuvor hatten alle, die sich mit die-
20 ser neuen Entwicklungsmöglichkeit befaßten, die Reaktionen der Menschheit entweder ignoriert oder waren davon ausgegangen, sie würde positiv sein. Als es dann gegen Ende der sechziger Jahre tatsächlich zunehmenden ideologischen Widerstand gegen Raumfahrtprojekte gab, sah ich mich plötzlich als Seher gelobt, obwohl ich doch nur das Unvermeidliche vorausgesehen hatte. [...]
25 Heute sehen wir uns der am leichtesten vorhersehbaren Katastrophe gegenüber, den Konsequenzen der Überbevölkerung. Die Erdbevölkerung liegt nun bei 4,2 Milliarden, und diese Bevölkerung wächst mit einer Rate von 1,6 Prozent pro Jahr. Das bedeutet, an jedem Tag sind 185 000 Münder mehr zu speisen als am Tag zuvor.

Im Verlauf der letzten dreißig Jahre, während derer die Bevölkerung um 1,5 Milliarden wuchs,
30 konnte die Nahrungsversorgung Schritt halten; dank der sich ausbreitenden Mechanisierung der Landwirtschaft, dank Kunstdünger und Pestiziden, und dank einem ungewöhnlichen günstigen Weltklima.

Aber nun scheint sich eine Schlechtwetterperiode anzubahnen, der Energiemangel verlangsamt die Mechanisierung und erhöht die Preise für Düngemittel und Pestizide. Das Nahrungs-
35 mittelangebot wird also nicht weiter wachsen; es wird wahrscheinlich sogar sinken und wenn dabei die Bevölkerung um 185 000 pro Tag steigt, ist es dann nicht die einfachste und sicherste Sache der Welt, große, sich immer weiter ausbreitende Hungersnöte vorherzusagen?

Doch wann immer ich so etwas tue, empfängt mich amüsierter Unglauben. Die Leute sehen sich um und sehen heute nirgendwo Hunger in ihrer Umgebung, warum sollte es also morgen
40 für sie Hunger geben?

Betrachten wir einmal etwas anderes: wenn Science Fiction-Autoren die Probleme und Katastrophen voraussehen, denen die Menschheit entgegengeht, sehen sie auch die Lösungen voraus?

Nicht notwendigerweise! Science Fiction-Autoren sehen nur das Unvermeidliche voraus, und
45 auch wenn Probleme und Katastrophen unvermeidlich sein mögen, sind Lösungen das nicht.
Science Fiction-Autoren sind allzu oft gezwungen, Lösungen aus einer dünnen und nicht sehr
plausiblen Luft zu greifen – oder die Sache auf sich beruhen zu lassen und die dramatische Katastrophe zum Ende ihrer Geschichte zu machen.

Der beste Weg, eine Katastrophe zu verhindern, ist, sich gegen sie zu wappnen, lange bevor
50 sie tatsächlich eintritt. Rechtzeitig die Ölvorräte zu schonen und nach alternativen Energiequel-
len zu suchen. Die internationalen Auswirkungen der Atombombe zu überlegen, bevor man sie
überhaupt erfindet. Die Geburtenrate zu senken, bevor der Bevölkerungszuwachs gefährliche
Dimensionen erreicht hat.

Um das zu tun, muß man die Katastrophen rechtzeitig voraussehen, und die Science Fiction
55 hilft dabei.

Friedensreich Hundertwasser (geb. 1928): ⬭650⬭ Flucht ins All (1966).
Originalgraphik aus der Ars Viva Mappe „Regentag".

3.3 Der Science-fiction-Horror-Film-Taschen-Computer

Gahan Wilson

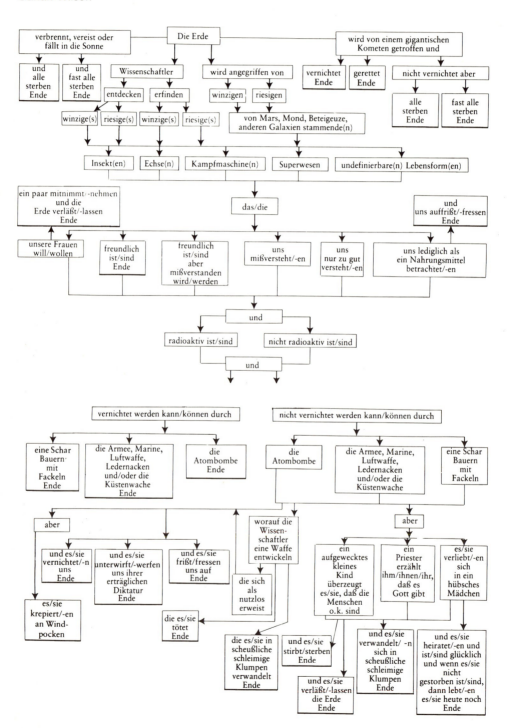

3.4 Begriff und Geschichte der Utopie

Wolfgang Biesterfeld

Der Begriff „Utopie" begegnet uns häufig. Im alltäglichen Sprachgebrauch und in den Texten der Massenkommunikation steht er meist für den Traum von einer Sache, die sich nicht verwirklichen läßt, für das unrealistisch Geplante, für das Hirngespinst. Was mit Utopie im strengeren und historisch herleitbaren Sinne gemeint ist, erschließt sich rasch durch einen Blick auf die
5 Etymologie des Wortes: Es handelt sich um eine Kombination der griechischen Worte „u" für die Verneinung und „topos" für „Ort", „u-topia" bedeutet „Nicht-Ort" oder „Nirgendland". Zum ersten Mal taucht dieses Kunstwort, das man in einem Lexikon des klassischen Griechischen vergebens sucht, im Jahre 1516 auf, als der englische Lordkanzler Thomas Morus (Sir Thomas More), der unter König Heinrich VIII. sein Leben lassen mußte, ein auf lateinisch verfaß-
10 tes Buch herausbrachte, dessen Titel in deutscher Übersetzung lautet: *Ein wahrhaft goldenes, nicht weniger heilsames denn kurzweiliges Büchlein von der besten Verfassung des Staates und von der neuen Insel Utopia.* Seit Morus, der beispielgebend als Ort für sein Staatswesen die Insel, als speziellen Raum die Stadt wählt, bezeichnet man mit „Utopie" die Vorstellung von einer bisher nicht realisierten Gesellschaft, das Muster einer Organisation menschlichen Zusam-
15 menlebens, für das die Geschichte noch kein Beispiel bietet, die Gesellschaftsfiktion, die sich durch die unvollkommene Wirklichkeit zum Entwurf einer besseren Möglichkeit herausgefordert sieht. Morus' *Utopia* zeigt die klassische Form der Utopie. Fiktionen dieser Art werden bis zum Ende des 19. Jahrhunderts überwiegend als positive Entwürfe verfaßt. In der älteren Forschungsliteratur wird Utopie geradezu als „Dichtung vom besten Staat" verstanden; auch
20 heute hat „utopisch" im wissenschaftlichen Sprachgebrauch vor allem in der Philosophie, Soziologie und Pädagogik eine positive, optimistische Färbung, obwohl sich unter den Gesellschaftsfiktionen der Moderne immer mehr Zeugnisse finden, die durch Skepsis oder Negation gekennzeichnet sind. Für negative Utopien, die „Dichtung vom schlechtesten Staat" also, sind heute die Begriffe der „Anti-Utopie" und „Dystopie" gebräuchlich geworden. Eine dritte Er-
25 scheinungsweise der Utopie, an der ein positiver und ein negativer Aspekt gewissermaßen gleichzeitig teilhaben, ist die Satire. Deren Ziel, durch Lächerlichmachen zu entlarven, knüpft sich in der Literaturgeschichte überaus häufig an die Gesellschaftsfiktion.
Weit älter als die Geschichte des Begriffs „Utopie", für den in der Vergangenheit auch Benennungen wie „respublica ficta" (erdichteter Staat), „respublica imaginaria" (nur auf Vorstellung
30 beruhender Staat), „politische Fabel" und „Staatsroman" anzutreffen sind, ist die Geschichte des Phänomens Utopie in der Literatur und als einer literarischen Gattung. Erste Verkörperungen des Utopischen finden sich in Mythos und Märchen, denn in den Überlieferungen aller Völker erscheinen wunderbare Reiche, fremdartige Städte und zauberische Schlösser mit merkwürdigen, der gewohnten Realität nicht entsprechenden Lebensgemeinschaften, seien sie nun
35 auf Inseln, über den Wolken, in unzugänglichen Tälern und Höhlen, in tiefen Wäldern oder hinter den sieben Bergen versteckt. Die bekannteste Volksüberlieferung mit utopischem Charakter ist das *Märchen vom Schlaraffenland,* in dessen verschiedenen Versionen die Elemente der „verkehrten Welt" und der Schlemmerei vorherrschen. Ebenso berührt sich der Bereich der Religion mit dem Utopischen: Sowohl im Glauben an ein Jenseits als naive Spiegelung des Le-
40 bens auf Erden als auch in der theologisch ausgefeilten Schilderung des „Himmlischen Jerusalems" in der Offenbarung des Johannes begegnen wir Gesellschaftsfiktionen. [...]

Zielsetzung und Planung

Auszüge aus Sachbüchern, Science-fiction-Literatur und Utopien stehen in diesem Kapitel neben- und gegeneinander. Sie wollen unterhalten, informieren und zur Diskussion anregen.
Insgesamt lernt ihr,
- euch mit Themen, Bedeutung und Machart von Sachbüchern kritisch zu beschäftigen
- euch über die dem Menschen im Weltraum gesetzten Grenzen sowie über Rang und Publikumserfolg der Scienc-fiction-Literatur zu unterhalten
- Zukunftserwartungen und utopische Romane miteinander zu vergleichen.

Wer will, kann in der Klasse ein empfehlenswertes Sachbuch oder ein Heft einer Science-fiction-Serie vorstellen.
Die Textausschnitte können euch anregen, die eine oder andere Schrift ganz zu lesen.

Anregungen

1 Weltraum in Wirklichkeit und Science-fiction

In unserem Jahrhundert ging ein alter Traum der Menschheit in Erfüllung: der Flug in den Weltraum. Wissenschaftlicher Forschungsdrang und menschliche Erfindungskraft haben ihn verwirklicht.
In diesem Abschnitt sind drei Sorten von Texten vertreten:
- der Erfahrungsbericht eines Wissenschaftlers
- Science-fiction-Romane
- ein wissenschaftlicher Sachbuchtext.

Texte S. 233 ff. Zieht bei der Beschäftigung mit diesem Abschnitt auch die Texte 3.1–3.3 hinzu.

Text 1.1 S. 210 Ulf Merbold ist der erste Astronaut der Bundesrepublik Deutschland, der ins Weltall geflogen ist.
○ Wie verträgt sich die Überschrift „Der himmlische Ausblick" mit den kritischen Äußerungen des Autors?

Text 1.2 S. 213 Mehr als ein Jahrhundert vor Merbold hat Jules Verne bereits den Flug ins All im Roman gestaltet.
○ Welche Rolle spielt in dem Text die Wissenschaft?
○ Welche Passagen könnten einem wissenschaftlichen Werk des letzten Jahrhunderts entnommen sein?
○ Wie macht Verne trockene Information unterhaltsam?
○ Was macht Text und Roman von Verne für euch heute noch lesenswert?

Text 1.3
S. 217

Einer der bekanntesten Science-fiction-Autoren heute ist der Pole Stanislaw Lem. In seinem Roman „Astronauten" schildert er den Untergang der untereinander zerstrittenen Venusbewohner und ihres technisch hochentwickelten Staates.

○ Welche Anspielungen auf wissenschaftliche Forschung und politisches Handeln in unserer Zeit finden sich in dem Textausschnitt?
○ Welche Botschaft möchte Lem mit seiner „Geschichte einer fremden Welt" dem Leser vermitteln?
  Welche Hoffnungen für die Erde nährt der Autor?
○ Worin unterscheiden sich die Phantasien von Verne und Lem?

Text 1.4
S. 220

Text 3.1
S. 233

Text 3.2
S.234

Die Sachbuchautoren Becker und Sauermost wollen andere Leserbedürfnisse befriedigen als Science-fiction-Autoren, aber auch andere als Ulf Merbold.

○ Vergleicht Aussageabsicht, Inhalt und Sprache in den Texten des 1. Abschnitts. Worin unterscheiden sie sich?
○ Erfüllen Becker und Sauermost die Forderungen, die Rudolf Pörtner an ein modernes Sachbuch stellt?
○ Entsprechen Jules Verne und Stanislaw Lem den Erwartungen Isaac Asimovs an Science-fiction-Romane?

2 Utopie und Zukunftserwartung

Zu allen Zeiten finden sich Schriftsteller, die mit dem Staat und der Gesellschaft, in denen sie leben, nicht zufrieden sind, und die den Mut haben, diese Zustände zu kritisieren. Sie tun dies auf zweierlei Weise:

– die einen, wie Thomas Morus, kritisieren indirekt, projizieren ihre Hoffnung auf eine ideale Gesellschaft in ein fiktives Land Utopia (griech.: Nirgendwoland). Sie sehen die Zukunft positiv;
– andere, vornehmlich Schriftsteller der letzten 50 Jahre, wie George Orwell und Aldous Huxley, sehen die Zukunft pessimistisch. Sie malen die Vision eines Schreckensstaates.

Die Texte dieses Abschnitts stellen unterschiedliche Utopien vor.
○ Informiert euch über die Autoren. Biographisches und historisches Hintergrundwissen helfen euch, die Texte leichter zu verstehen.

Text 2.1
S. 222

Aldous Huxley zeichnet in seinem Roman ironisch das Bild einer „schönen neuen Welt", einer genetisch manipulierten, seelenlos gewordenen Menschheit.

○ Welche Gefahren sieht der Autor, wenn Wissenschaftler sich in den Dienst einer totalitären Macht stellen?
○ Wo im Text finden sich ironisch-satirische Passagen?
  Wie wirken diese auf euch?
○ Könnt ihr Beispiele dafür bringen, daß Huxleys Befürchtungen berechtigt sind?

Text 2.2
S. 224

In totalitären Staaten gilt nach George Orwell „Macht als Endzweck der Herrschenden".

○ Wie argumentieren O'Brian und Winston?
   Wie unterscheiden sich ihre Ziele und Methoden?
○ Welche Rolle spielt der Mensch im Orwellschen Staat?
   Welche Werte gelten?
○ Welche anderen Ziele verfolgen Staatsmänner in demokratisch regierten
   Staaten?
○ Darf Wissenschaft, was sie kann?

Text 2.3
S. 227

Thomas Morus' „Utopia" aus dem 16. Jahrhundert unterscheidet sich deutlich von den Utopien Huxleys und Orwells.

○ Worin liegt der Unterschied?
○ Welches sind nach Ansicht Raphaels die Ursachen für alle Ungerechtigkeiten im Staat?
○ Welche Werte und Einstellungen bestimmen das Leben der Menschen und
   den Staat der Utopier?
○ Wie stellt sich der Ich-Erzähler zu den Ausführungen Raphaels?

Text 2.4
S. 230

Carl Friedrich von Weizsäckers Buch „Die Zeit drängt" spricht die Leser
anders an als die utopischen Romane.

○ Kennzeichnet den Unterschied zwischen seinem Sachbuch und den utopischen Romanen. Gibt es auch Gemeinsamkeiten?
○ Wie sind seine Thesen zu beurteilen?

3   Sachbuch – Science-fiction – Utopie

Das Thema „Die Zukunft des Menschen: Sachbuch und erzählende Literatur"
könnte euch veranlassen, nach Abschluß der Unterrichtseinheit einen Elternabend oder eine Buchausstellung zu veranstalten. Ihr seid Fachleute und informiert Eltern und Mitschüler.
Viele klassische Science-fiction-Romane und literarische Utopien sind verfilmt
worden. Ihr könnt einen Film vorführen und über die filmische Umsetzung diskutieren.
Moderne literarische Utopien gibt es auch als Jugendbücher. Ihr könnt sie vorstellen und als Klassen- oder zur Privatlektüre empfehlen.

Science-fiction-Serien-Hefte erreichen eine wöchentliche Gesamtauflage von
weit über 1 Million.

Text 3.3
S. 236

○ Welche Absicht verfolgt Gahan Wilson mit seinem „Science-fiction-Horror-
   Film-Taschen-Computer"?
   Überprüft diesen Computer an einem Beispiel eurer Wahl.

Der Begriff „Utopie" ist schillernd und wird nicht immer einheitlich verwendet.

Text 3.4
S. 237

○ Was versteht Wolfgang Biesterfeld darunter?
○ Untersucht, wie der Begriff in der Alltagssprache verwendet wird.

○ Versucht, eure eigenen Wünsche, Hoffnungen und Befürchtungen für die Zukunft zu notieren.

Das Thema ,,Utopie'' eignet sich für einen Projekttag.
Mögliche Arbeitsgruppen/Schwerpunkte:
- Planung, Durchführung und Auswertung einer Umfrage:
  ,,Zukunft – meine Wünsche, Ängste und Hoffnungen''
- Utopien im Altertum und Mittelalter
- Utopien im modernen Jugendbuch
- Verfilmte Utopien. Vergleich mit dem Text
- eine Positiv- und eine Negativutopie der Moderne im Vergleich
- das Thema ,,Zukunft'' in den Medien.

Literaturhinweise

Asimov, Isaac: Die Erforschung der Erde und des Himmels. Allgemeine Reihe 10761. München: dtv 1987.

Asimov, Isaac: Lucky Starr auf den Jupitermonden. Bergisch-Gladbach: Bastei-Lübbe 1981.

Bradbury, Ray: Fahrenheit 451. Bibliothek der Science fiction 0033(36). München: Heyne 1984.

Callenbach, Ernest: Ökotopia. Notizen und Reportagen von William Weston aus dem Jahre 1999. Berlin: Rotbuch 1983.

Christopher, John: Die Wächter. Tb 441. Ravensburg: Otto Maier 1978.

Ditfurth, Hoimar v.: Wir sind nicht von dieser Welt. Naturwissenschaft, Religion und die Zukunft des Menschen. Hamburg: Hoffmann & Campe 1981.

Dürrenmatt, Friedrich: Das Unternehmen Wega. Hörspiele und Kabarett. Tb 20847. Zürich: Diogenes 1980.

Wells, Herbert George: Der Krieg der Welten. Tb 20171. Zürich: Diogenes 1974.

Verfilmungen/Hörspiele

Meliés, G.: Jules Vernes ,,Die Reise zum Mond'' (1902). Film.

Welles, O.: Rundfunkfassung von H. G. Wells' ,,Krieg der Welten'' (1938).

Tarkowski, A.: Verfilmung von S. Lems ,,Solaris'' (1972).

Cotta's Hörbühne: Friedrich Dürrenmatts ,,Das Unternehmen Wega'' in Compact Cassette. Stuttgart: Klett 1986.

Kapitel 7

Lesen – was und wozu?

Einführung

Entspannend, aufregend, informativ, anregend können Bücher sein. Verwirrend ist die Vielfalt des Angebotes. Jährlich kommen ca. 60 000 Bücher neu auf den Markt.

Wie weit gespannt sind eure eigenen Lesebedürfnisse? Nach welchen Gesichtspunkten wählt ihr eure Bücher aus?
Eine spannende Lektüre versprechen die Kriminalromane und -erzählungen. Aber welche Art von Spannung befriedigt eure Erwartungen?
Durch Bücher erfahren wir, wie andere Menschen mit sich fertig werden, wie sie lieben und trauern, leiden und sich freuen. Aber welche Art von Liebesbeziehungen, in literarischen Werken dargestellt, entspricht euren Vorstellungen?

Manche Autoren haben ein großes Lesepublikum, finden jedoch bei Fachleuten wenig Beachtung. Nach welchen Maßstäben wertet ihr ein Buch, und nach welchen Gesichtspunkten wird Literatur von Fachleuten beurteilt?
Schriftsteller treten in der Regel nur indirekt mit ihren Lesern in Verbindung. Welche Ansprüche stellen sie an sich und an den Leser? Welche ihrer Bücher haben die Chance, Bestseller zu werden?

Dieses Kapitel gibt keine Anweisungen, weder zum Lesen noch zur Beurteilung von Büchern. Aber es wirft Fragen auf, die jeder auf seine Weise sich stellen und beantworten kann. Es möchte Hilfestellung geben zum Nachdenken darüber, was, wozu, wie man liest und nach welchen Gesichtspunkten man über Bücher urteilen kann.

Giuseppe Arcimboldo (1527–1593): Der Bibliothekar (1566)

1 Spannende Kriminalfälle. Thema: Der Verdacht

1.1 Doppelter Verdacht

Aus: Haus Nachtigall (Schluß der Erzählung)

Agatha Christie

Alix Martin, Stenotypistin, 33 Jahre, ist seit vier Wochen verheiratet mit Gerald Martin, 40 Jahre. Sie kennt ihren Mann erst seit einigen Wochen. War es Liebe auf den ersten Blick oder Enttäuschung über ihren langjährigen, schüchternen Freund und Kollegen Dick Windyford, der ihr erst nach ihrer Verlobung seine Liebe gesteht? Dick hat sie vor dem Fremden, den sie gar nicht kenne, gewarnt. Alix hat ihrem Mann eine große Erbschaft – Wertpapiere – zur Verwaltung anvertraut und zum Kauf eines abgelegenen Landhauses, Haus Nachtigall, 3000 Pfund Sterling übergeben. Dort wohnen sie jetzt allein, ohne Diener, drei Kilometer vom nächsten Dorf entfernt. Nur der Gärtner George kommt einmal in der Woche zur Pflege des Gartens. Am Mittwoch, den 18. Juni, ruft morgens Dick Alix an, während ihr Mann im Dorf Besorgungen macht. Er möchte das jungvermählte Paar am Abend besuchen. Alix wehrt ab: In einem Traum sah sie ihren Mann tot, von Dick erschlagen.

In einem Gespräch mit ihrem zufällig auftauchenden Gärtner George erfährt sie zwei Tatsachen, die sie stutzig machen: Haus Nachtigall habe nur 2000 Pfund gekostet; und ihr Mann wolle am nächsten Morgen mit ihr nach London fahren. Dann findet sie ein Notizbuch ihres Mannes mit dem Eintrag: „Mittwoch, 18. Juni, 9 Uhr abends". Sie erschrickt. Was hat ihr Mann heute vor? Das Gespräch mit Gerald nach dessen Rückkehr versetzt sie in Angst: Er will mit ihr am Abend um 9 Uhr im Keller einige Negative entwickeln, läßt aber den Plan fallen, nachdem sie ihm über das Gespräch mit dem Gärtner George berichtet hat.

Am nächsten Tag entdeckt sie in seiner Kommode amerikanische Zeitungsartikel, die alle von einem notorischen Schwindler und Bigamisten, Charles Lemaitre, handeln, der wegen Mordverdachts an seinen Ehefrauen vor Gericht gestellt, wegen Mangels an Beweisen freigesprochen, aber wegen Betrugs ins Gefängnis geworfen worden und von dort entkommen ist. Alix erschrickt zu Tode: Sie meint, in dem abgedruckten Photo ihren Mann zu erkennen, und – mittels eines Muttermals am Handgelenk, an dem jetzt ihr Mann eine Narbe trägt, hatte eine Zeugin Charles Lemaitre als Betrüger identifiziert. Da kommt Gerald Martin mit einem nagelneuen Spaten zurück. Ihr Verdacht steigert sich. Mit einer List gelingt es ihr, ihren Freund Dick telephonisch zu bitten, sofort zu ihr zu kommen, sie schwebe in höchster Lebensgefahr.

[...]

Sie setzte sich in ihren Sessel und lächelte ihrem Mann zu, als er ihr gegenüber Platz nahm. Sie war gerettet. Es war erst fünfundzwanzig Minuten nach acht. Lange vor neun würde Dick kommen.

„Der Kaffee, den du mir serviert hast, hat mir nicht geschmeckt", beschwerte sich Gerald.

5 „Er war bitter."

„Ich habe eine neue Sorte ausprobiert. Ich werde ihn nicht mehr nehmen, wenn du ihn nicht magst, Liebling."

Alix nahm sich eine Handarbeit und begann zu sticken. Gerald las ein paar Seiten in seinem Buch, dann blickte er zur Uhr und legte es weg.

10 „Halb neun. Zeit, um in den Keller zu gehen und mit der Arbeit anzufangen."

Die Handarbeit fiel Alix aus den Händen.

„Oh, noch nicht. Laß uns bis neun warten."

„Nein, mein Kind. Halb neun. Diese Zeit habe ich mir vorgenommen. Um so früher kannst du zu Bett gehen."

15 „Aber ich möchte lieber bis neun Uhr warten."

„Du weißt, wenn ich eine Zeit festsetze, halte ich mich daran. Komm, Alix. Ich werde keine Minute länger warten."

Alix blickte zu ihm auf, und sosehr sie sich auch dagegen wehrte, eine Welle des Entsetzens durchflutete sie. Die Maske war gefallen. Gerald zupfte an seinen Fingern. Seine Augen leuch-

20 teten vor Aufregung. Immer wieder fuhr er sich mit der Zunge über seine trockenen Lippen. Jetzt machte er sich nicht mehr die Mühe, seine Erregung zu verbergen.

Alix dachte: Es ist wahr. Er kann es nicht abwarten. Er benimmt sich wie ein Wahnsinniger. Er kam auf sie zu und berührte ihre Schulter. Sie sprang auf.

„Komm, mein Schatz. Oder ich werde dich tragen."

25 Seine Stimme klang fröhlich, aber eine unmißverständliche Grausamkeit schwang im Unterton mit. Mit letzter Kraft machte sie sich frei und hielt sich kauernd an der Wand fest. Sie war machtlos. Sie konnte nicht weglaufen. Sie konnte überhaupt nichts tun. Und er kam immer näher. „Also, Alix ..."

„Nein – nein!" Sie schrie. Kraftlos streckte sie ihre Hände aus, um ihn abzuhalten.

30 „Gerald, halt ein. Ich muß dir etwas sagen, etwas beichten!"

„Beichten?" fragte er neugierig.

„Ja, beichten." Sie hatte dieses Wort auf Geratewohl gewählt. Verzweifelt redete sie weiter und versuchte, damit seine Aufmerksamkeit zu fesseln.

„Ein ehemaliger Liebhaber, nehme ich an", sagte er höhnisch.

35 „Nein", antwortete Alix. „Etwas anderes. Man nennt es – ich glaube, man nennt es ein Verbrechen."

Sofort merkte sie, daß sie den richtigen Ton angeschlagen hatte. Instinktiv hörte er ihr zu. Als sie das fühlte, beruhigten sich ihre Nerven etwas. Noch hatte sie eine Chance. Sie ging durch das Zimmer und setzte sich wieder in ihren Sessel.

40 „Du solltest dich auch lieber hinsetzen", sagte sie leise.

Sogar ihre Handarbeit hatte sie wieder aufgenommen. Aber ihre Ruhe war auch nur eine Fassade. Sie mußte eine Geschichte erfinden, die ihn fesselte, bis Hilfe kam.

„Ich erzählte dir", begann sie, „daß ich fünfzehn Jahre lang als Stenotypistin gearbeitet habe. Das ist nicht die ganze Wahrheit. Es gab zwei Unterbrechungen. Die erste passierte, als

45 ich zweiundzwanzig Jahre alt war. Ich begegnete einem Mann, einem älteren Herrn, der ein wenig Besitz hatte. Er verliebte sich in mich und wollte mich zur Frau. Ich sagte zu, und wir heirateten." Sie machte eine kleine Pause. – „Ich brachte ihn dazu, eine Lebensversicherung zu meinem Gunsten abzuschließen."

Alix sah das außerordentliche Interesse im Gesicht ihres Mannes und fuhr mit neuer Sicher-

50 heit fort.

„Während des Krieges arbeitete ich in der Arzneimittelabteilung eines Krankenhauses. Ich hatte dort die Verwaltung von Medikamenten und Giften unter mir."

Wieder unterbrach sie sich. Jetzt hatte sie ihn gepackt. Daran bestand kein Zweifel. Mörder haben Interesse an Mordgeschichten. Sie hatte damit gerechnet und Erfolg gehabt. Verstohlen
55 blickte sie auf die Uhr. Es war fünfundzwanzig Minuten vor neun.

„Es gibt ein Gift – so ein kleines weißes Pulver. Eine Prise davon bringt den Tod. Kennst du dich vielleicht ein wenig mit Giften aus?"

Sie bebte, als sie diese Frage stellte. Wenn er mit Giften Bescheid wußte, mußte sie auf der Hut sein.

60 „Nein", antwortete Gerald. „ Ich weiß sehr wenig davon."

Ein Seufzer der Erleichterung kam über ihre Lippen.

„Du hast sicher schon einmal etwas von Hyoszamin gehört? Das Gift, von dem ich spreche, hat die gleiche Wirkung, nur ist es absolut unnachweisbar. Jeder Arzt würde den Totenschein auf Herzschlag ausstellen. Ich habe ein kleines Quantum davon gestohlen und aufbewahrt."

65 Sie schwieg und ordnete ihre Gedanken.

„Weiter!" befahl Gerald.

„Nein. Ich habe Angst. Ich kann es dir nicht sagen. Ein andermal."

„Jetzt", rief er ungehalten. „Ich will es jetzt hören!"

„Wir waren einen Monat lang verheiratet. Ich war sehr gut zu meinem Mann. Er rühmte
70 mich bei allen Nachbarn. Jeden Abend bereitete ich ihm seinen Kaffee. Eines Abends, als wir allein waren, streute ich eine Prise des tödlichen Alkaloids in seine Tasse."

Wieder machte Alix eine Pause und fädelte sorgfältig einen neuen Faden in ihre Nadel. Sie, die niemals schauspielern konnte, überflügelte jetzt die größten Mimen der Welt. Sie lebte ihre Rolle als kaltblütige Giftmischerin.

75 „Es war sehr friedlich. Ich saß und beobachtete ihn. Nur einmal hat er ein wenig nach Luft geschnappt. Ich öffnete die Fenster. Er sagte, er könne nicht mehr vom Stuhl aufstehen. Dann starb er."

Sie lächelte. Es war nur noch ein Viertelstunde bis neun Uhr. Gewiß würde Dick jeden Augenblick hier sein.

80 „Wie hoch war die Versicherungssumme?" erkundigte sich Gerald.

„Ungefähr zweitausend Pfund. Ich habe damit spekuliert und das Geld verloren. Ich ging wieder ins Büro. Aber nicht lange. Dann lernte ich einen anderen Mann kennen. Ich hatte im Geschäft meinen Mädchennamen behalten, daher wußte er nicht, daß ich schon einmal verheiratet war. Er war jung, sah gut aus und war ganz gut situiert. Wir haben in aller Stille in
85 Sussex geheiratet. Er wollte keine Lebensversicherung abschließen. Aber er hat natürlich ein Testament zu meinen Gunsten gemacht. Er liebte es, daß ich ihm seinen Kaffee selbst zubereitete, genau wie mein erster Mann."

Alix lächelte nachdenklich und fügte dann schlicht hinzu: „Ich mache einen sehr guten Kaffee." Dann fuhr sie fort:

90 „Ich hatte einige Freunde im Dorf, in dem wir lebten. Sie bemitleideten mich sehr, daß mein Mann so plötzlich einem Herzschlag erlag. Der Arzt war mir unsympathisch. Ich glaube zwar nicht, daß er mich verdächtigte, aber er war jedenfalls über den plötzlichen Tod meines Mannes sehr überrascht.

Ich weiß nicht genau, weshalb ich wieder in mein Büro zurückging. Gewohnheit, wahr-
95 scheinlich. Mein zweiter Mann hinterließ viertausend Pfund. Diesmal spekulierte ich nicht. Ich investierte es. Und dann, na, du weißt ja –"

Aber sie wurde unterbrochen. Gerald Martin, hochrot im Gesicht, halb erstickt, deutete mit dem Zeigefinger auf sie.

„Der Kaffee! Mein Gott, der Kaffee!"

Sie blickte ihn starr an.

„Ich weiß jetzt, warum er so bitter war. Du Teufelin! Du hast deinen Trick zum dritten Mal angewendet!"

Seine Hände umklammerten die Armlehnen seines Sessels. Er war nahe daran, sich auf sie zu stürzen.

„Du hast mich vergiftet!"

Alix war vor ihm zum Kamin zurückgewichen. Sie wollte schon die Lippen öffnen, um es abzustreiten, dann hielt sie ein. Jede Sekunde würde er sie anspringen. Sie nahm all ihre Kraft zusammen. Ihre Augen hielten seinem Blick stand.

„Ja", sagte sie, „ich habe dich vergiftet. Das Gift wirkt schon. Du kannst schon nicht mehr aus dem Sessel aufstehen. Du kannst dich nicht mehr bewegen."

Nur noch ein paar Minuten!

Da. Was war das? Schritte auf der Straße. Das Quietschen des Gartentors. Dann Schritte auf dem Weg zum Haus. Die äußere Tür öffnete sich.

„Du kannst dich nicht bewegen", wiederholte sie.

Dann schlüpfte sie an ihm vorbei und flüchtete kopfüber aus dem Zimmer. Ohnmächtig fiel sie in die Arme von Dick Windyford.

„Mein Gott, Alix!" rief er aus.

Dann wandte er sich an den Mann neben ihm, eine große, kräftige Gestalt in Polizeiuniform. „Sehen Sie nach, was passiert ist!"

Er legte Alix behutsam auf eine Couch und beugte sich über sie.

„Mein kleines Mädchen", murmelte er, „mein armes kleines Mädchen. Was haben sie mit dir gemacht?"

Ihre Lider zuckten, und ihre Lippen murmelten seinen Namen.

Dick fuhr hoch, als der Polizist seinen Arm berührte.

„In dem Zimmer ist nichts, Sir, außer einem Mann, der in einem Sessel sitzt. Es sieht aus, als hätte er einen schweren Schock erlitten, und ..."

„Und?"

„Nun, Sir, er ist tot."

Sie waren überrascht, als sie Alix' Stimme hörten. Sie sprach wie im Traum; ihre Augen waren noch geschlossen.

„Und dann", sagte sie, als ob sie etwas zitierte, „starb er."

1.2 Der Verdacht (1953)

Friedrich Dürrenmatt

Kommissar Bärlach läßt sich als Patient in die berühmt-berüchtigte Klinik von Dr. Emmenberger einweisen, um dessen dunkle Vergangenheit als Lagerarzt im KZ Stutthof aufzudecken. Die ersten Anhaltspunkte liefert ihm sein alter Freund Dr. Hungertobel ...

[...]

„Nichts macht einen so schlecht wie ein Verdacht", fuhr er fort, „das weiß ich genau, und ich habe oft meinen Beruf verflucht. Man soll sich nicht damit einlassen. Aber jetzt haben wir

den Verdacht, und du hast ihn mir gegeben. Ich gebe ihn dir gern zurück, alter Freund, wenn
auch du deinen Verdacht fallenläßt; denn du bist es, der nicht von diesem Verdacht los-
kommt."

Hungertobel setzte sich an des Alten Bett. Er schaute hilflos nach dem Kommissär. Die
Sonne fiel in schrägen Strahlen durch die Vorhänge ins Zimmer. Draußen war ein schöner
Tag, wie oft in diesem milden Winter.

„Ich kann nicht", sagte der Arzt endlich in die Stille des Krankenzimmers hinein: „Ich kann
nicht. Gott soll mir helfen, ich bringe den Verdacht nicht los. Ich kenn ihn zu gut. Ich habe
mit ihm studiert, und zweimal war er mein Stellvertreter. Er ist es auf diesem Bild. Die Ope-
rationsnarbe über der Schläfe ist auch da. Ich kenne sie, ich habe Emmenberger selbst ope-
riert."

Hungertobel nahm die Brille von der Nase und steckte sie in die rechte obere Tasche. Dann
wischte er sich den Schweiß von der Stirne.

„Emmenberger?" fragte der Kommissär nach einer Weile ruhig. „So heißt er?"

„Nun habe ich es gesagt", antwortete Hungertobel beunruhigt. „Fritz Emmenberger."

„Ein Arzt?"

„Ein Arzt."

„Und er lebt in der Schweiz?"

„Er besitzt die Klinik Sonnenstein auf dem Zürichberg", antwortete der Arzt. „Zweiund-
dreißig wanderte er nach Deutschland aus und dann nach Chile. Fünfundvierzig kehrte er zurück und übernahm die Klinik. Eines der teuersten Spitäler der Schweiz", fügte er leise
hinzu.

„Nur für Reiche?"

„Nur für Schwerreiche."

„Ist er ein guter Wissenschaftler, Samuel?" fragte der Kommissär.

Hungertobel zögerte. Es sei schwer, auf seine Frage zu antworten, sagte er: „Er war einmal
ein guter Wissenschaftler, nur wissen wir nicht recht, ob er es geblieben ist. Er arbeitet mit
Methoden, die uns fragwürdig vorkommen müssen. Wir wissen von den Hormonen, auf die
er sich spezialisiert hat, noch herzlich wenig, und wie überall in Gebieten, die sich die Wissenschaft zu erobern anschickt, tummelt sich allerlei herum. Wissenschaftler und Scharlatane,
oft beides in einer Person. Was will man, Hans? Emmenberger ist bei seinen Patienten beliebt, und sie glauben an ihn wie an einen Gott. Das ist ja das Wichtigste, scheint mir, für so
reiche Patienten, denen auch die Krankheit ein Luxus sein soll; ohne Glauben geht es nicht;
am wenigsten bei den Hormonen. So hat er eben seine Erfolge, wird verehrt und findet sein
Geld. Wir nennen ihn denn ja auch den Erbonkel –."

Hungertobel hielt plötzlich mit Reden inne, als reue es ihn, Emmenbergers Übernamen ausgesprochen zu haben.

„Den Erbonkel. Wozu diesen Spitznamen?" fragte Bärlach.

Die Klinik habe das Vermögen vieler Patienten geerbt, antwortete Hungertobel mit sichtlich
schlechtem Gewissen. Das sei dort so ein wenig Mode.

„Das ist euch Ärzten also aufgefallen!" sagte der Kommissär.

Die beiden schwiegen. In der Stille lag etwas Unausgesprochenes, vor dem sich Hungertobel
fürchtete.

„Du darfst jetzt nicht denken, was du denkst", sagte er plötzlich entsetzt.

„Ich denke nur deine Gedanken", antwortete der Kommissär ruhig. „Wir wollen genau
sein. Mag es auch ein Verbrechen sein, was wir denken, wir sollten uns nicht vor unseren Gedanken fürchten. Nur wenn wir sie vor unserem Gewissen auch zugeben, vermögen wir sie

50 zu überprüfen und, wenn wir unrecht haben, zu überwinden. Was denken wir nun, Samuel? Wir denken: Emmenberger zwingt seine Patienten mit den Methoden, die er im Konzentrationslager Stutthof lernte, ihm das Vermögen zu vermachen, und tötet sie nachher."
„Nein", rief Hungertobel mit fiebrigen Augen: „Nein!" Er starrte Bärlach hilflos an. „Wir dürfen das nicht denken! Wir sind keine Tiere!" rief er aufs neue und erhob sich, um aufge-
55 regt im Zimmer auf und ab zu gehen, von der Wand zum Fenster, vom Fenster zum Bett.
„Mein Gott", stöhnte der Arzt, „es gibt nichts Fürchterlicheres als diese Stunde."
„Der Verdacht", sagte der Alte in seinem Bett, und dann noch einmal unerbittlich: „Der Verdacht."
Hungertobel blieb an Bärlachs Bett stehen: „Vergessen wir dieses Gespräch, Hans", sagte er.
60 „Wir ließen uns gehen. Freilich, man liebt es manchmal, mit Möglichkeiten zu spielen. Das tut nie gut. Kümmern wir uns nicht mehr um Emmenberger. Je mehr ich das Bild ansehe, desto weniger ist er es, das ist keine Ausrede. Er war in Chile und nicht in Stutthof, und damit ist unser Verdacht sinnlos geworden."
„In Chile, in Chile", sagte Bärlach, und seine Augen funkelten gierig nach einem neuen
65 Abenteuer. Sein Leib dehnte sich, und dann lag er wieder unbeweglich und entspannt, die Hände hinter dem Kopf. [...]

1.3 Friedrich Mergels Schweigen

Aus: Die Judenbuche (1842)

Annette von Droste-Hülshoff

In ihrem „Sittengemälde aus dem gebirgichten Westfalen" erzählt die Autorin die unglückliche Geschichte des Friedrich Mergel: sie spielt um die Mitte des 18. Jahrhunderts. Mergels Jugend ist düster: der Vater säuft sich zu Tode, zu Hause herrschen „viel Unordnung und böse Wirtschaft", im Dorf sind Holz- und Jagddiebstähle an der Tagesordnung. Der Junge steht unter dem unheilvollen Einfluß seines Onkels Simon Semmler. Da wird der verhaßte Oberförster Brandes von den Blaukitteln, einer besonders listigen Holzfrevlerbande, im Brederholz erschlagen ...

[...]
Friedrich ward hereingerufen. Er trat ein mit einem Wesen, das sich durchaus nicht von seinem gewöhnlichen unterschied, weder gespannt noch keck. Das Verhör währte ziemlich lange, und die Fragen waren mitunter ziemlich schlau gestellt; er beantwortete sie jedoch alle offen und bestimmt und erzählte den Vorgang zwischen ihm und dem Oberförster ziemlich
5 der Wahrheit gemäß, bis auf das Ende, das er geratener fand, für sich zu behalten. Sein Alibi zur Zeit des Mordes war leicht erwiesen. Der Förster lag am Ausgange des Masterholzes; über dreiviertel Stunden Weges von der Schlucht, in der er Friedrich um vier Uhr angeredet und aus der dieser seine Herde schon zehn Minuten später ins Dorf getrieben. Jedermann hatte dies gesehen; alle anwesenden Bauern beeiferten sich, es zu bezeugen; mit diesem hatte er ge-
10 redet, jenem zugenickt.

Der Gerichtsschreiber saß unmutig und verlegen da. Plötzlich fuhr er mit der Hand hinter sich und brachte etwas Blinkendes vor Friedrichs Auge. „Wem gehört dies?" - Friedrich sprang drei Schritte zurück. „Herr Jesus! Ich dachte, Ihr wolltet mir den Schädel einschlagen." Seine Augen waren rasch über das tödliche Werkzeug gefahren und schienen momen-
15 tan auf einem ausgebrochenen Splitter am Stiele zu haften. „Ich weiß es nicht", sagte er fest. - Es war die Axt, die man in dem Schädel des Oberförsters eingeklammert gefunden hatte. - „Sieh sie genau an", fuhr der Gerichtsschreiber fort. Friedrich faßte sie mit der Hand, besah sie oben, unten, wandte sie um. „Es ist eine Axt wie andere", sagte er dann und legte sie gleichgültig auf den Tisch. Ein Blutfleck war sichtbar; er schien zu zaudern, aber er wieder-
20 holte noch einmal sehr bestimmt: „Ich kenne sie nicht." Der Gerichtsschreiber seufzte vor Unmut. Er selbst wußte nun nichts mehr und hatte nur einen Versuch zu möglicher Entdeckung durch Überraschung machen wollen. Es blieb ihm nichts übrig, als das Verhör zu schließen.

Denjenigen, die vielleicht auf den Ausgang dieser Begebenheit gespannt sind, muß ich sagen,
25 daß diese Geschichte nie aufgeklärt wurde, obwohl noch viel dafür geschah und diesem Verhör mehrere folgten. Den Blaukitteln schien durch das Aufsehen, das der Vorgang gemacht, und die darauf folgenden geschärften Maßregeln der Mut genommen; sie waren von nun an wie verschwunden, und obgleich späterhin noch mancher Holzfrevler erwischt wurde, fand man doch nie Anlaß, ihn der berüchtigten Bande zuzuschreiben. Die Axt lag zwanzig Jahre
30 nachher als unnützes corpus delicti im Gerichtsarchiv, wo sie wohl noch jetzt ruhen mag mit ihren Rostflecken. Es würde in einer erdichteten Geschichte unrecht sein, die Neugier des Lesers so zu täuschen. Aber dies alles hat sich wirklich zugetragen; ich kann nichts davon oder dazutun.

Am nächsten Sonntage stand Friedrich sehr früh auf, um zur Beichte zu gehen. Es war Mariä
35 Himmelfahrt und die Pfarrgeistlichen schon vor Tagesanbruch im Beichtstuhle. Nachdem er sich im Finstern angekleidet, verließ er so geräuschlos wie möglich den engen Verschlag, der ihm in Simons Hause eingeräumt war. In der Küche mußte sein Gebetbuch auf dem Sims liegen, und er hoffte, es mit Hülfe des schwachen Mondlichts zu finden; es war nicht da. Er warf die Augen suchend umher und fuhr zusammen; in der Kammertür stand Simon, fast unbe-
40 kleidet; seine dürre Gestalt, sein ungekämmtes, wildes Haar und die vom Mondschein verursachte Blässe des Gesichts gaben ihm ein schauerlich verändertes Ansehen. „Sollte er nachtwandeln?" dachte Friedrich und verhielt sich ganz still. - „Friedrich, wohin?" flüsterte der Alte. - „Ohm, seid Ihrs? Ich will beichten gehen." - „Das dacht ich mir; geh in Gottes Namen, aber beichte wie ein guter Christ." - „Das will ich", sagte Friedrich. - „Denk an die
45 zehn Gebote: du sollst kein Zeugnis ablegen gegen deinen Nächsten." - „Kein falsches!" - „Nein, gar keines; du bist schlecht unterrichtet; wer einen andern in der Beichte anklagt, der empfängt das Sakrament unwürdig."

Beide schwiegen. - „Ohm, wie kommt Ihr darauf?" sagte Friedrich dann; „Eu'r Gewissen ist nicht rein; Ihr habt mich belogen." - „Ich? So?" - „Wo ist Eure Axt?" - „Meine Axt? Auf
50 der Tenne." - „Habt Ihr einen neuen Stiel hineingemacht? Wo ist der alte?" - „Den kannst du heute bei Tage im Holzschuppen finden. Geh", fuhr er verächtlich fort, „ich dachte, du seist ein Mann; aber du bist ein altes Weib, das gleich meint, das Haus brennt, wenn ihr Feuertopf raucht. Sieh", fuhr er fort, „wenn ich mehr von der Geschichte weiß als der Türpfosten da, so will ich ewig nicht selig werden. Längst war ich zu Haus", fügte er hinzu. - Fried-
55 rich stand beklemmt und zweifelnd. Er hätte viel darum gegeben, seines Ohms Gesicht sehen zu können. Aber während sie flüsterten, hatte der Himmel sich bevölkt.

Johann Sprick: Annette Freiin von Droste-Hülshoff (1797–1884)

„Ich habe schwere Schuld", seufzte Friedrich, „daß ich ihn den unrechten Weg geschickt – obgleich – doch, dies hab ich nicht gedacht; nein, gewiß nicht. Ohm, ich habe Euch ein schweres Gewissen zu danken." – „So geh, beicht!" flüsterte Simon mit bebender Stimme; „verunehre das Sakrament durch Angeberei und setze armen Leuten einen Spion auf den Hals, der schon Wege finden wird, ihnen das Stückchen Brot aus den Zähnen zu reißen, wenn er gleich nicht reden darf – geh!" – Friedrich stand unschlüssig; er hörte ein leises Geräusch; die Wolken verzogen sich, das Mondlicht fiel wieder auf die Kammertür: sie war geschlossen. Friedrich ging an diesem Morgen nicht zur Beichte. [...]

2 Texte zum Thema „Liebe"

2.1 Einmal durch den Park?

Aus: Lampen am Kanal (1987)

Lotte Betke

Kätes Vater ist Alkoholiker und lebt seit einiger Zeit in einem Entziehungsheim. Die Mutter nimmt jetzt eine Berufsausbildung auf sich, um für ihre Kinder sorgen zu können. So muß sich Käte neben der Schule um ihren kleinen Bruder kümmern, der in den Kindergarten geht. Da bleibt nur wenig Zeit für die Freunde im Jugendhaus, wohin sich Käte immer flüchtet, um der Sorge um den Vater und den Belastungen daheim zu entgehen. Im Jugendhaus wird musiziert, aber auch eine freiwillige Altenhilfe organisiert. Dort lernt sie einen Neuen kennen, Tim, einen träumerischen und begabten Musiker.
Sie verliebt sich in ihn.
Während Käte an einem naßkalten Tag vom Kindergarten zurückgeht, begegnet sie auf einer „Bank im Park neben der weißen Gipsgöttin" ihrem Vater. Er ist aus dem Entziehungsheim geflohen, wagt sich jedoch nicht nach Hause, weil seine Frau ihn ablehnt, und bettelt seine Tochter um Geld an.
Käte gibt ihm das Geld, das sie in der Klasse für eine Schülervorstellung eingesammelt hat, in der Hoffnung, daß ihre ältere Schwester ihr aushilft. Aber weder ihr noch der Mutter darf sie verraten, wozu sie das Geld braucht. In dieser Not flüchtet sie ins Jugendhaus.

[...]
Ich war froh. Ich fühlte, daß ich mitten drin war in der Gruppe. Da saß ich warm. Das andere konnte gar nicht an mich heran.
Nach einer Weile sah ich mich um und fragte:
„Wo ist eigentlich der Seehund?"
5 „Der macht heute nicht mit", sagte Antje.
„Der sitzt im Keller über der Altenliste. Weißt doch: Wer, wann, wo."
„Ach so." Ich strich mir die Haare aus der Stirn und sah Tim an.
„Wollen wir noch mal?" fragte der. Aber wir hatten alle genug.
„Nächstes Mal mehr."
10 „Na gut." Tim wischte sich das Haar aus dem Gesicht.
Kordes sah mich an. „Willst du deine Trommel jedes Mal hin- und herschleppen?"
Ich lachte.
„Trommel ist gut. Nö, von mir aus kann das Ding ruhig hierbleiben."

„Also, dann hört mal alle her!" Kordes hob die Stimme. „Diejenigen, die ihre Instrumente
15 hierlassen wollen, können sie da in dem großen Wandschrank unterbringen."
„Wie spät ist es eigentlich?" fragte ich Hanna, die neben mir vor dem Schrank stand und ih-
ren Gong auch darin unterbringen wollte.
„Du immer mit deiner Uhr. Hast du denn keine?"
„Nein", sagte ich scharf.
20 „Halb zehn."
„Oh, dann muß ich sausen!"
Rein in den Anorak, tschüs, und die Stufen hinunter. Das Jugendhaus hat eine gewundene
Treppe, viele Ecken und schlechtbeleuchtete Winkel. In einem solchen Winkel stand der
lange Tim.
25 „Hast du was dagegen, wenn ich ein Stück mitgehe?"
„Nein", stotterte ich, „ aber ich hab's ziemlich eilig. Ich muß –", meine Stimme rutschte
mir doch glatt weg. Als Tim unten die schwere Tür aufgestemmt hatte, schlug uns frische Re-
genluft entgegen.
„Macht dir der Regen was aus?"
30 Ich schüttelte den Kopf.
„Einmal durch den Park?" Es klang beinahe schüchtern. Ich ging stillschweigend mit. Dann
redete er von Musik, und das klang überhaupt nicht schüchtern. Ich verstand nicht die Hälfte
von dem, was er mir erklärte, aber das war mir egal. Seine merkwürdige Stimme war wie so
'ne Art Fluß, der an meinem Ohr vorbeirauschte. Er führte allerhand mit sich, dieser Fluß,
35 fremde seltsame Dinge, ich selbst aber ging am Ufer, das war grün, und die Luft war erfüllt
von einem Nebel, durch den Licht schimmerte, irgendwo; meine Füße fühlten sich leicht an,
alles war leicht, unwirklich. Bis plötzlich die Göttin hinter der Bank auftauchte, weiß, ohne
Arme. Da war der Druck wieder da. Tim blieb stehen. Er hatte aufgehört zu reden. Ich sah
nach der Bank. Ein Pärchen saß darauf. Ohne Schirm.
40 Wir gingen ein Stück weiter.
„Es regnet", sagte Tim.
Er hob seinen Lodenmantel hoch und fing mich ein wie einen Vogel. Ganz vorsichtig.
Er deckte mich mit dem Lodendings zu.
Neben mir baumelte seine Klarinette.
45 „Ihr beide dürft nicht naß werden." Seine Stimme klang weit weg.
Klopfen, klopfen. Ein bißchen Angst, ein bißchen Schaudern, eine Menge Wunderbares.
„Wie geht es euch da drinnen?"
„Der Klarinette geht's prima."
„Und dem Mädchen mit der Trommel?"
50 „Ganz gut. Ziemlich warm. Ein bißchen mehr Luft könnte ihr nicht schaden."
Er lüpfte den Umhang. Ich berührte mit den Fingerspitzen sein Haar.
„Du hast ja 'nen ganz nassen Kopf."
Er stand ganz still.
„Noch mal!" sagte er. Er sah aus wie ein kleiner Junge. Da strich ich ihm vorsichtig die
55 Haare aus der Stirn. Wieder hielt er ganz still.
„Hör den Regen", sagte er. „Man müßte die zweite Stimme dazu finden."
„Ich versteh' nicht."
„Aber der Regen hat doch eine Melodie. Hörst du nicht? Alles hat überhaupt eine Stimme.
Bloß sie einzufangen, ist schwer."
60 „Hast du's schon versucht? Beim Regen, mein' ich."

Er nickte. „Aber das bringt dir kein Instrument."
Dann: „Weißt du, woran du mich erinnerst?"
Ich schüttelte befangen den Kopf.
„An eine Geige."
65 „Mit meiner Stimme!"
„Die mein' ich nicht."
Mir stieg das Blut zu Kopf.
„Ach was", stieß ich heraus, „ich bin höchstens 'ne Blechtrommel zum Umhängen."
„Keine Ahnung hast du."
70 Er beugte sich herunter und legte mir die Hände auf die Schultern. Die Hände zitterten ein bißchen. Er küßte mich überall im Gesicht. Ich vergaß die Bank, das Liebespaar und den Schatten von Papa. [...]

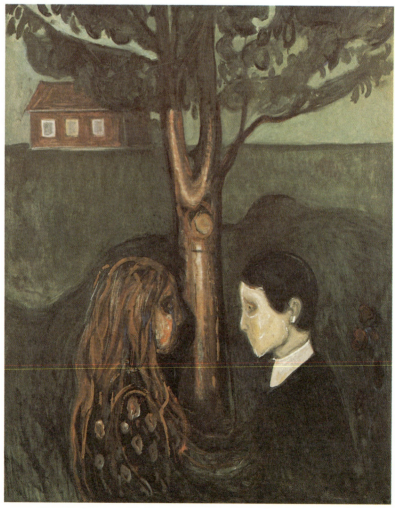

Edvard Munch (1863–1944): Auge in Auge (1894)

2.2 Erste Begegnung

Aus: Ich darf dich nicht lieben (1921), Anfang des Romans

Hedwig Courths-Mahler

Gilda von Verden und Graf Harald Hochberg sahen einander zum ersten Mal an einem Augusttag. Sie begegneten sich in einer stillen Straße des Berliner Westens.

Als Harald die schlanke Mädchengestalt auf sich zukommen sah, weiteten sich seine Augen, um das anmutige Bild in sich aufzunehmen. Mit sieggewohntem Blick zwang er sie, ihn anzu-

5 sehen, und hielt ihren Blick fest, so daß eine dunkle Röte in ihr Gesicht stieg.

Es war an einem Straßenübergang, wo sie zusammentrafen. In dem Moment, da sie sich ganz nahe waren, fuhr plötzlich ein Auto um die Ecke, dicht hinter Gilda vorbei. Sie mußte schnell ausweichen, glitt auf einer Obstschale aus und wäre unfehlbar gestürzt, wenn Graf Hochberg sie nicht in seinen Armen aufgefangen hätte.

10 „Da kommt das Glück!" rief er übermütig und hielt den schlanken Mädchenkörper fester in seinen Armen, als es die Umstände nötig scheinen ließen.

„Haben Sie große Schmerzen?"

„Nein, es geht an", sagte sie tapfer.

Er sah ihr tief in die Augen. Ruhig und gütig war sein Blick, warm und schmeichelnd, daß

15 Gittas junges Herz erzitterte. Noch nie in ihrem Leben war sie einem Mann begegnet, der einen so tiefen Eindruck auf sie gemacht hatte. Sein Blick lähmte ihre Energie und löste doch zugleich ein wohliges Gefühl des Geborgenseins in ihr aus, obgleich sie fühlte, daß er die Situation gern ein wenig ausnutzte.

„Darf ich Sie begleiten? Sie haben vielleicht daheim nicht gleich die nötige Hilfe bei der

20 Hand?"

„Nein, nein, ich danke sehr; zu Hause fehlt es mir nicht an Hilfe. Ich lasse sie durch den Fahrer herbeirufen", sagte sie hastig.

Er hatte ihre Weigerung vorausgesehen und deshalb gleich ein zweites Auto bestellt. „Wollen Sie mir, bitte, für den Fahrer ihre Adresse sagen", bat er. „Kurfürstendamm 42." [...]

25 Mehr, als ihm lieb war, beschäftigte sie, deren Namen er nicht einmal kannte, ihn in der nächsten Zeit. Es zog ihn mit geheimnisvoller Macht in die Nähe des Hauses Kurfürstendamm 42. Aber er widerstand der Versuchung. Es hat ja doch keine Zweck, und ich will sie nicht wiedersehen, dachte er.

Doch das Schicksal hatte es anders beschlossen. [...]

2.3 Abschied (1950)

Heinrich Böll

Wir waren in jener gräßlichen Stimmung, wo man schon lange Abschied genommen hat, sich aber noch nicht zu trennen vermag, weil der Zug noch nicht abgefahren ist. Die Bahnhofshalle war wie alle Bahnhofshallen, schmutzig und zugig, erfüllt von dem Dunst der Abdämpfe und vom Lärm, Lärm von Stimmen und Wagen.

5 Charlotte stand am Fenster des langen Flurs, und sie wurde dauernd von hinten gestoßen und beiseite gedrängt, und es wurde viel über sie geflucht, aber wir konnten uns doch diese letzten Minuten, diese kostbaren letzten gemeinsamen unseres Lebens nicht durch Winkzeichen aus einem überfüllten Abteil heraus verständigen ...

„Nett", sagte sie schon zum drittenmal, „wirklich nett, daß du bei mir vorbeigekommen
10 bist."

„Ich bitte dich, wo wir uns schon so lange kennen. Fünfzehn Jahre."

„Ja, ja, wir sind jetzt dreißig, immerhin ... kein Grund ..."

„Hör auf, ich bitte dich. Ja, wir sind jetzt dreißig. So alt wie die russische Revolution ..."

„So alt wie der Dreck und der Hunger ..."

15 „Ein bißchen jünger ..."

„Du hast recht, wir sind furchtbar jung." Sie lachte.

„Sagtest du etwas?" fragte sie nervös, denn sie war von hinten mit einem schweren Koffer gestoßen worden ...

„Nein, es war mein Bein."

20 „Du mußt was dran tun."

„Ja, ich tu was dran, es redet wirklich zu viel ..."

„Kannst du überhaupt noch stehen?"

„Ja ...", und ich wollte ihr eigentlich sagen, daß ich sie liebte, aber ich kam nicht dazu, schon seit fünfzehn Jahren ...

25 „Was?"

„Nichts ... Schweden, du fährst also nach Schweden ..."

„Ja, ich schäme mich ein bißchen ... eigentlich gehört das doch zu unserem Leben, Dreck und Lumpen und Trümmer, und ich schäme mich ein bißchen. Ich komme mir scheußlich vor ..."

30 „Unsinn, du gehörst doch dahin, freu dich auf Schweden ..."

„Manchmal freu ich mich auch, weißt du, das Essen, das muß herrlich sein, und nichts, gar nichts kaputt. Er schreibt ganz begeistert ..."

Die Stimme, die immer sagt, wann die Züge abfahren, erklang jetzt einen Bahnsteig näher, und ich erschrak, aber es war noch nicht unser Bahnsteig. Die Stimme kündigte nur einen in-
35 ternationalen Zug von Rotterdam nach Basel an, und während ich Charlottes kleines, zartes Gesicht betrachtete, kam der Geruch von Seife und Kaffee mir in den Sinn, und ich fühlte mich scheußlich elend.

Einen Augenblick lang fühlte ich den verzweifelten Mut, diese kleine Person einfach aus dem Fenster zu zerren und hier zu behalten, sie gehörte mir doch, ich liebte sie ja ...

40 „Was ist?"

„Nichts", sagte ich, „freu dich auf Schweden ..."

„Ja. Er hat eine tolle Energie, findest du nicht? Drei Jahre gefangen in Rußland, abenteuerliche Flucht, und jetzt liest er da schon über Rubens."

„Toll, wirklich toll ..."

45 „Du mußt auch was tun, promovier doch wenigstens ..."

„Halt die Schnauze!"

„Was?" fragte sie entsetzt. „Was?" Sie war ganz bleich geworden.

„Verzeih", flüsterte ich, „ich meine nur das Bein, ich rede manchmal mit ihm ..."

Sie sah absolut nicht nach Rubens aus, sie sah eher nach Picasso aus, und ich fragte mich dau-
50 ernd, warum er sie bloß geheiratet haben mochte, sie war nicht einmal hübsch, und ich liebte
sie.

Auf dem Bahnsteig war es ruhiger geworden, alle waren untergebracht, und nur noch ein
paar Abschiedsleute standen herum. Jeden Augenblick würde die Stimme sagen, daß der Zug
abfahren soll. Jeder Augenblick konnte der letzte sein ...

55 „Du mußt doch etwas tun, irgend etwas tun, es geht so nicht."

„Nein", sagte ich.

Sie war das Gegenteil von Rubens: schlank, hochbeinig, nervös, und sie war so alt wie die russische Revolution, so alt wie der Hunger und der Dreck in Europa und der Krieg ...

„Ich kann's gar nicht glauben ... Schweden ... es ist wie ein Traum ..."

60 „Es ist ja alles ein Traum."

„Meinst du?"

„Gewiß. Fünfzehn Jahre. Dreißig Jahre ... Noch dreißig Jahre. Warum promovieren, lohnt
sich nicht. Sei still, verdammt!"

„Redest du mit dem Bein?"

65 „Ja."

„Was sagt es denn?"

„Horch."

Wir waren ganz still und blickten uns an und lächelten, und wir sagten es uns, ohne ein Wort
zu sprechen.

70 Sie lächelte mir zu: „Verstehst du jetzt, ist es gut?"

„Ja ... ja."

„Wirklich?"

„Ja, ja."

„Siehst du", fuhr sie leise fort, „das ist es ja gar nicht, daß man zusammen ist und alles. Das
75 ist es ja gar nicht, nicht wahr?"

Die Stimme, die sagt, wann die Züge abfahren, war jetzt ganz genau über mir, amtlich und
sauber, und ich zuckte zusammen, als schwinge sich eine große, graue, behördliche Peitsche
durch die Halle.

„Auf Wiedersehen!"

80 „Auf Wiedersehen!"

Ganz langsam fuhr der Zug an und entfernte sich im Dunkel der großen Halle ...

3 Ein umstrittener Schriftsteller: Hermann Hesse

Als Hermann Hesse 1962 im Alter von 85 Jahren starb, hinterließ er ein Werk von nahezu vierzig Büchern – Romane, Erzählungen, Gedichtsammlungen, Betrachtungen – und Hunderte von Aquarellen. Zählt man seine Korrespondenz hinzu – mindestens 35 000 Antworten auf Leserbriefe –, so ergibt sich ein beachtenswertes Lebenswerk.

Der in Calw geborene Sohn eines Missionspfarrers sollte im evangelisch-theologischen Seminar in Maulbronn zum Pfarrer herangebildet werden. Doch er entfloh als Fünfzehnjähriger, wurde Buchhändler und war dann in verschiedenen Berufen tätig. Ab 1912 lebte er als freier Schriftsteller in der Schweiz. 1946 erhielt er den Nobelpreis für Literatur, 1955 den Friedenspreis des Deutschen Buchhandels.

Hermann Hesse bezeichnet das Werk als Weg zur Selbstfindung, „das eigene Schicksal zu finden, nicht ein beliebiges, und es in sich auszuleben, ganz und ungebrochen''. Als Bekenntnisbücher, die eigene Lebenserfahrungen widerspiegeln, haben seine Romane eine große Wirkung gehabt. In den

Hermann Hesse (1877–1962)

sechziger Jahren waren sie in den USA in einer Gesamtauflage von 6 Mio., in Japan von über 4 Mio. Exemplaren verbreitet. Sie sind in mehr als 35 Sprachen übersetzt worden. Die Hesse-Begeisterung in Deutschland war nicht so groß wie im Ausland; gering jedoch war die Anerkennung, die er bei Literaturkritikern und -wissenschaftlern gefunden hat.

3.1 Hans Giebenrath

Aus: Unterm Rad (1906), 5. Kapitel

Hermann Hesse

In dem Roman „Unterm Rad" überträgt Hermann Hesse eigene Kindheitserlebnisse auf den jungen Hans Giebenrath, der von seinem ehrgeizigen Vater und von wohlmeinenden Dorfbewohnern angetrieben wird, das schwierige „Landexamen" für den Eintritt in das Maulbronner Seminar zu bestehen. Aus seiner vertrauten Umgebung herausgerissen, ist er im Seminar einem erbarmungslosen Erziehungsprozeß ausgeliefert, an dem er zerbrochen wäre, hätte er nicht die Freundschaft seines Mitschülers Hermann Heilner gefunden, der gegen die starre Ordnung und Wohlanständigkeit im Seminar aufbegehrt. Doch als der Ephorus (Erzieher und Lehrer) ihm den weiteren Umgang mit Heilner verbietet, reagiert Hans mit Angstpsychosen und unterrichtlichem Versagen. Er muß die Schule verlassen.

Wie ein Hamster mit aufgespeicherten Vorräten, so erhielt sich Hans mit seiner früher erworbenen Gelehrsamkeit noch einige Zeit am Leben. Dann begann ein peinliches Darben, durch kurze und kraftlose neue Anläufe unterbrochen, deren Hoffnungslosigkeit ihn schier selber lächerte. Er unterließ es nun, sich nutzlos zu plagen, warf den Homer dem Pentateuch
5 und die Algebra dem Xenophon nach und sah ohne Aufregung zu, wie bei den Lehrern sein guter Ruf stufenweise herabsank, von gut auf ziemlich, von ziemlich auf mittelmäßig und endlich auf Null. Wenn er nicht Kopfweh hatte, was jetzt wieder die Regel war, so dachte er an Hermann Heilner, träumte seine leichten, großäugigen Träume und dämmerte stundenlang in Halbgedanken hin. Auf die sich mehrenden Vorwürfe aller Lehrer antwortete er neu-
10 erdings durch ein gutmütiges, demütiges Lächeln. Repetent Wiedrich, ein freundlicher junger Lehrer, war der einzige, dem dies hilflose Lächeln weh tat und der den aus der Bahn gekommenen Knaben mit einer mitleidigen Schonung behandelte. Die übrigen Lehrer waren über ihn entrüstet, straften ihn durch verächtliches Sitzenlassen oder versuchten gelegentlich seinen eingeschlafenen Ehrgeiz durch ironisches Kitzeln aufzuwecken.
15 „Falls Sie gerade nicht schlafen sollten, darf ich Sie vielleicht ersuchen, diesen Satz zu lesen?"
Vornehm indigniert war der Ephorus. Der eitle Mann bildete sich viel auf die Macht seines Blickes ein und war außer sich, wenn Giebenrath seinem majestätisch drohenden Augenrollen immer wieder sein demütig ergebenes Lächeln entgegenhielt, das ihn allmählich nervös machte.
20 „Lächeln Sie nicht so bodenlos stupid, Sie hätten eher Grund zu heulen."
Mehr Eindruck machte ein väterlicher Brief, der ihn voll Entsetzen beschwor, sich zu bessern. Der Ephorus hatte an Vater Giebenrath geschrieben, und dieser war heillos erschrocken. Sein Brief an Hans war eine Sammlung aller aufmunternden und sittlich entrüsteten Redensarten, über die der wackere Mann verfügte, und ließ doch, ohne es zu wollen, eine
25 weinerliche Kläglichkeit durchscheinen, welche dem Sohne wehe tat.
Alle diese ihrer Pflicht beflissenen Lehrer der Jugend, vom Ephorus bis auf den Papa Giebenrath, Professoren und Repetenten, sahen in Hans ein Hindernis ihrer Wünsche, etwas Verstocktes und Träges, das man zwingen und mit Gewalt auf gute Wege zurückbringen müsse. Keiner, außer vielleicht jenem mitleidigen Repetenten, sah hinter dem hilflosen Lächeln des
30 schmalen Knabengesichts eine untergehende Seele leiden und im Ertrinken angstvoll und ver-

zweifelnd um sich blicken. Und keiner dachte etwa daran, daß die Schule und der barbarische Ehrgeiz eines Vaters und einiger Lehrer dieses gebrechliche Wesen soweit gebracht hatten. Warum hatte er in den empfindlichsten und gefährlichsten Knabenjahren täglich bis in die Nacht hinein arbeiten müssen? Warum hatte man ihm seine Kaninchen weggenommen, ihn
35 den Kameraden in der Lateinschule mit Absicht entfremdet, ihm Angeln und Bummeln verboten und ihm das hohle, gemeine Ideal eines schäbigen, aufreibenden Ehrgeizes eingeimpft? Warum hatte man ihm selbst nach dem Examen die wohlverdienten Ferien nicht gegönnt? Nun lag das überhetzte Rößlein am Weg und war nicht mehr zu brauchen.
Gegen Sommersanfang erklärt der Oberamtsarzt nochmals, es handle sich um einen nervösen
40 Schwächezustand, der hauptsächlich vom Wachsen herkomme. Hans solle sich in den Ferien tüchtig herauspflegen lassen, genug essen und viel in den Wald laufen, so werde es sich schon bessern.
Leider kam es gar nicht so weit. Es war noch drei Wochen vor den Ferien, als Hans in einer Nachmittagslektion vom Professor heftig gescholten wurde. Während der Lehrer noch wei-
45 terschimpfte, sank Hans in die Bank zurück, begann ängstlich zu zittern und brach in einen langdauernden Weinkrampf aus, der die ganze Lektion unterbrach. Darauf lag er einen halben Tag im Bett.
Tags darauf wurde er in der Mathematikstunde aufgefordert, an der Wandtafel eine geometrische Figur zu zeichnen und den Beweis dazu zu führen. Er trat heraus, aber vor der Tafel
50 wurde ihm schwindlig; er fuhr mit Kreide und Lineal sinnlos in der Fläche herum, ließ beides fallen, und als er sich darnach bückte, blieb er selber am Boden knien und konnte nicht wieder aufstehen.
Der Oberamtsarzt war ziemlich ärgerlich, daß sein Patient sich solche Streiche leistete. Er drückte sich vorsichtig aus, gebot sofortigen Erholungsurlaub und empfahl die Zuziehung ei-
55 nes Nervenarztes.
„Der kriegt noch den Veitstanz", flüsterte er dem Ephorus zu, der mit dem Kopf nickte und es angezeigt fand, den ungnädig ärgerlichen Ausdruck seines Gesichts in einen väterlich bedauernden abzuändern, was ihm leicht fiel und gut stand.
Er und der Arzt schrieben je einen Brief an Hansens Vater, steckten ihn dem Jungen in die
60 Tasche und schickten ihn nach Hause. Der Ärger des Ephorus hatte sich in schwere Besorgnis verwandelt – was sollte die eben erst durch den Fall Heilner beunruhigte Schulbehörde von diesem neuen Unglück denken? Er verzichtete sogar zum allgemeinen Erstaunen darauf, eine dem Vorfall entsprechende Rede zu halten, und war in den letzten Stunden gegen Hans von einer unheimlichen Leutseligkeit. Daß dieser aus dem Erholungsurlaub nicht zurückkehren
65 würde, war ihm klar – auch im Fall der Genesung hätte der jetzt schon weit hintangebliebene Schüler die versäumten Monate oder auch nur Wochen unmöglich einholen können. Zwar verabschiedete er ihn mit einem ermunternd herzlichen „Auf Wiedersehen", sooft er aber in der nächsten Zeit die Stube Hellas betrat und die drei leeren Pulte sah, ward ihm peinlich zumut und hatte er Mühe, den Gedanken in sich niederzukämpfen, daß ihn am Verschwinden
70 zweier begabter Zöglinge vielleicht doch ein Teil der Schuld treffen möge. Als einem tapferen und sittlich starken Manne gelang es ihm jedoch, diese unnützen und finsteren Zweifel aus seiner Seele zu bannen.
Hinter dem mit seinem kleinen Reisesack abfahrenden Seminaristen versank das Kloster mit Kirchen, Tor, Giebeln und Türmen, versanken Wald und Hügelfluchten, an ihrer Stelle
75 tauchten die fruchtbaren Obstwiesen des badischen Grenzlandes auf, dann kam Pforzheim und gleich dahinter fingen die bläulich schwarzen Tannenberge des Schwarzwaldes an, von zahlreichen Bachtälern durchschnitten und in der heißen Sommerglut noch blauer, kühler

und schattenverheißender als sonst. Der Junge betrachtete die wechselnde und sich immer heimatlicher gestaltende Landschaft nicht ohne Vergnügen, bis ihm, schon nahe der Heimat-
80 stadt, sein Vater in den Sinn kam und eine peinliche Angst vor dem Empfang ihm die kleine Reisefreude gründlich verdarb. Die Fahrt zum Stuttgarter Examen und die Reise zum Eintritt nach Maulbronn fielen ihm wieder ein mit ihrer Spannung und ängstlichen Freude. Wozu war nun das alles gewesen? Er wußte so gut wie der Ephorus, daß er nicht wiederkommen würde und daß es nun mit Seminar und Studium und allen ehrgeizigen Hoffnungen ein Ende
85 hatte. Doch machte ihn das jetzt nicht traurig, nur die Angst vor seinem enttäuschten Vater, dessen Hoffnungen er betrogen hatte, beschwerte ihm das Herz. Er hatte jetzt kein anderes Verlangen als zu rasten, sich auszuschlafen, auszuweinen, auszuträumen und nach all der Quälerei einmal in Ruhe gelassen zu werden. Und er fürchtete, daß er das beim Vater zu Haus nicht finden werde. Am Ende der Eisenbahnfahrt bekam er heftiges Kopfweh und sah
90 nicht mehr zum Fenster hinaus, obwohl es jetzt durch seine Lieblingsgegend ging, deren Höhen und Forste er früher mit Leidenschaft durchstreift hatte; und beinahe hätte er das Aussteigen am wohlbekannten heimischen Bahnhof versäumt.
Nun stand er da, mit Schirm und Reisesack, und wurde vom Papa betrachtet. Der letzte Bericht des Ephorus hatte dessen Enttäuschung und Entrüstung über den mißratenen Sohn in
95 einen fassungslosen Schrecken verwandelt. Er hatte sich Hans verfallen und schrecklich aussehend vorgestellt und fand ihn zwar gemagert und schwächlich, aber doch noch heil und auf eigenen Beinen wandelnd. Ein wenig tröstete ihn das; das Schlimmste aber war seine verborgene Angst, sein Grauen vor der Nervenkrankheit, von welcher Arzt und Ephorus geschrieben hatten. In seiner Familie hatte bis jetzt nie jemand Nervenleiden gehabt, man hatte von
100 solchen Kranken immer mit verständnislosem Spott oder mit einem verächtlichen Mitleid wie von Irrenhäuslern gesprochen, und nun kam ihm sein Hans mit solchen Geschichten heim. [...]

3.2 Gedichte von Hermann Hesse

Im Nebel

Seltsam, im Nebel zu wandern!
Einsam ist jeder Busch und Stein,
Kein Baum sieht den andern,
Jeder ist allein.

Voll von Freunden war mir die Welt,
Als noch mein Leben licht war;
Nun, da der Nebel fällt,
Ist keiner mehr sichtbar.

Wahrlich, keiner ist weise,
Der nicht das Dunkel kennt,
Das unentrinnbar und leise
Von allen ihn trennt.

Seltsam, im Nebel zu wandern!
Leben ist Einsamkeit.
Kein Mensch kennt den andern,
Jeder ist allein.

Stufen

Wie jede Blüte welkt und jede Jugend
Dem Alter weicht, blüht jede Lebensstufe,
Blüht jede Weisheit auch und jede Tugend
Zu ihrer Zeit und darf nicht ewig dauern.
Es muß das Herz bei jedem Lebensrufe
Bereit zum Abschied sein und Neubeginne,
Um sich in Tapferkeit und ohne Trauern
In andre, neue Bindungen zu geben.
Und jedem Anfang wohnt ein Zauber inne,
Der uns beschützt und der uns hilft, zu leben.

Wir sollen heiter Raum um Raum durchschreiten,
An keinem wie an einer Heimat hängen,
Der Weltgeist will nicht fesseln uns und engen,
Er will uns Stuf' um Stufe heben, weiten.
Kaum sind wir heimisch einem Lebenskreise
Und traulich eingewohnt, so droht Erschlaffen,
Nur wer bereit zu Aufbruch ist und Reise,
Mag lähmender Gewöhnung sich entraffen.

Es wird vielleicht auch noch die Todesstunde
Uns neuen Räumen jung entgegen senden,
Des Lebens Ruf an uns wird niemals enden ...
Wohlan denn, Herz, nimm Abschied und gesunde!

Liebeslied

Ich singe von deinem seidenen Schuh
Und von deinem rauschenden Kleid,
Ich träume dich jede Nacht, o du,
Meine Böse, mein Herzeleid!

Ich weiß keinen Namen als deinen,
Ich kann um keinen Schmerz
Und um keine Lust mehr weinen,
Als um dich allein, mein Herz.

Ich will kein Glück mehr kennen
Und keine andere Not,
Als um dich in Sehnsucht brennen –
O du, warum bist du tot?

Einem Mädchen

Von allen den Blumen
Bist du mir die liebste,
Süß ist und kindlich der Hauch deines Mundes,
Voll von Unschuld und doch voll Lust lacht dein Blick,
Dich nehm ich, Blume, in meine Träume mit,
Dort zwischen den bunten,
Singenden Zaubergewächsen
Ist deine Heimat, dort welkst du nie,
Ewig blüht dort, im Liebesgedicht meiner Seele,
Deine Jugend fort mit dem innigen Duft.

Viele Frauen hab ich gekannt,
Viele mit Schmerzen geliebt,
Vielen wehe getan –
Nur im Abschiednehmen grüß ich in dir
Noch einmal alle Zauber der Anmut,
Alle holden Reize der Jugend.
Und im Träumegarten
Meiner heimlichsten Dichtung
Stell ich dich, die mir so viel geschenkt,
Lächelnd und dankbar zu den Unsterblichen.

Manchmal

Manchmal scheint uns alles falsch und traurig,
Wenn wir schwach und müd in Schmerzen liegen,
Jede Regung will zur Trauer werden,
Jede Freude hat gebrochne Flügel,
Und wir lauschen sehnlich in die Weiten
Ob von dorther neue Freude käme.

Aber keine Freude kommt, kein Schicksal
Je von außen uns. Ins eigene Wesen
Müssen wir, vorsichtige Gärtner, lauschen,
Bis von dort mit Blumenangesichtern
Neue Freuden wachsen, neue Kräfte.

Aquarell von Hermann Hesse

3.3 Widersprechende Urteile

Sie waren verzaubert

Rolf Schneider

Ein paar Wochen ist es her, da entdeckte ich in einem Abteil der Berliner S-Bahn, auf der Strecke von Erkner zum Bahnhof Friedrichstraße, zwei junge Leute, schmal und sensibel, Hesse hätte von ihnen noch ‚Knaben‘ gesagt, sie waren vielleicht siebzehnjährig, sie saßen nebeneinander, ihre Gesichter waren über dasselbe Buch gehängt, sie lasen, sie wendeten die Seiten, sie blickten nicht auf, sie waren vollkommen unempfindlich für die Umwelt, ich glaube, nur in diesem Alter liest man so, ich habe weder vorher noch danach wieder Menschen so lesen sehen in einem Wagen dieser S-Bahn-Strecke oder anderer Strecken, sie lasen, es gelang mir dann, den Titel ihres Buches zu erkennen, sie lasen Hermann Hesses *Unterm Rad*.
Nur die Wirklichkeit hat recht.

Dieses Buch hätte ich damals brauchen können

Karin Struck

Hans Giebenrath. Das Elend der Schule. Der blinde und destruktive Ehrgeiz der Eltern. –
Warum bekam ich dieses Buch *Unterm Rad* nicht in der Schule zu lesen? Dieses Buch hätte
ich damals brauchen können, in all den Jahren der Schulqual – vor dem Abitur, während des
Abiturs, nach dem Abitur. Ich möchte nicht mißverstanden werden: ich spreche nicht von
5 „Lebenshilfe" (was immer das sein mag), wenn ich sage: dies Buch hätte ich damals brauchen
können. Ich glaube einfach, daß ein Buch sein kann wie ein Bild, das man immer wieder anschaut und das eine Situation, in der man lebt, in Sprache aufscheinen läßt, und man erkennt
sich, und die Sprache ist eine Form, mit der man umgehen kann, wenn man mit seiner Situation, in der man leidet, vielleicht längst nicht mehr umgehen kann. Auch dieses Buch ist, wie
10 *Klein und Wagner* oder andere Bücher Hesses, schillernd, und es könnte zwiespaltig wirken:
es kann traurig machen, es kann stärken, viele Wirkungen sind möglich. Ich kann mir einen
Schüler vorstellen, der mit *Unterm Rad* in der Hand Selbstmord begehen würde. Und ich
kann mir auch einen Schüler vorstellen, der mit *Unterm Rad* in den Händen die Kraft fände,
sich aus dem Gefängnis einer solchen Schule, wie Hans Giebenrath sie ertragen muß, zu be-
15 freien. Literatur ist eben kein Trostpflästerchen, sondern ihre Wirkungen können gefährlich
sein. Ich war zuerst auch erschrocken und bin es auch jetzt noch, als ich erfuhr, daß eine
Selbstmörderin als eines der letzten Bücher die „Klassenliebe" gelesen hatte. Andere dann
wieder haben dasselbe Buch gebraucht, um zum Leben zu kommen. Literatur, wenn sie ele-
mentar ist, hat unvorhersehbare Wirkungen. [...]

Hesses Bücher lesen sich leicht

Volker Michels

Hesses Bücher lesen sich leicht. Das Einfache ihrer Sprache, das, was seine Schriften so großen Leserschichten gleich welchen Alters, welcher Bildung und Nationalität zugänglich
macht, ist aber nur auf den ersten Blick simpel. Um *so* schreiben zu können, muß man zuerst
so gelebt haben. Dann ergibt sich ungesucht eine Präzision des Ausdrucks, deren suggestive
5 Einfachheit manchem wie Harmlosigkeit vorkommen mag, weil er die Dinge selbst und
nicht mehr über sie reden hört. Denn die Fähigkeit, Ursachen zu erkennen und ihre Wirkungen deutlich beim Namen zu nennen, steht und fällt mit der Intensität des Erlebten und dem
Grad der Verletzbarkeit des Darstellers. Diese bestimmen das Ausmaß, in dem Individuelles
in Allgemeingültiges umschlagen und psychische Gesetzmäßigkeiten freilegen kann, die auch
10 in der veränderten Umwelt anderer Generationen wiedererkannt und als gegenwärtig erlebt
werden. [...]

Ein Unterhaltungsschriftsteller

Curt Hohoff

Seit Jahren erlebt Hermann Hesse eine sonderbare Wiederkunft. Die amerikanischen Hippies und Gammler haben im Autor des „Knulp" und „Demian" einen Vorläufer entdeckt, und wenn die Behauptungen der Hesse-Fans hier und drüben stimmen, geht die Auflage seiner Bücher bereits in die Millionen. Wir waren uns doch einig, daß Hesse eigentlich ein Irrtum war, daß er zwar viel gelesen und hoch verehrt wurde, aber eigentlich war der Nobelpreis, wenn man nicht an die Politik, sondern an die Literatur dachte, eher peinlich für uns. Ein Unterhaltungsschriftsteller, ein Ethiker, ein Moralist; gut! Aber aus der „höheren" Literatur hatte er sich hinauskatapultiert, weil er zu simpel war. [...]

Poetische Lebensrezepte

Marcel Reich-Ranicki

Der strenge Seher mit der zarten Stimme, der schwärmerisch singende Asket in kurzen Hosen, der jugendbewegte Klassiker der deutschen Literatur des zwanzigsten Jahrhunderts, ihr biederster Rebell und sentimentalster Anarchist, unser lieber und wackerer Steppenwolf, Hermann Hesse also, gehört zu jenen Schriftstellern, die sich leicht und nicht zu Unrecht ver-
5 spotten lassen und die gleichwohl zu schätzen wir doch manchen Grund haben.
Sicher ist, daß die in seinem Werk gebotene Mischung aus deutschromantischer Tradition und moderner Psychologie, aus lieblicher Idyllik und wütender Zivilisationsverachtung, aus verzückter Naturanbetung und emotionaler Meuterei gegen die bestehende Gesellschaftsordnung sich doch, mag sie auch noch so anachronistisch anmuten, als einigermaßen dauerhaft
10 erwiesen hat und daß sie in den letzten Jahren wieder einmal außerordentlich erfolgreich war – diesmal freilich nicht in der deutschsprachigen Welt, sondern in Japan und, vor allem, in den USA.
Die energischen Bemühungen, den Hesse-Boom auch hierzulande in Gang zu setzen, haben indes trotz der eminenten Tüchtigkeit des Suhrkamp-Verlags nicht sehr viel ergeben.
15 Warum? Man könnte ja meinen, daß diese Bücher, die von entschieden gesellschaftskritischen Akzenten voll sind und die meist von der Rebellion einsamer Außenseiter gegen jegliche Autorität erzählen, gerade jetzt dem Interesse junge Leser entgegenkämen. Gewiß, aber Hesse konnte immer nur dort ein stärkeres Echo finden, wo man bereit war, ihn als empfindsamen Tröster und Ratgeber zu akzeptieren und seine Werke als poetische Lebensrezepte zu begrei-
20 fen. Nun ist die jüngere Generation in der Bundesrepublik allerlei Lebensrezepten mit handlichen Lösungen zwar keineswegs abgeneigt, doch werden sie am allerwenigsten in der Belletristik von gestern oder vorgestern gesucht.
Überdies ist Hesses so penetrante wie programmatische Innerlichkeit mittlerweile schwer erträglich. [...]

4 Über Autoren, Leser und Buchmarkt

4.1 Schriftsteller und Leser

Aus einer Rede von Max Frisch (1964)

[...]
Warum schreibe ich? Ich möchte antworten: aus Trieb, aus Spieltrieb, aus Lust. Ferner aus Eitelkeit; man ist ja auch eitel. Aber das reicht nicht für eine Lebensarbeit; das verbraucht sich an Mißerfolgen, und wenn es zum Erfolg kommt, verbraucht es sich an der Einsicht, wie unzulänglich vieles ist. Warum schreibe ich dennoch weiter? Was sich nicht verbraucht, ist das Bedürfnis
5 (ebenso ursprünglich wie der Spieltrieb) nach Kommunikation; sonst könnte man ja seine Versuche in der Schublade lassen. Also, ich schreibe aus Bedürfnissen nicht der Gesellschaft, sondern meiner Person. Möglicherweise aus jener Angst, die schon die Höhlenbewohner zu Bildnern machte: man malt die Dämonen an die Wand seiner Höhle, um mit ihnen leben zu können, es brauchen nicht Büffel zu sein, oder man malt an die Wand (wie in den Gräbern von Tarquinia)
10 die Freude, die sonst so sterbliche Freude. Dies alles, auch wenn Kunstverstand sich dabei entwickelt, beginnt durchaus naiv. Ich gestehe: Eine Verantwortung des Schriftstellers gegenüber der Gesellschaft war nicht vorgesehen: sie pflegt sich einzuschleichen von einem gewissen Erfolg an, und einige mögen sie rundweg ablehnen, anderen gelingt das nicht. Das spätere Selbstmißverständnis, daß ich aus Verantwortung schreibe, hat mir manchen Entwurf verdorben; aber die Einsicht, daß dies ein Mißverständnis gewesen ist, ändert wiederum nichts daran,
15 daß eine Verantwortlichkeit, wenn auch eine nachträgliche, sich eingestellt hat als unlustiges Bewußtsein; es hat mit ,,Auftrag'' nichts zu tun, wenn ein Schriftsteller sich die mögliche Wirkung überlegt von seiner Gesinnung her. Dabei ist Gesinnung kein Vorsatz beim Schreiben, sondern eine Konstitution, die beim Schreiben weitgehend unbewußt bleibt. Es gehe beim
20 Schreiben, sagten wir, um anderes. Aber daraus abzuleiten, daß das schriftstellerische Produkt, in seinem Ursprung ohne didaktische Absicht, deswegen ohne Folgen auf die Gesellschaft bleibe, wäre nicht naiv, sondern unrealistisch. Unversehens, spätestens bei der Konfrontation mit dem Puplikum, wie das Theater sie bietet, nicht am Schreibtisch, wo man allein ist, aber wenn ich in der Beleuchter-Loge sitze und die Gesichter im Parkett sehe, bin ich doch nicht
25 mehr sicher, daß wir in unsrer Arbeit verantwortungsfrei sind; sie könnte zumindest einen verhängnisvollen Beitrag leisten, indem sie zur Untat aufstachelt oder einschläfert zur Zeit der Untat; das letztere ist das häufigere, das übliche ... Also glaube ich plötzlich doch, daß das Theater so etwas wie eine politische Funktion habe? – ich glaube, das ist kein Postulat, sondern eine Wahrnehmung: sozusagen von der Beleuchter-Loge aus; eine Erfahrung, die dann auch am
30 Schreibtisch nicht mehr ganz zu vergessen ist. [...] Gäbe es die Literatur nicht, liefe die Welt vielleicht nicht anders, aber sie würde anders gesehen, nämlich so wie die jeweiligen Nutznie-

ßer sie gesehen haben möchten: nicht in Frage gestellt. Die Umwertung im Wort, die jede Literatur um ihrer selbst willen leistet, nämlich um der Lebendigkeit des Wortes willen, ist schon ein Beitrag, eine produktive Opposition. Gewisse Haltungen von gestern, obschon noch immer vor-
35 handen, sind heute nicht mehr vertretbar, weil die Literatur sie umgetauft hat auf ihren Wirklichkeitsgehalt hin, und das verändert nicht bloß das Bewußtsein der kleinen Schicht von Literatur-Konsumenten; der Umbau des Vokabulars erreicht alle, die sich einer geliehenen Sprache bedienen, also auch die Politiker. [...]
Allein die Tatsache, daß die Hitler-Herrschaft, angewiesen auf leidenschaftliche Verdummung,
40 die Literatur der Zeit nicht dulden konnte, wäre Beweis genug, wieviel die Sprache offenbar vermag; wenn auch ein negativer Beweis. Meine Frage, ob wir das Theater nicht überschätzen, wenn wir von ihm einen Beitrag zur immerwährenden Gestaltung der Gesellschaft erwarten, scheint sich zu erübrigen, und ich könnte schließen mit der Hoffnung, das Theater übernehme die Innere Führung, wären wir nicht eben in dieser Paulskirche, also an einer Stätte deutscher
45 Geschichte, die, nehmt alles nur in allem, sich von Schiller bis Brecht sehr wenig hat führen lassen von Deutschlands großer Literatur.
Also wieder Skepsis?
Ja.
Also Resignation?
50 Nein.

Aus einer Rede von Siegfried Lenz (1962)

[...]
Ein Schriftsteller ist ein Mensch, den niemand zwingt, das zu sein, was er ist; zum Schriftsteller wird man weder bestellt noch berufen wie etwa ein Richter. Er entschließt sich vielmehr freiwillig dazu, mit Hilfe des schärfsten und gefährlichsten, des wirksamsten und geheimnisvollsten Werkzeugs – mit Hilfe der Sprache die Welt zu entblößen, und zwar so, daß niemand sich in ihr
5 unschuldig nennen kann. Der Schriftsteller handelt, indem er etwas aufdeckt: eine gemeinsame Not, gemeinsame Leidenschaften, Hoffnungen, Freuden, eine Bedrohung, die alle betrifft.

Das allerdings kann er nicht mit jenem absichtslosen Entzücken tun, mit dem man blaue Schatten auf dem Schnee zur Kenntnis nimmt oder den Flug einer Libelle. Wenn er seine Wahl getroffen hat, sollte er wissen, daß Wörter ,,geladene Pistolen'' sind oder es doch sein können;
10 und darum erwarte ich vom Schriftsteller, daß er, da er keine äußere Verpflichtung anerkennt, zumindest sich selbst ein Versprechen gibt, ein Versprechen, das er in seiner Einsamkeit ständig erneuert: es läuft auf die stillschweigende Verpflichtung hinaus, die Sprache zu verteidigen und mit den Machtlosen solidarisch zu sein, mit den vielen, die Geschichte nur erdulden müssen und denen sogar Hoffnungen verweigert werden.
15 Darin liegt für mich das selbstverständliche Engagement des Schriftstellers, was so viel heißt, daß man sich nicht nur für einen bevorzugten Stil entscheidet, sondern daß man sich auch dafür erklärt, die Seufzer und die Erwartungen der anderen zu seinen eigenen Seufzern und Erwartungen zu machen. Der Einwand, jede Bindung der Literatur sei bereits eine Schwäche und schließe die Möglichkeit zum Kunstwerk aus, ist ebenso oft erhoben wie widerlegt worden; wer
20 die Äußerungen eines Schriftstellers als Kommentar zur Welt ansieht, wird in jedem Kunstwerk irgendein Engagement entdecken können: bei Aristophanes, bei Cervantes, bei Jean Paul ebenso wie bei Günter Grass.

Mein Anspruch an den Schriftsteller besteht nicht darin, daß er, verschont von der Welt, mit einer Schere schöne Dinge aus Silberpapier schneidet; vielmehr hoffe ich, daß er mit dem Mittel der Sprache den Augenblicken unserer Verzweiflung und den Augenblicken eines schwierigen Glücks Widerhall verschafft. In unserer Welt wird auch der Künstler zum Mitwisser – zum Mitwisser von Rechtlosigkeit, von Hunger, von Verfolgung und riskanten Träumen, – und darum fällt es mir schwer, einzusehen, warum ausgerechnet er den „Luxus der Unschuld" für sich fordern sollte. Es scheint mir, daß seine Arbeit ihn erst dann rechtfertigt, wenn er seine Mitwisserschaft zu erkennen gibt, wenn er das Schweigen nicht übergeht, zu dem andere verurteilt sind.

Das gehört gleichsam noch zu dem Versprechen, das er sich selber gibt, zu dem Auftrag, den er von sich aus übernimmt; denn darüber besteht wohl Einmütigkeit: der Schriftsteller erhält den Auftrag keineswegs von der Gesellschaft, in der er lebt. Die Gesellschaft ermächtigt ihn nicht, sie delegiert ihn nicht, sie ermutigt ihn im allgemeinen nicht einmal. [...]

4.2 Bestseller

Klaus Gerth

[...] Was soll man aber nun unter einem ‚Bestseller' verstehen? Eine allgemeinverbindliche Definition gibt es noch nicht. Zweifellos sind alle Bestseller ‚Erfolgsbücher', aber gute Gründe sprechen dafür, nicht alle erfolgreichen Bücher auch als ‚Bestseller' zu bezeichnen. Zunächst einmal ist ‚Bestseller', anders als ‚Erfolgsbuch', zu einem terminus technicus geworden. Definiert man ihn nur quantitativ als *„Buch, das sich überdurchschnittlich gut verkauft"*, gerät man schnell an eine Grenze; die *Buddenbrooks* fanden im Erscheinungsjahr nur 1000 Käufer, sie brauchten 35 Jahre, um die Millionengrenze zu überschreiten. Darum nimmt man die Zeit in die Definition auf und sagt (so *eine* der heute akzeptieren Faustregeln): *„Wenn von einem Buch innerhalb eines Jahres nach seinem ersten Erscheinen mindestens 100 000 Exemplare verkauft werden, handelt es sich um einen Bestseller."* Bücher, die wie die *Buddenbrooks* länger dazu brauchen, sind ‚Longseller', und wenn sie über Jahre hinweg hohe Verkaufszahlen halten, gelangen sie in den beneidenswerten Stand von ‚Steadysellern' (wie z. B. Brechts *Leben des Galilei*, dies allerdings dank seiner Rolle als Schullektüre, was das Stück strengenommen wieder von den Steadysellern ausschließt, weil beim Kauf

die Freiwilligkeit fehlt). Die hohen Verkaufszahlen, die übrigens noch nichts darüber aussagen, ob die Käufer das erworbene Buch auch lesen, haben zumindest die Konsequenz, daß ‚man' über den Bestseller spricht. Öffentliche Aufmerksamkeit gehört zum Phänomen. [...]

Doch die Eingrenzung der Definition nach Zahl, Zeit und Beachtung beseitigt keineswegs alle Probleme. Wir denken nämlich nicht daran, alle Bücher, die die genannten Bedingungen erfüllen, als Bestseller zu bezeichnen – weder Oetkers Kochbuch noch Bertelsmanns Volkslexikon, ganz zu schweigen von der Bibel (jährliche Weltauflage ca. 30 Millionen). Aber es handelt sich hier keineswegs um die Grenze zwischen ‚Belletristik' und ‚Sachliteratur', denn Sachbücher wie Cerams *Götter Gräber und Gelehrte* oder Kellers *Und die Bibel hat doch recht* gehören unbestritten zur Familie der Bestseller. Deshalb sollte man noch eine qualitative Komponente in die Definition aufnehmen: das Moment und die Absicht der Unterhaltung. Es ist der Belletristik ohnehin ‚von Natur aus' eigen, beim Sachbuch *kann* es hinzukommen. Bestseller wären dann also *„Werke der Belletristik oder unterhaltende Sachbücher, von denen innerhalb eines Jahres nach ihrem Er-*

scheinen mindestens 100 000 Exemplare ver-
60 *kauft werden und die Gegenstand des öffent-*
lichen Gesprächs sind". Das Kochbuch oder
das Lexikon wollen nicht unterhalten, sondern
informieren; die Bibel steht ohnehin zumindest für den Gläubigen außerhalb dieser
65 Funktionen; ,im Gespräch' – wie Süskinds
Parfum – ist keines dieser Bücher.

Nun stecken in dieser Eingrenzung neue Probleme: Einerseits haftet dem ,Unterhalten'
hierzulande der Ruch des Unseriösen an, an-
70 dererseits findet der literarische Feinschmek-
ker etwas anderes unterhaltend als der Gang-
hofer-Leser. Aber das steht hier nicht zur
Debatte. ,Unterhalten' soll als etwas sowohl
Legitimes wie Erfreuliches verstanden wer-
75 den. Was den Leser spannt oder rührt, ihn
über Empfindung und Einbildungskraft zur
Identifikation mit den dargestellten Figuren,
Geschehnissen oder Sachverhalten anregt,
gelte als ,unterhaltend', unabhängig von sei-
80 ner literarischen Qualität. Das Attribut ist also
neutral gemeint und bezeichnet die legitime
Absicht all der Literatur, die nicht auf zweck-
gerichtete Information zielt. Ihm fehlt der negative Beigeschmack, der dem Substantiv
85 ,Unterhaltungsliteratur' noch immer anhaftet.
Mit anderen Worten: wir denken nicht daran,
,Bestseller', Unterhaltungsliteratur oder gar
,Trivialliteratur' gleichzusetzen. [...]

Einigkeit herrscht darüber, daß ein sehr er-
90 folgreiches Buch mindestens drei Bedingungen erfüllen muß:

– Erstens muß ein Bestseller auf eine bestimmte geschichtliche oder gesellschaftliche
Situation antworten bzw. sie treffen;
95 – zweitens muß er den Bedürfnissen des Lesers entgegenkommen, und zwar denen des
einzelnen, nicht denen der Gruppe wie in der
ersten Bedingung;

Der Bestsellerautor

– drittens muß er handwerklich gut gemacht
100 sein, ein Gesichtspunkt, der oft gegenüber in-
haltlichen oder ideologischen Analysen zu
kurz kommt.

Umstritten bleibt die Frage, ob ein Verlag den
Absatz eines Buches durch ,Promotion', d. h.
105 durch einen generalstabsmäßig geplanten
Werbefeldzug, so hochtreiben kann, daß er
zum Bestseller wird. Die bisherige Erfahrung
spricht dagegen. Eine Werbekampagne kann
wohl den Absatz eines ,geborenen' Bestsel-
110 lers noch steigern, nicht aber die Mängel eines Durchschnittsprodukts ausgleichen, das
die drei genannten Bedingungen nicht oder
nur unzulänglich erfüllt. [...]

4.3 Wie man flink eine Million Leser gewinnt

Fritjof Jaft

Regel 1: Vernachlässige den Titel!
Wir verschwenden auf den Titel nicht mehr Mühe, als das Hinschreiben dessen bereitet, was uns gerade einfällt, mag dies nun „Ich und der stille Mörder" oder „Das Mädchen mit den sanften Augen" sein.

Regel 2: Der Leser muß blättern.
Der Augenblick, da er die ersten Zeilen Ihres Werkes liest, entscheidet über den Kauf oder Nichtkauf. Entsprechend aussagekräftig muß der Romananfang sein. Die Experten sprechen hier von Blitz- und Donnertheorie; sie besagt, daß ein dramatisches Geschehen von höchster Intensität und Dichte zum alleinigen Zweck des Leserfangs an den Anfang gestellt wird.

Regel 3: Enttäusche den Leser nicht!
Dazu darf man nicht von den Maßstäben einer hochgezüchteten Literaturkritik ausgehen, sondern muß schlicht fragen: Was wünscht der durchschnittliche Leser? Auf ihn kommt es an, denn er ist der Kunde, der die hohen Auflageziffern und damit ein hohes Einkommen bringt.

Regel 4: Bringe Gespräche, wie sie das Leben schreibt!
Hinter scheinbar banalen Dingen verbergen sich tiefe Weisheiten. Scheuen Sie darum auch vor Banalitäten nicht zurück, und seien sie dessen versichert, daß Ihre Leser eine solche Haltung stets honorieren werden.

Regel 5: Treibe die Handlung voran!
Wir leben in einem Zeitalter, das auf aktives, dynamisches Tun ausgerichtet ist. Dem sollte ein heutiger Erfolgsschriftsteller Rechnung tragen. Er muß also dafür sorgen, daß etwas passiert und der Leser ständig neuen Ereignissen entgegenfiebert. Rezepte:

Regel 5a: Strapaziere den Zufall!
Der Zufall läßt Sie nie im Stich. Durch ihn sind Sie Herr der Dinge.

Regel 5b: Sorge für Überraschungen!
Immer muß es anders kommen, als der Leser denkt, und zwar nicht erst zum Schluß, sondern laufend.

Regel 5c: Laß die Dinge sich überstürzen!
Mit dieser Regel werden Sie in den eigentlichen Kernbereich des action-Romans eingeführt.

Regel 6: Lockere die Handlung durch Dialog auf!
Gerade der moderne action-Roman mit seiner Sturzflut von Ereignissen bedarf der gedanklichen Pause, wie sie ein pointierter Dialog von geistigem Gehalt dem gehetzten Leser gewährt.

Regel 7: Bringe Tragik in das Geschehen!
Die Menschen neigen dazu, sich wichtig zu nehmen und den Widrigkeiten, denen sie im Leben begegnen, große Bedeutung beizumessen. Das schärft ihren Sinn für tragische Verwicklungen.

Regel 8: Sorge für Höhepunkte!
Leser lieben Höhepunkte. Diese kleine Freude sollten Sie ihnen also öfters bereiten.

Zielsetzung und Planung

Dieses Kapitel möchte
- Anreize zum nachdenklichen Lesen in der Freizeit geben
- zur Diskussion über Privatlektüre und Lesegewohnheiten von Jugendlichen einladen
- Vorschläge zur Untersuchung von Kriminalgeschichten machen
- zur Erörterung der Qualität von Texten am Beispiel von Liebesgeschichten auffordern
- am Beispiel des Dichters Hermann Hesse die Frage stellen: Warum werden Werke von Erfolgsautoren von der Literaturkritik verschieden beurteilt?
- in das Wechselspiel von Autor, Leser und Buchmarkt einführen.

Anregungen

Ihr könnt die Unterrichtsreihe beginnen mit einer Diskussion über Privatlektüre und Lesegewohnheiten von Jugendlichen.
- ○ Welche Bücher und Fortsetzungsromane werden in eurem Umkreis häufig gelesen, und welche Fernsehsendungen werden bevorzugt? Welche Interessen werden dadurch befriedigt?
- ○ Wieviel Zeit verwendet ihr selbst auf das Lesen von Büchern, wieviel auf das Fernsehen und das Hören von Schallplatten?
- ○ Welche Werke eurer Privatlektüre könnt ihr empfehlen? Stellt euer Lieblingsbuch der Klasse vor.

1 Spannende Kriminalfälle. Thema: Der Verdacht

Texte 1.1–1.3
S. 244 ff.

Bei der Aufklärung eines Mordes und der Entlarvung eines Täters spielt der Verdacht eine entscheidende Rolle. Er erzeugt im Leser Spannung.
- ○ Untersucht: Wer hegt den Verdacht? Worauf stützt er sich? Wie wird er geäußert? Welche Handlungen löst er aus? Wie wird er erhärtet?

Der Begriff Spannung ist vielschichtig und vieldeutig:
- ○ Mit welchen Mitteln erzeugen die Autoren in den drei Textauszügen Spannung, und welche Saiten im Leser werden in Spannung versetzt?
  - Erregen die Erzählungen einen Nervenkitzel? Wodurch?
  - Wecken die Texte Interesse im Leser durch die aufregende Schilderung sozialer oder psychischer Vorgänge?
  - Vermitteln sie Einsicht in interessante soziale und psychische Konflikte?
- ○ Welchen der drei Textauszüge findest du am spannendsten? Weshalb? Welcher kommt deinen Erwartungen und Lesebedürfnissen am meisten entgegen?

Jede Tat gehört zu einem Menschen mit bestimmten Anlagen, Fähigkeiten, Zielen, geprägt durch seine Umwelt. Die Menschendarstellung einer Autorin/ eines Autors zu untersuchen ist eine interessante Aufgabe.

○ Charakterisiert die Hauptperson in den drei Textauszügen und die Umwelt, in der sie leben.

○ Werden die Menschen klischeehaft gezeichnet oder als unverwechselbare Personen?

Für den abschließenden Vergleich und die Beurteilung der Texte ist zu empfehlen, sich über den Gesamtaufbau und -inhalt der Werke von Friedrich Dürrenmatt und Annette von Droste-Hülshoff zu informieren.

2 Texte zum Thema „Liebe"

Trivialromane und Werke von anerkannten Schriftstellern gestalten das Thema ‚Liebe' nach Inhalt und Sprachform auf verschiedene Weise und befriedigen dadurch unterschiedliche Lesebedürfnisse. Im Einzelfall ist es manchmal schwierig festzustellen, welche Darstellung der Liebesbeziehung zwischen zwei Menschen glaubhaft, einfühlsam, sprachlich gekonnt, rührselig oder kitschig ist; denn jede Autorin / jeder Autor und jede Zeit haben eine eigene Sprache, um Gefühle sichtbar zu machen.

Texte 2.1–2.3
S. 252 ff.

In diesem Abschnitt werden die erste Liebe eines Mädchens (2.1), die beginnende Liebe einer jungen Frau (2.2) und die verzichtende Liebe zweier reifer Menschen (2.3) geschildert. Die erste Geschichte wurde 1987, die zweite nach dem 1. Weltkrieg, die dritte 1950 veröffentlicht.

○ Versucht festzustellen, ob die Autoren einmalige Erlebnisse zweier Menschen oder Wunschbilder aus einer Traumwelt vorführen.

○ Untersucht die Geschlechterrollen in den drei Texten: Welche entspricht eurer Vorstellung?

○ Wie werden Gefühle der Zuneigung, der Liebe ausgedrückt?

○ Text 2.2 bringt den Anfang des Romans. Versucht, den weiteren Verlauf und das Ende zu skizzieren.

Aus einem Lexikon:

Kitsch *der,* wertlose ‚Kunstware'. Der Ausdruck wurde zuerst um 1870 bei Malern und Kunsthändlern in München gebraucht; *verkitschen,* zu Geld machen. Meist handelt es sich um Werke des ‚süßen K.': Werke, die mit primitiven Mitteln schöne Illusionen und Rührung erwecken wollen; auch grobe industrielle Nachahmungen volkstümlicher Kunst, z. B. Andenkenkitsch. Neuerdings spricht man auch von ‚saurem K.', d. h. Werken mit effekthaschender Schwarzmalerei oder vorgetäuschter Tiefgründigkeit. Da der Geschmack sich wandelt, werden oft beim Wechsel der künstlerischen Stilrichtungen Erzeugnisse des überholten Stils als kitschig abgelehnt. So galt vielfach der Jugendstil als kitschig, wurde aber dann wieder als künstlerisch bemerkenswert anerkannt. – Eine strenge Scheidung zwischen K. und Kunst ist daher schwer möglich. Im übrigen kann K. in verschiedenen Bereichen (erotischer, polit., religiöser K.) und in allen Kunstgattungen auftreten. *(Aus: Brockhaus Enzyklopädie, 1970)*

Es gibt Fachleute, die sogar in Goethes und Schillers Werken gelegentlich kitschige Stellen finden.

○ Könnt ihr in den Texten dieses Abschnitts Elemente oder ganze Passagen von Kitsch nachweisen?

3 Ein umstrittener Schriftsteller: Hermann Hesse

Am Beispiel Hermann Hesses kann man der Frage nachgehen, was einen Dichter zum Publikumsliebling macht und was erforderlich ist, damit er auch von den Literaturkritikern anerkannt wird.

Text 3.1
S. 259

○ Ist Hans Giebenrath ein Mensch, dessen Verhalten ihr versteht? Bewegt euch der Textausschnitt so, daß ihr den ganzen Roman lesen wollt? Begründet eure Meinung.

Texte 3.2
S. 261 ff.

Ein Fachmann sagte: „Von Hesse werden ungefähr zehn Gedichte die Zeit überdauern.''

○ Könnte das eine oder andere der abgedruckten Gedichte dazu gehören? Wie begründet ihr euer Urteil?

○ Lassen sich in den Gedichten Spuren von Rührseligkeit (Sentimentalität) erkennen?

Texte 3.3
S. 264 ff.

○ Stellt die Aussagen der Journalisten und Kritiker über Hesses Werk thesenartig neben- und gegeneinander: Untersucht die Texte und prüft, wieweit ihr die Urteile für berechtigt haltet.

4 Über Autoren, Leser und Buchmarkt

Jeder Schriftsteller, jede Schriftstellerin wünscht sich einen großen Leserkreis. Aber manche Romane und Gedichte bleiben im Schreibtisch liegen, weil sich kein Verlag findet, der sie druckt. Zwischen Autor und Leser stehen Verlag und Buchhandlung. Beide können nur bestehen, wenn die Ware Buch auch Käufer findet. Die Verlage kalkulieren so: Eine hohe Auflage ermöglicht einen niedrigen Ladenpreis; der Name des Autors, Titel und Inhalt des Buches, eine lobende Besprechung in den Medien, gute Reklame und ein billiger Preis locken zum Kauf. Doch welcher Leser fühlt sich angesichts der Fülle der jährlichen Neuerscheinungen von welchem Buch angesprochen, und für welchen Leser soll, will oder muß der einzelne Autor schreiben?

Nur einige Texte sollen in diesen für unsere Kultur und Volkswirtsschaft wichtigen Bereich einführen.

Texte 4.1
S. 267 ff.

Zwei berühmte Autoren äußern sich über ihr Verhältnis zum Leser. Beide leben als freie Schriftsteller.

○ Wie bestimmen beide ihr Verhältnis zum Leser, und was veranlaßt sie zum Schreiben?

○ Überlegt, welchen Zwängen ein freier Schriftsteller ausgesetzt ist.

Text 4.2
S. 269

Ein oder zwei Bestseller pro Jahr sichern einem Verlag die wirtschaftliche Existenzgrundlage:

○ Lassen sich Bücher durch geschickte Werbung zu Bestsellern machen? Kennt ihr solche Bücher? Stellt sie der Klasse vor.

○ Welche Auswirkungen könnte das Streben der Verlage, Bestseller zu erzielen, auf das Verlagsprogramm und auf den literarischen Markt insgesamt haben?

○ Das Bundesministerium für Jugend, Familie und Gesundheit vergibt in jedem Jahr Preise für die besten Kinder- und Jugendbücher. Prüft solche Bücher und berichtet darüber.

Text 4.3
S. 271

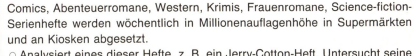

Comics, Abenteuerromane, Western, Krimis, Frauenromane, Science-fiction-Serienhefte werden wöchentlich in Millionenauflagenhöhe in Supermärkten und an Kiosken abgesetzt.

○ Analysiert eines dieser Hefte, z. B. ein Jerry-Cotton-Heft. Untersucht seine Machart und prüft, ob es nach den Regeln geschrieben ist, die der Verlag den Autoren, die anonym bleiben, vorschreibt.

○ Welchen Bedürfnissen der Leser kommen diese Hefte entgegen?

Texte
S. 233 ff.

○ Wie beurteilt ihr den Inhalt, die Sprache und den literarischen Rang dieser Hefte? Vergleicht dazu auch die Texte des 3. Abschnitts in Kap. 6.

Literaturhinweise

Kriminalgeschichten. UB 9517. Stuttgart: Reclam 1977.

Lützeler, Heinrich: Viel Vergnügen mit dem Kitsch. Bd. 1012. Freiburg: Herder 1983.

Röhring, Hans-Helmut: Wie ein Buch entsteht. Einführung in den modernen Buchverlag. Darmstadt: Wiss. Buchgesellschaft 1987.

Waldmann, Günter: Literatur zur Unterhaltung. rororo-Sachbuch, Bd. 1 (7351), Bd. 2 (7352). Reinbek: Rowohlt 1980.

Kapitel 8

Der Schriftsteller in seiner Gesellschaft

Einführung

Schriftsteller verstehen sich oft als Sprachrohr oder als Gewissen, als Warner und als Vordenker ihrer Zeit.

Manche von ihnen wurden deshalb von ihren Zeitgenossen geschätzt oder bewundert wie Goethe, Storm oder Böll.

Andere wurden verkannt oder blieben unbeachtet wie Hölderlin, Kleist, Robert Walser oder Kafka.

Viele mußten aus ihrer Heimat fliehen wie Schiller im 18. Jahrhundert, Heine, Storm im 19. Jahrhundert, Thomas und Heinrich Mann, Anna Seghers, Peter Weiss im 20. Jahrhundert.

Manche kamen während des Dritten Reichs ins Konzentrationslager, einige wurden dort ermordet.

Seit den 70er Jahren wurden Schriftsteller aus der DDR ausgebürgert wie Wolf Biermann und Reiner Kunze.

In diesem Kapitel soll an Beispielen gezeigt werden, wie Schriftsteller als Zeugen ihrer Zeit sich den Herausforderungen ihrer Gesellschaft stellen.

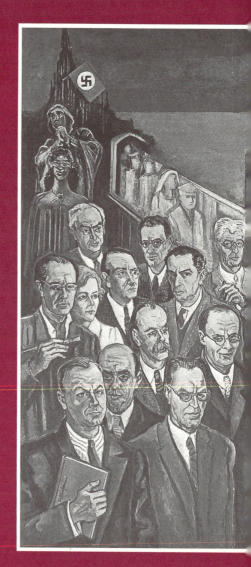

Arthur Kaufmann (1888–1971): ▶
Die geistige Emigration (1938–40)

1 Ein bürgerlicher Autor: Theodor Storm

Im Laufe des 19. Jahrhunderts entwickelte sich in den deutschsprachigen Ländern das gebildete, liberale Bürgertum zur führenden Schicht in Staat und Gesellschaft. Begünstigt durch Bildung und Besitz, brachte es viele Erfinder und Entdecker, Wissenschaftler und Künstler hervor. Die großen Schriftsteller des 19. Jahrhunderts, z. B. Annette von Droste-Hülshoff, Eduard Mörike, Theodor Storm, Theodor Fontane, Wilhelm Raabe, Gottfried Keller, Conrad Ferdinand Meyer, Franz Grillparzer, Adalbert Stifter, haben in ihren Werken – viele aus Verbundenheit mit ihrer Region – ein Bild von der Bestimmung und Gefährdung des Menschen, der Familie, der Gesellschaft gezeichnet, in dem sich viele Bürger wiedererkannt haben. Die Schriftsteller haben dem Bürgertum gezeigt, wie es sich selbst sehen und verstehen könne.
In diesem Abschnitt soll ein kleiner Ausschnitt aus dem Leben und Werk des Dichters Theodor Storm vorgeführt werden. Dabei soll offenbleiben, ob und wieweit der Husumer Storm für die ganze bürgerliche Welt als Vertreter gelten kann.

1.1 Der Schimmelreiter (1888)

Hauke Haiens Kindheit und Jugend

In der Novelle läßt Storm einen aufgeklärten Schulmeister an der nordfriesischen Küste die Geschichte Hauke Haiens erzählen, der auf einem kleinen Bauernhof aufwächst, Deichgraf wird, gegen den Willen des Dorfes einen großen Deich mit einem neuartigen widerstandsfähigen Profil baut, mit seiner Familie in einer Sturmflut umkommt und nach seinem Tod in der Vorstellung der Bevölkerung als „Schimmelreiter" zum Gespenst wird.
Der Textausschnitt schildert Hauke Haiens Kindheit und Jugend.

[...]
– – Der Junge war tags darauf zu Boden gelaufen und hatte auch bald das Buch gefunden; denn viele Bücher gab es überhaupt nicht in dem Hause; aber der Vater lachte, als er es vor ihm auf den Tisch legte. Es war ein holländischer Euklid, und Holländisch, wenngleich es doch halb Deutsch war, verstanden alle beide nicht. ‚Ja, ja‘, sagte er, ‚das Buch ist noch von
5 meinem Vater, der verstand es; ist denn kein deutscher da?‘

Der Junge, der von wenig Worten war, sah den Vater ruhig an und sagte nur: ‚Darf ich's behalten? Ein deutscher ist nicht da.‘

Und als der Alte nickte, wies er noch ein zweites, halbzerrissenes Büchlein vor. ‚Auch das?' frug er wieder.

‚Nimm sie alle beide!' sagte Tede Haien; ‚sie werden dir nicht viel nützen.'

Aber das zweite Buch war eine holländische Grammatik, und da der Winter noch lange nicht vorüber war, so hatte es, als endlich die Stachelbeeren in ihrem Garten wieder blühten, dem Jungen schon so weit geholfen, daß er den Euklid, welcher damals stark im Schwange war, fast überall verstand.

Es ist mir nicht unbekannt, Herr", unterbrach sich der Erzähler, „daß dieser Umstand auch von Hans Mommsen erzählt wird; aber vor dessen Geburt ist hier bei uns schon die Sache von Hauke Haien so – hieß der Knabe – berichtet worden. Ihr wisset auch wohl, es braucht nur einmal ein Größerer zu kommen, so wird ihm alles aufgeladen, was in Ernst oder Schimpf seine Vorgänger einst mögen verübt haben.

Als der Alte sah, daß der Junge weder für Kühe noch Schafe Sinn hatte und kaum gewahrte, wenn die Bohnen blühten, was doch die Freude von jedem Marschmann ist, und weiterhin bedachte, daß die kleine Stelle wohl mit einem Bauer und einem Jungen, aber nicht mit einem Halbgelehrten und einem Knecht bestehen könne, ingleichen daß er auch selber nicht auf einen grünen Zweig gekommen sei, so schickte er seinen großen Jungen an den Deich, wo er mit andern Arbeitern von Ostern bis Martini Erde karren mußte. ‚Das wird ihn vom Euklid kurieren', sprach er bei sich selber.

Und der Junge karrte; aber den Euklid hatte er allzeit in der Tasche, und wenn die Arbeiter ihr Frühstück oder Vesper aßen, saß er auf seinem umgestülpten Schubkarren mit dem Buche in der Hand. Und wenn im Herbst die Fluten höher stiegen und manch einmal die Arbeit eingestellt werden mußte, dann ging er nicht mit den andern nach Haus, sondern blieb, die Hände über die Knie gefaltet, an der abfallenden Seeseite des Deiches sitzen und sah stundenlang zu, wie die trüben Nordseewellen immer höher an die Grasnarbe des Deiches hinaufschlugen; erst wenn ihm die Füße überspült waren und der Schaum ihm ins Gesicht spritzte, rückte er ein paar Fuß höher und blieb dann wieder sitzen. Er hörte weder das Klatschen des Wassers noch das Geschrei der Möven und Strandvögel, die um oder über ihm flogen und ihn fast mit ihren Flügeln streiften, mit den schwarzen Augen in die seinen blitzend; er sah auch nicht, wie vor ihm über die weite wilde Wasserwüste sich die Nacht ausbreitete; was er allein hier sah, war der brandende Saum des Wassers, der, als die Flut stand, mit hartem Schlage immer wieder dieselbe Stelle traf und vor seinen Augen die Grasnarbe des steilen Deiches auswusch.

Nach langem Hinstarren nickte er wohl langsam mit dem Kopfe oder zeichnete, ohne aufzusehen, mit der Hand eine weiche Linie in die Luft, als ob er dem Deiche damit einen sanfteren Abfall geben wollte. Wurde es so dunkel, daß alle Erdendinge vor seinen Augen verschwanden und nur die Flut ihm in die Ohren donnerte, dann stand er auf und trabte halbdurchnäßt nach Hause.

Als er so eines Abends zu seinem Vater in die Stube trat, der an seinen Meßgeräten putzte, fuhr dieser auf: ‚Was treibst du draußen? Du hättest ja versaufen können; die Wasser beißen heute in den Deich.'

Hauke sah ihn trotzig an.

‚Hörst du mich nicht? Ich sag, du hättest versaufen können.'

‚Ja', sagte Hauke; ‚ich bin doch nicht versoffen!'

‚Nein', erwiderte nach einer Weile der Alte und sah ihm wie abwesend ins Gesicht, – ‚diesmal noch nicht.'

‚Aber', sagte Hauke wieder, ‚unsere Deiche sind nichts wert!'

55 ‚Was für was, Junge?'

‚Die Deiche, sag ich!'

‚Was sind die Deiche?'

‚Sie taugen nichts, Vater!' erwiderte Hauke.

Der Alte lachte ihm ins Gesicht. ‚Was denn, Junge? Du bist wohl das Wunderkind aus
60 Lübeck!'

Aber der Junge ließ sich nicht irren. ‚Die Wasserseite ist zu steil', sagte er; ‚wenn es einmal
kommt, wie es mehr als einmal schon gekommen ist, so können wir hier auch hinterm Deich
ersaufen!'

Der Alte holte seinen Kautabak aus der Tasche, drehte einen Schrot ab und schob ihn
65 hinter die Zähne. ‚Und wieviel Karren hast du heut geschoben?' frug er ärgerlich; denn er
sah wohl, daß auch die Deicharbeit bei dem Jungen die Denkarbeit nicht hatte vertreiben
können.

‚Weiß nicht, Vater', sagte dieser, ‚so, was die anderen machten, vielleicht ein halbes Dutzend mehr; aber die Deiche müssen anders werden!'

70 ‚Nun', meinte der Alte und stieß ein Lachen aus; ‚du kannst es ja vielleicht zum Deichgraf
bringen; dann mach sie anders!'

‚Ja, Vater!' erwiderte der Junge.

Der Alte sah ihn an und schluckte ein paarmal; dann ging er aus der Tür; er wußte nicht,
was er dem Jungen antworten sollte.

75 Auch als zu Ende Oktobers die Deicharbeit vorbei war, blieb der Gang nordwärts nach
dem Haf hinaus für Hauke Haien die beste Unterhaltung; den Allerheiligentag, um den
herum die Äquinoktialstürme[1] zu tosen pflegen, von dem wir sagen, daß Friesland ihn wohl
beklagen mag, erwartete er wie heut die Kinder das Christfest. Stand eine Springflut bevor, so
konnte man sicher sein, er lag trotz Sturm und Wetter weit draußen am Deiche mutterseelen-
80 allein: und wenn die Möven gackerten, wenn die Wasser gegen den Deich tobten und beim
Zurückrollen ganze Fetzen von der Grasdecke mit ins Meer hinabrissen, dann hätte man
Haukes zorniges Lachen hören können. ‚Ihr könnt nichts Rechtes', schrie er in den Lärm
hinaus, ‚so wie die Menschen auch nichts können!' Und endlich, oft im Finstern, trabte er
aus der weiten Öde den Deich entlang nach Hause, bis seine aufgeschossene Gestalt die nied-
85 rige Tür unter seines Vaters Rohrdach erreicht hatte und darunter durch in das kleine Zimmer schlüpfte.

Manchmal hatte er eine Faust voll Kleierde mitgebracht; dann setzte er sich neben den Alten, der ihn jetzt gewähren ließ, und knetete bei dem Schein der dünnen Unschlittkerze allerlei Deichmodelle, legte sie in ein flaches Gefäß mit Wasser und suchte darin die Ausspülung
90 der Wellen nachzumachen, oder er nahm seine Schiefertafel und zeichnete darauf das Profil
der Deiche nach der Seeseite, wie es nach seiner Meinung sein mußte.

Mit denen zu verkehren, die mit ihm auf der Schulbank gesessen hatten, fiel ihm nicht ein;
auch schien es, als ob ihnen an dem Träumer nichts gelegen sei. Als es wieder Winter geworden und der Frost hereingebrochen war, wanderte er noch weiter, wohin er früher nie ge-
95 kommen, auf den Deich hinaus, bis die unabsehbare, eisbedeckte Fläche der Watten vor ihm
lag. [...]

---

[1] heftige Stürme zu Herbst- und Frühlingsanfang

Alex Eckener: Sturmflut auf der Hallig

1.2 Dichter und Bürger

Lebensbild in Briefen

Storms Leben und Werk ist eng verflochten mit der wechselvollen Geschichte Schleswig-Holsteins im 19. Jahrhundert. Als er am 14. September 1817 in Husum geboren wurde, war der König von Dänemark in Personalunion zugleich Herzog von Schleswig-Holstein. 1848 wurde Schleswig rechtswidrig von Dänemark einverleibt. Folgen: Erhebung der Schleswig-Holsteiner gegen Dänemark, Bildung einer provisorischen Landesregierung, Kämpfe zwischen deutschen und dänischen Truppen, Waffenstillstand zwischen Preußen und Dänemark 1849; Besetzung der Herzogtümer durch österreichische Truppen 1851; Krieg Österreichs und Preußens gegen Dänemark 1864; Friede zu Wien 1864, in dem die Herzogtümer Schleswig-Holstein an Österreich und Preußen abgetreten wurden; der Deutsche Krieg 1866; Auflösung des Deutschen Bundes; Vereinigung von Schleswig-Holstein, Hannover, Kurhessen, Nassau und der freien Reichsstadt Frankfurt mit Preußen 1866; Bildung des Norddeutschen Bundes unter Preußens Führung mit dem Grafen Bismarck als Bundeskanzler.
Die folgenden Briefausschnitte zeigen, wie politisch der so sehr seiner Heimat Schleswig-Holstein und besonders seiner Heimatstadt Husum verbundene Lyriker und Novellist Storm war, der nicht nur Motive aus Natur und Landschaft, sondern auch Themen der aktuellen Politik und Probleme der Gesellschaft in seinen Gedichten und Novellen aufgriff und gestaltete.

Ich bin am 14. September 1817 zu Husum im Herzogtum Schleswig geboren, wo mein Vater noch jetzt als einer der geachtetsten Rechtsanwälte unsres Landes lebt. Nachdem ich die (jetzt wie manches andre deutsche Institut von der dänischen Regierung aufgehobene) Gelehrtenschule daselbst besucht hatte, ging ich Michaelis 1835 auf das Lübecker Gymnasium, das Geibel eben verlassen hatte. Hier lernte ich zuerst Heines „Buch der Lieder" kennen; und Heine wurde recht eigentlich der Dichter meiner Jugend. [...]

Aus: Brief Storms an den Journalisten Hermann Kletke vom 3.4.1833

Während der 40er und 50er Jahre ist Storm Mitarbeiter der „Schleswig-Holsteinischen Zeitung" und schreibt politische Gedichte gegen Dänen, Adel und Kirche. Er unterzeichnet einen Protest der Husumer Bürger an den dänischen Landeskommissar und bekennt sich zur schleswig-holsteinischen Volkserhebung.
1852 erhält er Berufsverbot von der dänischen Regierung.

[...] ließ mich im Sommer 1843 in meiner Vaterstadt, von meinem Vater in die Praxis eingeführt, als Advokat nieder. – Als im Herbste 1850 Husum von den dänischen Truppen okkupiert wurde und in Stadt und Umgegend dänische Gerichtsbeamte an die Stelle der bisherigen traten, legte ich, da unsre Sache noch nicht aufgegeben war, meine Praxis nieder, antwortete
5 auch auf eine mir von der dänischerseits eingesetzten Oberjustizkommission abgeforderte Erklärung, weshalb ich meine Praxis eingestellt, daß, nachdem es einmal zwischen den Herzogtümern und Dänemark zum Bruche gekommen, mein Gefühl und meine Überzeugung auf seiten meiner Heimat seien und ich deshalb mit den während des Kriegs dänischerseits eingesetzten Behörden nicht habe in Verkehr treten wollen.
10 Nachdem im Februar 1851 die Statthalterschaft abgetreten und die Tragödie ausgespielt war, nahm ich meine Praxis wieder auf.
Inzwischen erging an alle Advokaten der Herzogtümer ein Allerhöchster Erlaß, daß die Bestallungen zur Erlangung der königlichen Konfirmation an die Ministerien einzusenden seien. Dies geschah, wie von allen, so auch von mir. Bei dem bekannten Bestreben der däni-
15 schen Regierung indessen, alle deutsche unabhängige Intelligenz in unsrer Heimat auszurotten, mußte ich natürlich den Bescheid erhalten, daß ich die nachgesuchte Bestätigung nicht erhalten könne. Das geschah Ende November v. J. Seitdem bin ich aus meiner sehr angenehmen und einträglichen bürgerlichen Existenz herausgerissen und gehe jetzt, wie so viele meiner Landsleute, nach Amt und Brot in deutschen Landen umher. Ein Schritt, den Abschlag
20 rückgängig zu machen, ist in keiner Weise von mir geschehen. [...]
Die Heimat ist so geworden, daß man hier doch ganz wie in der Fremde lebt. Ich habe mich mit Zivil- und Militärbehörden herumgeschlagen und Zorn und Scham genug dabei verschluckt. Von dem, was wir Zurückgebliebenen in unserm Gemüte gelitten haben, davon, das bin ich überzeugt, habt Ihr andern keine Vorstellung; und wo ist das Ende? Doch wir
25 wollen davon nicht weiter. [...]

Aus: Brief Storms an Hartmuth Brinckmann vom 6.4.1851

Storm bewirbt sich mehrfach in Berlin um eine Anstellung im preußischen Justizdienst und lebt dann von 1853–1864 als preußischer Beamter im Exil. Nach der Niederlage Dänemarks im Krieg gegen Österreich und Preußen wird er von der Ständeversammlung in Husum zum Landvogt gewählt und in seine Heimat zurückgerufen.

[...] Die schleswig-holsteinischen Angelegenheiten halten uns natürlich in fortwährender Aufregung, Constanze fast mehr als mich, sie träumt nur von Rückkehr und kann manchen Abend nicht davor einschlafen. Gott weiß, was wird; so konfus ist die Welt wohl selten gewesen. Diese feudale Canaille, dem Lump, dem König von Neapel[1], der sein Volk ruinierte, las
5 sen sie einen Ehrenschild machen, steht aber das Volk zu seinem legitimen Fürsten und der Fürst zu seinem Volke, so machen sie gewiß auch gegen den legitimen Fürsten Front; mit dem Pöbel gehen sie, aber gewiß niemals mit dem Volke. Du meintest einmal bei meinem Besuch, Du könntest das Herunterreißen des Adels nicht haben; ich sage Dir, der Adel (wie die Kirche) ist das Gift in den Adern der Nation. Von welchen ihnen selbst als unwahr sehr wohl
10 bewußten Voraussetzungen diese Leute ausgehen, das ist ja ganz unglaublich. [...]

In diesem Kampf der Tyrtäus[2] der Demokratie zu sein ist mein heißester Lebenswunsch, denn der Kampf wird heiß bei uns; und trotz aller rosigen Träume wird *dann* auch der Herzog zu unsern Junkern stehen. Dies voraussehend, mag ich ihm auch jetzt nicht zu nahe kommen. Auch kann ich auf diese ungewisse Aussicht hin natürlich meine Stellung hier nicht auf
15 geben und mich für vielleicht ganz provisorische vorübergehende Zustände zur Disposition stellen. Trotz dessen wünsche ich mich zu melden – es soll nämlich von einem „autographischen Bureau" in Gotha eine Aufforderung an alle im Auslande lebenden Schleswig-Holsteiner ergangen sein, ihren Namen etc. anzugeben, ich meine aber nur, um der Herzogl. Regierung eine Übersicht zum Zweck künftiger Dispositionen zu verschaffen. Ich kann aber
20 durchaus die Adresse nicht auftreiben. Weißt Du Spezielles über das, was gewünscht wird, so, bitte, schreib es mir doch gleich. Ich möchte auch nicht den Schein auf mich laden, daß ich dahinten bleibe, solange die Sache zweifelhaft. [...]

Aus: Brief Storms an Hartmuth Brinckmann vom 18.1.1864

Die Annexion Schleswig-Holsteins 1866 vor dem Deutschen Krieg zwischen Österreich und Preußen und die darauf folgende Verwaltungsreform durch Preußen – Storm wird Amtsrichter – machen Storm zu einem Gegner des preußischen Staates. Er läßt sich 1880 pensionieren und zieht sich nach Hademarschen auf seinen Alterssitz zurück.
Seine politische Haltung zeigt sich nicht zuletzt auch in der Weigerung, eine Hymne auf Bismarck, in dem er den Repräsentanten des preußischen Junkertums sieht, zu dichten, und auch darin, mit Schlapphut statt mit dem höfisch vorgeschriebenen Zylinder zur Audienz beim Großherzog von Weimar zu erscheinen (1886).

[...] Nein, lieber Freund, die Maililien sollen über meinem Schweigen doch nicht aufbrechen; ich fürchte sehr, Du hast bei Deinem dramatischen Weltlauf den Siedler in Hademarschen fast vergessen. Zunächst meinen Dank für Dein stattlich ausgerüstetes Bismarcklied; es ist wahrlich verdienstlich, ganz München einmal Punkt für Punkt alles singen zu lassen, was die Menschen immer wieder vergessen und doch vor allem behalten sollen. Ich erhielt im vorigen Jahr aus Berlin den Auftrag zu einer Bismarckhymne für großen Chor; ich möchte wissen, ob es dieselbe war, ich meine, es lag im Entwurf die Musik dabei. Als ζῶον ἀπολιτικόν
[3] (richtig?) aber lehnte ich es ab. [...]

Aus: Brief Storms an Paul Heyse vom 28.4.1885.

---

[1] Franz II., seit 1859 König „beider Sizilien", hatte sich der Einigung Italiens am hartnäckigsten widersetzt. 1860 zog er sich in die Festung Gaeta zurück, wo er im Februar 1861 kapitulieren mußte. Er begab sich zunächst unter den Schutz des Kirchenstaats, später nach Bayern.

[2] Spartanischer Dichter des 7 Jh. v. Chr., bekannt wegen seiner begeisternden Kriegslieder.

[3] Zoon apolitikon: (griech.) unpolitisches Wesen im Gegensatz zu Aristoteles' zoon politikon.

Seit 1886 leidet Storm an Magenkrebs. Der Familie gelingt es, ihn über sein eigentliches Leiden zu täuschen und zu beruhigen. So findet er die Kraft, trotz großer Schmerzen und körperlicher Schwäche sein größtes Werk, den „Schimmelreiter", in Angriff zu nehmen und am 9. 2. 1888, fünf Monate vor seinem Tod, zu beenden.

[...] Und unter solchen Umständen ist auch „Der Schimmelreiter" geschrieben, nur der Anfang im Sommer 86, vor der Krankheit. „Novelle" braucht es nicht genannt zu werden; etwa: „Eine Deichgeschichte" oder „Eine Geschichte aus der Marsch."

5 Einige Worte und Sacherklärungen kann ja die Buchausgabe immerhin bringen. Wenn die Katastrophe aus der Niederlage des Deichgrafen im Kampfe der Meinungen stärker hervorgehoben würde, so würde seine Schuld zu sehr zurücktreten. Bei mir ist er körperlich geschwächt, des ewigen Kampfes müde und so läßt er einmal gehen, wofür er sonst stets im Kampf gestanden; es kommt hinzu, daß seine zweite Besichtigung bei heller Sonne die Sache weniger bedenklich erscheinen läßt. Da aber, während Zweifel und Gewissensangst ihn um-

10 treiben, kommt das Verderben. Er trägt seine Schuld, aber eine menschlich verzeihliche. [...]

Aus: Brief Storms an Ferdinand Tönnies vom 7. 4. 1888

[...] Ich staune über die Wucht und Größe, die Sie als Siebziger für den „Schimmelreiter" aufbieten konnten, dessen Thema auf so furchtbare Weise zeitgemäß geworden ist. Alles Meer- u. Strandhafte des Gegenstandes ist so sehr ersten Ranges, daß ich ihm nichts überzuordnen wüßte; und in der Seele des Mannes brandet's gleich leidenschaftlich. Wundervoll die Verbindung des Abergläubisch-Geheimnißvollen mit dem sachkundigen Realismus, der da weiß, wie man Deiche baut u.s.w. wie die Fluth frißt u.s.w. Die epische Fabel spielt naturgemäß eine zweite Rolle. [...]

Aus: Brief des Germanisten Prof. Erich Schmidt an Storm, Anfang Mai 1888

Liebe, Ehe und Familie in Storms Leben

Viele Erzählungen Storms kreisen um das Thema Liebe, Ehe und Familie. Er selbst verleiht in seinen Briefen dem Gefühl der herzlichen Zuneigung zu seiner Frau Constanze ebenso Ausdruck wie der Gefährdung seiner Ehe, z. B. durch die leidenschaftliche Zuwendung des Neuvermählten zu einem jungen Mädchen, Dorothea Jensen, die er nach dem Tode seiner ersten Frau heiraten wird. Er schildert die Freude über seine drei Söhne und drei Töchter, die ihm seine Frau Constanze geschenkt hat, aber auch die jahrelange Qual, die ihm sein ältester Sohn bereitet, der als Arzt sich in keiner Praxis halten kann und in jungen Jahren an Trunksucht zugrunde geht.

Der folgende Brief an seine Mutter aus dem Exil in Preußen gibt Einblick in Storms Familienalltag zu einer Zeit, da er an nervösen Augenschmerzen und Darmkrämpfen leidet.

Theodor Storm und seine Kinder

Heiligenstadt, 6. Dezember 1861

Liebe Mutter,

Dank für Deinen letzten Brief, die Nachrichten waren ja meistens gut; aber mit dem Alt-
werden laß es nur ein bißchen sachte angehen. Übrigens geht es Deinem ältesten Sohne nicht
viel besser, und es ist gegründete Aussicht vorhanden, daß Ihr mich das nächste Mal ohne
Haare und Zähne wiederseht; das Öl meiner Lebenslampe hat die letzte Zeit ein wenig rasch
gebrannt.

Also jetzt zur Schilderung unseres Winterlebens! In der Mittel- und in Constanzens daran
grenzender Schlafstube haben wir die Fußböden streichen lassen; die heizen wir denn nun,
und das ist unsre Welt: darin sitzen Hans und ich, zu arbeiten, Constanze, zu flicken, Ernst,
Losche und Lite, zu malen und zu schnitzeln, darin schläft das Piepchen, tänzelt mit ihr,
wenn sie wach ist, das Kindermädchen Ottilie; dahin kommen jeden Nachmittag noch wenigstens drei Nachbarskinder, zwei Mädchen und ein Junge von unsrem Nachbar Bäcker
Herold, gute wohlerzogene Kinder, mitunter noch zwei kleine hungrige Mädchen, Töchter
eines Conducteurs Burchardt, die Pietsch und ich diesen Sommer, weil sie immer da waren
und durch alle Ritzen quollen, die Ritzenqueller tauften; darin - in diesem unsern Weltge-
bäude nämlich - setzt sich auf Tisch und Stühlen diese ganze Kinderbande und spielt unter
Geschrei „Tod und Leben", ein Kartenspiel, das Wussow den Jungens gezeigt hat, dem ich
aber, da die Kinder schließlich, wenn sie ihre Schularbeiten gemacht, an nichts andres dach-

Hans, Ernst, Losche (=Karl), Lite (= Lisbeth), Piepchen (=Lucie): Kinder Theodor Storms.

20 ten, durch Verbrennung der Karten gestern ein plötzliches Ziel gesetzt; seitdem sagt Losche
alle paar Stunden, selbst gestern im halben Einschlafen noch, mit der zartesten Stimme zu
mir: „Papa, tut es dir nicht leid um die schönen Karten? Mir geht es auch so, wenn ich böse
werd, da schmeiß ich alles hin; und nachher, da tut es mir denn leid!", und der Junge hat
wirklich recht; – darin – in dieser betäubenden kleinen Welt habe ich in den letzten beiden
25 Monaten eine Novelle geschrieben, die wohl um 1/3 länger als „Immensee" ist, was ich in
meiner künftigen Biographie nicht zu vergessen bitte. Jetzt, nachdem das Produktionsfieber
vorüber, bin ich aber auch ziemlich zusammengeklappt. Denn es ist nicht zu vergessen, daß
ich täglich meine sechs bis sieben Stunden Amtsarbeiten dabei besorgt habe. Die Kinder fragten mich zuletzt täglich: „Papa, bist du denn noch nicht bald fertig?" Denn natürlich war
30 ich während der zwei Monate, während ich diesen jahrelang umhergetragenen Stoff zu Papier
brachte, weder für sie noch für irgendeinen andern Menschen auf der Welt. Nur eine Portion
Tiere, Bärensultane und andrer fabelhafter Geschöpfe, mußte ich freilich täglich für sie anfer-
tigen, die dann von Ernst und Hans auf eine greuliche Art angetuscht wurden. Als ich vor einigen Tagen die Reinschrift korrigierte und mich einen Augenblick über einen Ausdruck be-
35 dachte, fragte Losche: „Papa, du dichtest wohl wieder?" – „Nein." – „Aber du denkst ja
doch mit 'm Kopf so in der Luft herum!" – Vor acht Tagen hab ich meine Arbeit („Im
Schlosse") an die „Gartenlaube" geschickt. Ob sie sie nimmt, muß ich denn erwarten. Der
„Bazar" ersuchte mich diesen Frühjahr um eine Novelle und bewilligte meine Forderung
von 90 Taler für eine solche von Umfang wie „Immensee" auch sofort gegen Aufgabe mei-
40 nes Dispositionsrechts auf 1 1/4 Jahr – was etwa 10 Taler für die Spalte macht –; allein, da die
Bedingung gestellt war, daß die Novelle weder Religion noch Politik berühre, so habe ich
nicht einmal den Versuch gemacht, sie dort anzubringen, wie Ihr demnächst Euch aus der
Lektüre derselben leicht erklären werdet. Vielleicht kommt später einmal eine harmlose
Stunde, wo ich den zahmen Ansprüchen des „Bazar" entsprechen kann. – Vorläufig muß
45 ich pausieren; denn ich bin allmählich von all der Nervenaufregung so voll Krampf im gan-
zen Körper geworden, namentlich im Unterleibe, daß es mich kaum einmal ganz verläßt. –
Ist das nicht ganz so wie bei Dir, liebe Mutter? [...]

Für meine Söhne (1854)

Hehle nimmer mit der Wahrheit!
Bringt sie Leid, nicht bringt sie Reue;
Doch weil Wahrheit eine Perle,
Wirf sie auch nicht vor die Säue!

Blüte edelsten Gemütes
Ist die Rücksicht; doch zuzeiten
Sind erfrischend wie Gewitter
Goldne Rücksichtslosigkeiten.

Wackrer heimatlicher Grobheit
Setze deine Stirn entgegen;
Artigen Leutseligkeiten
Gehe schweigend aus den Wegen.

Wo zum Weib du nicht die Tochter
Wagen würdest zu begehren,
Halte dich zu wert, um gastlich
In dem Hause zu verkehren.

Was du immer kannst, zu werden,
Arbeit scheue nicht und Wachen;
Aber hüte deine Seele
Vor dem Karriere-Machen!

Wenn der Pöbel aller Sorte
Tanzet um die goldnen Kälber,
Halte fest, du hast vom Leben
Doch am Ende nur dich selber!

2 Verfolgung und Exil: Alfred Andersch und Ernst Barlach

Alfred Andersch und Ernst Barlach vertreten in diesem Abschnitt die große Zahl von Schriftstellern und bildenden Künstlern, die zwischen 1933 und 1945 in Deutschland verfolgt bzw. deren Werke verboten, verbrannt oder als „entartete Kunst" zerstört wurden. Die beiden Künstler werden gewählt, weil in Anderschs Flüchtlingsroman „Sansibar oder Der letzte Grund" die Rettung einer Holzplastik von Ernst Barlach eine zentrale Rolle spielt.

Alfred Andersch *ist am 4. 2. 1914 in München geboren. Er besucht dort das Gymnasium bis 1928 und absolviert bis 1930 eine Buchhändlerlehre. Von 1931 – 1933 ist er Organisationsleiter des Kommunistischen Jugendverbandes von Südbayern. 1933 wird er zweimal inhaftiert und in das KZ Dachau gebracht. Nach seiner Entlassung untersteht er der Gestapo-Aufsicht. Von 1933 bis 1940 arbeitet er als Büroangestellter. Während des Zweiten Weltkriegs ist er als Soldat in Dänemark und in Italien eingesetzt. Dort geht er 1944 freiwillig in amerikanische Gefangenschaft. Nach seiner Rückkehr aus der Kriegsgefangenschaft wird er Journalist. Von 1958 bis zu seinem Tode am 21. 2. 1980 lebt er in Berzona bei Locarno.*

Ernst Barlach *ist 1870 in Wedel/Holstein geboren. Seine Ausbildung zum Zeichenlehrer bricht er ab und wird Bildhauer und Schriftsteller. Leid und Sehnsucht des Menschen nach Erlösung sind die großen Themen seines dichterischen und bildhauerischen Schaffens. 1933 wendet er sich in einer Rundfunkrede gegen die nationalsozialistische Kunst- und Kulturpolitik. Die Folge: Er wird fälschlich als „Jude" und als „Kommunist" diskriminiert. Als „Kulturbolschewist" abgestempelt, werden seine Bücher verbrannt, seine Dramen verboten, die von ihm geschaffenen Mahnmale abgebrochen, seine Werke aus Ausstellungen und Museen entfernt. 1937 werden 381 seiner Werke beschlagnahmt. Zwei seiner Werke sind in der Ausstellung „Entartete Kunst" zu sehen. 1938 erliegt er nach Psychoterror aus der Bevölkerung von Güstrow in Rostock einem Herzschlag.*

2.1 Sansibar oder Der letzte Grund (1957)

Alfred Andersch

Thema des Romans ist die Flucht von Menschen aus einem Zwangsstaat in die Freiheit. Im Herbst 1937 treffen in dem Ostseehafen Rerik mehrere Menschen zusammen, die aus politischen oder privaten Gründen fliehen müssen.

Am unmittelbarsten bedroht ist Judith Levin, eine junge deutsche Jüdin, deren körperlich behinderte Mutter wenige Tage zuvor Selbstmord beging, um ihrer Tochter die Flucht vor den Nationalsozialisten zu ermöglichen. In Rerik lernt sie den kommunistischen Instrukteur Gregor kennen, der seiner Partei ablehnend gegenübersteht, weil sie 1933 den Nationalsozialisten widerstandslos die Macht überlassen hat. Er nimmt in Rerik Verbindung auf mit dem letzten aktiven Genossen, Fischer Knudsen, der ebenfalls nicht länger für die Partei arbeiten will. Knudsens fünfzehnjähriger Schiffsjunge möchte seiner ewig nörgelnden Mutter entfliehen, um irgendwo - auf Sansibar - Abenteuer zu bestehen, wie sie Huckleberry Finn auf dem Mississippi erlebt hat. Pastor Helander, Mitglied der Bekennenden Kirche, möchte die Figur (des „Lesenden Klosterschülers" von Ernst Barlach) vor dem Zugriff der SS in Sicherheit bringen. Diese Holzplastik wird der stumme Mittelpunkt des ganzen Geschehens.

Der folgende Textauszug schildert Gregors erste zufällige Begegnung mit der Holzplastik.

Der lesende Klosterschüler

[...]

Von der Decke des südlichen Querschiffs, durch das Gregor hereingekommen war, hing ein Schiffsmodell, eine große, braun und weiß gestrichene Dreimastbark. Gregor betrachtete sie, an einen Pfeiler der Vierung gelehnt. Er verstand nichts von Schiffen, aber er stellte sich vor, daß mit einem solchen Schiff jener König über das Meer gekommen sein müsse. Dunkel
5 und mit Träumen beladen hing die Bark unter dem weißen, in der Dämmerung immer grauer werdenden Gewölbe, sie hatte die Segel gerefft, aber Gregor stellte sich vor, daß sie im Hafen von Rerik lag, daß sie auf ihn wartete, um sogleich, wenn er an Bord gegangen war, ihre Segel zu entfalten, Tücher der Freiheit, in deren Geknatter sie auf die hohe See hinausfuhr, bis zu jenem Punkt, an dem ihre Masten, ihre von Segeln klirrenden Masten endgültig höher waren
10 als die Türme von Rerik, die kleinen, winzigen und endlich in der Ferne der Knechtschaft versinkenden Türme von Rerik.

Der Genosse aus Rerik blieb immer noch aus. Wenn er nicht kam, so gab es keine Genossen in Rerik mehr. Dann war Rerik für die Partei nur noch ein aufgegebenes und vergessenes Außenwerk, zurückgefallen in das hallende Schweigen seiner Plätze und Türme. Konnte man
15 von hier fliehen? War der tote Punkt der Ort, von dem aus man sein Leben ändern konnte? Auf einmal wünschte sich Gregor brennend, der Mann aus Rerik möge doch kommen. Selbst an einem toten Punkt mußte es noch einen Lebendigen geben, der half. Er würde nicht helfen wollen. Gregor würde vorsichtig vorgehen müssen. Die Partei in Rerik würde einen Instrukteur des Zentralkomitees nicht unter ihren Augen desertieren lassen. Dann wurde er sich der
20 Anwesenheit der Figur bewußt. Sie saß, klein, auf einem niedrigen Sockel aus Metall, zu Füßen des Pfeilers schräg gegenüber. Sie war aus Holz geschnitzt, das nicht hell und nicht dunkel war, sondern einfach braun. Gregor näherte sich ihr. Die Figur stellte einen jungen Mann

dar, der in einem Buch las, das auf seinen Knien lag. Der junge Mann trug ein langes Gewand, ein Mönchsgewand, nein, ein Gewand, das noch einfacher war als das eines Mönchs: einen langen Kittel. Unter dem Kittel kamen seine nackten Füße hervor. Seine beiden Arme hingen herab. Auch seine Haare hingen herab, glatt, zu beiden Seiten der Stirn, die Ohren und die Schläfen verdeckend. Seine Augenbrauen mündeten wie Blätter in den Stamm der geraden Nase, die einen tiefen Schatten auf seine rechte Gesichtshälfte warf. Sein Mund war nicht zu klein und nicht zu groß; er war genau richtig, und ohne Anstrengung geschlossen. Auch die Augen schienen auf den ersten Blick geschlossen, aber sie waren es nicht, der junge Mann schlief nicht, er hatte nur die Angewohnheit, die Augendeckel fast zu schließen, während er las. Die Spalten, die seine sehr großen Augendeckel gerade noch frei ließen, waren geschwungen, zwei großzügige und ernste Kurven, in den Augenwinkeln so unmerklich gekrümmt, daß auch Witz in ihnen nistete. Sein Gesicht war ein fast reines Oval, in ein Kinn ausmündend, das fein, aber nicht schwach, sondern gelassen den Mund trug. Sein Körper unter dem Kittel mußte mager sein, mager und zart; er durfte offenbar den jungen Mann beim Lesen nicht stören.

Das sind ja wir, dachte Gregor. Er beugte sich herab zu dem jungen Mann, der, kaum einen halben Meter groß, auf seinem niedrigen Sockel saß, und sah ihm ins Gesicht. Genauso sind wir in der Lenin-Akademie gesessen und genauso haben wir gelesen, gelesen, gelesen. Vielleicht haben wir die Arme dabei aufgestützt, vielleicht haben wir Papirossi dabei geraucht – obwohl es nicht erwünscht war –, vielleicht haben wir manchmal aufgeblickt, – aber wir haben den Glockenturm Iwan Weliki vor dem Fenster nicht gesehen, ich schwöre es, dachte Gregor, so versunken waren wir. So versunken wie er. Er ist wir. Wie alt ist er? So alt wie wir waren, als wir genauso lasen. Achtzehn, höchstens achtzehn. Gregor bückte sich tiefer, um dem jungen Mann gänzlich ins Gesicht sehen zu können. Er trägt unser Gesicht, dachte er, das Gesicht unserer Jugend, das Gesicht der Jugend, die ausgewählt ist, die Texte zu lesen, auf die es ankommt. Aber dann bemerkte er auf einmal, daß der junge Mann ganz anders war. Er war gar nicht versunken. Er war nicht einmal an die Lektüre hingegeben. Was tat er eigentlich? Er las ganz einfach. Er las aufmerksam. Er las genau. Er las sogar in höchster Konzentration. Aber er las kritisch. Er sah aus, als wisse er in jedem Moment, was er da lese. Seine Arme hingen herab, aber sie schienen bereit, jeden Augenblick einen Finger auf den Text zu führen, der zeigen würde: das ist nicht wahr. Das glaube ich nicht. Er ist anders, dachte Gregor, er ist ganz anders. Er ist leichter, als wir waren, vogelgleicher. Er sieht aus wie einer, der jederzeit das Buch zuklappen kann und aufstehen, um etwas ganz anderes zu tun.

Liest er denn nicht einen seiner heiligen Texte, dachte Gregor. Ist er denn nicht wie ein junger Mönch? Kann man das: ein junger Mönch sein und sich nicht von den Texten überwältigen lassen? Die Kutte nehmen und trotzdem frei bleiben? Nach den Regeln leben, ohne den Geist zu binden? [...]

Gregor richtete sich auf. Er war verwirrt. Er beobachtete den jungen Mann, der weiterlas, als sei nichts geschehen. Es war aber etwas geschehen, dachte Gregor. Ich habe einen gesehen, der ohne Auftrag lebt. Einen, der lesen kann und dennoch aufstehen und fortgehen. Er blickte mit einer Art von Neid auf die Figur.

In diesem Augenblick hörte er das Geräusch der Portaltür und Schritte. Er wendete sich um. Er sah einen Mann, der seine Schiffermütze erst abnahm, als er bereits ein paar Schritte in die Kirche herein getan hatte. [...]

2.2 Ein Film, der mich sehr berührt

Gespräch mit Bernhard Wicki, Mitverfasser des Drehbuchs und Regisseur

Alfred Anderschs Roman gilt als einer der Höhepunkte der Prosa in den fünfziger Jahren. Was hat Dich an dem Roman gereizt?

Also mich hat einfach der Roman an sich ge-
5 reizt, dieses starke Leben, diese ungeheure
Beziehung von vier, fünf Menschen zueinander, die zuerst sehr wenig miteinander zu tun
haben und die sich immer mehr zu einem gemeinsamen Schicksal verknüpfen. Dieser Ro-
10 man ist aber auch ein ganz starker politischer
Roman. Er enthält politische Standpunkte,
aber die sind natürlich nicht nur politisch, sie
sind auch menschlich. Das ist es, was mich
an dem Roman so hingerissen hat.

15 *Paßt der Film überhaupt in unsere Zeit, in unser Fernsehprogramm?*

Es ist sicher ein Film, der aus unserer Zeit
herausfällt, aber ich hab' ihn trotzdem mit aller Liebe und mit aller Anspannung und aller
20 Anteilnahme gemacht.

*In der Figur des Gregor, des kommunistischen Funktionärs, der desertieren will, wird
es am deutlichsten: Andersch hält alle Ideologien und Doktrinen für abgewirtschaftet. Er*
25 *plädiert für die individuelle Willensfreiheit des
Menschen, für die Fähigkeit, selbst zu wählen
und zu entscheiden. Übernimmt der Film
diese Maxime oder setzt er andere Akzente?*

Nein, dieser Film übernimmt voll das Anliegen
30 Anderschs, und ich glaube, daß wir auch gerade mit dem Schauspieler, der das spielt,
doch eine sehr, sehr glückliche Wahl getroffen haben. Andersch sagt ja nicht einfach: Wir
brechen aus der ganzen Sache aus, wir zie-
35 hen uns zurück, sondern es liegt in diesem
Verzicht auf Ideologie, in diesem Verzicht auf
,,Fahnen'' eine ganz starke humanistische
Grundhaltung und das zeichnet den Roman
aus, und ich glaube, das ist auch im Film
40 übertragen worden und ist eine der Triebfedern im Film.

*Der Roman spielt kurz vor Ausbruch des
Zweiten Weltkriegs. Merkwürdigerweise mangelt es an konkreten Beschreibungen des*
45 *Naziregimes im Roman. Es dient vielmehr als
Kulisse, vor der Menschen zu extremen
Handlungen und Entscheidungen gezwungen
werden. Die Autoren Kirchner und Wicki
haben zumindest am Anfang des Films den*
50 *Terror sichtbar gemacht. Wolltet Ihr die Geschichte authentischer erzählen als sie beabsichtigt war?*

Nein, wir hatten das Gefühl, wenn wir das als
Film machen, muß es einfach realistischer
55 sein, als es im Roman sein darf. Ich finde,
wenn diese Zeit in einem Fernsehfilm behandelt wird, dann muß man gewisse Tatsachen
zeigen. Es muß in einem Film ein optisches
Konzept geben, mit dessen Hilfe man darstel-
60 len kann, was im Roman nur mit ein paar Worten angedeutet wird.

*Welche Schwierigkeiten gab es für die Autoren bei der dramaturgischen Umsetzung des
Romans zum Drehbuch?*

65 Ich habe versucht, die inneren Monologe, die
es bei Andersch weitgehend sind, in Handlung umzusetzen. Ich habe diese Monologe
zum Teil als Dialoge umgearbeitet und ganz
stark in die Handlung einbezogen. Ich rechne
70 es uns als Verdienst an, daß es uns – glaube
ich – geglückt ist, die Sprache Anderschs und
das, was Andersch sagen wollte, zu erhalten.

Welche Bedeutung hat die Figur des lesenden Klosterschülers von Barlach in diesem
75 *Film?*

Barlach ist für mich – und ich glaube auch für
Andersch – einer der wichtigen und großen
Künstler dieser Zeit. Daß die Figur ein Leser
ist, ist für die Geschichte ungeheuer wichtig.
80 Er ist ein besinnlicher, nachdenklicher und revolutionärer Charakter. Diese Bedeutung hat
er im Roman wie auch im Film.

Immerhin setzt ja auch Pfarrer Helander sein Leben für diese Figur aufs Spiel, für die Kunst aufs Spiel, also hat die Frage nach der Rolle der Kunst für das Leben eine ganz große Bedeutung.

Für Helander steht diese Kunstfigur aber nicht nur als Symbol, sondern überhaupt als Begriff der Freiheit schlechthin, und dafür ist er auch bereit, sein Leben hinzugeben. Das ist seine Möglichkeit, seine Opposition gegenüber dem Faschismus darzustellen. Man muß das wirklich klar sagen: An sich ist der Helander aus der Sicht von Andersch eine reaktionäre Person. Erst die Konfrontation mit dem Unrecht zwingt ihn zu einer Form des Widerstandes.

Man sagt, je höher die literarische Qualität einer Vorlage ist, desto problematischer die Adaption für ein optisches Medium. Alfred Andersch hat das Fernsehen einmal als das „atmosphäreloseste" Medium überhaupt bezeichnet. Gab es diese Probleme für Dich tatsächlich und hat Dich der Ehrgeiz gepackt, allen zu zeigen, daß Wicki eine werkgetreue Adaption von großer Dichte liefern kann?

Daran ist sicher etwas, aber es ist nicht nur das. Ich bin wirklich anderer Meinung als Andersch. Ich finde, daß das Fernsehen die Möglichkeit hat, Atmosphäre zu verbreiten und Atmosphäre darzustellen. Ich glaube, daß es auch mit diesem Film bewiesen werden kann.

Welche Überlegungen gab es bei der Musikkonzeption?

Ich habe da nicht viel Überlegungen gehabt, weil ich es mit Musik an sich ziemlich schwer habe. Filme konzipiere ich meistens ohne Musik, und erst später kommt die Musik dazu. Ich habe versucht, mit ihr sparsam umzugehen. Die Handlung ist an sich schon sehr dicht. Ich wollte nicht Gefühle, die meiner Meinung nach auch ohne Musik sich einstellen, durch Musik verwässern.

Warum ist der Film so lang geworden?

Wahrscheinlich, weil Produzenten meine Bücher nicht genau lesen. Weil ich oft in zwei Sätzen im Drehbuch eine ganze Szene beschreibe und weil ich mich dann sehr genau an das halte, was ich im Buch geschrieben habe und was ja auch allen Leuten gefallen hat. ...

Wie sind Deine Gefühle dem Film gegenüber, jetzt, gut zwei Jahre nach den Dreharbeiten?

Ich kann nur sagen, daß mich dieser Film innerlich berührt hat und daß ich die Figuren des Films unterschiedslos liebe.

Mit Barlach ins Exil. Foto aus dem Film „Sansibar oder Der letzte Grund".

2.3 Entartete Kunst: Ernst Barlach

Drei Dokumente sollen die Situation der Kunst und des Künstlers in der Zeit des Nationalsozialismus belegen:

– Barlachs Brief an Hildebrand Gurlitt vom 3. 9. 1937. Gurlitt war von 1925–1930 Museumsdirektor in Zwickau, anschließend Direktor des Kunstvereins Hamburg, ab 1933 Kunsthändler, nachdem ihn rechtsgerichtete Kreise aus seinem Amt vertrieben haben.

– Plakat für die NS-Ausstellung „Entartete Kunst" in München 1937.

– Die Holzplastik „Lesender Klosterschüler" aus dem Jahr 1930.
Sie befindet sich in der Gertruden-Kapelle in Güstrow.

Ernst Barlachs Brief an Hildebrand Gurlitt

Güstrow, 3. 9. 1937

Sehr geehrter Herr Doktor, Sie sowie der Kirchenvorstand sind mit Recht erstaunt über mein zögerndes und aufschiebendes Verhalten in Sachen des bewußten Taufsteins, und es obliegt mir, Ihnen und ihm deswegen aufklärende Angaben zu machen. Es gehört zu jeder Art von Tätigkeit,

5 *vielleicht gerade der künstlerischen besonders, ein Minimum von Arbeitsruhe und seelischen Gleichgewichts, aber dieses Minimum mankiert. Ich erwartete tagtäglich einen angedrohten Bescheid, der meine künstlerische Arbeit überhaupt verbietet oder doch so beschränkt, daß die Wirkung einem Berufsverbot gleichkommt. Wer, frage ich, kann mit einigem Vertrauen ein größeres oder auch bescheidenes Werk unternehmen, wenn durch schlichtes Dekret meine Holz-*

10 *arbeiten, Bronzen usw. aus Museen und Kirchen verwiesen werden? Das am 24. Aug. im hiesigen Dom fortgeschaffte Ehrenmal, genannt ‚Domengel', ist nun der vierte kirchliche Fall – erst Magdeburg, dann Kiel, Lübeck, dann Güstrow. Sämtliche Stücke in der Nationalgalerie sind ausgeräumt, und dabei wird es ja nicht bleiben. Von dem hiesigen Engel heißt es, daß er zum Einschmelzen bestimmt ist, und das Verfahren laut Görings Erlaß steht bevor. In der „Entarte-*

15 *ten Kunst" bin ich zweimal vertreten, und über die Lübecker Pläne wegen der Gemeinschaft der Heiligen ist aus diesem Grunde endgültig negativ entschieden.*

Dazu kommt, daß ich ernstlich erholungsbedürftig bin und seit Monaten reisen wollte und von immer neuen Umständen gehindert wurde.

Der Entwurf für ein Taufbecken würde an der sattsam bekannten Stelle vorgelegt und be-

20 *stimmt verworfen werden. Diese Stelle ist gerade die, von der die obige Drohung ausgeht, und ich bin im geringsten nicht gewillt, mich gewissen zu erwartenden Direktiven anzupassen. [...]*

Gequälte Leinwand –

Seelische Verwesung –

Krankhafte Phantasten –

Geisteskranke Nichtskönner

von Judencliquen preisgekrönt, von Literaten gepriesen, waren Produkte und Produzenten einer „Kunst", für die Staatliche und Städtische Institute gewissenlos Millionenbeträge deutschen Volksvermögens verschleuderten, während deutsche Künstler zur gleichen Zeit verhungerten. So, wie jener „Staat" war seine „Kunst".

Seht Euch das an!   Urteilt selbst!

Besuchet die Ausstellung

„Entartete Kunst"

Hofgarten-Arkaden, Galeriestraße 4

Eintritt frei   **Für Jugendliche verboten**

Einlegeblatt im offiziellen Ausstellungskatalog zur „Großen Deutschen Kunstausstellung" 1937
im „Haus der Deutschen Kunst" mit Hinweis,
die unmittelbar benachbarte Ausstellung „Entartete Kunst" zu besuchen.

Ernst Barlach (1870 – 1938): Der lesende Klosterschüler (1930)

2.4 Über die Bezeichnung Emigranten (1939)

Bertolt Brecht

Immer fand ich den Namen falsch, den man uns gab: Emigranten.
Das heißt doch Auswanderer. Aber wir
Wanderten doch nicht aus, nach freiem Entschluß
Wählend ein anderes Land. Wanderten wir doch auch nicht
5 Ein in ein Land, dort zu bleiben, womöglich für immer.
Sondern wir flohen. Vertriebene sind wir, Verbannte.
Und kein Heim, ein Exil soll das Land sein, das uns da aufnahm.
Unruhig sitzen wir so, möglichst nahe den Grenzen
Wartend des Tags der Rückkehr, jede kleinste Veränderung
10 Jenseits der Grenze beobachtend, jeden Ankömmling
Eifrig befragend, nichts vergessend und nichts aufgebend
Und auch verzeihend nichts, was geschah, nichts verzeihend.
Ach, die Stille der Stunde täuscht uns nicht! Wir hören die Schreie
Aus ihren Lagern bis hierher. Sind wir doch selber
15 Fast wie Gerüchte von Untaten, die da entkamen
Über die Grenzen. Jeder von uns
Der mit zerrissenen Schuhn durch die Menge geht
Zeugt von der Schande, die jetzt unser Land befleckt.
Aber keiner von uns
20 Wird hier bleiben. Das letzte Wort
Ist noch nicht gesprochen.

3 Schriftstellerin im geteilten Deutschland: Christa Wolf

Christa Wolf ist 1929 in Landsberg an der Warthe, dem heutigen Gorzow Wielkopolski, geboren. Sie ist eine der großen deutschen Schriftstellerinnen und eine wichtige Repräsentantin der DDR-Literatur.

Nach dem Germanistik-Studium 1949–1953 in Jena und Leipzig wird sie Mitarbeiterin beim Deutschen Schriftstellerverband, Redakteurin und Lektorin bei Verlagen. Seit 1962 lebt sie als freie Schriftstellerin in Berlin (Ost).

1963 erhält sie den Heinrich-Mann-Preis (DDR). Den Wilhelm-Raabe-Preis der Stadt Braunschweig (1972) lehnt sie ab. 1973 zeichnet sie der Bezirk Potsdam mit dem Theodor-Fontane-Preis aus, 1977 Bremen mit dem Literaturpreis. 1980 erhält Christa Wolf den Büchner-Preis, 1983 den Schiller-Gedächtnis-Preis der Stadt Stuttgart, 1987 den Geschwister-Scholl-Preis.

1990 entbrennt in der westdeutschen Presse ein Streit darüber, ob sie sich in der DDR gegen das Unterdrückungssystem eines entarteten Sozialismus genügend zur Wehr gesetzt hat.

3.1 Der geteilte Himmel (1963)

Ursprünglich will Christa Wolf nach Walter Ulbrichts Motto „Greif zur Feder, Kumpel" (1. Bitterfelder Konferenz, 1959) einen Waggon-Fabrik-Roman schreiben; es wird – zwei Jahre nach Errichtung der Mauer – einer der eindrucksvollsten Texte über Menschen und ihre Schicksale im geteilten Deutschland, ein Gegenbild zu dem Roman „Mutmaßungen über Jakob" von Uwe Johnson.

Die Autorin schildert in diesem Roman die Liebe der Pädagogikstudentin Rita Seidel, einer 1940 geborenen Vertreterin der jungen sozialistischen Generation, zu dem 10 Jahre älteren Chemiker Manfred Herrfurth, einem Vertreter der älteren bürgerlichen Generation. Manfred flieht im August 1961 nach Westberlin; Rita begeht in einem Schwächeanfall einen Selbstmordversuch. Der Roman setzt nach dieser Tat mit dem Erwachen im Krankenhaus ein und schildert retrospektiv in einem inneren Monolog während eines zweimonatigen Sanatoriumsaufenthaltes die Ereignisse der letzten Jahre. Der Erkennungsprozeß wird zum Genesungsprozeß. Zwei Zeitstufen werden ineinander geblendet. In der Erinnerung wird die Vergangenheit in die Gegenwart der fortschreitenden Genesung hereingeholt.

Der folgende Text stammt aus dem 21. und 22. Kapitel des Romans. Die Eltern von Sigrid, einer Klassenkameradin Ritas, sind in den Westen geflüchtet. Sigrid hat dies so lange verschwiegen, wie sie konnte. Nach dem Bekanntwerden der Flucht wird in der Klasse über das Verhalten Sigrids diskutiert. Mangold, ein Klassenkamerad, argumentiert parteimäßig und fordert Konsequenzen, während der Dozent Schwarzenbach menschlich argumentiert und die Aufgabe der Partei bzw. eines Funktionärs nicht darin sieht zu verurteilen, sondern zu helfen. Das Problem der Flucht wird schließlich auch für Rita und Mangold aktuell.

Republikflucht

[...]
Mangold sprach lange. Rita wußte, was er sagen würde. Sie hörte kaum zu, aber sie sah ihn aufmerksam an. Er kam ihr wie entzaubert vor. Merkte denn niemand sonst, wie hohl jedes Wort aus seinem Munde klang? Wie lächerlich sein Pathos war? Ihr war, als könne sie den Mechanismus sehen, der diesen Menschen bewegte.

5 Sie schämte sich für alle, die vor ihm zu Boden blickten.
Sigrid war den Tränen nahe. Rita lächelte ihr beruhigend zu. Das hielt sich doch nicht. Vielleicht konnte der Mangold die anderen noch eine Weile einschüchtern; aber schließlich war er zum Scheitern verurteilt, weil er niemandem nützte, nicht einmal sich selbst. Und, wie sich zeigte, auch einschüchtern konnte er nicht mehr.

10 „Für wen sprechen Sie?" fragte Erwin Schwarzenbach ihn. Alle stutzten, auch Mangold. Er spreche für die Genossen, sagte er dann herausfordernd. Es gäbe da einen Beschluß ...
„Einen Beschluß", sagte Schwarzenbach. Rita hatte ihn seit jenem Abend noch nicht sprechen können. Was ist mit seinem Jungen? dachte sie. Er muß leben, sonst könnte Schwarzenbach nicht so ruhig sein. Sie hörte ihn weitersprechen: „Was sagt der Beschluß über die
15 Gründe für Sigrids Verhalten? Warum hatte sie kein Vertrauen zur Klasse?"
Auf diese Frage, dachte Rita, mußte alles aufbrechen und ein für allemal beiseite geräumt werden. Alle mußten jetzt sprechen ... Aber immer noch redete nur Mangold, dem man guten Glauben wohl zubilligen mußte. Er sprach über die Parteilinie, wie Katholiken über die unbefleckte Empfängnis reden. Das sagte Schwarzenbach ihm auch, lächelnd, und machte Man-
20 gold damit hilflos böse. Es stimmt: Ohne Schwarzenbach hätte alles anders auslaufen können. Warum nur hatten sie allein kein Zutrauen zu sich? Was hinderte sie, einfache menschliche Fragen zu stellen, wie Schwarzenbach es jetzt tat, jemandem aufmerksam zuzuhören, ohne ihm zu mißtrauen? Was hinderte sie, jeden Tag so frei zu atmen wie jetzt? Sich immer so offen anzublicken?

25 „Zuspitzen!" rief Mangold. Man müsse doch jede Frage zuspitzen, um an den Kern der Widersprüche zu kommen!
Das sei parteimäßig.
Hier bekam er die einzige scharfe Antwort von Schwarzenbach, dem es wohl sehr wichtig war, daß alle an dieser Debatte teilnahmen, und daß sie ihn in diesem Punkt unerbittlich sa-
30 hen. Sie kannten ihn nicht so erregt. Er rief Mangold zu: „Sorgen Sie lieber dafür, daß eine Sigrid merkt: Für sie ist die Partei da, was ihr auch passiert. – Für wen denn sonst, wenn nicht für sie", setzte er leiser hinzu.
An diesem Punkt der Versammlung fing Sigrid doch noch an zu weinen, so unauffällig wie möglich; aber sie merkten es alle, und es beruhigte sie. Nur Mangold gab sein Programm
35 nicht auf. [...]
„Wahrscheinlich", sagte sie abends zu Manfred, „hat er zu viele schlechte Erfahrungen gemacht, daß er nicht an Menschen glauben kann."
„Und du?" fragte Manfred. „Du glaubst an – Menschen?"
„Ich will dir mal was erzählen", sagte er. „Bis jetzt hab ich's dir nicht gesagt. Übrigens
40 wollte ich es selbst vergessen.
Du denkst, Martin ist mein erster Freund. Aber ich hatte schon einen, vor Jahren. Der war genauso gut wie Martin."
Mein Gott ja. Er war genauso gut. Nur daß die Rollen vertauscht waren: Er war älter als ich, und ich blickte zu ihm auf. Diese Nächte, da wir zusammenhockten und über alles redeten!

45 Die Bücher, die er mir angeschleppt hat! Diese vielen Jahre, da uns nichts trennen konnte: kein Mädchen, kein Streit ...

Bis ein einziger Tag uns für immer trennte. Ein Blick, den er mir verweigerte. Ein Satz, den er nicht sagte. Ein Artikel, den er schrieb.

„Er war Journalist geworden, in Berlin. Wir sahen uns lange nicht. Dann traf ich ihn auf ei-
50 ner Konferenz der Universitäten. Wir begrüßten uns noch als Freunde. Ohne ein Wort sind wir nach Stunden auseinandergegangen.

Was war passiert? Wenig, wenn du willst. Schrecklich wenig. Ich hab gesprochen. Über Fehler im Studienbetrieb. Über den tollen Ballast, der uns belastete. Über Heuchelei, die mit guten Noten belohnt wurde."

55 „Das hast du gesagt?" fragte Rita erstaunt.

„Denkst du, ich war immer stumm wie ein Fisch?" fragte Manfred. „Als ich vom Podium stieg, richteten alle sich gegen mich. Wiesen mir nach, wie gefährlich und verdorben meine Ansichten waren. Ich sah nur auf ihn. Er kannte mich. Er wußte genau, was ich meinte. Ich schrieb ihm einen Zettel: ‚Sag doch was!'"

60 Hätt' ich doch diesen Zettel nicht geschrieben! Daß ich von ihm Hilfe erbat! Aber da wußte ich noch nicht, daß nicht mein Freund dort saß, sondern ein Mangold. – Ich schäme mich immer noch für ihn, nach all diesen Jahren!

„Er ging als einer der ersten aus dem Saal", sagte Manfred. „Er schrieb jenen Artikel, den ich immer wieder gelesen habe – so wie mancher es nicht lassen kann, das Gift zu nehmen, das
65 ihn kaputtmacht. Er schrieb über mich. Er schrieb über die, ‚vom Leben abgekapselten, in bürgerlichen Irrmeinungen befangenen Intellektuellen, die unsere Universitäten in den ideologischen Sumpf zurückzerren wollen'."

Stünde er heute vor mir – nicht mal die Hand würde ich ihm geben. Was willst du denn, würde er sagen; sind die Zeitungen jetzt nicht voll von dem, was du damals verlangt hast?
70 Nicht mal antworten würde ich ihm. Er, er ist es gewesen, der mich zwang, dem Bild ähnlicher zu werden, das er da wider besseres Wissens von mir entworfen hat.

Er war sehr müde. Dieses Gespräch tat ihm schon leid. Es ist meine Sache, dachte er. Was ziehe ich sie hinein?

Rita legte die Hand auf seine Schulter.

75 Ich müßte ihm widersprechen, dachte sie. Aber was soll ich sagen? Ich nütze ihm nichts.
Jetzt müßte ich älter sein, dachte sie unglücklich.

Rita lächelt jetzt, wenn sie auf ihr Wiesenbild sieht. Er wird mir fehlen, denkt sie.

Da kommt der Brief. Zwei Briefe eigentlich, in einem Umschlag mit Martin Jungs Handschrift. Aber dieser eine gilt. Sie spürt, wie sie kalt und schwer wird. Diesen Brief hat Manfred
80 geschrieben. Ein unsinniger Hoffnungsblitz – noch immer, nach all den Wochen! Wie hatte sie denken können, alles sei für immer vorbei ...

Sie muß warten, ehe sie lesen kann. Sie sieht auf das Bild. Verlaß mich jetzt nicht, ach mein Gott, verlaß mich nicht. Die zartbleiche Frau lächelt sie verständnislos an. Ach du, denkt Rita verächtlich, was weißt denn du!

85 Der Brief, vor kurzem von Westberlin aus an Martin Jung geschrieben, ist ohne Anrede. Rita liest:

Um der Gerechtigkeit willen möchte ich Dir mitteilen, daß ich nun tatsächlich den Braun aus S. auf einem der vielen Ämter hier wiedergetroffen habe. Du hast es vermutet. Bitte, Du sollst recht behalten haben. Du sollst auch wissen, daß ich es weiß, denn warum soll meine Entfernung auch
90 *jede Fairneß zwischen uns vernichten? Übrigens ist es für mich ganz gleichgültig. Du weißt, daß*

ich ihn damals am liebsten umgebracht hätte. Jetzt hatte ich nicht für eine Sekunde den Wunsch,
ihn anzusprechen. Warum sollte ich erfahren, was das nun damals wirklich gewesen ist: Absicht
oder einfach Unfähigkeit ... Es ändert nichts. Zwar gehöre ich nicht zu denen, die regelmäßig an
die Mauer pilgern, um sich auf angenehme Art zu gruseln. Aber ich höre ja noch Eure Sender, und
95 *so lange bin ich noch nicht weg, daß ich mich an nichts mehr erinnern könnte. – Die sechziger*
Jahre ... Denkst Du noch an unsere Dispute? Glaubst Du immer noch, sie werden als das große
Aufatmen der Menschheit in die Geschichte eingehen? Ich weiß natürlich, daß man sich lange Zeit
über vieles selbst betrügen kann (und muß, wenn man leben will). Aber das ist doch wohl nicht
denkbar, daß Ihr alle nicht wenigstens jetzt, angesichts der neuesten Moskauer Parteitagsenthüllun-
100 *gen, einen Schauder vor der menschlichen Natur bekommt? Was heißt hier Gesellschaftsordnung,*
wenn der Bodensatz der Geschichte überall das Unglück und die Angst des einzelnen ist ...
‚Wenig Originalität und Größe‘ höre ich Dich sagen. Wie damals. Und ich will nicht noch ein-
mal von vorne anfangen. Was gesagt werden konnte, wurde gesagt, vor langer Zeit.
Ich wünsche Dir Glück.

Manfred

105

Es ist noch nicht überstanden. Der Schmerz erreicht sie noch. Sie muß stillhalten. Sie liest
den Brief, bis sie ihn auswendig kennt. Sie bleibt liegen und bittet die anderen, mit denen sie
sonst gemeinsam spazierengeht, sie allein zu lassen. Ihr wird wohler, als das Zimmer sich leert
110 und auch die Geräusche im Flur schwächer werden, bis es im ganzen Haus still ist.
Nach einer Weile, in der sie, äußerlich ruhig, mit geschlossenen Augen dagelegen hat, liest sie
auch Martin Jungs Brief.
Liebe Rita, schrieb er. *Ich habe lange überlegt, ob ich Ihnen diesen Brief schicken soll – den einzi-*
gen, den Manfred mir geschrieben hat (insofern macht er doch keine Ausnahme von der Regel, daß

115 *jeder, der hier weggeht, den Zurückbleibenden seinen Schritt zu begründen sucht, weil ihm etwas*
Unehrenhaftes anhaftet). Mir scheint, Ihnen gebührt der Brief mehr als mir.
,Um der Gerechtigkeit willen' ... Wissen Sie, daß das so ein Schlagwort zwischen uns war? Das
kam in S. auf. Mit diesem Schlachtruf zogen wir jeden Morgen in den Kampf. Ich weiß nicht, was
er Ihnen davon erzählt hat und was nicht. Aber glauben Sie mir: Es war schwer. Die Widerstände
120 *waren heimtückisch, ungreifbar und unüberwindlich. Da war vor allem dieser Braun, den er nun*
in Westberlin getroffen hat. Ein alter Hase in unserem Fach. Wenn er sich gegen uns stellte,
konnte es eigentlich nur böser Wille sein. Davon war niemand zu überzeugen. Er ist schon vor
vier Monaten weggegangen – abberufen worden, sagen die meisten.
Ich bin sehr in Eile. In unserem Betrieb ist gerade eine Kommission der Partei. Sie interessiert sich
125 *für unsere Maschine. Hätte Manfred nicht die acht Monate durchhalten können? Das macht mir*
am meisten zu schaffen, wenn ich an ihn denke: Wenn er hiergeblieben wäre, und sei es durch
Zwang: Heute müßte er ja versuchen, mit allem fertig zu werden. Heute könnte er ja nicht mehr
ausweichen ...
Doch davon wollte ich eigentlich nicht schreiben. Werden Sie gesund! Martin

130 Rita behält Martins Brief in der Hand. Sie liegt ganz still und sieht an die Decke, zeichnet mit
dem Blick das Muster von Rissen und Wasserflecken nach. [...]

3.2 Äußerungen zum Roman

Die folgenden Textauszüge können den Zugang zum Verständnis des ganzen Romans erleichtern und Christa Wolfs Auffassung von der Rolle des Schriftstellers/der Schriftstellerin in der ehemaligen DDR erläutern.

Einiges über meine Arbeit als Schriftstellerin (1965)

Als ich die Erzählung ,,Der geteilte Himmel" schrieb, wohnten wir in Halle, der tausendjährigen Stadt, ehemals Handelsknotenpunkt und Salzsiederkolonie, heute eines unserer größten Industriezentren: Chemie und Maschinenbau. Eine Stadt mit vielen Schichten, unruhiges Gemisch aus Tradition und Gegenwart, rußig, unschön auf den ersten Blick, Knotenpunkt vieler
5 Widersprüche. Manche davon habe ich in meinem Buch zu beschreiben versucht, in dem Maß, wie ich selbst es nach und nach durchschaute. Mir war und ist klar, daß man nur mit exaktem Wissen in das Innere der interessanten Vorgänge eindringen kann, die gerade in diesen Jahren schnelle Veränderungen in den Beziehungen der Menschen zueinander hervorrufen. Ich verlor mich damals zuerst in dem scheinbaren Durcheinander, wurde in Fragen hineingezogen, die
10 mir ganz neu waren, schloß mit vielen neuen Menschen Bekanntschaft, mit manchen Freundschaft. Durch sie entdeckte ich mein Interesse für die nüchterne Wissenschaft Ökonomie, die das Leben meiner neuen Bekannten so direkt bestimmte, die der Schlüssel wurde zu manchen menschlichen Dramen, zu vielen Konflikten, zu Klagen und Kämpfen, Erfolgen und Niederlagen. Wir saßen gemeinsam über Zahlen und Artikeln, über Anrufen, Beschwerden und Rechen-
15 schaftsberichten. Manchmal verstand ich nicht, warum das Vernünftige, das jedem einleuchten mußte, so schwer durchzusetzen war.

Jedem denkenden Menschen mußte damals in jedem Betrieb auffallen, daß der Schlüssel zur Lösung vieler Probleme in der Steigerung der Arbeitsproduktivität lag. Gerade dadurch, daß ich Menschen in schweren, komplizierten Situationen erlebte, sah ich: Der Sozialismus ist in unse-
20 rem Land, fünfzehn Jahre nach der Zerschlagung des deutschen Faschismus, für Millionen eine Realität geworden, Wirklichkeit des täglichen Lebens, Ziel ihrer Arbeit. Er wurde in einem Teil Deutschlands zur menschenbildenden Kraft. Diese Tatsache gibt uns die Sicherheit, uns frei in unserem Stoff zu bewegen, die Vorteile immer besser zu nutzen, die unsere Gesellschaft dem Schriftsteller bietet: Daß er in die Lage versetzt wird, sich das Wissen und die Erlebnisse zu
25 verschaffen, die nötig sind, um ein Gesamtbild der modernen, komplizierten Industriegesell-schaft zu bekommen; daß er sich nicht, wie ein großer Teil der bürgerlichen Literatur heute, mit Randerscheinungen zufrieden geben muß, sondern zum Wesentlichen gedrängt wird. [...]

Schlußbemerkungen zur Diskussion über ,,Der geteilte Himmel''

Redaktion der Zeitschrift ,,Freiheit''

Christa Wolf hat ein Buch für unsere Republik geschrieben in dem Bestreben, in die große gei-stige Auseinandersetzung einzugreifen, die in einem Land, das aus zwei selbständigen Staaten mit völlig unterschiedlicher sozialer Ordnung besteht, härter und tiefgreifender geführt werden muß als irgendwo auf der Welt. Besonders, weil an der geographischen Grenze zwischen die-
5 sen Staaten der neuralgischste Punkt im Ringen zwischen dem Lager des aufsteigenden Sozia-lismus und dem Lager des untergehenden Kapitalismus liegt. Christa Wolf gehört zu den Schriftstellern, die die Reflexion der ungelösten nationalen Frage in Deutschland in den Köpfen der Menschen literarisch zu gestalten versucht haben. Christa Wolf handhabt die literarischen Ausdrucksmittel so gekonnt wie nur wenige Schriftsteller in unserer Republik. Die von ihr schon
10 früher geschriebene ,Moskauer Novelle' und ,Der geteilte Himmel' lassen uns hoffen, daß un-sere junge sozialistische Nationalliteratur und ihre Leser noch viele gute Bücher von Christa Wolf erhalten werden. [...]

3.3 Im Widerstreit der Meinungen

Nach der Wiedervereinigung der beiden Teile Deutschlands am 3. Oktober 1990 entstand für die Schriftstellerinnen und Schriftsteller in der ehemaligen DDR eine schwere Zeit der Selbstprü-fung und der Anfeindung. Christa Wolf schreibt dem Herausgeber im Dezember 1990:
,,Sie werden verstehen, daß ich selbst mich nicht an einer sogenannten Neubewertung meiner Person und meines Werkes unter dem Gesichtspunkt der deutschen Vereinigung beteiligen kann. Die Diskussion, die das Feuilleton der großen westdeutschen Zeitungen im letzten Jahr gegen mich eröffnet hat, erwuchs ja zu großen Teilen aus dem Abwehrbedürfnis mancher Kriti-ker, aus Fehlinformationen und Unterstellungen und leider aus einer profunden Unkenntnis dessen, was ich geschrieben habe. Jemandem, der meine Arbeiten kennt, sollte es nicht schwer fallen, daraus auch meine Position in dieser Zeit abzuleiten.''

Unter der Überschrift „Geeint miteinander streiten. Schriftsteller in der DDR: Waren sie nur Mitläufer und Opportunisten? – Eine Umfrage" veröffentlichte die Süddeutsche Zeitung eine Reihe von Stellungnahmen. Hier ein Auszug aus dem Beitrag des Literaturkritikers Marcel Reich-Ranicki:

1. Ausnahmslos alle DDR-Autoren haben Privilegien genossen. Ausnahmslos alle DDR-Autoren konnten ihre Bücher publizieren – entweder in der DDR oder in der Bundesrepublik oder hier und dort. Kein in der DDR lebender Autor hat grundsätzliche Systemkritik geübt, manche haben bestimmte Aspekte oder Mängel mehr oder weniger beanstandet. Somit waren alle in der DDR lebenden Autoren abhängig vom Kulturapparat der SED. Wer sich damit nicht abfinden wollte, hat dieses Land früher oder später verlassen – wie Sarah Kirsch, wie Günther Kunert und viele andere. Diejenigen, die blieben und sich der Aufsicht des Regimes unterwarfen, taten dies aus verschiedenen Gründen – manche, weil sie trotz allem glaubten, einer guten Sache zu dienen. Es fragt sich nur, wie lange man das glauben konnte: angesichts des unmenschlichen Terrors und der haarsträubenden Mißwirtschaft, angesichts der Ausbeutung und der Entmündigung zumal der Intellektuellen, der Künstler und Wissenschaftler. Die Verwendung der Vokabel „Mitläufer" scheint mir aber falsch – und nicht nur deshalb, weil sie zum Wortschatz einer anderen Epoche gehört. Wichtiger ist: Christoph Hein, Stephan Hermelin, Stefan Heym, Herrmann Kant, Heiner Müller, Erwin Strittmatter, Christa Wolf und viele andere – sie alle, die nicht ganz glücklich in und mit der DDR waren, sollten nicht als „Mitläufer" bezeichnet werden. Vielmehr waren sie Repräsentanten dieses Staates und – wenn auch auf verschiedene Weise und in unterschiedlichem Maße – Mitverantwortliche dessen, was dort geschehen ist. [...]

3.4 Christa Wolf 1990

Wie stellt sich Christa Wolf zur Wiedervereinigung der beiden deutschen Staaten, und wie sieht sie ihre Aufgaben als Schriftstellerin nach dem 3. Oktober 1990? In dem auf Seite 301 erwähnten Brief verweist sie ausdrücklich auf die in dem Band „Im Dialog" abgedruckten „Artikel und Reden aus den Jahren 1989/90". Daraus die folgenden Auszüge:

Zu Beginn der sechziger Jahre

[...] Damals hatte auch ich die Zuversicht, daß mit der grundlegenden Veränderung der Eigentumsverhältnisse eine nächste Phase der Menschheitsentwicklung eingeleitet sei, insofern hatte ich also auch das Gefühl, im Verhältnis zur Bundesrepublik in einer „anderswerdenden" Gesellschaftsformation zu leben, und die Hoffnung, daß noch während meiner Lebenszeit die Vorzüge der sozialistischen Gesellschaft sich entwickeln und zeigen würden. [...]

In den siebziger Jahren

[...] Eine Erfahrung, die viele Menschen in dieser Zeit machten; es war deutlich geworden, daß die politische Macht [der DDR] keine kritische Mitarbeit dulden würde. Das war unleugbar spätestens nach der Ausbürgerung von Wolf Biermann und den Reaktionen auf unseren Protest, dem sich viele angeschlossen hatten, von denen viele viel härter bestraft und ausgegrenzt wurden als wir. Die Frage war, ob man in der DDR bleiben kann. Ich war lange unentschlossen. Wir haben lange die Möglichkeit wegzugehen erwogen. Ehrlich gesagt, wir wußten nicht, wohin. Wir sahen in keinem anderen Land eine Alternative. Dazu kam: Ich bin eigentlich nur an diesem Land brennend interessiert gewesen. Die scharfe Reibung, die zu produktiven Punkten führt, fühlte ich nur hier mit aller Verzweiflung, dem Kaltgestelltsein, den Selbstzweifeln, die das Leben hier mit sich bringt. Das war mein Schreibgrund.

Es gab auch andere, persönliche Gründe zu bleiben: Ich wäre nie weggegangen ohne meine Töchter, aber die hatten hier ihre Familien, ihre Lebensbereiche. Ich hatte auch noch meinen sehr alten Vater, der dieses Jahr gestorben ist. Es wäre sein Tod gewesen, wenn ich weggegangen wäre. Eine große Rolle spielte auch, daß viele Menschen mir schrieben oder sagten, daß ich hier gebraucht würde. Es war mir klar, daß ich mich in schwierige, moralisch anfechtbare Situationen begeben mußte. Das ist mir sehr schwergefallen.

Man kann wahrscheinlich aus meinen Büchern lesen, wie sich meine innere Befreiung vollzogen hat. Ich weiß noch genau den Zeitpunkt und den Ort, an dem mir deutlich wurde, daß ich aus der DDR weggehen müßte, wenn es mir nicht gelingen würde, mich innerlich völlig frei zu machen von allen Abhängigkeiten, die mein Fühlen und Denken und Schreiben beschränkten. Ich wußte auch, daß ich das nicht von heute auf morgen schaffen würde und daß es wohl meine Aufgabe war, diesen Prozeß zu beschreiben: etwas auszudrücken, was ich nicht hätte beschreiben können, wenn ich von einem Tag auf den anderen hier weggegangen wäre. Es hat sich dann so entwickelt, daß ich zwar noch eine Bindung, aber keine Abhängigkeit mehr spüre. Dadurch ist die Situation, in der sich unser Land nun befindet, für mich nicht so katastrophal wie für andere. Den Schmerz habe ich viel früher erlebt. Den wirklichen Schmerz habe ich 1968 empfunden, beim Einmarsch der Truppen des Warschauer Paktes in die ČSSR; und dann noch einmal 1976, als ich merkte, daß ich immer noch Hoffnung gehabt hatte, die dann zerstört wurde. Ein scharfer Schmerz über Monate hin.

Im Jahr 1990

[...] Klage und Selbstmitleid halte ich für verfehlt, angebracht finde ich die Frage, ob wir nun etwa aus der Verantwortung entlassen sind oder wofür wir in Zukunft gebraucht werden – wenn auch sicher stärker marginalisiert als bisher.

Da frage ich mich: Wohin wird die Geschichte dieser vierzig Jahre geraten, die ja kein Phantom ist, aber bei ihrem Verschwinden Phantomschmerz hinterlassen wird. Wer wird die Trauer, die Scham, die Reue vieler Menschen, die ich aus ihren Briefen herauslese, in ihren Augen sehe und auch in mir selbst finde, noch öffentlich ausdrücken wollen, wenn alle mit der Verbesserung der materiellen Lebensbedingungen beschäftigt sein werden? Wer wird es auf sich nehmen, Widerspruch anzumelden gegen bestimmte menschliche Konsequenzen eines Wirtschaftssystems, dessen Segnungen verständlicherweise jetzt von den meisten herbeigesehnt werden. Auch mag – kaum wage ich es jetzt schon auszusprechen – ganz allmählich ein Bedürfnis nach einem utopischen Denken wieder wachsen, das sich aus dem Alltagsleben heraus entwickeln müßte, nicht aus der Theorie.

Kurz: Die Literatur wird leisten müssen, was sie immer überall leisten muß, wird die blinden Flecken in unserer Vergangenheit erkunden müssen und die Menschen in den neuen Verhältnissen begleiten. Jeder Versuch einer Selbstverleugnung würde die Kreativität an der Wurzel zerstören. [...]

Zielsetzung und Planung

In diesem Kapitel werden literarische Werke in Zusammenhang mit der Biographie ihres Autors, dem Zeitgeschehen und der Gesellschaftsverfassung vorgestellt.

Folgende Ziele lassen sich erreichen:

- Bekanntschaft mit berühmten Autoren und deren repräsentativen Werken
- eingehende Beschäftigung mit einem Werk und seiner Verfilmung
- Diskussion über Aufgaben, die sich Schriftsteller in beiden Teilen Deutschlands stellen
- Erörterung der Zusammenhänge von Werk, Biographie, Zeitgeschehen und Gesellschaftsverfassung.

Anregungen

1   Ein bürgerlicher Autor: Theodor Storm

*Text 1.1
S. 278*

Erbanlage und Umwelteinflüsse bestimmen die Entwicklung eines Menschen. Das weiß Storm: Seine Briefe bestätigen es.

○ Welche Anlagen und welche äußeren Einflüsse zeigen sich bei dem jungen Hauke?
○ In der Jugend stehen vielen Menschen mehrere Lebenswege offen: Welche könnte man sich für den jungen Hauke Haien denken?

Die Novelle „Der Schimmelreiter" ist häufig verfilmt worden (1934, 1977, 1984).

○ Was können die Gründe dafür sein?
○ Versucht den Textauszug in die Szene eines Drehbuchs umzuschreiben.
○ Entwerft einen Plan zu einer Verfilmung der Novelle, und vergleicht anschließend euren Entwurf mit einem der Filme.

*Texte 1.2
S. 281 ff.*

Wie sehr Storm ein Kind seiner Landschaft und seiner Zeit ist und wie er auf seine Zeit wirken wollte, geht aus seinen Briefen hervor.

○ Welchen Zusammenhang könnt ihr feststellen zwischen Text 1.2 und der Novelle „Der Schimmelreiter"?
○ Welches Bild von Storm als Dichter, Bürger und Mensch zeichnen seine Briefe und das Gedicht „Für meine Söhne"?
○ Wo zeigt sich Storm als bürgerlicher Schriftsteller einer bestimmten Region?
○ Welche Eigenschaften Storms und der Stormschen Menschen betrachtet ihr als Ausdruck bürgerlicher Tugenden?

2 Verfolgung und Exil: Alfred Andersch und Ernst Barlach

„Sansibar oder Der letzte Grund" ist ein spannungsgeladener Zeitroman. Der Auszug 2.1 soll als Ansporn dienen zur häuslichen Ganzlektüre und – in Verbindung mit Inge Scholls Buch „Die weiße Rose" (Kap. 10) – zur Diskussion über das Thema „Verfolgung und Exil 1933 – 1945".

Text 2.1
S. 288

Die Holzplastik, die Gregor beschreibt, wird zum Mittelpunkt des ganzen Romangeschehens:
○ Was erlebt er an ihr? Was erfährt er durch sie?
○ Was erfährt der Leser über Gregor?

Im Verlauf der Handlung wird „Der lesende Klosterschüler" auf verschiedene Weise zu einer Symbolfigur:
○ Welche Bedeutung gewinnt sie für die einzelnen Personen des Romans?

Texte
S. 290 ff.

○ Was können die Texte 2.2 und 2.3 zum Verständnis des Romans beitragen?

1985/86 hat Bernhard Wicki den Roman „Sansibar oder Der letzte Grund" verfilmt. Der Film wurde 1988 mit dem Adolf-Grimme-Preis ausgezeichnet.
○ Welche Absicht verfolgte B. Wicki?
○ Wie geht er mit der Textvorlage um?
○ Wie läßt sich der Textausschnitt 2.1 in eine Filmszene umsetzen?

Text 2.3
S. 292

○ Informiert euch über Ernst Barlach (Rowohlt-Monographie) und über die Ausstellung „Entartete Kunst" von 1937 (Katalog von 1987).

Text 2.4
S. 295

○ Untersucht in dem Gedicht Brechts die Begriffe „Emigrant" und „Emigration". Was meint der Schluß?

Bild
S. 277

○ Berichtet arbeitsteilig über einige der auf dem Bild „Geistige Emigration" von Arthur Kaufmann dargestellten Schriftsteller und ihre Emigrantenschicksale.
○ Berichtet in Referaten über die folgenden Ereignisse und ihre Folgen:
– Reichstagsbrand vom 27.2.1933
– Bücherverbrennung vom 10.5.1933
– Reichspogromnacht vom 9.11.1938.
– Fall der Berliner Mauer am 9.11.1989
– Deutsche Vereinigung/Beitritt der fünf neuen Bundesländer zur Bundesrepublik Deutschland am 3.10.1990.

1. Anders, Günter
   Schriftsteller
2. Bloch, Ernst
   Philosoph
3. Grosz, George
   Maler
4. Einstein, Albert
   Physiker

5. Mann, Heinrich
   Schriftsteller
6. Mann, Thomas
   Schriftsteller
7. Mann, Erika
   Schriftstellerin
8. Piscator, Erwin
   Regisseur

9. Weill, Kurt
   Komponist
10. Reinhardt, Max
    Regisseur
11. Toller, Ernst
    Schriftsteller

3 Schriftstellerin im geteilten Deutschland: Christa Wolf

In den 60er Jahren wurde die These vertreten, es entstünden in den beiden deutschen Staaten mit entgegengesetzten Gesellschaftssystemen auch zwei deutsche Sprachen und Literaturen. Mit der ,,friedlichen Revolution'' und der Wiedervereinigung 1989/90 ist diese These gegenstandslos geworden. Zu fragen ist, was Christa Wolf und was die Schriftsteller insgesamt zur Überwindung der Trennung beigetragen haben und ob die ,,geistige Mauer zwischen Ost und West in den Köpfen'' schon beseitigt ist.

Texte 3.1 u. 3.2 S. 296 ff.

○ Welche Information liefert der Romanauszug über das politische und soziale Leben in der ehemaligen DDR?
○ Läßt sich aus den Texten 3.1 und 3.2 ableiten, wie sich Christa Wolf in den 60er Jahren zur Teilung Deutschlands gestellt hat?

Texte 3.3 u. 3.4 S. 301 ff.

○ Hat Christa Wolf ihre Einstellung zu Staat und Gesellschaft der DDR im Laufe der letzten Jahrzehnte geändert, und wie beurteilt ihr den Streit um Christa Wolf in der westdeutschen Presse 1990?
○ Wie erklärt ihr euch, daß Christa Wolf in der ehemaligen DDR geblieben ist, während viele Schriftsteller ihre Heimat verlassen haben?

Literaturhinweise

Zu Abschnitt 1:

Freund, Winfried: Theodor Storm: Der Schimmelreiter.
Glanz und Elend des Bürgers. Paderborn: Schöningh 1984.

Vinçon, Hartmut: Theodor Storm. (rowohlt bildmonographie 186)
Reinbek: Rowohlt 1988.

Zu Abschnitt 2:

Haffmans, Gerd (Hrsg.): Das Alfred Andersch Lesebuch.
(detebe 20695) Diogenes: Zürich 1979.

Jendrike, Bernhard: Alfred Andersch. (rowohlt bildmonographie 395)
Reinbek: Rowohlt 1988.

Kesting, Marianne: Bertolt Brecht. (rowohlt monographie 37)
Reinbek: Rowohlt. 1988.

Krahmer, Catherine: Ernst Barlach. (rowohlt bildmonographie 335)
Reinbek: Rowohlt 1984.

Schuster, Peter-Klaus (Hrsg.): Die ‚Kunststadt' München 1937.
Nationalsozialismus und ‚Entartete Kunst'. München: Prestel 1987.

Serke, Jürgen: Die verbrannten Dichter. Mit Fotos von Wilfried Bauer.
Berichte, Texte, Bilder einer Zeit.
Frankfurt a. M.: Fischer Taschenbuchverlag 1980.

Zu Abschnitt 3:

Drescher, Angela (Hrsg.): Christa Wolf. Ein Arbeitsbuch. Studien, Dokumente,
Bibliographie. Frankfurt a. M.: Luchterhand Literaturverlag.

Emmerich, Wolfgang: Kleine Literaturgeschichte der DDR. (SL 801)
Erweiterte Ausgabe. Darmstadt/Neuwied: Luchterhand 1988.

Gruner, Petra (Hrsg.): Angepaßt oder mündig? Briefe an Christa Wolf im
Herbst 1989. (SL 926) Frankfurt a. M.: Luchterhand Literaturverlag 1990.

Serin, Dieter: Christa Wolf. Der geteilte Himmel – Nachdenken über Christa
T. München: Oldenbourg 1988.

Wolf, Christa: Was bleibt. Frankfurt a. M.: Luchterhand Literaturverlag 1990.

Wolf, Christa: Im Dialog. Aktuelle Texte (SL 923) Frankfurt a. M.: Luchterhand
Literaturverlag 1990.

Kapitel 9

Leistung der Medien

Einführung

Die Medien sind zu einem wesentlichen Bestandteil unseres Lebens geworden. Sie verbreiten Informationen, regen unsere Interessen an, schaffen öffentliches Bewußtsein und bieten Unterhaltung.

An Beispielen der Greenpeace-Bewegung läßt sich die Leistung der Medien im Bereich der Informationsvermittlung und der Meinungsbildung erörtern.

Dabei drängen sich folgende Fragen auf:
Wieweit sind die Medien imstande, gelebte Wirklichkeit in Wort und Bild einzufangen?
Wie verarbeitet der Zuschauer und Zuhörer die ihm vermittelten Informationen?
Nicht weniger wichtig ist die weitere Frage:
Welche Rolle spielt – neben Information und Meinungsbildung – die Unterhaltung?
Sollen die Medien sich nach den Wünschen und dem Geschmack der Mehrheit richten?

Dieses Kapitel möchte euch zu einer kritischen Beschäftigung mit den Medien anregen.

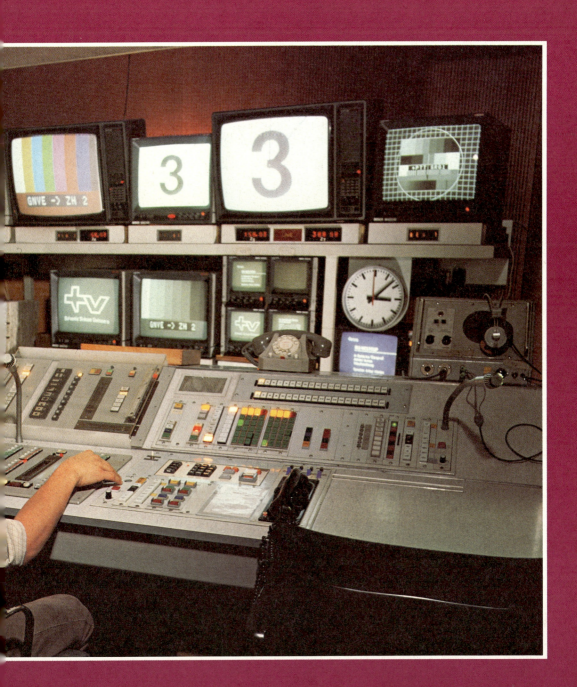

1 Beispiel: Greenpeace

Die Greenpeace-Bewegung, eine weltweite Bewegung zum Schutze der Natur im Interesse der ganzen Menschheit, verdankt ihre Wirkung nicht allein der Einsatzfreudigkeit vieler Frauen und Männer, sondern auch, und nicht zuletzt, der Berichterstattung über ihre Aktionen in den Medien.

1.1 Im Zeichen des Regenbogens gegen die Mächtigen

Seit 14 Jahren läuft der David ,,Greenpeace'' Sturm gegen die Naturzerstörung in aller Welt

Peter Nonnenmacher

Noch steht der Schrecken allen ins Gesicht geschrieben. Daß die ,,Rainbow Warrior'' einem Terroranschlag zum Opfer fallen könnte, daran hat keiner von ihnen im
5 Traum gedacht; daß jemand das Greenpeace-Flaggschiff, das Schiff mit der Friedenstaube am Bug, bei Nacht und Nebel drunten im Pazifik mit 20-Kilo-Sprengladungen ins kühle Grab würde senken
10 wollen, das kommt ihnen allen im nachhinein noch immer ganz unglaublich vor. Der Anschlag auf das Schiff, der Tod des Greenpeace-Fotografen, Kollegen und Freundes Fernando Pereiro, die politischen Schock-
15 wellen von Auckland bis Paris, die folgende Woge weltweiter Sympathie für ihre Sache – das alles war doch viel für das Dutzend Greenpeace-Mitarbeiter hier in Londons Graham Street, wo in einem alten Fa-
20 brikbau die britische Sektion der Umweltschützer ihren Sitz hat, und für die Greenpeace-Mannschaft drunten im südenglischen Städtchen Lewes, wo in Temple House auf der Hauptstraße die internatio-
25 nalen Fäden der Organisation zusammenlaufen.

Klar, die Routine muß weitergehen, und das starke öffentliche Interesse verlangt zusätzliche Anstrengung. Doch daß Soo
30 Parrs Hände vor nervöser Spannung zittern, als sie am Freitagabend noch Einladungen zu einer Veranstaltung auszufertigen sucht, ist nicht zu übersehen. Auch nicht, daß Pete – der internationale Direk-
35 tor des Vereins, Peter Wilkonson – nach zwei durchwachten Nächten am Ende seiner Kräfte ist. ,,Laßt mich einfach mal zehn Minuten in Ruhe'', bittet der strapazierte

Feldherr im Greenpeace-Büro erschöpft, bevor er sich wieder, mit unwahrscheinlicher Geduld, der ewig wißbegierigen Presse annimmt.

Das Grün im Office immerhin, das Pflanzen-Sammelsurium, das Arbeitstische und Regale ziert, atmet die Ruhe, die man sonst hier wohl vermuten kann, und hält, bei aller aktuellen Aufregung, den Raum freundlich zusammen. Von den Wänden lachen die dickbäuchigen Wale und kulleräugigen Robbenbabies, die in nicht geringer Zahl Aktionen wie den hier geplanten ihr Überleben danken. „Nimm genügend Broschüren mit, wenn du heut abend zu dieser Veranstaltung gegen die Walfänger gehst", rät ein Mitarbeiter dem anderen, der sich gerade auf den Weg macht. „Weiß irgend jemand die Vorwahl von Gatwick?" ruft ein dritter herüber. „Wir müssen", erklärt Soo, „noch rasch ein Ticket buchen, mit dem wir eine Mitstreiterin von der ,Rainbow Warrior' übers Wochenende hierherbekommen."

Die „Rainbow Warrior", kein Wunder, beschäftigt mehr als alles andere die jungen Kämpen hier in der Zentrale, die sich den Aktivisten draußen an der grünen Front eng verbunden fühlen. Ein Bild des schottischen Trawlers, den Greenpeace 1978 erwarb und zum Stolz seiner kleinen Regenbogenflotte ummodelte, hängt nicht weit von Soo Parrs Schreibtisch. Drüben, nebem dem Telex, stapeln sich unter dem Stichwort „Rainbow Warrior" Meldungen aus Auckland. „Wenigstens ist keiner von den anderen verletzt worden", meint Peter Wilkinson, der im Nachrichtenwust den Überblick zu wahren sucht. Die Unterstützung in Neuseeland, fügt er an, sei phänomenal: „Bevölkerung und Regierung haben sich gleichermaßen unserer angenommen. Das hilft allen enorm." [...]

Tatsächlich mußte der Anschlag auf die „Rainbow Warrior" einige politische Wellen im Südpazifik verursachen. Schließlich war das Schiff in einer lang geplanten Kampagne für eine Vier-Monats-Tour in diese Ecke der Welt manövriert worden, um gegen amerikanische und französische Atomwaffentests Kurs zu nehmen. Spekulationen, daß aus Paris oder Washington selbst ein heimlicher Wink zur Sabotage der unbequemen Zeitgenossen gekommen sein könnte, wurden nicht gerade leiser mit der Entdeckung der neuseeländischen Polizei, daß erfahrene Experten die Bombe an der „Warrior" plaziert hätten.

Doch so plump, wandten Greenpeace-Sprecher selbst von Anfang an gegen diesen Verdacht ein, hätten sich die betreffenden Regierungen kaum verhalten, wäre es ihnen darum gegangen, die Greenpeace-Kritik in ihrem Nuklearprogramm zum Verstummen zu bringen. [...]

Genau diese Absicht – die gegenwärtige Testserie der Regierung Mitterrand unter den Riffs des Mururoa-Atolls durch das Provozieren öffentlichen Drucks zu stoppen – führte die „Rainbow Warrior" nach Auckland hinunter. In den Wochen zuvor hatte die Schiffsbesatzung schon die Amerikaner beschämt, als sie auf eigene Faust mehrere hundert Menschen aus dem verseuchten Rongelap-Atoll auf eine sichere Insel umquartierte: Die US-Administration sah sich im Forum der Vereinigten Nationen zur Beantwortung peinlicher Fragen in dieser Angelegenheit genötigt. Dies, meint zufrieden David McTaggert, der 52jährige Vorsitzende des Internationalen Greenpeace-Ausschusses in Lewes, sei eben eine Aktion so recht nach seinem Greenpeace-Herzen gewesen ... und ein Unternehmen, das dem Greenpeace-Wahlspruch („Taten, nicht Worte") vollkommen gerecht werde.

McTaggert muß es wissen. Er selbst, den die Greenpeace-Youngster als Gründervater des Vereins betrachten, war schließlich schon Anfang der 70er Jahre im Pazifik auf seiner Schaluppe „Vega" gegen die Atommächte zu Felde gezogen. Mehrfach hatten damals Schiffe der französischen Marine das Boot des Meeresrebellen gerammt, und Matrosen hatten den grünen Querkopf und seine Mitstreiter verprügelt, als diese ins verbotene Testgebiet des Mururoa vordrangen. Der Skandal aber, den diese Zusammenstöße und der anschließende Prozeß 1973 aufrührten, brachte McTaggerts Kampagne erst richtig in Fahrt – die Empörung der Weltöffentlichkeit über die Vorgänge im Pazifik ließen es der damaligen französischen Regierung geraten sein, die atmosphärischen Tests über dem Mururoa-Atoll erst einmal einzustellen.

Schon zwei Jahre zuvor, 1971, hatten McTaggert und Co. übrigens ihren ersten Erfolg verbucht: vor der Küste Alaskas hatten sie allein durch ihre Präsenz die Annullierung einer geplanten US-Testserie auf der Insel Amchitka erzwungen (die heute ein Vogelparadies ist). Damals war der Name Greenpeace, war die Idee für weitere Kampagnen geboren worden. „Wir wollen Frieden, und zwar einen grünen", erklärten die mobilen Umweltschützer neugierig gewordenen Journalisten. Ihren historischen Auftrag leiteten sie, nachträglich, aus einer alten Indianer-Legende her: „Wenn die Erde krank sein wird und die Tiere aussterben werden, dann wird ein Stamm von Menschen aller Bekenntnisse, aller Hautfarben und aller Kulturen sich finden, die nicht an Worte, sondern an Taten glauben, und die der Erde ihre frühere Schönheit wiedergeben werden. Diese Leute werden die ‚Krieger des Regenbogens' genannt werden".

Die hübsche Legende, die Idee gewaltlosen Widerstands, die Zähigkeit und der Fintenreichtum der „Regenbogen-Krieger", die ihre trotzige Naturliebe aus Hippie-Zeiten hinübergerettet hatten, verbanden sich in der ersten Hälfte der 70er Jahre zur Organisation Greenpeace. Zunächst existierte die Gruppe nur als Gemeinschafts-Unternehmen der Neuen Welt, als amerikanisch-kanadische Initiative. 1977 sprang der Funke auf Europa über. Seither ist der Verband zu einer Organisation mit 16 nationalen Abteilungen – darunter einer starken bundesdeutschen – angewachsen. 60 Mitarbeiter beschäftigt allein die internationale Zentrale in Lewes: Die meisten von ihnen sind freilich stets unterwegs irgendwo in der Welt, gemäß der Einsicht, daß Büroarbeit für sich genommen weder glücklich macht noch fürs nötige Aufsehen sorgt.

An aufsehenerregenden Aktionen jedenfalls und an erstaunlichen Reaktionen ist die Greenpeace-Geschichte nicht arm. Greenpeace-Mitglieder behinderten Walfangflotten der Russen oder der Japaner, bildeten mitten im Pazifik „menschliche Barrieren" zur Abwehr von Harpunen, ketteten sich demonstrativ an die Schiffe norwegischer Robbenjäger (und wurden gelegentlich von kanadischen Robbenfängern kurzerhand ins Eiswasser geworfen), verfolgten und enterten Schiffe mit Atommüll, der in den Atlantik verklappt werden sollte, riskierten die radioaktive Verseuchung der eigenen Boote in der Bucht vor dem britischen Kernkraftwerk Sellafield, kletterten mit ihren Bannern auf Türme und auf Kräne, auf Londons Big Ben und auf die Freiheitsstatue von New York. Und immer wieder, wenn die Öffentlichkeit durch den grünen Rummel auf bis dato unbekannte Zustände aufmerksam wurde, gelang es den „Regenbogen-Kriegern" mit ihren minimalen Mitteln, Projekte zu stoppen, Regierungen unter Druck zu setzen und weitere Störungen des Naturgleichgewichts rund um den Planeten zu verhindern oder wenigstens zu bremsen.

Greenpeace-Aktionen

1.2 Der Greenpeace-Konzern

Wolfgang Metzner

Die Frauen und Männer, die für den „Grünen Frieden" kämpfen, sind längst zu Medienstars geworden. Die Aktion der „Sirius" gegen die „Hounslow", aus Anlaß der Londoner Nordseekonferenz, war nur das letzte Highlight in einer Serie, die schon jahrelang läuft und „Die grünen Helden" heißen könnte. Ob Greenpeacer in Neufundland Robbenbabys retten, ob sie an der Freiheitsstatue in New York, am Prater in Wien oder am Nationalmuseum in Prag Spruchbänder gegen den atomaren Wahn entrollen, ob sie vor der sibirischen Küste russischen Walfängern auflauern–die Bilder gehen um die Welt. Das „Handelsblatt" veröffentlichte das Ergebnis einer Umfrage, welche Namen und Begriffe heute faszinieren. Mozart oder Merce-

> # »Unsere Werbung muß so gut sein wie für eine Waschmittelfirma«
>
> ## Ein Greenpeace-Marketing-Experte

des, die Concorde oder der Nobelpreis, Bayern München oder die Bibel kommen gegen die Umweltgruppe nicht an. Greenpeace schlug sogar die Olympischen Spiele. Nur der Begriff Gold hatte noch mehr Glanz.

Seit der Kanadier David McTaggert im Jahr 1972 die französischen Atomwaffenversuche auf dem Mururoa-Atoll blockierte – er kreuzte mit seinem Segelschiff „Vega" im Testgebiet–, ist Greenpeace zum Mythos geworden. Noch heute erinnern die Aktionen der Gruppe, die McTaggert aus ein paar Kanadiern, US-Amerikanern und Europäern zusammentrommelte, an den Kampf David gegen Goliath. Doch Greenpeace ist längst kein Häuflein grüner Rebellen mehr. Greenpeace ist heute ein Multi, ein internationaler Konzern.

1.3 Greenpeace-Aktionen

Greenpeace: Aktion gegen Gift im Rhein

Duisburg (dpa) Auf Schildern entlang des Rheins will die Umweltschutzorganisation „Greenpeace" öffentlich machen, welche Giftstoffe in den Fluß eingeleitet werden. Von Bord des Greenpeace-Schiffes „Beluga" aus wurden gestern in Duisburg die ersten Schrifttafeln an den Einleitstellen der Sachtleben Chemie GmbH und der Duisburger Kupferhütte aufgestellt. Mit der Schilder-Aktion will Greenpeace in den nächsten Tagen an insgesamt 20 Stellen „Einleite-Geheimnisse verraten" und zeigen, mit welchen Stoffen in welchen Mengen der Fluß dort „vergiftet" wird.

„Greenpeace" stellt neues Umweltschiff vor

Hamburg (dpa) Mit ihrem neuen Schiff *Beluga* will die deutsche Sektion der Umweltschutzorganisation „Greenpeace" die Gewässer verschmutzter Flüsse kontrollieren. Wie Greenpeace-Sprecherin Astrid Dunker mitteilte, ist zu diesem Zweck ein ehemaliges Feuerlöschboot mit einem kompletten Labor ausgerüstet worden. Die Umbaukosten hätten 900 000 Mark betragen. Astrid Dunker begründete das Vorhaben mit dem Hinweis, es gelte, bereits auf den Flüssen die Wasserverschmutzung festzustellen und einzudämmen, da sonst die besten Meeresschutzkonventionen wirkungslos seien.

2 Wirklichkeit aus zweiter Hand

2.1 Fernsehbilder aus Afrika

Luc Leysen

Luc Leysen ist Afrika-Kenner und seit 1984 Afrika-Korrespondent der ARD. Nachstehend setzt er sich kritisch mit dem Afrika-Bild auseinander, das üblicherweise durch das Fernsehen vermittelt wird. Dabei geht er von Beobachtungen aus, die er selbst während eines kurzen Deutschlandaufenthaltes anläßlich einer Sendung gemacht hat. Dem in dieser Sendung vorgeführten Afrika-Bild stellt er seine eigene Sendung ,,Oh Afrika'' gegenüber, in der er versucht, von herrschenden Klischeevorstellungen wegzukommen. Doch selbst seiner eigenen Sendung gegenüber äußert er große Bedenken.

[...] Was gab es zu sehen? Man sah Skelette, Opfer, schweigende, leidende schwarze Menschen in weißen Tüchern, deren Namen man nie erfuhr. Zu hören war nichts: kein Re-
5 porter fragte sie etwas. Dafür gelang es manchem Kameramann, Babys just beim Sterben zu erwischen, als über dem Lager ein traumhaftes, sanftes Gegenlicht lag.

Natürlich ging es um eine schreckliche,
10 eine wirkliche Katastrophe. Und natürlich konnte man sich über die anschließende Welle der Hilfsbereitschaft nur freuen. Aber der Hunger in Äthiopien war auch eine mediale Tragödie: das Fensehen hatte die Afrika-
15 ner wieder einmal in jene Rolle zurückplaziert, in der wir sie am liebsten sehen. Der Schwarze war wieder ganz der stumme Empfänger internationaler Sozialhilfe. Warum, das blieb offen. Wichtig war, daß wir Weißen hal-
20 fen. Die Hilfe wurde dann auch prompt zum vordergründigen Thema in der Berichterstattung, das die eigentliche Not rasch überlagerte. Man sah hektische Betriebsamkeit, Lagerhallen, Getreidesäcke, Kräne. Man hörte
25 sogar plötzlich Originalton: aus kühnen, rot-

verbrannten Gesichtern in der Umrahmung des Fensters eines nagelneuen weißen Geländewagens ... [...]

Afrikaner beklagen sich oft darüber, daß ihr
30 Kontinent in den Medien der Industriestaaten nur in Krisenfällen stattfindet, wenn sie putschen, hungern oder töten. Das mag sich in den jüngsten Jahren etwas gebessert haben, aber der Vorwurf bleibt genauso berechtigt
35 wie die Frage: ,,Wie denn?''

Eine schlüssige Antwort darauf gibt es wohl nicht, und das ist auch gut so. Denn der Berichterstatter sollte sich, gerade in Afrika, vor paraten Patentlösungen hüten und vor jener
40 Besserwisserei, die weiße Experten oft so unerträglich macht. Er soll wissen, daß er nie alles wissen wird. Als höchste Tugend soll er sich den Zweifel angewöhnen. Eine Haltung, die jedem Journalisten schwerfällt, weil sie
45 dem heiligen Ethos des Berufes widerstrebt. Eine Haltung aber, die beim Versuch, zu verstehen, ungemein hilft.

Also: wie denn? Ich kann hier höchstens wiedergeben, wie die Kamerakollegen und ich
50 in den letzten Jahren aus Westafrika zu be-

richten versucht haben – eine Patentlösung, wie gesagt, keineswegs. Am Anfang stand ein Prinzip: man bringe den afrikanischen Menschen und seinen Alltag dem Menschen im europäischen Fernseh-Alltag näher. ,,Wenn wenigstens ein Filmbeitrag in einem Zuschauerkopf ein Vorurteil ausräumen, dafür etwas von den täglichen Sorgen und Freuden der Menschen in Afrika transportieren könnte'', so dachte ich vor vier Jahren als frischgebackener Korrespondent, ,,dann könnte man eigentlich ganz zufrieden sein.'' [...]

Außerdem: wenn der Zuschauer weiß, wie der hungernde Afrikaner heißt, wenn er seine Stimme hört und von seiner Vita erfährt, wenn er beobachten kann, wo und wie und mit wem er (über-)lebt, dann wird er das Opfer hoffentlich nicht länger als eines jener namenlosen, bettelnden Skelette sehen, sondern als Mitmensch etwas besser begreifen. Wenn man einmal mit der ernüchternden Erkenntnis zu leben gelernt hat, daß ein Filmbeitrag, daß das Fernsehen schlechthin höchstens einen Bruchteil der Wirklichkeit wiedergeben kann, dann bleibt eine solche Arbeitsmethode sowieso die einzig vernünftige.

Vor einigen Monaten drehten wir am zentralen Busbahnhof von Accra, der Hauptstadt von Ghana, die 30-Minuten-Reportage ,,Oh! Afrika''. Der Film zeigte Menschen, die reisen, um ihr Glück in der Stadt zu versuchen, die Großfamilie im Dorf zu sehen, im Ausland ein neues Leben anzufangen, ein vielversprechendes Geschäft oder einen mühsamen Behördengang abzuwickeln. Wir porträtierten Fahrer, Händler, Marktfrauen, Prediger, Automechaniker. Wir filmten, wie Reifen dürftig geflickt und Autos ohne Originalteile repariert werden, wie Menschen unter schwierigen Bedingungen überleben.

Oft transpiriert dabei sogar eine flinke Portion Humor und Lebensfreude: bei der Larmoyanz, die entwicklungspolitische Themen in unserem Fernsehen oft kennzeichnet, ist das überhaupt kein überflüssiger Luxus. Aber wie behandelt man die enormen strukturellen Probleme, die den afrikanischen Kontinent bedrohen; die unabwendbare Überbevölkerung, die dauerhafte Umweltzerstörung, den unfairen Welthandel, die aussichtslose Verschuldung, die rasante Verstädterung, die bröckelnden Menschenrechte? Ich glaube, man kann auch

diese Themen mit Beispielen aus dem Alltag verdeutlichen. Ich halte es sogar für notwendig, die menschliche Realität auch hinter diesen Problemen zu suchen. Allerdings sind dabei Vorsicht und Kenntnis, siehe oben, ebenso Voraussetzung wie eine vernünftige „Verpackung", bei der im Kommentar neben Beschreibendem auch Analytisches durchklingen soll.

Ein Kapitel für sich sind in diesem Zusammenhang Experten und Entwicklungsprojekte. Häufig sind die meisten großen Probleme Afrikas nur Gegenstand einer Fernsehsendung, wenn es um die lyrische Beschreibung eines weißen Menschen geht, der sie in den Tropen bekämpfen will. Das ist oft recht interessant. Man sieht den Experten im Geländewagen auf einer staubigen Piste, man beobachtet ihn beim Brunnenbohren oder im Büro, man hört ihn mit Fetzen aus der Projektstudie die Richtigkeit seiner Tätigkeit beschreiben. Was Afrikaner davon halten, erfährt man selten. Ich habe viele Entwicklungshelfer erlebt, von den meisten viel gelernt und einige sehr bewundert. Doch man sollte sich davor hüten, sie in Fernsehsendungen als exklusive Wortführer der Dritten Welt zu präsentieren. Dazu sind viele von ihnen zu sehr auf das eigene Projekt und seine Rechtfertigung fixiert, und außerdem: sind Afrikaner nicht selber mündig genug?

In teuren Fotobänden sind Afrikaner nur Masken. In Illustrierten häufig ein merkwürdiges, interessantes Völkchen. Im Wirtschaftsteil der Tageszeitungen sind sie Zahlen. In Broschüren der Hilfswerke oft nur Opfer. Nur im Fernsehen können sie, so der Korrespondent sie läßt, Individuen sein, mit einem eigenen Gesicht und einer eigenen Stimme. Zahlen und Prognosen über den Kontinent sind bedrückend, müßten eigentlich zur totalen Verzweiflung zwingen. Korruption, Machtmißbrauch und blutige Konflikte sind ebenso real existent wie Unterernährung und Dürre. Auch darüber gilt es zu berichten, 1'30 für die Tagesschau ist keineswegs verpönt. Doch wer wie ich das Glück hat, die Menschen zu erleben, ihren unvorstellbaren Überlebenswillen, ihr Improvisationstalent, ihre oft erstaunliche Toleranz und ihren Humor, der lernt viel über das Prinzip Hoffnung – und möchte einiges davon mitteilen.

2.2 Der informative Wert der Fernsehnachrichten

Peter Jordan

An jedem Abend zwischen 19 und 20 Uhr schalten 60 Prozent der bundesdeutschen Fernsehhaushalte die Abendnachrichten ein, und zwar mit einer Selbstverständlichkeit wie
5 bei keinem anderen Sendetyp des gesamten Fernsehprogramms.

Dennoch bleibt die Tatsache verblüffend, daß der Bestand an politischen Kenntnissen bei den meisten Bundesbürgern recht gering ist.
10 Dieser Widerspruch wird noch verwirrender, wenn man sich vergegenwärtigt, daß die Glaubwürdigkeit der Fernsehnachrichten im Vergleich zu den Nachrichten anderer Medien aus dem Blickwinkel der Konsumenten als be-
15 sonders hoch eingeschätzt wird: ,,Bilder können nicht lügen.'' [...]

Der Zuschauer steht offensichtlich unter dem Eindruck, der objektivierende Stil der Nachrichtensprache gebe ihm die Möglichkeit, das
20 weltpolitische Geschehen auf dem Bildschirm selbst zu beobachten und zu bewerten. Diese seinem Selbstgefühl schmeichelnde Illusion überdeckt die Frage danach, ob er den nachrichtlichen Hintergrund des soeben Gesehe-
25 nen auch tatsächlich erfaßt hat. [...]

Fernseh-Nachrichtensendungen sind ein Zusammenspiel von Bild- und Ton-(Wort-)Nachrichten. Der Idealfall einer TV-Nachricht ist ein Bild mit klar ergänzendem Text. Das ist je-
30 doch nicht die Regel. Meist stehen Bild und Wort in einer mehr oder weniger starken Dissonanz zueinander.

So läßt sich beispielsweise die Wortnachricht über den Beschluß des Bundeskabinetts zum
35 Haushaltssparprogramm kaum durch eine Bildsequenz stützen. Um jedoch die Berichterstattung nicht zu sehr auf den vom Nachrichtensprecher verlesenen Text zu beschränken, greift die Nachrichtenredaktion zu einer
40 Ersatzlösung. Die Kamera macht einen Schwenk über die am Konferenztisch versammelte Ministerrunde.

Da das eigentliche Konferenzgeschehen nicht gezeigt werden kann, sieht man die Runde
45 vor Beginn der Verhandlungen: fröhliche Begrüßung, Händeschütteln, unverfängliches Geplauder. Der Zuschauer, der sich in diesem Fall vorrangig auf das Wort des Nachrichtensprechers konzentrieren müßte, wird durch
50 das Bild abgelenkt. Womöglich sucht er einige Minister aus der Runde zu erkennen. Die Wortnachricht geht an ihm vorbei. Seine Gedanken gehen eigene Wege. Jeder hat diesen Vorgang schon an sich selbst beobachten
55 können. Oft hält dieser Zustand des Abgelenktseins an und verhindert auch noch die Aufnahme der unmittelbar folgenden Nachrichten.

Während Bilder in sehr starkem Maße den
60 Gefühlsbereich ansprechen und leichter aufgenommen werden als Sprache, hat die Sprache eine vorwiegend intellektuelle Wirkung.

Weil aber das Aufnehmen politischer Nachrichten durch den Zuschauer ein überwiegend
65 vom Verstand gesteuerter Prozeß ist, kann das nachrichtliche Bild nicht den erhofften Transport politischer Zusammenhänge und Hintergründe leisten. Es ist kaum möglich, mit Bildern zu argumentieren oder zu analysie-
70 ren. Hierzu bedarf es vorrangig der Sprache. Sie spielt jedoch in den Fernsehnachrichten eine untergeordnete Rolle insofern, als der gesprochene Text genau auf die Länge der Bildsequenz abgestimmt sein muß. Der infor-
75 mative Wert der Fernsehnachrichten – und hierbei scheint es sich um eine für das Fernsehen spezifische Schwäche zu handeln – bleibt fraglich.

„Versteht Ihr nicht, das ist das Leben, das geschieht wirklich.
Wir können nicht einfach auf ein anderes Programm umschalten."

2.3 Die Wort-Bild-Schere

Bernward Wember

Der Kommunikationswissenschaftler Bernward Wember untersuchte nach der Ausstrahlung einer Informationssendung des ZDF über konfessionelle Auseinandersetzungen in Nordirland die Wirkung, die diese Sendung bei Zuschauern auslöste. Er stellte fest, daß manche Abschnitte des Films nur von einem geringen Teil verstanden worden waren; trotzdem waren alle Zuschauer der Meinung, gut informiert worden zu sein. Diesem Widerspruch zwischen Informationseindruck und Informationsergebnissen ist er in der ZDF-Sendung „Wie informiert das Fernsehen?" vom 11. 12. 1975 nachgegangen.

Bild	Ton
38 Menschen kommen aus der Kirche, Regenschirme	18 Es bedeutet Volkszugehörigkeit und
39 Menschen kommen aus der Kirche, Schwenk vom Portal auf die Kirchtürme	Lebensart, historisches Schicksal und soziale Klasse.
	19 Was die Konfession und die vielen tausend Kirchengemeinden voneinander
40 Blick über die Stadt; Zoom auf Kirchtürme und Reiterstandbild	trennt, ist aktuelle Politik.
	20 Die
41 Bemalte Hauswand: NO POPE HERE	zwei Drittel Protestanten wollen als halbselbständige
42 Blick über Dächer; Zoom auf Kirchturm	Provinz beim englischen Königreich bleiben
43 Straßenschild MARIA ST.	und fürchten den
44 Straße, Laterne, Zoom auf Kirchtürme	Anschluß an die katholische irische Republik.

	Bild		**Ton**
	45	KICK THE POPE	21	Das Drittel
	46	Blick über die Stadt; Zoom auf Kirchtürme		Katholiken spielt mit dem Anschlußgedanken;
	47	Kirchtürme, Schwenk nach unten auf Portal		und das grenzt gegenüber London an Hochverrat.
	48	Gastwirt zapft Bier	22	Was sie vereint und was die Sache
	49	Zwei Männer trinken Bier		hitzig macht, ist ein gewaltiger irischer Durst.
	50	Wirtshaus, Mann trinkt, Leute laufen herum	23	Wahrscheinlich muß man unterm unbarmherzig
	51	Arm der Kellnerin beim Bierzapfen		grauen Himmel dieses Landstrichs Zuflucht suchen hinter
	52	Männer trinken Bier am Wirtshaustisch		starren Kirchenmauern oder Saufen.

An einigen schematischen Bildern erläutert B. Wember seine Erkenntnisse.
Wenn man die Inhalte von Text und Bild vergleicht: Die Bilder der Stadt und der Text über die politischen Ziele sind inhaltlich extrem weit auseinander. Anders ist es beim Abschnitt über die Kneipe:

Bild und Text sind dicht beieinander. Ein Zuschauer sieht das Bild und hört den Text. Wenn Bild und Text inhaltlich so dicht beieinander sind, wie in diesem Beispiel der Kneipe, ist die Sache unproblematisch.

Unter den beiden Modellästen wird ein Doppelpfeil eingeblendet.

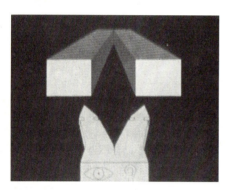

Wenn sich aber Bild und Text inhaltlich voneinander entfernen, wird es schwierig. Der Zuschauer muß sich sehr anstrengen, wenn er gleichzeitig zusehen und zuhören soll.

Synchron zum Kommentar bewegen sich Bild- und Textast etwas auseinander. Entsprechend wird der Doppelpfeil etwas auseinandergezogen.

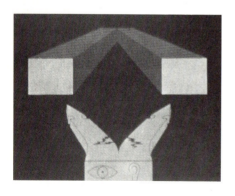

Bis zu einer gewissen Grenze kann man das durchhalten. Diese Grenze der Belastbarkeit ist bei den einzelnen Menschen unterschiedlich. Aber wenn sich Bild und Text inhaltlich weiter voneinander entfernen, dann bleibt die Aufmerksamkeit jedes Zuschauers hoffnungslos auf der Strecke.

Bild- und Textast entfernen sich sehr weit voneinander. Entsprechend wird der Doppelpfeil sehr stark auseinandergezogen.
Beide Pfeilhälften reißen ein.

Bild und Text gehen wie eine Schere auseinander. Die gemeinsame Aufmerksamkeit von Sehen und Hören zerbricht. Wenn Bild und Text inhaltlich so weit voneinander entfernt sind, dann kann man unmöglich bewußt beobachten und gleichzeitig bewußt zuhören. Kein Mensch kann seine Aufmerksamkeit auf inhaltlich so verschiedene Informationsquellen richten und die Informationen verstehen.

3 Immer nur Unterhaltung

3.1 Die Lust am Privaten – Mutmaßungen über Familienserien

Siegfried Braun

Da Familienserien von sich aus auf eine maximale Breitenwirkung angelegt sind, ist das Publikum Ziel und höchste Autorität. Es versteht im Lauf der Ausstrahlung einer Serie mehr von Dramaturgie als alle für die Sendung Verantwortlichen zusammen. Es kennt das Spektrum seiner Wünsche, Konflikte und Lebensvorstellungen besser als Autor, Redakteur, Regisseur und
5 Schauspieler. Jeder von ihnen kann falsch liegen, alle zusammen können sich irren, das Publikum aber irrt niemals. Trotzdem hat die summarische Herabsetzung des Publikums Tradition. Wer den Publikumsgeschmack als Referenzgröße ins Feld führt, meint in der Regel nichts Gutes. Der Volksentscheid gegen den sogenannten guten Geschmack, heißt es, sei der triviale, der Massengeschmack. [...]
10 Es gibt keinen guten und es gibt keinen schlechten Zuschauer. Es gibt nur erfolgreiche und erfolglose Kunstbemühungen. Ob die Vielzahl heterogener Einzelwesen, die im Zustand gutwilliger Erwartungen den Fernseher einschalten, ihn auch eingeschaltet lassen, hängt nicht zuletzt von der Überzeugungskraft der jeweiligen Sendung ab.
An der Frage, mit welchen Mitteln es gelingt, das Interesse des Zuschauers wachzuhalten, aber
15 scheiden sich bereits die Geister. Während die einen sagen, man müsse den Geschmack des Publikums bilden und dürfe sich nicht durch den Publikumsgeschmack verbilden lassen, meinen die anderen, um dieses vielköpfige Ungeheuer Tag für Tag zu zähmen, müsse man es mit Trivialität füttern.
Populäre Familienserien gelten dabei als Musterbeispiel für leichtverdauliche, für trivialisierte
20 Unterhaltung. Schließlich weisen sie alle Merkmale in geradezu idealtypischer Weise auf: Durch die Darstellung einer Familie als Handlungsträger haben sie eine konstante Rollenverteilung und zwangsläufig typisierte Charaktere. Die Erwartungen der Zuschauer an das Genre werden – ohne künstlerischen Vorbehalt – bestätigt. Eine Reduktion auf das rein Stoffliche, oft – trotz aller Konflikte – verbunden mit Harmonisierung und Idealisierung, ist nicht zu übersehen, eine
25 konservative und systemkonforme Ideologie nicht zu leugnen. Für den Zuschauer will die Familienserie Wiedererkennung, gefühlvolles Einfühlen und eine nicht abzustreitende Überwindung jener Distanz, die für den Bildungsbürger der Ausweis für Kunst ist. [...]
Mit ein Grund für die ungewöhnliche Beliebheit von Familienserien ist sicher die Neugier am fremden Privatleben, das dieses Genre stillt. [...]
30 Vitale Bedürfnisse bleiben hinter den Kulissen des öffentlichen Lebens verborgen. Die daraus folgende rigorose Trennung zwischen dem öffentlichen und dem privaten Bereich hatte weitreichende Konsequenzen. [...]

Der Zuschauer entwickelt nachbarliche Beziehungen zu den Serienfiguren. Er erlebt sie als real existierende Personen, als Ersatz für fehlende Nähe, Vertrautheit und Geborgenheit.

Ein besonderer Vorzug dieser gutnachbarlichen Beziehungen zwischen Zuschauer und Serienfamilie ist ihre Verläßlichkeit und Regelmäßigkeit. Man weiß, daß die Fersehfamilie einmal die Woche zu Besuch kommt, und man kann sich darauf einstellen.

Im Gegensatz zu der sonst so komplizierten Welt kommt bei der Serienfamilie kein Zuschauer in die Verlegenheit, Zusammenhänge nicht zu durchschauen. Die Turbulenzen finden auf abgestecktem Terrain statt. Selbst die geringsten Andeutungen, ein Blick von Carrington, das Lachen von J. R. oder eine Geste von Vera Drombusch genügen, und die Situation ist klar. Aus dieser privilegierten Situation heraus – ausgestattet mit mehr Wissen als jedes Mitglied der Serienfamilie – ist für den Zuschauer das Geschehen berechenbar und kombinierbar. Er ist im Besitz eines Erklärungsschemas, das er vielleicht als simpel beklagt, das ihn aber immer wieder in seiner göttlichen Unfehlbarkeit bestätigt. [...]

Familienserien spenden menschliche Wärme, schaffen Geborgenheit. Die verläßliche Nähe, die zuverlässige Sicherheit und die intime Vertrautheit, die sie vermitteln, gelten dem Zuschauer bereits als moralischer Wert an sich. Alles, was er an Mißständen in der Gesellschaft erfährt, führt er auf das Fehlen solcher menschlichen Wärme zurück, empfindet er als Anonymität, Entfremdung und Kälte. Als Reaktion auf diese drei Elemente erwächst [...] eine Ideologie der Intimität. Diese Ideologie aber verwandelt alle politischen Kategorien in psychologische. Sie erklärt die Menschenfreundlichkeit von Familienserien.

In den Familienserien hat die Mutterrolle innerhalb der tradierten Weiblichkeitsmythen und Frauenideale eine zentrale Bedeutung. Sie ist selbst dann ein nicht zu unterschätzender Indikator für die jeweils herrschenden Frauenbilder, wenn man weiß, daß sie praktisch alle von männlichen Autoren geschaffen wurden.

Läßt man die Fernsehmütter der Nation Revue passieren, wird dabei aber auch deutlich, daß die deutsche Familienserie nur eine bemerkenswert kleine Auswahl unvergeßlicher Mutterbilder hervorgebracht hat: Frauen, deren Stärke in ihrer Handlungskraft und ihrem sinn- und fintenreichen Aufbegehren bestand, über deren bewegliche Widerspenstigkeit und listige Verweigerung der Zuschauer amüsiert und bewegt zugleich lächeln konnte, selbst wenn sie sich im Prinzip fast ausschließlich zu einem Generalthema äußerten – dem Familienfrieden. [...]

Familienserien sind, ihrem Wesen nach, statisch, ein ruhender Pol in einer bestürzend schnell sich wandelnden Welt. Sie dienen damit – jenseits aller kulturkritischen Bedenken – der Festigung allgemein anerkannter Werte, der Vergewisserung der Lebenswirklichkeit des Zuschauers und nicht zuletzt der nationalen Identität, wobei einheimische Schauspieler eine besondere Rolle spielen.

Man sieht: Mit den hohen Einschaltquoten der vor allem auf Geborgenheit und Selbstbestätigung zielenden, insgesamt eher konservativen Familienserien läßt sich sicher keine Revolution machen – Staat aber allemal.

3.2 Musik machen und möglichst wenig reden?

Manfred Rexin

Manfred Rexin, Leiter des RIAS-Bildungsprogramms, erhielt 1987 für seine Sendung „Mauerbau 1961'' den vom Ministerium für innerdeutsche Beziehungen ausgeschriebenen „Ernst-Reuter-Preis''. In seiner Dankesrede befaßt er sich eingehend mit Zustand und Zukunft des öffentlichen Hörfunks.

49 Hörfunkproduktionen wurden für den Ernst-Reuter-Preis 1986 eingereicht – die kürzeste war 14, die längste 148 Minuten lang. Insgesamt 33 der 49 Beiträge hatten eine
5 Sendelänge von einer Dreiviertelstunde und mehr. Dergleichen ist aber für Hörfunkprogramme, die als modern, populär, erfolgreich gelten, nicht mehr zu verwenden. Gemessen an dem, was Medienwissenschaftler dem zeit-
10 genössischen Rundfunk dringend anraten, müßte Ihr Haus, Herr Minister, künftig die pfiffigsten und heitersten drei Minuten des deutschen Hörfunks prämieren.

83 Minuten über Vorgeschichte, Verlauf
15 und Folgen des 13. August 1961 – das verträgt sich doch überhaupt nicht mehr, so höre ich, mit der von Grund auf gewandelten Funktion des Hörfunks im Fernsehzeitalter. Die große Mehrheit der Hörer sei, so sagt man
20 uns, weder gewillt noch fähig, längere Zeit zuzuhören, wenn nicht bewegte farbige Bilder auf einem Fernsehschirm ständig zur Aufmerksamkeit anreizen. Und beweisen denn nicht die strahlenden Erfolge bestimmter Wel-
25 len – Radio Luxemburg, Südwestfunk 3 schon lange, Radio Schleswig-Holstein, RIAS 2 in jüngster Zeit –, wie recht jene Medienwissenschaftler haben, die uns verkünden: Musik müßt Ihr machen, unaufhörlich Musik, gefäl-
30 lige Musik – und möglichst wenig reden! Heiter müßt Ihr sein – den ganzen Tag, frohgemut und locker, wenn Ihr Eure Akzeptanz, Eure Hörer-Reichweiten steigern wollt.

Das Wort – gar das bedächtige, das analyti-
35 sche, das auf die Denkfähigkeit der Hörer bauende –, es ist nicht mehr sehr angesehen in den Instituten der erwähnten Medienwissenschaftler und in den Direktionsetagen

mancher Funkhäuser – jedenfalls dort nicht,
40 wo Hörer-Reichweiten, Einschaltquoten, als das Erfolgskriterium schlechthin gelten. Zwar verlangen Rundfunkgesetze, daß neben Unterhaltung und aktueller Information auch die umfassendere Hintergrund-Berichterstattung,
45 Bildung und Kultur angemessene Plätze in den Programmen öffentlich-rechtlicher Anstalten finden – aber zunehmend verblaßt der kulturpolitische Auftrag, den die Rundfunkgesetze beschrieben haben, vor dem vermeint-
50 lich gewichtigeren Gesetz der großen Hörer-Zahl. Und dies sei doch nur demokratisch, sagt man: Was die Mehrheit der Hörer will, was sie erkennbar bevorzugt, das habe die Programme zu prägen! Mir erscheint der hier
55 zugrunde gelegte Demokratiebegriff als unzulänglich und verkürzt – gewiß, Wunsch und Wille der Mehrheit sind in einer Demokratie bestimmend, aber zu ihrem Wesen gehört – unverzichtbar – die Garantie der Rechte und
60 Interessen ihrer Minderheiten.

Moderner Rundfunk – das muß ja wohl mehr sein als die viele, viele Stunden täglich während Beschallung der Hörer mit einer als gefällig geltenden Musik – unterbrochen le-
65 diglich von jenen kurzen aktuellen Beiträgen, die, auch wenn sie exzellent gemacht sind, meist nur Teilaspekte, einen kleinen Ausschnitt aus einer komplexen, widersprüchlichen Wirklichkeit spiegeln können.
70 Ich möchte diese 2 bis 3, höchstens 4 Minuten langen Beiträge, die da – über den Teppich verstreut – als Tupfer in einen Musik-Teppich eingewoben werden, in keiner Weise abwerten: Wo etwas knapp und präzise
75 beschrieben werden kann, ist überflüssige Geschwätzigkeit zu meiden – wir haben gefäl-

ligst mit der Zeit unserer Hörer sparsam umzugehen. Aber wenn die verlangte Knappheit der Information nur noch Fetzen-Journalismus zu-
80 läßt – das Wort stammt von Fritz Pleitgen –, wenn dem Hörer gründliches, umfassenderes, analytisches Material zur eigenen Urteilsbildung gar nicht mehr oder nur noch in den Zeitspannen angeboten wird, in denen er bewußt
85 auf das Fernsehen verzichtet oder seinen Schlaf verkürzt, dann nenne ich das einen beklagenswerten Verfall unserer Rundfunk-Kultur. Und daß Menschen, die keinen freien Zugang zu den verfügbaren Informationen und
90 Kenntnissen unserer Zeit haben, daß auch DDR-Bürger, die vieles Wichtige in ihren Zeitungen nicht oder nur verspätet lesen können, von dem hier skizzierten Wandel der Hörfunk-Programme besonders betroffen sind, muß in
95 diesem Kreis nicht betont werden.

Das Argument, vor allem junge Hörer verweigerten sich dem Wort im Hörfunk, kann ich nicht gelten lassen: Was Hörer interessiert, hängt auch davon ab, ob man ihnen die
100 Chance gibt, eigene Maßstäbe für Qualität zu entwickeln. Natürlich – wenn jemand jahrelang nur salzlose Kost vorgesetzt bekommt, dann wird er eines Tages glauben, daß ihm alle Gewürze unbekömmlich seien.
105 Herr Minister, meine Damen und Herren, diese Anmerkungen waren – gemessen an den gängigen Maßstäben eines „heiteren Begleitmediums" Hörfunk – wenig brauchbar – zu problembelastet, der Heiterkeit erman-
110 gelnd und vor allem – mit einer Dauer von 8' – viel zu lang. Danke, daß Sie mir trotzdem zugehört haben.

3.3 Radio ist Kino im Kopf

Carmen Thomas

Die Hörfunk-Journalistin Carmen Thomas ist mit ihrer Sendung „Hallo, Ü-Wagen", in der sie sich mit Bundesbürgern und Experten über die unterschiedlichsten Themen unterhält, bekannt geworden. Bei der Entgegennahme des „Prix Medial 1987" hält die Journalistin des WDR eine vielbeachtete Rede.

Radio ist internationaler und durch seine zahlreichen Programme enorm vielfältig. Es bringt Musik, Meinungen, Menschen, Überraschungen, Schönes und Scheußliches, Span-
5 nendes und Amüsantes. Nun kann man sagen, das tun andere Medien auch. Das stimmt. Aber Radio unterscheidet sich in mehreren Punkten.

1. Radio ist mit geringerer Anstrengung zu
10 konsumieren als Gedrucktes oder das Fernsehen. Ob Augen auf, Augen zu, im Liegen, beim Kopfstand, in der Wanne oder im Dunkeln – hören kann man fast immer und zwar konzentriert, halb oder sogar weg.

15 2. Radio absorbiert nicht total. Ich kann beispielsweise Auto fahren und Radio hören. Es empfiehlt sich nicht, fernzusehen und Auto zu fahren oder Zeitung zu lesen und Auto zu fahren. Ich kann Fußnägel schneiden, Kartoffeln
20 schälen, stricken, malen, Papiere ordnen, tausend Dinge tun und trotzdem Radio hören – das Ohr draußen haben.

3. Radio aktiviert mehr als Fernsehen oder Gedrucktes. In Form eines Bonmots: Fernsehen ist Kino im Kasten – Radio ist Kino im
25 Kopf und Gedrucktes ist nur Kino, wenn besonders Begnadete schreiben.

Wenn Hörer und Hörerinnen Radio hören, *müssen* sie sich im Kopf ein eigenes Bild machen. Stimmen spannen die Phantasie suggestiv und unausweichlich ein, mehr als Gedrucktes und mehr als der Bilderlieferant Fernsehen. So erklärt sich unter anderem, wieso das Radio – wenn es denn ansprechend war – einen viel längeren Erinnerungswert hat als alle anderen Medien.

4. Radio überwindet – wenn es will – am leichtesten Klassen- und Bildungsunterschiede. Im Fernsehen und in den Printmedien sind Massen- und Bildungsprogramme oder Bildungsprodukte viel schärfer unterschieden und getrennt. Hie Regenbogen- und Boulevardpresse, da bürgerliche Presse, hie Feuilleton und Wirtschaftsteil, da Vermischtes und Lokales bzw. politische und Unterhaltungssendungen. Radio erreicht – abgesehen von den erklärten Minderheitsprogrammen – Arme und Reiche, Gebildete und weniger Gebildete relativ gleichmäßig.

5. Radio kann mehr als alle anderen Medien die Wirklichkeit veröffentlichen. Das Fernsehen hat in jedem Fall mehr technischen Aufwand und zumeist mehr Menschen beteiligt. Das hat zur Folge, daß es stärker wirklichkeitsändernd wirkt als der 0-Ton im Radio. Und Fernsehen hat noch eine zusätzliche narzistische Komponente, weil sich die Gesprächspartner und Gesprächspartnerinnen auch noch ins Bild, in Szene setzen müssen. In den Printmedien läuft alles durch die Brille dessen, der schreibt. Und schlechtes Deutsch, Mundart, Dialekte und Fehler werden nur in Ausnahmen zugelassen.

Im Radio können außer den Geölten – wenn wir es schaffen, sie zu lassen – auch Stotterer und Menschen mit Hasenscharten, Gehemmte und Bedächtige reden, wie ihnen der Schnabel gewachsen ist. Und es ist wichtig, sie zu lassen. Denn sie sind wesentlicher, oft ausgesparter Teil der Realität. Sie sind oft wirklichkeitsnäher als die alerten Stromlinienförmigen, die in den Medien zu oft ein verkürztes, ja falsches Menschenbild liefern. Außerdem erfährt das Publikum ja nicht, ob der Text vom Teleprompter abgelesen, auswendig gelernt, die neunte Wiederholung oder mit der Schere bereinigt war.

Im Fernsehen tut man sich überhaupt schwerer mit Handicaps und Gehandicapten, weil Fernsehen weniger anonym ist und durch das Bild leichter peinlich wirken kann als Radio, wenn es gut gemacht ist. Im Gedruckten fehlt die Dimension der Verlangsamten total.

6. Radio kann spontan und schneller als alle anderen Publikationsmethoden direkt teilnehmen. [...]

7. Radio veröffentlicht rund um die Uhr, ohne Pause. Mit der Möglichkeit, ständig zu unterbrechen und auf Neues einzugehen.

8. Radio hat so viel Sendezeit, daß Platz für vielfältige Formen ist, Ausgedehntes und Hastiges, für Künstliches und Künstlerisches.

9. Radio kann besonders leicht Affekte produzieren und mit Informationen koppeln. Lustiges, Trauriges, Aufheizendes und Entspannendes in Verbindung mit Wissenswertem. Radio kann – mit positiven Folgen für das Publikum – Gefühle aller Art, also Neid, Eifersucht, Freude oder Zuneigung, Ablehnung oder Sympathie, durch fluktuierende Kontroverse oder szenisch-dramaturgisch verbundene Gesprächsparteiungen authentisch erlebbar machen. [...]

10. Radio kann – als besondere Stärke –, wenn es nicht vorgelesene Zeitung ist, sich den Unterschied zwischen gesprochener und geschriebener Sprache zu Nutze machen. Satzabbrüche, Wiederholungen, Verwirrungen, Unsauberkeiten in der Sprache unterlaufen Menschen schließlich nicht zufällig. Von der Freudschen Fehlleistung weiß heute jedes Kind. Aber es ist noch nicht deutlich genug, daß im Grunde alle Abweichungen vom Duden im Ausdruck, im Benutzen der Sprache oder der Syntax zusätzliche Informationen beinhalten, die meist nicht über unseren Kopf, sondern über unsere Gefühle laufen. Diese emotionalen Informationen sagen uns genausoviel wie das, was wir mit den Ohren und mit unserem Kopf wahrnehmen.

[...]

3.4 Kommerzielles Fernsehen in den USA

Interview mit Neil Postman

Neil Postman, Professor für „Medienökologie" an der New York University, ist einer der schärf-sten Kritiker des amerikanischen Fernsehsystems, das nur private Fernsehanstalten kennt, die ausschließlich durch Werbeeinnahmen finanziert werden. In Deutschland ist er bekannt gewor-den durch seine Bücher „Das Verschwinden der Kindheit" und „Wir amüsieren uns zu Tode", in denen er auf drohende Gefahren durch die elektronischen Medien aufmerksam machen will. Sebastian Turner führte ein Interview mit ihm, das in seiner Zeitschrift „Medium Magazin" veröffentlicht wurde.

Professor Postman, wann haben Sie sich zu-letzt amüsiert?

N. P.: Ich amüsiere mich immer. Ich bin ein humorvoller Mensch.

5 *Und Sie sind immer noch am Leben?*

N. P.: (lacht) – Mit „amüsiert" meine ich in meinem Buch etwas anderes. Ich bin nicht gegen Fröhlichkeit, aber was das Kommerz-fernsehen mit sich bringt, ist eine neue

10 Dimension.

Und die ist tödlich?

N. P.: Wenn Sie so wollen, ja! Sie tötet den Geist und die Kultur.

Können Sie das erläutern?

15 N. P.: Sehen Sie sich Amerika an. Das ameri-kanische Fensehen verpackt alles in Unter-haltung und Show. Alles wird „amüsant" ge-macht. Aber eine Kultur kann nicht blühen, wenn die Menschen nicht ernsthaft diskutie-

20 ren können. [...]

N. P.: Das Fernsehen mißbraucht die Unter-haltung. Es vergißt die Substanz, denn es geht gar nicht mehr um den Inhalt. Das sehen Sie daran, daß Nachrichten in Amerika fast

25 nur noch nach ihrem Unterhaltungswert aus-gesucht werden. Selbst die Nachrichtenspre-cher werden nach ihrem Aussehen beurteilt und ausgewählt. Ein Sprecher muß schön sein, um bestehen zu können. Er verbringt

30 mehr Zeit unter dem Fön, als über seinen Skripten.

Einen Pantomimen wird man ja auch nicht als Radiosprecher beschäftigen, warum sollten die Moderatoren eines Bild-Mediums nicht

35 *attraktiv aussehen?*

N. P.: Fernsehen und Radio unterscheiden sich hier entscheidend. Natürlich muß der Ra-diosprecher eine deutliche Stimme haben, aber das Radio zwingt uns zuzuhören, auf-

40 merksam zu sein. Beim Fernsehen jedoch ist das Bild viel anziehender als die Sprache. Al-les was nicht bildlich ist, wird nebensächlich.

Und das „bedroht die Fundamente jeder Na-tion in Europa", wie Sie geschrieben haben?

45 N. P.: Ja. Karl Marx schrieb im letzten Jahr-hundert, „ein Gespenst geht um in Europa." Er meinte den Aufstand des Proletariats. Das Schreckgespenst, das ich meine, ist das kom-merzielle Fernsehen. Überall in Europa, egal

50 ob in Deutschland, Schweden, Frankreich, Holland, in der Schweiz, wird die gespensti-sche Gestalt des Kommerzfernsehens spür-bar.

Ist das ein Mangel des Mediums Fernsehen

55 *oder der besonderen Spielart Kommerzfern-sehen?*

N. P.: Es ist ein Mangel des Fernsehens, der beim kommerziellen am offensichtlichsten und am gefährlichsten ist.

60 *Aus welchen Gründen?*

N. P.: Die einschneidendste Veränderung in der zweiten Hälfte dieses Jahrhunderts ist der Niedergang des Buchdruck- und der Anbruch des Fernsehzeitalters. Das führt zu einer un-

65 widerruflichen Verschiebung des Inhalts des öffentlichen Gedankenaustausches. Denn al-les muß so geformt sein, daß es über das Fernsehen vermittelt werden kann: Politik, Religion, Bildung – alles! Diese Umformung

70 verändert den Inhalt. Und das ist die Bedro-hung. Das Medium ist die Botschaft.

Worin besteht die besondere Bedrohung durch das Kommerzfernsehen?

N. P.: Beim werbefinanzierten Fernsehen wird der Bildschirminhalt ganz und gar zur Ware. Ein gebührenfinanzierter Sender muß sich nicht sklavisch an die Einschaltquoten und damit an die Massengeschmack halten. Er kann auch für Minderheiten Anspruchsvolles senden.

Mehr Programme, ist also Ihr Schluß, heißen nicht mehr Auswahl?

N. P.: Ja und nein. Sie können aus immer mehr Kanälen immer Ähnlicheres auswählen. [...]

Das Hauptinteresse der Fernsehsender muß beim Kommerzfernsehen sein, daß den Werbetreibenden immer mehr Zuschauer – sprich Konsumenten – zugetrieben werden, um immer mehr Geld zu verdienen. Was die meisten Zuschauer anlockt, wird bleiben. Alles andere verschwindet. Sendungen, die in den USA weniger als zehn Millionen Zuschauer erreichen, werden abgesetzt: wegen Unpopularität! Zehn Millionen! Nur ein Massengeschmack wird befriedigt. Zwar in vielen Variationen – aber doch immer gleich.

Bis schließlich auch diejenigen, denen dies nicht zusagt, Gefallen daran finden?

N. P.: ... durch Gewöhnung. Genau dies sagt Aldous Huxley in seinem Buch *Schöne Neue Welt.* – Orwell hatte unrecht. Er spricht in seinem Buch *1984* vom Großen Bruder, vom Vergewaltiger. Dem Vergewaltiger ist das Opfer egal. Der Verführer aber muß sich auf den Willen und den Charakter des begehrten Objekts einstellen, denn er will ja weniger ein Opfer, als vielmehr einen Komplizen.

Sie schönen neuen Medien ... – Warum glauben Sie, in Deutschland müsse es so kommen wie in den USA? Die seit Jahrzehnten bei uns bestehenden öffentlich-rechtlichen Sender haben Sehgewohnheiten geprägt, an denen sich auch neue Anbieter orientieren müssen.

N. P.: Ein guter Gedanke. Aber ich glaube, daß er nicht wasserdicht ist. Wenn Sie an den enormen Erfolg amerikanischer Fernsehserien im Ausland denken: Denver und Dallas, Bonanza und wie sie auch heißen, sie sind überall auf der Welt sehr populär, und die Menschen lieben sie mehr als alles andere im Fernsehen. Die staatlichen Sender fangen ja schon an, den Stil zu kopieren ...

Überall auf der Welt setzt sich ein Stil durch, der mit Oberflächlichkeit besonders viele Menschen anspricht, die die Produzenten dann an die Werbewirtschaft „weiterverkaufen" können.

Mit der Abhängigkeit von der Werbung ergibt sich aber Unabhängigkeit von der Politik. In Deutschland üben die Parteien großen Einfluß auf die Sender aus, weil sie in den Aufsichtsgremien vertreten sind, und die Parlamente die Gebühren bewilligen.

N. P.: In den USA ist diese Partei die Firma *Procter* und *Gamble*.

Ihr geht es aber nicht um politischen Einfluß, sondern „nur" um Profit.

N. P.: O. K. Da haben die staatlichen Systeme einen Nachteil. Aber ich glaube nicht, daß er so schwerwiegend ist, wenn man ihn an den „politischen" Nachteilen der Kommerziellen mißt. In den Werbekanälen ist das Wichtigste das schnelle Verständnis. Diskussionspartner werden nicht nach ihrem politischen Standort ausgewählt, sondern nach ihrer Medientauglichkeit. Wer vereinfachen kann, setzt sich durch: Argumente, die zu erklärungsbedürftig sind, werden nicht gesendet.

Eine „Zensur" für das Vielschichtige?

N. P.: Ja, das Fernsehen vermittelt den Eindruck, weil nur einfache Lösungen angeboten werden können, daß alles einfach zu lösen ist. Eine schlimme Entwicklung. Außerdem sollte man nicht vergessen, daß natürlich auch in privaten Sendern Politik eine Rolle spielt. In den USA ist es wichtig, als Politiker einen guten Beraterstab und viel Geld zu haben, um mit Werbespots die Wähler zu sammeln. Man sollte nicht glauben, der Staat sei der größte Feind der Freiheit. Sender, die keiner staatlichen Kontrolle unterliegen, sind so politisch, daß sie jede Politik vertreten würden, nur um Zuschauer anzuziehen. Solche Sender können sich zu einem gefährlichen Forum für populäre Vorurteile entwickeln, die die Massen verführen. [...]

Zielsetzung und Planung

Das Kapitel möchte Einsicht vermitteln in Bedeutung und Arbeitsweise der Medien und euch im Umgang mit ihnen sachkundiger machen. Ihr könnt
– an einem Beispiel die Macht der Medien und die Wirksamkeit der journalistischen Formen Nachricht und Kommentar, Interview und Reportage untersuchen
– die Grenzen erkunden, die jeder Art von Berichterstattung gesetzt sind
– aufgrund eigener Erfahrung Stellung beziehen zu den Unterhaltungssendungen in Funk und Fernsehen.

Eine Unterrichtseinheit über die Leistung der Medien sollte Themen der unmittelbaren Gegenwart einbeziehen. In einer Planungsstunde könnten kleine Beobachtungsaufgaben verteilt werden.

Anregungen

1   Beispiel: Greenpeace

Die Greenpeace-Organisation übt einen beachtenswerten Einfluß auf die Politiker im Bereich der Umweltpolitik aus.
○ Wie ist es möglich geworden, daß eine verhältnismäßig kleine Organisation eine solche Bedeutung hat?
○ Bringt Beispiele, die zeigen, in welcher Weise die Medien Einfluß nehmen auf das Handeln der Politiker und wie sie öffentliches Bewußtsein schaffen.

Artikel 5 (1) des Grundgesetzes sichert den Medien die ,,Freiheit der Berichterstattung''. Deshalb kann jeder Vorgang aus verschiedener Sicht berichtet und kommentiert werden. Die Medien bedienen sich dabei vor allem der journalistischen Formen der *Nachricht* und des *Kommentars*, der *Reportage* und des *Interviews*.

Texte 1.1–1.3
S. 310 ff.
Text 3.4
S. 328

In Abschnitt 1 finden sich Beispiele für die ersten drei Formen, in Abschnitt 3, Text 3.4, ein Beispiel für ein Interview.
Achtet bei der Analyse der Texte auf Inhalt und Sprachform:
○ Werden Tatsachen genannt, Handlungen berichtet, Vermutungen geäußert, Gefühle ausgedrückt, Urteile gefällt?
○ Ist die Sprache bildhaft-anschaulich oder reflektierend-erörternd, monologisch oder dialogisch?
○ Überwiegen einfache Hauptsätze oder lange Satzperioden?
○ Ist der Aufbau der Texte gradlinig, antithetisch oder sprunghaft?
○ Verbindet der Text Sachinformation mit subjektiver Wertung? Wird stärker der Verstand oder das Gefühl angesprochen?

○ Stellt die wichtigsten Merkmale der vier journalistischen Formen zusammen.

Eigenart und Wirkung der journalistischen Formen lernt ihr am besten kennen, wenn ihr euch selbst darin versucht:

○ Verfaßt eine Nachricht, einen Kommentar, eine Reportage für die Schülerzeitung über ein Ereignis aus eurem Erfahrungsraum: Unwetterkatastrophe, Besuch einer Schülergruppe aus dem Nachbarland, Schultheateraufführung.

○ Führt ein Interview durch mit einer Persönlichkeit des öffentlichen Lebens eurer Stadt.

2 Wirklichkeit aus zweiter Hand

Kamera und Tonband in der Hand des Kameramannes und des Reporters nehmen Vorgänge auf. Dem Fernsehzuschauer wird in den Nachrichtensendungen und Filmreportagen der Eindruck vermittelt, er nehme unmittelbar an dem Geschehen teil.

Text 2.1
S. 315
○ Welche ,,Fallen'' sieht Luc Leysen bei der Berichterstattung?
○ Welche Wirkung kann die Art der Berichterstattung auf die Urteilsbildung der Zuschauer ausüben?

Texte
2.2 u. 2.3
S. 318 ff.
Das große Interesse an den Nachrichtensendungen steht in einem Mißverhältnis zu dem, was im Zuschauer haften bleibt.
○ Welche Ergebnisse ermittelte B. Wember durch seine Untersuchung?
○ Wie lassen sich die Widersprüche zwischen dem großen Interesse von Zuschauern für bestimmte Informationssendungen und dem geringen Grad der Informiertheit erklären?

○ Untersucht an einer aktuellen Nachrichtensendung die ,,Wort-Bild-Schere''.

3 Immer nur Unterhaltung

Rundfunk- und Fernsehanstalten werben um die Gunst des Publikums. Sie passen sich dem Geschmack der Mehrheit der Hörer und Zuschauer an. Zwei Beispiele: Der Hörfunk mischt längere Nachrichtensendungen mit Musik zur Unterhaltung; unterhaltende Fernseh-Serien haben die günstigsten Sendezeiten. Wird durch das private Fernsehen diese Tendenz zu immer mehr Unterhaltung verstärkt?

Text 3.1
S. 323
○ Was macht Familienserien beliebt? Untersucht das Bauschema einer Serie: Welche Elemente finden sich in jeder einzelnen Folge? Nach welchem Schema erfinden die Drehbuchautoren ihre Stoffe, Personen und Konflikte?

Text 3.3
S. 326
○ Carmen Thomas möchte dem Hörfunk ein eigenes Aufgabenfeld zuweisen. Worin sieht sie eine Chance?

Text 3.4
S. 328

Neil Postman ist als unerbittlicher Kritiker der zunehmenden Tendenz der Medien, alles unterhaltsam zu verpacken, bekannt. Seine Kritik entzündete sich ursprünglich an der Praxis des amerikanischen Fernsehens, das ausschließlich privat organisiert ist.

○ Welche Gefahren sieht N. Postman für die Gesellschaft, wenn die Unterhaltung in den Medien immer mehr Raum einnimmt? Teilt ihr seine Besorgnis?

Der kritische Rundfunkhörer und Fernsehzuschauer kann auf dem Weg über die Medien Vorschläge zur Verbesserung des Sendeprogramms machen:

○ Überprüft das Wochenprogramm der Rundfunk- und Fernsehanstalten und erkundet das Verhältnis der rein unterhaltenden Anteile zu denen mehr informativer Art.
○ Welche Vorschläge zur Verbesserung des Sendeprogramms könntet ihr machen, und wie würdet ihr sie begründen?

In der Bundesrepublik Deutschland gibt es neben den öffentlich-rechtlichen die kommerziellen Rundfunk- und Fernsehanstalten. Im Medienstaatsvertrag vom 3.4.87 ist eine gesamtgesellschaftliche Kontrolle über die Medien Rundfunk und Fernsehen festgelegt worden.

Staatsvertrag zur Neuordnung des Rundfunkwesens
(am 3.4.87 unterzeichnet von den Ministerpräsidenten der Länder)

Präambel
Dieser Staatsvertrag enthält Regelungen für den öffentlich-rechtlichen und den privaten Rundfunk in einem dualen Rundfunksystem.

Mit der Vermehrung des elektronischen Medienangebots sollen Informationsvielfalt und kulturelles Angebot im deutschsprachigen Raum verstärkt werden. Gleichzeitig müssen beide Rundfunksysteme in der Lage sein, den Anforderungen des künftigen nationalen und internationalen Wettbewerbs zu entsprechen.

Für den öffentlich-rechtlichen Rundfunk sind Bestand und weitere Entwicklung zu gewährleisten. Dazu gehört seine Teilhabe an allen neuen technischen Möglichkeiten zur Verbreitung von Rundfunkprogrammen und die Erhaltung seiner finanziellen Grundlagen einschließlich des dazugehörigen Finanzausgleichs.

Den privaten Veranstaltern sollen der Aufbau und die Fortentwicklung eines privaten Rundfunksystems ermöglicht werden. Dazu sollen ihnen ausreichende Sendekapazitäten zur Verfügung gestellt und angemessene Einnahmequellen erschlossen werden. Sie sollen dabei ihre über Rundfunksatelliten ausgestrahlten Fersehprogramme unter Berücksichtigung lokaler und regionaler Beiträge nach Maßgabe des jeweiligen Landesrechts auch über verfügbare terrestrische Fernsehfrequenzen verbreiten können, die bundesweit möglichst gleichgewichtig aufgeteilt werden sollen.

Artikel 8
Sicherung der Meinungsvielfalt im bundesweit verbreiteten privaten Rundfunk

(1) Im privaten Rundfunk ist inhaltlich die Vielfalt der Meinungen im wesentlichen zum Ausdruck zu bringen. Die bedeutsamen politischen, weltanschaulichen und gesellschaftlichen Kräfte und Gruppen müssen in den Vollprogrammen angemessen zu Wort kommen; Auffassungen von Minderheiten sind zu berücksichtigen. Die Möglichkeit Programme mit gleichartigen Nutzungsinhalten (Spartenprogramme) anzubieten, bleibt hiervon unberührt.

(2) Solange nicht mindestens drei im Geltungsbereich des Grundgesetzes veranstaltete private Vollprogramme von verschiedenen Veranstaltern bundesweit verbreitet werden, ist jedes der Rundfunkprogramme zur Meinungsvielfalt nach Absatz 1 verpflichtet. Wenn mindestens drei derartige Rundfunkprogramme bundesweit verbreitet werden, wird davon ausgegangen, daß das Gesamtangebot dieser Rundfunkprogramme den Anforderungen an die Meinungsvielfalt entspricht. Dies gilt nicht, wenn und solange die für diese Rundfunkprogramme nach Landesrecht zuständigen Stellen übereinstimmend feststellen, daß die Anforderungen an die Meinungsvielfalt durch das Gesamtangebot dieser Rundfunkprogramme nicht erfüllt sind; in diesem Fall ist jedes der Rundfunkprogramme zur Meinungsvielfalt nach Absatz 1 verpflichtet.

(3) Ein einzelnes Programm darf die Bildung der öffentlichen Meinung nicht in hohem Maße ungleichgewichtig beeinflussen.

(4) Die für die Zulassung des Veranstalters nach Landesrecht zuständige Stelle soll darauf hinwirken, daß an Veranstaltergemeinschaften auch Interessenten mit kulturellen Programmbeiträgen beteiligt werden. Ein Rechtsanspruch auf Beteiligung besteht nicht.

(5) Ein Veranstalter darf im Geltungsbereich des Grundgesetzes bundesweit jeweils nur ein Vollprogramm und ein Spartenprogramm im Hörfunk und im Fernsehen verbreiten; dabei sind auch anderweitige deutschsprachige Programme des Veranstalters einzubeziehen, die bundesweit ortsüblich empfangbar sind. In diesen Programmen sind regionale Programmteile (Fensterprogramme) nach Maßgabe des jeweiligen Landesrechts zulässig. Einem Veranstalter ist zuzurechnen, wer zu ihm oder zu einem an einer Veranstaltergemeinschaft Beteiligten im Verhältnis eines verbundenen Unternehmens im Sinne von § 1 Aktiengesetz steht oder sonst auf seine Programmgestaltung allein oder gemeinsam mit anderen maßgeblich einwirken kann oder wer unter einem entsprechenden Einfluß eines anderen Veranstalters oder einer Veranstaltergemeinschaft steht. Der Einfluß gilt als nicht maßgeblich, wenn er sich auf unter 25 vom Hundert der Kapitel- und Stimmrechtsanteile oder des Programms beschränkt und kein anderer Fall nach Satz 3 vorliegt.

Literaturhinweise

Kagelmann, Jürgen/Wenninger, Gerd (Hrsg.): Medienpsychologie. Handbuch. München: Urban/Schwarzenberg 1982.

von La Roche, Walther/Maaßen, Ludwig: Massenmedien. Fakten – Formen – Funktionen in der Bundesrepublik. Reihe: Heidelberger Wegweiser. Heidelberg: C.F. Müller Juristischer Verlag 1983.

Schorb, Bernd: Familie am Bildschirm. Neue Medien im Alltag. UB 34128. Berlin: Ullstein 1982.

Eurich, Claus: Computer-Kinder. rororo aktuell 5365. Reinbek: Rowohlt 1982.

Marquart, Alfred: Wahrheitssucher, Storyjäger. Traumberuf Journalist. Beltz Info. Weinheim/Basel: Beltz 1986.

Informationen zur politischen Bildung
– Massenmedien 1 (1985)
– Massenmedien 2 (1985)
Kostenloser Bezug durch Bundeszentrale für politische Bildung, Berliner Freiheit 7, 5300 Bonn (Berufsangabe erforderlich).

Kapitel 10

Jugendliche

Einführung

Jeder von euch ist in verschiedene soziale Gruppen eingebunden – in Familie,
Schule, Freizeitgruppen, Gemeinde.
Diese Gruppen geben euch Schutz und
stützen euer Selbstvertrauen. Sie fordern
aber euren persönlichen Einsatz. Doch
das Leben in diesen Gruppen führt zu
Konflikten, die ihr zu bewältigen habt.
Mit den Jugendlichen eurer Altersgruppe
teilt ihr viele Sorgen und Erwartungen:
Ihr macht einen vielschichtigen Loslösungsprozeß durch und entwickelt eure
eigenen Wertvorstellungen. Ihr gewinnt
ein neues Verhältnis zu euren Mitmenschen und entwerft eigene Berufspläne.
Euer Aktionskreis erweitert sich.

Dieses Kapitel bringt Texte über Jugendliche aus vier Erfahrungsbereichen, die
eng miteinander verbunden sind und
euch unmittelbar angehen: das subjek-
tive Erleben, die Vorbereitung auf den
Beruf, das Leben mit Recht und Gesetz,
das freiwillige soziale Handeln.

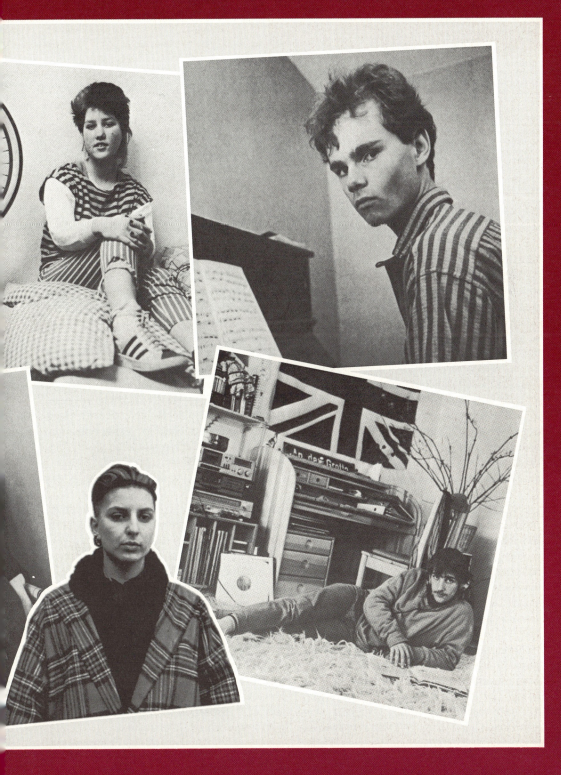

1 Persönliche Erfahrungen und Schicksale

1.1 Jung sein heute – Selbstzeugnisse von Jugendlichen

„Jugend ist das Gefühl, alles noch vor sich zu haben. Man hat noch die Chance, etwas Besonderes aus seinem Leben zu machen. Aber die meisten Träume lassen sich nicht verwirklichen. Irgendwann einmal merkt man dann wohl, daß das Leben nun gelaufen ist. Was bleibt, sind Träume." *(18jährige Schülerin)*

„Es gibt so viele schöne Sachen auf der Welt, so viele Gedanken und neue Ideen, so viele schöne Situationen, die man erleben kann, wenn man nur will ... Jungsein heißt für uns zu entdecken, Sachen aufzunehmen, Neues kennenzulernen und sich Gedanken zu machen. Das Leben ist (er)lebenswert!"
(16jähriger Gymnasiast)

„Man beendet einen Lebensabschnitt, nämlich die unbekümmerte Kindheit, und man muß lernen, plötzlich mit dem ernsten Teil klar zu kommen. Viele machen sich oft Gedanken um den Sinn des Lebens, und jeder braucht seine Zeit, bis er eine eigene Einstellung bekommen hat." *(16jährige Schülerin)*

„Ich glaube, die Zeit zwischen fünfzehn und achtzehn ist das einsamste Alter des Lebens. Alles was man tut, scheint falsch zu sein. Wie immer man sich gibt, es wirkt sich ungünstig für sich selber aus. Neue Freunde sind schwer zu finden. Man fühlt sich von allen allein gelassen." *(16jährige Hauptschülerin)*

„Dieses Wort ‚Jugend' bedrückt einen irgendwie, es bedeutet ja etwas Neues, Junges, das noch alles vor sich hat. Man will nicht versagen, will ‚es' schaffen, es zu etwas bringen. Zu was? Wohnung, Auto und Beruf, ist das schon alles? Ich habe Angst, wie meine Zukunft einmal aussehen wird, möchte immer so bleiben wie jetzt, umsorgt von den Eltern, feste Freunde, die Gemeinschaft in der Schule etc. Wie wird es später aussehen? Habe Angst, daß ich die Schule nicht schaffe, habe Angst vor dem Atomkrieg, habe Angst um mich. Ängste!!! Kann man mit so vielen Ängsten glücklich sein?"
(16jährige Realschülerin)

„Jung sein heute: ist manchmal verdammt schwer, hoffnungslos; man kriegt keinen Job, geschweige denn eine Lehrstelle; man wird nicht gebraucht, das erledigen Computer heutzutage; man hat keine Zukunft, das Land wird Schauplatz eines Atomkrieges sein; ist aber auch eine Herausforderung, eine Chance, ein Neuanfang; ist manchmal unheimlich schön!" *(18jährige Gymnasiastin)*

„Aber das schwerste Problem für die Jugend ist, daß sie zur Gesellschaft gehört, aber von Erwachsenen wenig geachtet und vor allem fast nicht respektiert wird, wie es jedem in einem freiheitlichen Staat zusteht."
(15jährige Gymnasiastin)

„Ich bin gerade 16 geworden, also so richtig mitten drin im Lebensabschnitt eines Jugendlichen – was Grund genug ist, mal ein kritisches Selbstbildnis zu entwerfen."

(16jährige Gymnasiastin)

„Gerade wenn man so 16 oder 17 ist, fragt man sich, wie man selbst ist, welchen Charakter man hat." *(17jährige Gymnasiastin)*

1.2 Heike

Auszüge aus Tagebuch- und Gesprächsaufzeichnungen

Ich heiße Heike und bin 18 Jahre alt. Gegenwärtig stecke ich in der Endphase meines Abiturs. Ich besuche ein Gymnasium in Offenbach. In Offenbach bin ich auch geboren und wohne nach wie vor bei meinen Eltern, im gleichen Haus seit meiner Geburt.

Daß die Schule jetzt zu Ende ist, bereitet mir nicht nur Freude. Meine Zukunft – nun, vielleicht habe ich nicht gerade Angst, aber es ist so viel ungeklärt. Ich spüre sehr deutlich, daß ich wieder in einem Loslösungsprozeß, in einem Abschied stecke.

Was ich vorhabe? Ich setze mich ernsthaft mit dem Gedanken auseinander, Pfarrerin zu werden. Ich halte es für notwendig, mein soziales Engagement glaubhaft umzusetzen. Natürlich will ein solcher Schritt gut überlegt sein. Ich glaube auch, mir dafür noch Zeit nehmen zu müssen, also nicht gleich nach dem Abi nach einem Studienplatz umsehen, sondern erstmal so für ein Jahr rumjobben. Eventuell würde ich mich auch für ein Jahr zum sozialen Dienst melden. Aber da stecke ich dann so intensiv drin; vielleicht habe ich dann gar nicht mehr die Gelegenheit, mir richtig Gedanken über meine Zukunft machen zu können, weil ich von der Arbeit gleich voll aufgefressen werde. Nun, da muß noch viel überlegt werden. Aber jetzt steht erst noch der Rest des Abis an.

Der Gedanke, mein Leben niederzuschreiben, kam mir auch schon. Ich schreibe – zwar unregelmäßig, aber immerhin – Tagebuch. Ich habe mal ein kleines Bändchen mit Gedichten und Essays von mir binden lassen. Mir hilft das Schreiben, um mich über schwierige Situationen hinwegzubringen. Dort sind meine wahren Gedanken und Empfindungen festgehalten. Ich bin froh, daß ich das kann.

Zweifel

Zweifel umhüllen meine Gedanken, meine Gefühle.
Zweifel verdecken mein Ich, meine Illusionen und Träume.
Und ich stehe ihnen gegenüber, ohnmächtig voller Angst,
unfähig, noch einen Schritt zu tun, um mich vor mir selbst zu retten. Ich klammere mich
an meinen Verstand wie ein Ertrinkender an die Hoffnung, gerettet zu werden,
oder wie ein Hungernder
an das letzte Stück Brot.

Was bleibt mir, bewahrt mich vor dem Untergang?
Oder wie sonst soll ich jenes beklemmende Gefühl
in meiner Seele nennen,
das mir fast den Atem raubt.
Soll ich bereit sein aufzugeben, mich den Zweifeln unterwerfen?
Soll ich zulassen, wie die Zerstörung ihren Lauf nimmt
und mich hinein
in eine Welt der Gleichgültigkeit?
(Essay- und Gedichtesammlung S. 5, März 1979)

„Ich kann es nicht glauben. Heute nacht um 1.00 Uhr ist meine Schwester gestorben. Wie paradox erscheint es mir zu schreiben, daß sie tot ist! Ich bin nicht eine Minute fähig, ihren Tod zu begreifen. Ich habe Glauben an Gott und an das Leben nach dem Tod, aber wie stehe ich dem allen gegenüber? Um mich herum sind ihre Sachen, ihre Kleidungsstücke, Stofftiere, sonstiges Spielzeug. Sie hat zum Schluß überhaupt nicht mehr gespielt. Einen Tag vor ihrem Tod sind wir noch im Hallenbad mit ihr gewesen. Keiner wußte zu diesem Zeitpunkt, was uns bevorstand, obwohl meine Mutter es irgendwie ahnte, daß sie bald stirbt und daß die Sache mit dem Schwimmbad ihr letzter Wunsch sein würde, den wir ihr erfüllen konnten. Warum ist der Mensch nur so engstirnig? Ich habe doch wirklich Glauben und trotzdem blute ich aus so vielen innerlichen Wunden, die ewig lange brauchen werden, um zuzuheilen, wenn sie überhaupt noch zuheilen können. Ich bin des Lebens so überdrüssig. Hier auf Erden gibt es keine vollkommene Freude. Leid, Sorgen und Tod siegen ja doch immer wieder. Es fällt mir so schwer, daran zu glauben und darauf zu hoffen, daß eines Tages das Leben siegen wird. Ich will nicht mehr. Aber keiner fragt danach. Es geht einfach alles weiter wie bisher. Hoffentlich helfen mir meine Freunde ein bißchen weiter, denn ich selbst bin so schwach und müde. Mein Gott, gib mir die Kraft zu leben." *(Tagebucheintragung vom 3. 6. 1979)*

Diese Schriftstücke und das Gedicht dokumentieren heute noch für mich recht anschaulich, in welcher Krise ich mich damals, als meine Schwester starb, befand. Wenn ich nicht die Fähigkeit zu schreiben gehabt hätte und meinen Glauben, ich wüßte nicht, was ich in dieser Zeit gemacht hätte.

Der Tod meiner Schwester war wohl in meinem bisherigen Leben das einschneidendste Erlebnis, das mich aufgewirbelt, niedergeschlagen, aber auch reif gemacht hat.

Ich glaube, sehr deutlich zu spüren, daß die Begegnung mit dem Tod mir gleichzeitig einen Einblick in das Leben gegeben hat. Sie ist geradezu eine Aufforderung gewesen, mich mit dem Tod, dem Leben und dem Leid grundsätzlich auseinanderzusetzen. Ich habe mit meinen 18 Jahren bereits über dieses Erlebnis eine Reife erreicht, die heute noch manchmal schwer auf mir lastet. Doch darüber will ich später noch mehr berichten.

Während der Auseinandersetzung mit dem Tod, der so viel Bewegung in mich gebracht hat und die verschiedensten Saiten in Schwingungen versetzte, erlebte ich die Zerrissenheit meiner Eltern sehr deutlich und leidvoll. Diese Zerissenheit gehört für mich zu allem, was die Welt ausmacht – die Begegnung mit dem Tod war so etwas wie ein Höhepunkt.

[...]

Die Wandlung

„Ich habe die Lust am Leben wieder entdeckt. Es gibt so viele schöne Dinge, die dieses Leben lebenswert machen. Die Liebe, die Musik, die Natur, die Beziehungen zu Menschen. An allem etwas Schönes, Gutes finden, das gibt dem Leben allein schon einen großen Sinn. Es ist auch schön, daß es einen Gott gibt, der all diese Dinge erschaffen hat, es ist so gut zu wissen. Da ist das Leid, sicherlich, es ist lange nicht alles gut auf dieser Welt, und es gibt so viel zu ändern. Aber das Sich-Ändern muß bei jedem von uns selbst zuerst anfangen. Ich bin dabei, mich zu ändern, mich zu lieben und die Menschen zu lieben, so wie mich selbst. Ich möchte ‚danke‘ sagen für all die schönen Dinge, aber auch für die Verletzungen, Zweifel und Enttäuschungen. Sie gehören einfach zum Leben dazu, und das ist schön.
Solange es die Liebe gibt, solange werde ich glücklich sein. Alles ist gut so, wie es ist: ja, ja, ja, ich möchte so gerne zu all dem ‚ja‘ sagen können. Unsicherheit, Zweifel, Traurigkeit, Sehnsucht … ja.“ *(Tagebuchaufzeichnung vom 4. 10. 1979)*

„… Wie sich doch alles ändert! Noch vor ein paar Monaten bewegte ich mich verzweifelt in einem Kreis tiefer Depressionen und Ängsten, Unsicherheiten und Traurigkeit, Zweifeln und Sehnsüchten. Und nun möchte ich das alles bewußt erleben, mit dem ständigen Gedanken, daß es schön ist, es erleben zu dürfen, und mit dem Gedanken, daß ich dadurch ich selbst werde …“ *(Tagebuchaufzeichnung vom 15. 10. 1979)*

1.3 Wenigstens

Reiner Kunze

Der Autor, 1933 geboren, studierte 1951–1955 Philosophie und Journalistik an der Universität Leipzig. Er verließ wegen politischer Auseinandersetzungen die Universität und wurde vorübergehend Hilfsschlosser. Nach dem Einmarsch der Russen in die Tschechoslowakei 1968 trat er aus der SED aus. 1976 wurde er aus dem Schriftstellerverband der DDR ausgeschlossen. Seit 1977 lebt er in der Bundesrepublik Deutschland.

Eine Party, die bestimmt bis gegen Morgen gehen werde, so daß es sich nicht lohne, zum Schlafen nachhaus zu kommen? Mitten in der Woche, in der Schulzeit? Ich riet ihr ab. „Am nächsten Tag werdet ihr im Unterricht durchhängen, was zu eurem eigenen Schaden sein dürfte“, sagte ich. „Außerdem könnte dieser oder jener Lehrer einen Tagesordnungspunkt
5 daraus machen.“
„Juckt mich doch nicht“, sagte sie.
Ich schoß mich in eine Umlaufbahn um den Schreibtisch. „Was wollt ihr? … Wissen!“ sagte ich. „Zumindest solltet ihr es wollen, denn nicht mitlügen zu wollen, genügt nicht. Und wenn ich *Wissen* sage, weißt du, daß ich das exakte Wissen meine, über das die Lehrer auch
10 verfügen. Wann also werdet ihr begreifen, daß ihr diejenigen Lehrer, die kein Interesse daran haben, euch ihr Wissen zu verweigern, nicht in eine Situation bringen solltet, in der sie denen beipflichten müssen, die euch lieber heute als morgen lossein würden? Und diesen, die in euch eine Gefahr sehen – sei's nun für das Heil der Welt, wie sie es sich vorstellen, oder sei's

für ihre Karriere, um deretwillen sie das Leben jedes jungen Menschen verpfuschen, dessen
15 Aufrichtigkeit ihnen im Weg steht – diesen Lehrern solltet ihr die Argumente gegen euch
nicht noch selbst liefern – gewissermaßen auf dem Party-Tablett!"
Sie stand da, den Kopf gesenkt.
„ Und denke an Born", sagte ich. – Born zählte. Neunzehnhundertachtundsechzig hatte er
sich als einziger Lehrer der Schule geweigert, eine Erklärung zu unterschreiben, in der der
20 Einmarsch in die Tschechoslowakei begrüßt worden war. Danach hatte er sich für einige Monate in eine Nervenklinik zurückgezogen. Sie wußte auch, daß er wiederholt für sie eingetre-
ten war. Vor kurzem erst hatte ein Lehrer, der neu war an der Schule, sie auf dem Bordstein
sitzen sehen und dieses Benehmen vor die Konferenz gebracht: Das sei Gammlertum, einer
Oberschülerin unwürdig. Born hatte gefragt: Und einer jungen Arbeiterin? „Jedes Argu-
25 ment, das ihr gegen euch liefert, liefert ihr gegen ihn", sagte ich.
Plötzlich standen ihr Tränen in den Augen. Ehe sie das Zimmer verließ, sagte sie: „Wenn ihr
wenigstens wie Byllis Eltern wärt: stur, alles verbieten und so, dann könnte man wenigstens
was machen gegen euch!"

1.4 Der Ernst des Lebens

Aus: Abschied von den Eltern (1961)

Peter Weiss

*Der Autor, Dramatiker und Erzähler (1916–1982), war der Sohn eines Textilfabrikanten und ei-
ner erfolgreichen Schauspielerin. Er emigrierte mit seinen jüdischen Eltern 1934 und nahm 1945
die schwedische Staatsbürgerschaft an.*
*Die autobiographische Erzählung, der wir drei Episoden entnehmen, handelt von der Kindheit
und Jugend des Autors.*

1. und 2. Episode

Ein einziges Mal in meiner Kindheit erlebte ich eine Ahnung von körperlicher Freiheit. Ich
war mit meinen Eltern und Geschwistern zu Besuch bei einer befreundeten Familie. Fritz W,
der Hausherr, war in allem ein Gegensatz meines Vaters, er war kraftvoll, lebhaft, seine Sprache witzig und drastisch, er war kameradschaftlich im Umgang mit seinen Kindern und intim
5 und vital in seiner Annäherung an meine Mutter, die in seiner Gegenwart aufblühte. Ich
erfaßte deutlich die Rivalität, die zwischen ihm und meinem Vater entstand, bei Fritz war sie
überlegen und selbstsicher, bei meinem Vater äußerte sie sich in angestrengter Beherrschtheit.
Fritz' Kinder sprangen nackt im Garten umher, zwei Mädchen und ein Junge, gleichaltrig
mit mir und meinen jüngeren Schwestern. Wir waren in unseren Sonntagskleidern und sahen
10 verlegen den nackten, sonngebräunten Körpern bei ihrem Spiel zu. Meine Schwestern trugen
weiße Kleidchen mit gestärkten Kragen, weiße Kniestrümpfe und Schnallenschuhe, ich hatte
meinen dunkelblauen Matrosenanzug an, mit dem dickgeknoteten Schlips, auch weiße
Kniestrümpfe, und schwarze Schnürstiefel. Es war Hochsommer. Da kam Fritz plötzlich auf
uns zugesprungen und riß mit wenigen Griffen meinen Schwestern die Kleider herunter, ich

selbst verkroch mich unter den niedrigen Zweigen einer Tanne, doch er zog mich hervor, streifte auch mir Hose und Bluse ab und schob mich, zusammen mit meinen Schwestern, in den Kreis seiner Kinder. Bestürzt nestelten wir uns selbst den Rest unserer Kleidungsstücke vom Leib und fühlten an der ganzen Haut die warme Luft. Meine Eltern hatten sich aus ihren Gartenstühlen erhoben und sahen dem Geschehnis, völlig überwältigt, zu. Und wir erlebten nun, was wir jeden Sommertag hätten erleben können, aber was nie wiederkam, wie wir in unserer Nacktheit lebendig wurden. Gras, Blätter, Erde und Gestein fühlten wir jetzt mit all unseren Poren und Nerven, balgend und jubelnd verloren wir uns in einem kurzen Traum ungeahnter Möglichkeiten. Noch ein anderes Mal hat Fritz W in mein Leben eingegriffen. Es war Jahre später. Ich kam mit dem Schulzeugnis nachhause, in dem ein schrecklicher Satz zu lesen war, ein Satz, vor dem mein ganzes Dasein zerbrechen wollte. Ich ging mit diesem Satz große Umwege, wagte mich nicht mit ihm nachhause, sah immer wieder nach, ob er nicht plötzlich verschwunden war, doch er stand immer da, klar und deutlich. Als ich schließlich doch nachhause kam, weil ich nicht die Kühnheit hatte, mich als Schiffsjunge nach Amerika anheuern zu lassen, saß bei meinen Eltern Fritz W. Was machst du denn für ein betrübtes Gesicht, rief er mir zu. Ist es ein schlechtes Zeugnis, fragte meine Mutter besorgt, und mein Vater blickte mich an, als sehe er alles Unheil der Welt hinter mir aufgetürmt. Ich reichte das Zeugnis meiner Mutter hin, aber Fritz riß es mir aus der Hand und las es schon, und brach in schallendes Gelächter aus. Nicht versetzt, rief er, und schlug sich mit seiner kräftigen Hand auf die Schenkel. Nicht versetzt, rief er noch einmal, während meine Eltern abwechselnd ihn und mich verstört anstarrten, und zog mich zu sich heran, und schlug mir auf die Schultern. Nicht versetzt, genau wie ich, rief er, ich bin viermal sitzen geblieben, alle begabten Männer sind in der Schule sitzen geblieben. Damit war die Todesangst zerstäubt, alle Gefahr war vergangen. Aus den verwirrten Gesichtern meiner Eltern konnte sich keine Wut mehr hervorarbeiten, sie konnten mir nichts mehr vorwerfen, da ja Fritz W, dieser tüchtige und erfolgreiche Mann, alle Schuld von mir genommen hatte, und mich dazu noch besonderer Ehrung für würdig hielt. Diese beiden Begegnungen mit Fritz W waren die Glanzstunden meiner Kindheit, sie zeigen mir, wie anders mein Leben, unter anderen Bedingungen, hätte verlaufen können, und sie zeigen mir den Schatz von unverbrauchter Freude, der in mir war, und der immer noch in mir liegt, unter Geschwüren und Verfilzungen.

3. Episode

In der lethargischen Stunde zwischen Zwei und Drei lag ich auf dem Sofa im Wohnzimmer, die Hände unterm Kopf verschränkt, hinüberstarrend auf den Farbdruck an der Wand, der Hannibals Grab darstellte. Unter einem graubraunen, wuchtigen, weitverzweigten Baum erhob sich ein Steinhaufen, und daneben stand ein alter Schäfer, sinnend auf seinen Stab gestützt, und vor ihm, im wilden, trockenen Gras, weidete die Herde der Schafe. Das Fenster zur Straße stand offen, draußen staubte weißes Sonnenlicht, vom Tennisplatz an der gegenüberliegenden Straßenseite tönten träge, dumpfe Ballschläge. Zuweilen summte dicht unterm Fenster ein Auto vorbei, oder eine Radglocke klingelte. Der Gedanke an die Stadt draußen belebte mich, ich sah die langen breiten Straßenzüge vor mir, die riesigen, von gebeugten, steinernen Sklaven getragenen Häuser, die Schlösser, Museen, Monumente und Türme, die Hochbahnen auf ihren Brücken und die unterirdischen Bahnen, mit ihrem Gedränge und ihren klappernden Reklameschildern. Schon wollte ich aufstehen, da stand meine Mutter vor mir, nie merkte ich, wie sie ins Zimmer kam, immer erschien sie plötzlich mitten im Zimmer, wie aus dem Boden emporgewachsen, den Raum mit ihrer Allmacht beherrschend. Hast du deine Aufgaben gemacht, fragte sie, und ich sank zurück in meine Müdigkeit. Noch ein-

mal fragte sie, bist du schon fertig mit deinen Aufgaben. Aus meiner dumpfen Lage heraus antwortete ich, ich mache sie später. Sie aber rief, du machst sie jetzt. Ich mache sie nachher, sagte ich, in einem schwachen Versuch des Widerspruchs. Da hob sie, wie in einem Wappenschild, die Faust, und rief ihren Wappenspruch, Ich dulde keinen Widerspruch. Dicht trat sie an mich heran und ihre Worte fielen wie Steine auf mich herab, du mußt büffeln und wieder büffeln, du hast noch ein paar Jahre, dann wirst du ins Leben hinaustreten und dazu mußt du etwas können, sonst gehst du zugrunde. Sie zog mich an meinen Schreibtisch zu den Schulbüchern. Du darfst mir keine Schande machen, sagte sie. Ich leide schlaflose Nächte deinetwegen, ich bin verantwortlich für dich, wenn du nichts kannst, dann fällt das auf mich zurück, leben heißt arbeiten, arbeiten und arbeiten und immer wieder arbeiten. Dann ließ sie mich allein. Neben mir auf einem Brett stand das Modell einer Stadt, das ich mir aus Papier und Zellofan, aus Drähten und Stäbchen erbaut hatte. Nach meinen zerstörerischen Spielen war dies der erste konstruktive Versuch. Es war eine Zukunftsstadt, eine utopische Metropole, doch sie war unvollendet, skeletthaft, ich wußte plötzlich, daß ich nicht daran weiterbauen würde, ich sah nur noch zerknittertes, leimdurchbröckeltes Papier, und alles war verbogen und zerbrechlich, man konnte es mit einem Atemzug umblasen. Ich mußte nach andern Mitteln des Ausdrucks suchen. Während ich über meinem Tagebuch brütete, öffnete sich die Tür und mein Vater trat ein. Er sah mich am Schreibtisch hocken, bei irgendwelchen Beschäftigungen an denen er nie teilhaben durfte, er sah, wie hastig etwas in der Schublade verschwand. Was treibst du denn da, fragte er. Ich mache meine Schulaufgaben, sagte ich. Ja, darüber wollte ich gern mit dir sprechen, sagte er. Eine peinliche Spannung trat ein, wie immer bei solchen Gesprächen. Du bist jetzt alt genug, sagte er, daß ich einmal mit dir über Berufsfragen sprechen muß. Wie denkst du dir eigentlich deine Zukunft. Ich konnte auf diese quälende Frage nichts antworten. Mit einer Stimme, die verständnisvoll sein wollte, und die etwas von einem Gespräch von Mann zu Mann hatte, sagte er, ich schlage vor, daß du in die Handelsschule eintrittst und dann in mein Kontor kommst. Ich murmelte etwas davon, daß ich erst noch die Schule absolvieren wolle, damit konnte ich immerhin Zeit gewinnen. Mein Vater sagte, jetzt mit wachsender Ungeduld, dazu scheinst du doch kaum zu taugen, ich glaube nicht, daß du begabt genug dazu bist, und zum Studieren fehlt dir jede Ausdauer, du gehörst ins praktische Berufsleben. Sein Gesicht war grau und vergrämt. Wenn man vom Leben sprach, mußte man grau und vergrämt sein. Leben war Ernst, Mühe, Verantwortung. Mein Gesicht, das Gesicht eines Nichtskönners und Tagediebs, verzog sich zu einem verlegenen, stereotypen Grinsen. Gekränkt sagte mein Vater, du brauchst gar nicht zu lachen, das Leben ist kein Spaß, es wird Zeit, daß du einmal wirklich arbeiten lernst. Vielleicht spürte er eine Regung von Zärtlichkeit für mich, doch als er meinen schiefen, feindlichen Blick sah, mußte er sich hart machen und seinen festen Willen zeigen. Mit der flachen Hand schlug er auf den Tisch und rief, wenn dieses Schuljahr zuende ist, dann ist es Schluß mit den Träumereien, dann wirst du dich endlich der Realität des Daseins widmen.
Die Realität des Daseins.

1.5 Es lebe die Freiheit

Inge Scholl

Unter dem Losungswort „Weiße Rose" riefen die Münchner Studenten Hans und Sophie Scholl
zusammen mit einigen Freunden in einer Flugblatt-Serie zum aktiven Widerstand gegen die na-
tionalsozialistische Herrschaft auf. Am 18. Februar 1943 fielen sie der Gestapo in die Hände, vier
Tage später wurden sie in einem „Schnellverfahren" zum Tode verurteilt und mit dem Fallbeil
hingerichtet.
Inge Scholl erzählt die Lebensgeschichte ihrer Geschwister nach Erinnerungen und geretteten Do-
kumenten.
Der 18. Februar 1943 ist der Tag, an dem Goebbels die Berliner Sportpalastrede hielt: „Wollt ihr
den totalen Krieg?" (Kap. 1, S. 34). Anfang Februar 1943 hat die deutsche sechste Armee in Sta-
lingrad kapituliert. 146 000 Soldaten waren in Stalingrad gefallen; 90 000 gerieten in Gefangen-
schaft; etwa 60 000 kehrten nach 1945 zurück.

[...]
An einem sonnigen Donnerstag, es war der 18. Februar 1943, war die Arbeit so weit gediehen, daß Hans und Sophie, ehe sie zur Universität gingen, noch einen Koffer mit Flugblät-
tern füllen konnten. Sie waren beide vergnügt und guten Muts, als sie sich mit dem Koffer auf
den Weg zur Universität machten. [...]

5 Mittlerweile hatten die beiden die Universität erreicht. Und da in wenigen Minuten die Hör-
säle sich öffnen sollten, legten sie rasch entschlossen die Flugblätter in den Gängen aus und
leerten den Rest ihres Koffers vom zweiten Stock in die Eingangshalle der Universität hinab.

Aber zwei Augen hatten sie erspäht. Sie hatten sich vom Herzen ihres Besitzers gelöst und waren zu automatischen Linsen der Diktatur geworden. Es waren die Augen des Haus-
meisters.

Alle Türen der Universität wurden sofort geschlossen. Damit war das Schicksal der beiden besiegelt.

Die rasch alarmierte Gestapo brachte meine Geschwister in ihr Gefängnis, das berüchtigte Wittelsbacher Palais. Und nun begannen die Verhöre. Tage und Nächte, Stunden um Stun-
den. Abgeschnitten von der Welt, ohne Verbindung mit den Freunden und im ungewissen, ob einer von ihnen ihr Schicksal teilte. Durch eine Mitgefangene erfuhr Sophie, daß Christl Probst etliche Stunden nach ihnen ‚eingeliefert' worden war. Zum erstenmal verlor sie ihre Fassung, und eine wilde Verzweiflung wollte sie übermannen. Christl, gerade Christl, den sie so sorgsam geschont hatten, weil er Vater von drei kleinen Kindern war. Und Herta, seine
Frau, lag in diesen Tagen mit dem Jüngsten im Wochenbett. [...]

Am zweiten Tag nach ihrer Verhaftung war ihnen klar geworden, daß sie mit dem Todesur-
teil zu rechnen hatten. Zunächst, bis unter der Last des Beweismaterials alle ihre Verschleie-
rungsversuche sinnlos geworden waren, hatten sie durchaus einen anderen Weg gesehen und
gewollt: zu überleben und nach dem Ende der Gewaltherrschaft an einem neuen Leben mitzu-
wirken. Noch wenige Wochen zuvor hatte Hans mit Bestimmtheit erklärt – vielleicht angesichts der zahlreichen Todesurteile, die damals gefällt wurden: „Dies muß unter allen Um-
ständen vermieden werden. Wir müssen leben, um nachher da zu sein, weil man uns braucht. Gefängnis und KZ – meinetwegen. Das kann man überstehen. Aber nicht das Leben riskieren."

Nun aber hatte sich die Situation jäh geändert. Nun gab es kein Zurück mehr. Jetzt war nur noch eines möglich: mit Umsicht und Nüchternheit dafür zu sorgen, daß möglichst wenig andere hineingezogen wurden. Und mit aller Deutlichkeit noch einmal zu verkörpern, was man hatte verteidigen und hochhalten wollen: den unabhängigen, freien, vom Geist geprägten Menschen ...

Es herrschte zwischen ihnen, obwohl sie keine Verbindung miteinander hatten, ein starkes Einvernehmen: alle ‚Schuld', alles, alles auf sich zu nehmen, um die anderen zu entlasten. Bei der Gestapo rieb man sich die Hände über die reichhaltigen Geständnisse. Angestrengt tasteten die Geschwister ihre Erinnerung nach den ‚Verbrechen' ab, die sie sich zur Last legen könnten. Es war wie ein großer Wettkampf um das Leben der Freunde. Und nach jedem gelungenen Verhör kehrten sie in ihre Zellen zurück, nicht selten mit einem Anflug von Genugtuung.

Schließlich kam der letzte Morgen. Hans trug seinem Zellengenossen noch Grüße an die Eltern auf. Dann gab er ihm die Hand, gütig und beinahe feierlich: „Wir wollen uns jetzt verab-
schieden, solange wir noch allein sind." Darauf drehte er sich stumm zur Wand und schrieb etwas an die weiße Gefängnismauer. Eine große Stille war in der Zelle. Kaum hatte er den Bleistift aus der Hand gelegt, rasselten die Schlüssel, und die Wachtmeister kamen, legten ihm Fesseln an und führten ihn zur Gerichtsverhandlung. Zurück blieben die Worte an der weißen Wand, Goetheworte, die sein Vater oft bei nachdenklichem Auf- und Abgehen vor sich hingemurmelt hatte, und über deren Pathos Hans hatte manchmal lächeln müssen: „Allen Gewalten zum Trutz sich erhalten".

Die Möglichkeit, sich einen Anwalt zu wählen, gab es für sie nicht. Es wurde zwar ein Pflichtverteidiger herzitiert. Dieser war jedoch nicht viel mehr als eine ohnmächtige Mario-
nettenfigur. Von ihm war nicht die geringste Hilfe zu erwarten. „Wenn mein Bruder zum Tode verurteilt wird, so darf ich keine mildere Strafe bekommen, denn ich bin genauso schul-

Szenen aus dem Film „Die weiße Rose" (1982). Regie: Michael Verhoeven.

55 dig wie er", erklärte Sophie ihm gelassen. Mit allen ihren Kräften und Gedanken war sie in diesen Tagen bei ihrem Bruder, um den sie sich oft große Sorge machte, weil sie die Last ahnte, die auf ihm lag. Sie wollte von dem Verteidiger wissen, ob Hans als Frontsoldat das Recht auf den Erschießungstod habe. Darauf erhielt sie nur eine unsichere Antwort. Über ihre weitere Frage, ob sie selbst öffentlich erhängt oder durch das Fallbeil getötet werde, war
60 er geradezu entsetzt. Derartiges, noch dazu von einem Mädchen gefragt, hatte er nicht erwartet. [...]
Meine Eltern hatten am Freitag, einen Tag nach der Verhaftung meiner Geschwister Nachricht davon erhalten, zuerst durch eine Studentin, mit der wir befreundet waren, später noch durch einen Telefonanruf eines unbekannten Studenten, der schon sehr traurig und dunkel
65 klang. Sie beschlossen sofort, die Verhafteten zu besuchen und alles zu unternehmen, was in ihren Kräften stand, um ihr Los zu erleichtern. [...]
Als meine Eltern [entgegen dem Verbot des Gerichtspräsidenten] eindrangen, war der Prozeß schon nahe dem Ende. Sie konnten gerade noch die Todesurteile anhören. Meine Mutter verlor einen Augenblick die Kräfte, sie mußte hinausgeführt werden, und eine Unruhe entstand
70 im Saal, weil mein Vater rief: „Es gibt noch eine andere Gerechtigkeit." Aber dann hatte sich meine Mutter rasch wieder in der Gewalt, denn nachher war ihr ganzes Sinnen und Denken nur noch darauf gerichtet, ein Gnadengesuch aufzusetzen und ihre Kinder zu sehen. Sie war wunderbar gefaßt, geistesgegenwärtig und tapfer, ein Trost für alle anderen, die sie hätten trösten müssen. Mein jüngster Bruder drängte sich nach der Verhandlung rasch vor zu den
75 dreien und drückte ihnen die Hand. Als ihm dabei die Tränen in die Augen traten, legte Hans ruhig die Hand auf die Schulter und sagte: „Bleib stark – keine Zugeständnisse." Ja, keine

Zugeständnisse, weder im Leben noch im Sterben. Sie hatten nicht versucht, sich zu retten, indem sie den Richtern einwandfreie nationalsozialistische Gesinnung vorzuspiegeln versuchten. [...]

80 Jedem von den dreien, war, wie üblich, zum Schluß noch das Wort erteilt worden, um für sich zu sprechen. Sophie schwieg. Christl bat um sein Leben um seiner Kinder willen. Und Hans versuchte, dies zu unterstützen und auch ein Wort für seinen Freund einzulegen. Da wurde es ihm von Freisler grob abgeschnitten: „Wenn Sie für sich selbst nichts vorzubringen haben, schweigen Sie gefälligst."

85 An die Stunden, die nun folgten, werden Worte wohl nie ganz herankommen können. Die drei wurden in das große Vollstreckungsgefängnis München-Stadelheim überführt, das neben dem Friedhof am Rand des Perlacher Forstes liegt. Dort schrieben sie ihre Abschiedsbriefe. Sophie bat darum, noch einmal ihren Vernehmungsbeamten von der Gestapo sprechen zu dürfen. Sie habe noch eine Aussage zu machen. Es war ihr etwas eingefallen, das ei-
90 nen ihrer Freunde entlasten konnte.
Christl, der konfessionslos aufgewachsen war, verlangte einen katholischen Geistlichen. Er wollte die Taufe empfangen, nachdem er sich schon lange innerlich dem katholischen Glauben zugewandt hatte. In einem Brief an seine Mutter heißt es: „Ich danke Dir, daß Du mir das Leben gegeben hast. Wenn ich es recht bedenke, war es ein einziger Weg zu Gott. Ich gehe
95 Euch jetzt einen Sprung voraus, um Euch einen herrlichen Empfang zu bereiten ..."
Inzwischen war es meinen Eltern wie durch ein Wunder gelungen, ihre Kinder noch einmal zu besuchen. Eine solche Erlaubnis war fast unmöglich zu erhalten. Zwischen 16 und 17 Uhr eilten sie zum Gefängnis. Sie wußten noch nicht, daß dies endgültig die letzte Stunde ihrer Kinder war.

100 Zuerst wurde ihnen Hans zugeführt. Er trug Sträflingskleider. Aber sein Gang war leicht und aufrecht, und nichts Äußeres konnte seinem Wesen Abbruch tun. Sein Gesicht war schmal und abgezehrt, wie nach einem schweren Kampf. Er neigte sich liebevoll über die trennende Schranke und gab jedem die Hand. „Ich habe keinen Haß, ich habe alles, alles unter mir." Mein Vater schloß ihn in die Arme und sagte: „Ihr werdet in die Geschichte eingehen, es gibt
105 noch eine Gerechtigkeit." Darauf trug Hans Grüße an alle seine Freunde auf. Als er zum Schluß noch den Namen eines Mädchens nannte, sprang eine Träne über sein Gesicht, und er beugte sich über die Barriere, damit niemand sie sehe. Dann ging er, ohne die leiseste Angst, und von einem tiefen Enthusiasmus erfüllt.
Darauf wurde Sophie von einer Wachtmeisterin herbeigeführt. Sie trug ihre eigenen Kleider
110 und ging langsam und gelassen und sehr aufrecht. (Nirgends lernt man so aufrecht gehen wie im Gefängnis.) Sie lächelte, als schaue sie in die Sonne. Bereitwillig und heiter nahm sie die Süßigkeiten, die Hans abgelehnt hatte: „Ach ja, gerne, ich habe ja noch gar nicht Mittag gegessen." Es war eine ungewöhnliche Lebensbejahung bis zum Schluß, bis zum letzten Augenblick. Auch sie war um einen Schein schmaler geworden, aber ihre Haut war blühend und
115 frisch – das fiel der Mutter auf wie noch nie –, und ihre Lippen waren tiefrot und leuchtend. „Nun wirst du also gar nie mehr zur Türe hereinkommen", sagte die Mutter. „Ach, die paar Jährchen, Mutter", gab sie zur Antwort. Dann betonte auch sie, wie Hans, fest und überzeugt: „Wir haben alles, alles auf uns genommen"; und sie fügte hinzu: „Das wird Wellen schlagen."
120 Das war in diesen Tagen ihr großer Kummer gewesen, ob die Mutter den Tod gleich zweier Kinder ertragen würde. Aber nun, da sie so tapfer und gut bei ihr stand, war Sophie wie erlöst. Noch einmal sagte die Mutter: „Gelt, Sophie: Jesus." Ernst, fest und fast befehlend gab Sophie zurück: „Ja, aber du auch." Dann ging auch sie – frei, furchtlos, gelassen. Mit einem Lächeln im Gesicht.

125 Christl konnte niemanden von seinen Angehörigen mehr sehen. Seine Frau im Wochenbett mit dem dritten Kind, seinem ersten Töchterchen. Sie erfuhr von dem Schicksal ihres Mannes erst, als er nicht mehr lebte.

Die Gefangenenwärter berichteten: „Sie haben sich so fabelhaft tapfer benommen. Das ganze Gefängnis war davon beeindruckt. Deshalb haben wir das Risiko auf uns genommen – wäre

130 es rausgekommen, hätte es schwere Folgen für uns gehabt –, die drei noch einmal zusammenzuführen, einen Augenblick vor der Hinrichtung. Wir wollten, daß sie noch eine Zigarette miteinander rauchen konnten. Es waren nur ein paar Minuten, aber ich glaube, es hat viel für sie bedeutet. ‚Ich wußte nicht, daß Sterben so leicht sein kann‘, sagte Christl Probst. Und dann: ‚In wenigen Minuten sehen wir uns in der Ewigkeit wieder.‘

135 Dann wurden sie abgeführt, zuerst das Mädchen. Sie ging, ohne mit der Wimper zu zucken. Wir konnten alle nicht begreifen, daß so etwas möglich war. Der Scharfrichter sagte, so habe er noch niemanden sterben sehen.

Und Hans, ehe er sein Haupt auf den Block legte, rief laut, daß es durch das große Gefängnis hallte: „Es lebe die Freiheit."

Schluß des letzten Flugblattes, das zur Verhaftung und Hinrichtung geführt hat:

Kommilitoninnen! Kommilitonen!

[...] Es gibt für uns nur eine Parole: Kampf gegen die Partei! Heraus aus den Parteigliederungen, in denen man uns politisch weiter mundtot halten will! Heraus aus den Hörsälen der SS-Unter- und -Oberführer und Parteikriecher! Es geht uns um wahre Wissenschaft und echte Geistesfreiheit! Kein Drohmittel kann uns schrecken, auch nicht die Schließung unserer Hochschulen. Es gilt den Kampf jedes einzelnen von uns um unsere Zukunft, unsere Freiheit und Ehre in einem seiner sittlichen Verantwortung bewußten Staatswesen.

Freiheit und Ehre! Zehn lange Jahre haben Hitler und seine Genossen die beiden herrlichen deutschen Worte bis zum Ekel ausgequetscht, abgedroschen, verdreht, wie es nur Dilettanten vermögen, die die höchsten Werte einer Nation vor die Säue werfen. Was ihnen Freiheit und Ehre gilt, das haben sie in zehn Jahren der Zerstörung aller materiellen und geistigen Freiheit, aller sittlichen Substanz im deutschen Volk genugsam gezeigt. Auch dem dümmsten Deutschen hat das furchtbare Blutbad die Augen geöffnet, das sie im Namen von Freiheit und Ehre der deutschen Nation in ganz Europa angerichtet haben und täglich neu anrichten. Der deutsche Name bleibt für immer geschändet, wenn nicht die deutsche Jugend endlich aufsteht, rächt und sühnt zugleich, ihre Peiniger zerschmettert und ein neues geistiges Europa aufrichtet. Studentinnen! Studenten! Auf uns sieht das deutsche Volk! Von uns erwartet es, wie 1813 die Brechung des Napoleonischen, so 1943 die Brechung des nationalsozialistischen Terrors aus der Macht des Geistes. Beresina und Stalingrad flammen im Osten auf, die Toten von Stalingrad beschwören uns!

„Frisch auf mein Volk, die Flammenzeichen rauchen!"

Unser Volk steht im Aufbruch gegen die Verknechtung Europas durch den Nationalsozialismus, im neuen gläubigen Durchbruch von Freiheit und Ehre.

2 Beruf: Wunsch und Wirklichkeit

2.1 Petra S., 19, Matrose zur See, im ersten Ausbildungsjahr

Ann Ladiges

Wann ich auf den Gedanken gekommen bin, daß ich Kapitän werden will, das weiß ich gar nicht mehr. Schon mit 8 oder 9 Jahren war das klar für mich: Ich fahr zur See. Ich stamme aus dem Bergischen Land, bin mit meinen Eltern aber jedes Jahr mit dem Schiff in Urlaub gefahren. Vielleicht hat mich das so fasziniert. Und dann die romantischen Geschichten aus der Seefahrt! Na
5 ja, inzwischen weiß ich natürlich, daß mit Romantik in diesem Beruf nicht viel los ist.
An der Ausbildung interessiert mich vor allem die Vielseitigkeit. Jetzt haben wir auf der Seefahrtsschule zum Beispiel Holz- und Metallbearbeitung, dann Fächer, die in die juristische Richtung gehen, Seerecht usw. Ich bin in der Klasse noch mit einem anderen Mädchen zusammen, das ist ganz gut. Die Jungs haben uns so aufgenommen, wie die Jungs an Land: erst mal Ab-
10 stand halten, erst mal ein bißchen beschnüffeln.
Ich hab Abitur, manche der Jungen nur die Hauptschule, das erschwert mir natürlich etwas den Anfang, ich meine, bis ich so dazugehöre. Im Seemannsheim wohne ich auf einem Extraflur. Zur Vorbeugung! Ein paarmal haben sie mich dahinten bloß schon beim Wecken vergessen! Man hört von Reedereien, die Mädchen ausbilden, daß sich das Bordklima verbessert hat. Die
15 Mädchen lernen auch besser, das ist ein Ansporn für die Jungen. Die wollen sich das nicht bieten lassen, daß ein Mädchen mehr weiß als sie. Ob weibliche Kapitäne an Bord mal Schwierigkeiten haben? Ich weiß nicht. Ein männlicher Kapitän kann es sich vielleicht eher erlauben, auf die Tube zu drücken und Macht auszuüben, aber gut finde ich das sowieso nicht. Es kommt doch auf die Persönlichkeit an, und daß man was kann. Deshalb mache ich ja die Matrosenaus-
20 bildung. Dann kann ich sagen, wenn einer meint, das geht nicht: Und ob das geht, das hab ich selbst gemacht. Die meisten Offiziere haben übrigens nichts gegen Kolleginnen, eher die Mannschaftsgrade. Aber wenn immer mehr Mädchen zur See fahren, dann ändert sich das sicher. Bis ich mein Kapitänspatent mache, das sind ja noch acht Jahre. Zwei Jahre Matrosenausbildung, ein Jahr fahren als Offiziersanwärter, dann Hochschule für Nautik.
25 Vielleicht kräht dann kein Hahn mehr danach, daß 'ne Frau auf der Brücke ist.
Es ist natürlich schwieriger für Mädchen aus dem Binnenland, sich für die Seefahrt zu entscheiden. Da kursieren ja auch immer noch so allerhand grausige Geschichten. Alle Matrosen kommen in einen großen Raum, da schlafen sie in Hängematten, und in jedem Hafen wartet 'ne Braut. Alles Quatsch. Wenn ich jetzt aufs Schiff komme, was mich da erwartet? Na, erst mal die
30 beliebteste Arbeit. Rostkloppen!

2.2 Ohne Abi läuft kaum noch was

Klaus Riddering

Computer müssen nicht gleich Jobkiller sein. Sie bieten auch viele neue Chancen. Ruth hat eine solche Chance ergriffen.

Schon mal was von Online-Transaktionen, HAPOS oder Belegclearing gehört? ,,Für mich war das'', gibt Ruth zu, ,,zu Beginn meiner Lehre auch das reinste Chinesisch.'' Inzwischen hat die 21jährige seit zwei Monaten nicht nur ihre Lehre als Datenverarbeitungskauffrau abgeschlossen, sondern sich auch an die Fachsprache in ihrem Beruf gewöhnt.

Eigentlich wollte die gebürtige Münsteranerin nach ihrem Abi einen ,,soliden'' kaufmännischen Beruf erlernen. ,,Irgendwas mit Mathe sollte es sein'', so Ruth. Als sie sich in

der Stadtbücherei über verschiedene kaufmännische Berufsbilder informiert hatte, sich
15 letztlich aber nicht so recht entscheiden mochte, ging sie erst einmal zum Arbeitsamt. Und dort bekam sie den Tip, sich bei der GAD (Gesellschaft für automatische Datenverarbeitung eG) in Münster um eine Lehrstelle zu be-
20 werben. Ruth hatte Glück im doppelten Sinn. Zum einen bekam sie die Stelle und zum anderen fand sie genau den Beruf, der ihren Fähigkeiten entsprach.

Auf der ganzen Welt gibt es wohl keine ver-
25 gleichbare Technologie, die in solch kurzer Zeit einen ähnlichen Siegeszug angetreten hat, wie die elektronische Datenverarbeitung. Während früher in kaufmännischen Abteilungen oder in der Verwaltung die Informationen
30 in mühevoller Kleinarbeit zusammengetragen werden mußten, genügt heute oft ein bloßer Knopfdruck. Voraussetzung ist natürlich, daß der am Bildschirm angeschlossene Computer zuvor mit entsprechenden Daten gefüttert
35 wird. Und genau das Umsetzen aufwendiger manueller Tätigkeiten in computergestützte Abläufe ist eine der Hauptaufgaben der Datenverarbeiter. Neben allgemeinen Kenntnis-

sen in Mathe, Volks- und Betriebswirtschaft muß ein Datenverarbeiter beispielsweise auch genau wissen, wie sich ein Computersystem zusammensetzt. Außer vielen Detailkenntnissen ist die perfekte Beherrschung mindestens einer Programmiersprache wichtigste Voraussetzung für den Beruf. Mit Hilfe dieser eigenwilligen Sprachschöpfungen kann man dem Computer genau eintrichten, was er anschließend machen soll. ,,Manchmal ist das ganz schön trockener Paukstoff, aber ohne die Programmiersprache läuft nichts'', weiß Ruth. Und noch etwas ist wichtig: Eine gewisse mathematische Grundbegabung. ,,Dabei ist es nicht so entscheidend'', so die Münsteranerin, ,,einen Dreisatz lösen zu können, denn das kann der Computer, sondern vielmehr logisch denken zu können.''

Die GAD hat ein Hauptaugenmerk auf die Verbesserung des Service im Bankgewerbe gelegt. Allein 1984 waren über 150 Kreditgenossenschaften On-Line (im Direktverbund) an den Rechner der GAD angeschlossen. Anfangs waren es Kontoauszüge oder Lohn- und Gehaltsabrechnungen, die mit diesem Rechner ausgedruckt wurden. Inzwischen ist der Service systematisch weiterentwickelt worden. Die Datenverarbeiter haben neue Programme ausgetüftelt, und es gehört schon zur Realität, daß Bankkunden über einen Mikrocomputer selbständig ihre Kontostände überprüfen, Überweisungen ausführen, auch am Wochenende am Automaten ihrer Bank Geld abheben oder Mitteilungen in den elektronischen Briefkasten der Bank eingeben können. All diese Neuerungen sind Resultate einer ausgesprochen kniffeligen Software-Herstellung.

Die schulische Ausbildung hat nicht immer mit der rasenden Entwicklung auf dem Gebiet der Datenverarbeitung Schritt halten können. Einerseits gibt es vor allem im Norden Deutschlands noch viel zu wenig Berufsschulen, die den Beruf Datenverarbeitungskaufmann/frau als Unterrichtsfach anbieten, andererseits mangelt es auch an qualifizierten Lehrkräften, die ständig auf dem neuesten Stand der Technik sind. Oft müssen sich die Firmen selbst aus diesem Dilemma helfen, indem sie für ihre Lehrlinge selbständig Kurse anbieten, um auch pädagogisch den Stand der Entwicklung zu gewährleisten.

Mit diesem Problem wurde auch Ruth während ihrer Ausbildung konfrontiert. Da Datenverarbeitung an den Berufsschulen in und um Münster nicht angeboten wurde, mußte sie zweimal im Jahr zu jeweils sechswöchigen Blockseminaren nach Paderborn fahren.

Die Unannehmlichkeiten können nicht darüber hinwegtäuschen, daß die Berufsaussichten in der Datenverarbeitung gut sind. Das gilt in zunehmendem Maß auch für Mädchen. ,,Allerdings'', so Ruth, ,,bekommen fast nur noch Abiturienten eine Lehrstelle, weil die aufgrund ihrer schulischen Ausbildung, beispielsweise durch Grundkenntnisse in der Informatik, bessere Voraussetzungen als andere Bewerber mitbringen.''

Was man wissen sollte ...

Voraussetzungen: Ein bestimmter Schulabschluß ist nicht vorgeschrieben. Chancen haben aber fast nur noch Abiturienten. Neben gutem mathematischen Grundwissen, der Fähigkeit, logisch denken zu können, Flexibilität sich auf neue Dinge einstellen zu können, sollte auch Bereitschaft bestehen, sich mit kniffligen Aufgaben selbständig auseinanderzusetzen.

Ausbildungszeit: Insgesamt drei Jahre. Sie kann jedoch je nach Art der schulischen Ausbildung um ein halbes Jahr verkürzt werden. Die Ausbildung endet mit einer Prüfung vor der Industrie- und Handelskammer.

Weiterbildung: Durch Selbststudium und durch Kurse, die von den Firmen angeboten weden.

Verdienst: In der Ausbildung zwischen 550 und 850 Mark. Nach der Ausbildung um 1900 Mark (ist allerdings recht unterschiedlich).

2.3 Eine ungelernte Arbeiterin

Sarah Kirsch

Die Autorin, geb. 1935, lebte bis 1977 in der DDR. In ihrem Buch „Fünf unfrisierte Erzählungen aus dem Kassettenrekorder" stellt sie die Biographien von fünf Frauen aus der DDR vor. Sie sagt dazu: „Ich glaube, es ist eine ganze Menge DDR-Wirklichkeit drin. Und darauf kam es mir an. Deshalb fand ich diese Arbeit auch für mich und für die Leser der DDR wichtig."

Wir bringen nachstehend einen Auszug aus der Erzählung „Zwillinge", in der eine ungelernte Arbeiterin ihr Leben schildert. Sarah Kirsch erklärt dazu: „Es war ... ein ganz ausgeglichener Mensch. Ich hab an diesem Porträt kein Wort hinzugefügt, keins weggestrichen ... Sie war glücklich und froh und zufrieden, obwohl sie unter den schwierigsten Verhältnissen von allen lebt." Für diese Frau sei das Leben mit ihrem Mann und mit ihren Zwillingen das Beglückende, deshalb könne sie auch ihre berufliche Arbeit fröhlich verrichten.

[...]

Ich war so etwas wie Elektromechanikerin, bloß eben angelernt. Die haben mich beschwatzt, mach doch den Facharbeiter. Und ich hab gesagt, dann kann ick gleich Klavier spielen lernen, das kann ich genausowenig, laßt mich damit in Ruh. Aber sie hatten da soundso viel Stellen drin in ihrem Plan, die noch nicht ausgefüllt waren, und da hab ich mich schließlich breitklat-
5 schen lassen, bin hingegangen. Ein Vierteljahr hab ich durchgehalten, bis zu Bruchrechnung und Dreisatz. Als dann Gleichungen kamen, da hab ich den Kram hingeschmissen, das war mir zu trocken. Und den ganzen Tag dastehen und feilen und mit der Schieblehre umgehen – da hatt ick kein Interesse für. Gab es großes Theater, sollte ich das ganze Geld wieder zurück-zahlen, aber ich bin drum rumgekommen. Na, da bin ich eben sechs Jahre so geblieben, bis
10 ich durch die Schwangerschaft aufgehört hab. Ich kriegte die Zwillinge, die sind jetzt sechs, und war drei Jahre zu Hause. Mein Mann ist Mechaniker. Durch die trockene Materie, die ich hingeschmissen habe, hat er sich drei Jahre durchgeschruppt. Wir haben neulich erst seine Klassenhefte angekiekt vom Fachunterricht, also, ihm isset auch schwergefallen, bloß bei ihm war et vielleicht so, als Mann hat er sich überlegt, du mußt ’ne Familie ernähren, nu mach,
15 das mußt du schaffen, und ich, ich dachte, du kriegst ja nachher einen Mann, der wird det schon machen. Er kam zur Armee für anderthalb Jahre, und noch anderthalb Jahre, da kamen die Kinder, da war ich drei Jahre zu Hause. Für die Kinder und mich war das eine sehr schöne Zeit. Da war ich nervlich dicke da, also, det hat mir wat jejeben, die Kinder wachsen sehen. Im Tierpark, im Stadtpark, im Planschbecken, und allet mitgemacht, im Buddelka-
20 sten, wie verrückt. Und dann waren die Zwillinge drei, und dann wurde das Geld knapp. Da mußte ich mich denn nach ’ner Arbeit umsehen. Aber det war ja noch komplizierter, vorher hab ich noch Heimarbeit gemacht, Kunstgewerbe. Da hab ich aus Pappkartons irgendwelche Pyramiden zu Weihnachten hergestellt, wenn Ostern war, denn haben wir Wachsfiguren ge-gossen und angemalt, und dann hab ich aus Blei Kerzenhalter gegossen, also die urigsten Sa-
25 chen. Tabaksbeutel haben wir auf der alten Nähmaschine genäht, die draußen im Flur steht. Ich hatte von Tuten und Blasen keine Ahnung. Mühselig. Er kam kaputt von Arbeit, und ich hab hier mit meinen Tabaksbeuteln gehangen und bin nicht klargekommen, da hat er mir ge-holfen. Und dann war das noch so’n privater Laden, der hat versucht, alles in seine Tasche zu wirtschaften. Er hatte mehrere Frauen in Heimarbeit beschäftigt, nachher wurde ihm wegen
30 Steuerhinterziehung der Laden dicht gemacht, nicht wahr. Der Betrug war offensichtlich.

Und ich bin dabei auf keinen grünen Nenner gekommen. Bei uns hat es einmal nach Wachs gestunken in der Wohnung und einmal nach Farbe, und ich hab mich mit den schweren Bleikisten abgeschleppt, und denn mit der Silvesterbleikelle übers Gas – alles ganz primitiv. Wie gesagt, der mußte seine Luken schließen, hat uns alle noch mit einem 50-Mark-Schein abgespeist, und dann saß ich wieder da. Da bin ich zur Post gegangen, das war um Weihnachten rum, und das Geld wurde immer knapper. Det war det Dollste, was ich je gemacht habe. Die schweren Pakete, die die Westler da an die Ostler und umgekehrt geschickt hatten, in den Waggon rinwuchten und stapeln. Ich war dort abends von 19 bis 23 Uhr. Und vorher den ganzen Tag die Kinder, da bin ich schon hingekrochen. Da waren Frauen, die waren vierzig, fünfzig, die waren eingefuchst, ich sage Ihnen, die sahen aus wie'n Sack Zement vom vielen Rauchen und so verbraucht, die haben die Pakete hochgenommen, als ob det 'n Stückchen Zuckerwatte wäre. Und ich als jungsches Ding, ich habe mich mehr an die Dinger rangehangen, als det ich was geschafft habe. Ich habs drei Wochen gemacht. Durch die Krippeneinweisungsstelle kam dann jemand vom Betrieb Fortschritt in die Wohnung, von der Kaderabteilung, und hat mich gefragt, ob ich da nicht anfangen möchte. Ich war froh, daß jemand kam, bloß das sind reine Näharbeiten da, und ich hatte noch von den Tabaksbeuteln genug. Da bin ich ins Lager gegangen, wo man Anzüge, Sakkos, Jacketts auf Stangen hängen muß, nach Leistung. Na ja, ich dachte, da hängst du mal ne Jacke hin und denn schreibst du det uff ne Liste, und dann hast du deine 350 Mark und bist übern Berg. Aber da mußte man ackern wie ein Pferd. Für einen Sakko gabs 1 Pfennig und für 'n Anzug 2 Pfennig. Da haben die Frauen immer gleich mit beiden Armen so zehn Anzüge genommen. Aber heben Sie das mal, das ist ein ganz schönet Gewicht. Immer à zehn, die Bügel alle in eine Richtung, zack! rauf auf die Stange. Wieder zehn, zack!, ich hab mich fast uffjehangen an den Dingern, und die anderen haben gedacht, ich bin zu faul. Ich konnte das nicht. Und die Frauen haben ununterbrochen geschindert, und dann mußte man auch noch Etiketts raussuchen, da gab es Preise, die Größe, Übergrößen, Unterweiten, die urigsten Sachen. Dann mußte man Marken draufkleben, was für 'n Export ist und was für 'n Import, dann kamen von Neckermann und vom Otto-Versand Bügel – also, wat die Fraun im Koppe haben müssen! Und für 300 Mark! Ich hab gesagt, seid ihr blöde, euch so abzuschindern pfennigsweise? Macht doch langsamer, da werden sie schon sehen, daß sie euch brauchen, da werden sie euch mehr geben. Die waren aber richtige Kulis. Die Jungen, die da angefangen haben zu lernen, die waren anders. Die haben sich hingesetzt, das machen wir nicht. Aber ich mußte ja. Ein halbes Jahr habe ich dort gearbeitet, und es ging mir nicht in meinen Kopf rein, wie die älteren Frauen da ackern. Wo ich jetzt bin, da mach ich auf Leistung, und da kann ich, wenn ich wirklich hintereinander arbeite, manchmal 9 Mark FDGB bezahlen, da hat sich das wenigstens gelohnt, nicht. Aber dort – und denn war ich bei den älteren Frauen auch gleich unten durch. Und wenn ich mich mal unten auf eine Stange hingesetzt habe, die haben so zu tun gehabt mit ihrem Gerenne und Geschiebe, aber sie haben mich doch erwischt, ach ja, die Beyern faulenzt wieder. Aber ich war nicht faul, ich konnte nur nicht. Sie wollten mich dort im Büro behalten, aber da wäre ich vom Regen in die Traufe gekommen. Nun war es gerade günstig, zu der Zeit kam aus dem Betrieb, wo ich jetzt bin, ein Brief. Die wußten nicht, daß ich schon arbeitete. Da kam ein Brief, ob ich nicht Interesse hätte, eine Tätigkeit als Justiererin anzunehmen. Und ich war wieder mal dankbar, ach ein Glück, das ist die Chance! Und da bin ich jetzt schon zweieinhalb Jahre, und det is nun wirklich das Wahre. Ich hab gut Geld verdient, bin manchmal mit 700, 800 Mark nach Hause gekommen. Ich justiere dort Relais, von den Verkehrsampeln hauptsächlich. Da hört man es manchmal im Kasten so klackern, und was da klackert, det bin ick. Es ist eine wahnsinnig fummelige Angelegenheit. Da muß man 2-Gramm-Gewichte reinbringen und

Abstände halten von weniger als 1 Millimeter. Und allet auf Leistung. Und es gibt auch eine Norm, pro Stück vier Minuten. Jetzt schaff ick 200 Prozent am Tag. So habe ich mich hoch-
80 gesteigert, 110 müßte ich machen, ich schaffe aber 220, manchmal 250, aber einfach ist das wirklich nicht. Am Anfang mußte ich erst einmal die Norm schaffen. Kam ich nach Hause: Du, ich hab 6 Stück geschafft. Dann kam ich mit 40 an, ach, ick hab 40 geschafft! Und dann hatte ich die Norm, na, hab ich gejubelt.

Und da hab ich gesehen, da neben mir, die machen 115, und dann kommt die Ehre ins Spiel.
85 Man fängt an zu kniffeln und zu rudern. Endlich hat man's geschafft, und in der Zwischen-
zeit hat sich die hinter dir schon auf 200 gesteigert. Abends, wenn ich nach Hause kam in der ersten Zeit, hatte ich zwar Geld verdient, aber ich war erledigt. Er hat hier alles machen müssen. Ich hab mich hingeschmissen wie Graf Koks, ich konnte nicht mehr. Die Kinder hab ich vom Kindergarten hinter mir hergeschleppt, und die haben geschnattert und geschnattert,
90 und ich war in Gedanken schon wieder im Bett. Er hat mir den Kaffee ans Sofa gebracht, da-
mit ich mich erst mal wieder dope. Und hat alles gemacht, mir ist das über den Kopf gewach-
sen. Dann wurde auch noch ein Zwilling krank, Gehirnhautentzündung. Sie sah überall grüne Käfer und Spinnen und fürchtete sich sehr. Dann war sie wieder aus dem Krankenhaus raus, kriegte die andere Gelbsucht. Das war alles zuviel. Nun arbeite ich erst mal nur halbtags
95 und fühle mich besser. Jetzt hab ich die Gewißheit, ich kann Mittag gehen. Das Geld ist denn gerade so, daß es die Unkosten für die Kinder deckt. Es ist eben so, wenn man nichts gelernt hat. [...]

2.4 Streß im Krankenhaus

E. Jansen

Der Autor ist Doktor der Medizin. Sein Bericht ist zusammengestellt aus Tagebuchnotizen, die er als Assistenzarzt während der pausenlosen Arbeit in einem Großstadtkrankenhaus gemacht hat. Er umfaßt die Zeitspanne von Freitagmorgen bis Montagmorgen. Wir bringen hier den Bericht über die dritte Nacht und den Montagmorgen.

Die dritte Nacht

Um 20 Uhr setzte ein Strom von ambulanten Behandlungsfällen ein, der bis lange nach Mit-
ternacht anhielt: verletzte Automobilinsassen, die es auf der Heimfahrt aus dem Wochenende erwischt hatte. Wir hielten uns durch Kaffee wach, nähten und gipsten drauflos mit letzter Kraft, ohne noch viel nachdenken zu können. Bei einem komplizierten verschmutzten Bein-
5 bruch beschränkten wir uns auf die Säuberung und Notbehandlung, legten den Mann ins Bett und verschoben das Weitere auf den nächsten Morgen. Nach einer Entspannungspause von einer halben Stunde mußten wir gegen Morgen eine dringend notwendige Blinddarmopera-
tion machen. Als wir fertig waren und, noch in grüner Operationskleidung, im Gipsraum eine Zigarette rauchten, wurde eine alte Frau gebracht, die ein Halsband aus flexiblen Metall-
10 gliedern trug. Sie erzählte, ein Handelsvertreter hätte es ihr verkauft, es wäre antimagnetisch und sichere den Stuhlgang. Das Amulett zeigte uns den Weg zu einer schweren Krankheit: bei der Untersuchung des Mastdarms mit dem Finger tasteten wir eine Geschwulst im klei-

nen Becken. Auf dem Röntgenbild sah man Luftsicheln unter beiden Zwerchfellsicheln. Wir operierten sofort und fanden eine durchgebrochene Geschwulst und eine beginnende Bauchfellentzündung. Ein Stückchen Gewebe wurde für die Untersuchung unter dem Mikroskop entnommen, um noch zu klären, ob es sich um eine Entzündung oder um Krebs handelt. Wir legten, nach einer Drainage des Unterbauches, einen doppelläufigen künstlichen Ausgang an.

Der Montag

Gegen Morgen hatte ich einen Traum, der besonders klar war und den ich mir später, weil ich ihn so gut in Erinnerung hatte, aufschrieb: Ich bin auf einem Fest auf einer Terrasse in einer dämmrigen Trümmerlandschaft. In einem der leeren Fensterbögen ist auf einer weißen Tafel das Datum des Tages angezeigt: 27. März. Über den Häuserruinen läuft flimmernd ein Buchstabenband mit unsinnigen Reklamesprüchen, die ständig wechseln. Einer lautet: „Greifen Sie nicht zu, bevor es wieder zu spät ist!" In kleinen Gruppen bewegt sich auf der Terrasse eine Gesellschaft festlich gekleideter Menschen: junge Frauen, Kollegen, ein bekannter Künstler, prominente Persönlichkeiten unserer Stadt.

Diener eilen von Gruppe zu Gruppe, bieten auf kleinen Tabletts Getränke in allen Farben des Regenbogens an. Während die Unterhaltung lebhafter wird, tragen sieben Köche eine riesige Tafel mit einem kalten Büfett herein, ein achter streut noch Gewürze auf und lenkt die sieben durch Kommandos. An den sieben Ecken glotzen Schweinsköpfe die zur Tafel drängenden Gäste an, die sich schon schneller bewegen, die Ellenbogen benutzen und sich schimpfend die Speisen vom Munde reißen, um sie sich selbst hineinzustopfen. Bei den Schlingenden aber treten die Augen hervor, die Adamsäpfel der Männer hüpfen auf und ab, Saucen tropfen auf Kleider und Fräcke. Der rechte kleine Zeh juckt mich, ich streife einen Schuh ab und kratze mich zwischen den Zehen.

Als ich wieder aufblicke, signalisiert das Buchstabenband Sätze aus einer Sportreportage: „– kommt die Flanke – ist am Ball – legt ihn sich zurecht und – abseits-abseits-abseits." Die Gäste wirbeln in sich beschleunigender Bewegung durcheinander, beginnen sich mit der Fülle der restlichen Speisen zu bewerfen, zu beschmieren. Neben noch hungrigen Kämpfenden sieht man nackend sich Jagende. Am Rande der Terrasse lehnen einzelne sich Erbrechende im Halbdunkel. Ein kleiner Wind trägt den Geruch von Speisen, Schweiß, Parfüm, Erbrochenem hinweg. Die Köche decken ab. Sieben Bademeister schleifen ein Schwimmbecken herein. Das überschwappende Wasser fließt in kleinen Bächen über die Terrasse. Die Gäste kleiden sich um. Ich prüfe die Temperatur des Wassers mit der Hand: eiskalt.

Das Telefon klingelte in meinen Traum hinein, der sofort verblaßte. Noch einige Minuten lag ich und lauschte in mich hinein auf die versunkenen Einzelheiten dieses Traums, stellte Vermutungen an, wie er sich wohl weiterentwickelt hätte. Es war die Stationsschwester, die mich, wie üblich, um 6.30 Uhr geweckt hatte. Unter der heißen Dusche schwankte ich ein wenig, unter dem kalten Strahl aber wurde ich mit zunehmenden Kopfschmerzen wach. Beim Frühstück kriegte ich außer einer Tasse Milchkaffee nichts herunter. Die Stationsschwester war auf meinen Zustand vorbereitet und hatte deshalb die Visite selbst gemacht. Ich brauchte mir nur noch einen Kranken anzusehen, der fieberte, und zwei Anordnungen treffen, wobei ich im Grunde die Vorentscheidung der erfahrenen Schwester bestätigte. In die Röntgenbesprechung schickte ich die Assistenten der Station mit unseren Röntgenbildern, um das unvermeidliche Gezänk der Professoren nicht anhören zu müssen. Im Operationssaal las ich den Operationsplan für heute: zwanzig Eingriffe in vier Sälen waren vorgesehen. Ich war als 1. Assistent für vier Operationen eingeteilt, zog grüne Operationskleidung an, band mir die Maske um und begann, mich zu waschen. Im Waschraum wurde geflaxt, weil man durch die Glasscheibe im Narkosevorbereitungsraum eine unglaublich fette Patientin sah, die von vier Krankenpflegern aus dem Bett auf den Operationstisch geladen wurde.

Mit meinen Holzschuhen rutschte ich auf dem nassen Fußboden beinahe aus, als ich den Kittel aus der sterilen Kiste nahm,und mußte deshalb über mich lachen. Ich wunderte mich, daß ich gar nicht mehr müde war und über eine solche Kleinigkeit hatte lachen müssen. Ich bemerkte, daß ich in einer unerklärlich gehobenen Stimmung war. Ich hätte tanzen und singen mögen. Mit der Schwester deckte ich die fettsüchtige Patientin mit grünen Tüchern ab, die mit spitzen Klemmen an der weichen desinfizierten Haut befestigt wurden. Dabei fiel mir ein Liedchen ein. Ich fing an zu summen: „Venus, DU und Dein Kind, seid alle beide blind, und pflegt auch zu verblenden, wer sich zu Euch tut wenden, wie ich hab schon erfahren, in meinen jungen Jahren.‟ Das Gesicht der Schwester verzog sich unter der Maske, wobei das Tuch von der Nase rutschte. Ich sah, daß sie lächelte. An diesem Morgen ging mir die Arbeit leicht von der Hand. Ich merkte aber, daß es nur Routine war, die ich noch beherrschte. Gegen Ende der letzten Operation, als an einem großen Blutgefäß überraschend eine starke Blutung einsetzte, brauchte ich länger als gewöhnlich, um die Blutung zu stillen.

Zum Mittagessen war es schon zu spät, als wir um drei Uhr aus dem Operationssaal kamen. In der Stationsküche ließ ich mir eine Tasse Kaffee geben und steckte mir eine Zigarette an. Eine halbe Stunde saß ich unbeweglich auf dem Stuhl, starrte auf den Küchentisch und fühlte mich glücklich, daß ich mich nicht zu bewegen brauchte.

Die Schwestern scheuchten mich zur Nachmittagsvisite hoch. Wir zogen durch die acht Zimmer mit den dreißig Patienten, hörten, fragten, tasteten die Bäuche ab, wechselten Verbände. Wir hatten nicht viel Zeit für die Fragen der Kranken. In meiner Erschöpfung bemühte ich mich, nichts Wichtiges zu übersehen. Um 17.30 Uhr sprach ich noch zwei dringende Arztbriefe in die Diktatanlage. Um 18 Uhr holte mich Ursula mit dem Wagen an der Pforte ab ...

2.5 Mädchen in der Berufsausbildung

Aus dem Berufsbildungsbericht der Bundesregierung (1986)

[...]

Die Situation der Mädchen auf dem Ausbildungsstellenmarkt ist nach wie vor sehr schwierig. Die Verbesserung der Ausbildungschancen der Mädchen wird deshalb weiterhin ein besonderer Schwerpunkt der berufsbildungspolitischen Anstrengungen der Bundesregierung sein. Hierzu sind insbesondere folgende Ansatzpunkte weiter zu verfolgen:

- Die Betriebe sind aufgefordert, Mädchen bei ihren Einstellungsentscheidungen verstärkt zu berücksichtigen. Von den rund 430 anerkannten Ausbildungsberufen sind lediglich rund 30 aufgrund gesetzlicher Bestimmungen für Mädchen nicht zugänglich. Allerdings bieten in den anderen 400 Berufen viele Betriebe immer noch Ausbildungsstellen nur für männliche Bewerber an. Diese Einstellungspraxis eines Teils der Ausbildungsbetriebe muß sich ändern. Daneben ist es weiter notwendig, daß auch in den traditionellen Ausbildungsberufen für Frauen zusätzliche Ausbildungsplätze bereitgestellt werden.

- Die Ausbildungswünsche der Mädchen konzentrieren sich nach wie vor hauptsächlich auf Büro- und kaufmännisch-verwaltende Berufe sowie auf die Dienstleistungsberufe. Über die Hälfte der weiblichen Ausbildungsplatzbewerber sucht einen Ausbildungsplatz als Bürogehilfin/Bürokauffrau, Verkäuferin, Arzthelferin/Zahnarzthelferin, Friseurin, Industriekauffrau oder Einzelhandelskauffrau. Dieses Berufswahlspektrum ist weiterhin fachlich zu schmal. Die Mädchen und auch ihre Eltern sollten sich immer wieder verdeutlichen, daß sie sich für ein breiteres Spektrum von Ausbildungsberufen interessieren sollten.

- Die Mädchen sollten über alle Möglichkeiten der betrieblichen Ausbildung und anderer sinnvoller Qualifizierung umfassend informiert werden. Bei vielen Mädchen bestehen über manche Berufe unzureichende oder falsche Vorstellungen, aber auch völlig unbegründete Vorurteile. Außerdem entstehen durch Unkenntnis über die Weiterentwicklung traditioneller Ausbildungsberufe häufig falsche Perspektiven. Andere Berufe wiederum sind ganz einfach zu wenig bekannt. Hier liegt eine wichtige Aufgabe für die Arbeitsämter und die Schulen ebenso wie für die Verbände und Betriebe der Wirtschaft. Besonders erfolgversprechend ist eine möglichst praxisnahe Aufklärung von Schülerinnen über Möglichkeiten und Aussichten für junge Frauen in gewerblich-technischen Berufen im Rahmen gemeinsamer Aktionen von Kammern, Arbeitsämtern und Schulen, wobei die Eltern einbezogen werden sollten.

Mädchen sollten sich über das allgemeine Angebot an Ausbildungsplätzen im gewerblich-technischen Bereich hinaus insbesondere verstärkt für die zahlreichen feinmechanischen Berufe interessieren, für die sie häufig besondere Fertigkeiten und Begabungen mitbringen.

Auch berufsvorbereitende Maßnahmen sowie Berufsfachschulangebote sollten für eine Motivationsänderung bei jungen Frauen in bezug auf die Berufswahl genutzt werden, indem die jungen Frauen in naturwissenschaftlich-technische Sachverhalte und Denkweisen eingeführt werden.

- Eine völlige Umorientierung der Berufswünsche der Mädchen auf gewerblich-technische Berufe ist nicht zu erwarten. Deshalb ist es notwendig, Dienstleistungsberufe attraktiver zu gestalten und den neuen Anforderungen des Arbeitsmarktes anzupassen, indem neue Inhalte, insbesondere Informations- und Kommunikationstechniken, in die Ausbildung einbezogen werden. Auch sollten die Aufstiegsmöglichkeiten in diesen Berufen ausgebaut werden.
[...]

3 Mit Gesetzen leben

3.1 Fahren ohne Fahrerlaubnis

Detlef Michel/Michael Teicher

Der nachstehende Rechtsfall wurde 1983 in der Sendereihe des ZDF „Jugendliche und ihr Recht" ausgestrahlt. Die Sendung bestand aus drei Teilen. Im 1. Teil wurde der Fall vorge-spielt. Im 2. Teil beriet ein Laiengericht, bestehend aus Schülern eines Hamburger Gymnasi-ums, ohne juristische Kenntnisse nach seinem Rechtsempfinden über den Fall und „verkün-dete" sein Urteil. Im 3. Teil verkündete ein Gericht, bestehend aus Richtern, sein Urteil und be-gründete es. Nachstehend werden die wichtigsten Stellen aus den drei Teilen wiedergegeben.

Der „Fall"

Matthias Weigand, fast 18 Jahre alt, lebt mit seinen Eltern auf einem Bauernhof in der Nähe von Hamburg. Er macht gerade seinen Führerschein. Den theoretischen Teil der Fahrprüfung hat er bereits abgelegt. Außerdem hat er die nötigen Fahrstunden genommen und mit seinem Vater reichlich auf den Feldwegen geübt.

5 Mit seinen Freunden Bernd, Erika, Matthias, Monika und Sabine will er am Wochenende zum Campen an die See fahren. Matthias' Vater hat versprochen, sie mit seinem Transporter zu fah-ren. Als der Vater plötzlich erkrankt und Matthias' Mutter wegen der vielen Arbeit, die sie nun zu erledigen hat, nicht einspringen will, ist die Enttäuschung groß. Bernd und Jürgen machen Matthias Vorwürfe wegen des verpatzten Wochenendes. Matthias beruhigt sie und meint, daß
10 er das Ganze schon noch hinkriegen werde. Als Matthias noch einmal seine Mutter bittet, sie zu fahren, lehnt diese endgültig ab. Nach einer Andeutung von Matthias warnt sie ihn, den Trans-porter selbst zu fahren.

Am Samstagmorgen nimmt Matthias trotzdem den Transporter und fährt mit seinen Freunden los. Als seine Mutter das Fehlen des Fahrzeugs entdeckt, fährt sie ihnen nach. Sie trifft sie, als
15 sie gerade ihre Sachen auspacken. Nachdem Matthias' Mutter versprochen hat, die anderen am nächsten Abend abzuholen, befiehlt sie ihm, den Transporter auf der Stelle zurückzufahren. Auf der Heimfahrt hat Matthias einen Unfall. Ein anderes Auto, dessen Fahrer die Vorfahrt nicht beachtet, fährt dem Transporter in die rechte Vorderseite. Der Fahrer dieses Fahrzeugs, Herr Vogel, wird leicht verletzt. An beiden Fahrzeugen entsteht Sachschaden. Herr Vogel glaubt, er
20 habe Vorfahrt gehabt und fordert Ersatz des ihm entstandenen Schadens. Matthias' Eltern, die überzeugt sind, daß Matthias auf der Vorfahrtstraße gefahren ist, weigern sich, den Schaden zu bezahlen. Daraufhin verklagt Herr Vogel Matthias, seine Eltern und die Haftpflichtversicherung, bei welcher der Transporter versichert ist, auf Zahlung der Reparaturkosten von DM 2 000,–, auf Ersatz des Verdienstausfalls, da Herr Vogel wegen seiner Verletzung zwei Wochen arbeits-
25 unfähig gewesen ist, und auf Zahlung eines Schmerzensgeldes.

Das Urteil des Laiengerichts

Das Laiengericht setzt sich aus Schülern der Otto-Hahn-Schule in Hamburg zusammen. Christina gibt die Entscheidung des Laiengerichts bekannt:

„Wir haben bei unserem Urteil den Unfall und das Fahren von Matthias ohne Führerschein ge-
trennt. Bezüglich des Unfalls haben wir entschieden, daß die Versicherung von Herrn Vogel den
Schaden am Transporter zu zahlen hat. Zugleich haben wir die Ansprüche, die Herr Vogel an
die Familie von Matthias stellt, abgewiesen, weil er der Schuldige an dem Unfall ist. Wegen des
Fahrens ohne Führerschein bestrafen wir Matthias mit einer Führerscheinsperre. Er darf seinen
Führerschein nun nicht mehr fertigmachen. Wir begründen dies damit, daß er die theoretische
Prüfung abgelegt hat und damit wußte, daß er ohne Führerschein nicht fahren darf. Er hat sich
trotzdem darüber hinweggesetzt und ist losgefahren.

Die Mutter von Matthias wird von uns ebenfalls verurteilt. Sie bekommt von uns ein halbes Jahr
Führerscheinentzug mit der Begründung, daß sie die Drohung von Matthias, den Transporter
selbst zu fahren, praktisch übergangen hat und daß sie ihm hinterher gefahren ist und ihn ge-
zwungen hat, zurückzufahren. Auf dieser Rückfahrt ist dann halt dieser Unfall passiert.‟

Das Urteil des Berufsgerichts

Auch das Berufsgericht teilt das Geschehen in zwei Sachverhalte auf: Unfall und Fahren ohne Führerschein.

Die Entscheidung in Sachen Vogel gegen Weigand – Herr Vogel hatte auf Erstattung der Unfall-
kosten geklagt – wird von der Zivilkammer des Landgerichts getroffen. Eine Zivilkammer ist mit drei Richtern besetzt. Der Vorsitzende Richter hat die Gerichtsverhandlung zu leiten und das Urteil zu verkünden. In unserem Fall tut dies der Vorsitzende Richter folgendermaßen:

„Im Namen des Volkes ergeht folgendes Urteil:

1. Die Klage wird abgewiesen.

2. Die Kosten des Rechtsstreits hat der Kläger zu tragen.

Begründung:
Das Gericht hat darüber zu entscheiden, ob Herrn Vogel Ansprüche auf Ersatz seiner Repara-
turkosten, seines Verdienstausfalls und auf ein angemessenes Schmerzensgeld zustehen. Mit
seiner Klage verfolgte Herr Vogel diese Ansprüche 1. gegen Herrn Weigand als Halter des
Transporters, 2. gegen Matthias Weigand, der den Transporter gefahren hat, 3. gegen dessen
Mutter, weil sie die Rückfahrt des Transporters veranlaßt hat und 4. gegen die Versicherungs-
gesellschaft, bei welcher der Transporter haftpflichtversichert ist.

Nach Auffassung der Kammer sind die Klagen gegen alle vier Beklagte abzuweisen.
Eine Haftung des Herrn Weigand als Fahrzeughalter kommt in diesem besonderen Fall nicht in
Betracht. So haftet der Halter eines Kraftfahrzeuges grundsätzlich für Schäden aus einem Ver-
kehrsunfall, und zwar selbst dann, wenn dem Fahrer an dem Unfall kein Verschulden anzula-
sten ist. Eine Ausnahme von diesem Grundsatz gilt jedoch dann, wenn der Unfallgegner seiner-
seits einen schwerwiegenden Verkehrsverstoß begangen hat. In einem solchen Fall haftet der
Unfallgegner allein und hat den ihm entstandenen Schaden selbst in voller Höhe zu tragen. Das
gilt insbesondere bei einer Vorfahrtsverletzung.‟

„Nun zu Matthias als dem Fahrer: Er ist ohne Fahrerlaubnis gefahren. Er hat damit gegen ein Strafgesetz verstoßen, das den Schutz anderer Verkehrsteilnehmer bezweckt.
Jedoch hat sich dieser strafrechtliche Verstoß nicht auf den Unfall ausgewirkt. Den Unfall hat allein Herr Vogel durch seine Vorfahrtsverletzung verursacht, nicht Matthias Weigand, dessen
70 Fahrweise nicht zu beanstanden ist. Juristisch gesprochen, fehlt es am Ursachenzusammenhang zwischen dem Fahren ohne Fahrerlaubnis und dem Unfall."

Anders gesagt: Es ist nicht zu dem Unfall gekommen, weil Matthias keinen Führerschein hatte.

„Aus ähnlichen Gründen entfällt auch eine Haftung der Mutter von Matthias. Allerdings hat auch sie gegen ein Strafgesetz verstoßen. Sie hat Matthias veranlaßt, mit dem Transporter zu-
75 rückzufahren, obwohl sie wußte, daß er nicht im Besitz einer Fahrerlaubnis ist. Auch ihr Verhalten hat sich jedoch auf den eigentlichen Unfall nicht ausgewirkt.
Schließlich kommen auch Ansprüche gegen die Versicherungsgesellschaft in Betracht. Allerdings kann der Geschädigte aus einem Verkehrsunfall seine Ansprüche immer auch direkt gegen die Haftpflichtversicherung des Gegners geltend machen. Das setzt aber voraus, daß
80 solche Ansprüche bestehen. Sie bestehen in diesem Fall nicht."

Nach der Urteilsbegründung weist das Gericht noch auf zwei Punkte hin:

„Die Kammer hat nicht darüber zu entscheiden, wie die strafrechtlichen Verstöße, die Matthias und seine Mutter begangen haben, zu beurteilen sind. Das wird durch ein Strafgericht geschehen. Zum andern kann aus der Tatsache, daß keine Ansprüche gegen Matthias und seine Mut-
85 ter gegeben sind, nicht entnommen werden, daß Matthias, seine Mutter und auch seine Mitschüler sich in allen Punkten richtig verhalten haben. Das zu beurteilen ist aber nicht Sache des Gerichts."

Folgen des Fahrens ohne Führerschein

Welche Folgen das Fahren ohne Führerschein für Matthias hat, wird in einem Strafprozeß ent-
90 schieden, der völlig unabhänig vom Zivilprozeß abläuft. Für die jugendlichen Laienrichter in unserem Beispielfall war aber gerade die strafrechtliche Seite von besonderem Interesse. Darf Matthias seinen Führerschein noch machen? Wie würde ein Gericht entscheiden?
Matthias hat sich mit dieser Fahrt zum Strand und zurück natürlich strafbar gemacht. Beides waren vorsätzliche Fahrten ohne Fahrerlaubnis. Matthias muß also mit einer Maßregelung
95 rechnen.

Auch auf den Führerschein wird er etwas warten müssen: Die Straßenverkehrsbehörde erteilt – bis auf ganz wenige Ausnahmefälle – keine Fahrerlaubnis, solange ein Verfahren wegen Fahrens ohne Führerschein in der Schwebe ist. Das heißt, die Behörde ordnet eine Art Stornierung der Führerscheinprüfung an. Die Behörde wird sich aber an das gebunden sehen, was das
100 Gericht ausspricht. Wenn das Gericht aus pädagogischen Gründen, die hier im Vordergrund stehen, keine Sperre für den Erwerb einer Fahrerlaubnis ausspricht, wird auch die Behörde Matthias anschließend zur Prüfung zulassen. Es ist also nicht wahrscheinlich, daß Matthias seinen Führerschein längere Zeit nicht machen kann. [...]

Daß das Fahren ohne Führerschein verboten ist und bestraft wird, ergibt sich aus dem bereits
105 erwähnten Straßenverkehrsgesetz. Danach wird mit Freiheitsstrafe bis zu einem Jahr oder mit Geldstrafe bestraft, wer vorsätzlich ein Kraftfahrzeug führt, ohne die dazu erforderliche Fahrerlaubnis zu haben (§ 21 Abs. 1 des Straßenverkehrsgesetzes).

So unmißverständlich diese Vorschrift in ihrer abstrakten Gesetzessprache gehalten sein mag, wird doch schnell klar, daß sie nicht für jeden gleichermaßen gelten kann. So sind Kinder unter
110 14 Jahren für ihre Taten im strafrechtlichen Sinn nicht verantwortlich und können nicht bestraft werden, wenn sie ein Strafgesetz verletzen: sie sind noch nicht *strafmündig* (Strafrecht). Auch für Jugendliche zwischen 14 und 18 Jahren gilt die Strafandrohung des Straßenverkehrsgesetzes nicht. Für sie regelt das Jugendgerichtsgesetz die strafrechtliche Verantwortlichkeit und ihre Folgen.

115 Ein Jugendlicher ist strafrechtlich nur verantwortlich, wenn er zur Zeit der Tat nach seiner sittlichen und geistigen Entwicklung reif genug ist, das Unrecht seiner Tat einzusehen und nach dieser Einsicht zu handeln (§ 3 des Jugendgerichtsgesetzes). Das Gericht muß also gegebenenfalls unter Einbeziehung eines Sachverständigen prüfen, ob ein Jugendlicher aufgrund seiner individuellen Entwicklung und Einsichtsfähigkeit für seine Tat verantwortlich ist. In unserem
120 Fall bereitet diese Frage keine Schwierigkeit, da Matthias weiß, daß das Fahren ohne Führerschein verboten ist.

3.2 Volljährig – aber doch noch abhängig?

Jugendliche, die bei ihren Eltern wohnen: mit 18 mündig und dennoch nicht selbständig

Hanne Schreiner

Seit dem Jahr 1975 wird ein Jugendlicher bei uns schon mit 18 statt mit 21 Jahren volljährig und damit auch voll geschäftsfähig. Das war damals eine von allen Parteien des Bundestages getragene politische Entscheidung. Allerdings nannten Entwicklungspsychologen zahlreiche Gründe für, wie auch gegen die Vorverlegung der sozialen Reife. Die Jugendlichen fanden es toll. Doch ebenso viele bemerkten schnell: Zu einer wirklichen Selbständigkeit gehört die wirtschaftliche Unabhängigkeit. Und bis es endlich so weit ist, vergehen viele Jahre.

Die Bundesrepublik Deutschland ist beispielsweise das einzige Land, das dreizehn Schuljahre bis zum Abitur fordert und die deutschen Akademiker sind im Durchschnitt wesentlich älter, wenn sie ins Berufsleben einsteigen, als anderswo. Selbst Lehrlinge sind heute meist längst volljährig, wenn sie ihre Abschlußprüfung ablegen. Immer mehr Jugendliche wohnen noch mit 18, 20 oder mehr Jahren bei ihren Eltern und sind entweder von ihnen oder von Beihilfen zur Berufsausbildung oder zum Studium noch lange abhängig.

Was es mit der Volljährigkeit so auf sich haben kann, das tritt demzufolge meist erst in kritischen Situationen zutage. Im allgemeinen wissen weder die Eltern noch die jungen Heranwachsenden über die Rechte und Pflichten Bescheid, die mit

der Volljährigkeit verbunden sind. Das hat sich schon vor Jahren bei einer Untersuchung des Münchner Deutschen Jugendinstituts über die Auswirkungen der Herabsetzung des Volljährigkeitsalters von 21 auf 18 Jahre herausgestellt.

Voll geschäftsfähig

Wer achtzehn ist, ist auch voll geschäftsfähig, wie das juristisch heißt. Das bedeutet: Ab achtzehn kann man Verträge über Käufe, Kredite, Mieten und die Arbeit oder Ausbildung selbständig abschließen – und man haftet uneingeschränkt für alles, was man tut, sagt und unterschreibt.

Die Unterhaltspflicht der Eltern endet aber keineswegs mit dem 18. Geburtstag ihres Kindes. Auch ein volljähriges Kind hat während seiner

Berufsausbildung Anspruch auf Unterhalt. Andererseits kann man mit Beginn der Volljährigkeit in ein öffentliches Amt gewählt werden und ohne Erlaubnis der Eltern oder eines Vormundschaftsgerichts heiraten. Allerdings muß dann auch die Familie unterhalten werden.

Eine Sonderregelung gibt es in der Strafgerichtsbarkeit. Der Strafrichter kann 18- bis 21jährige als Heranwachsende nach dem Jugendstrafrecht behandeln. Also volljährig – aber nicht erwachsen? Jedenfalls kann kaum ein Achtzehnjähriger von den ihm zustehenden Rechten viel Gebrauch machen, selbst wenn die Eltern die materielle Abhängigkeit des jungen Erwachsenen nicht zur Bevormundung ausnutzen. Die Jugendlichen sind zwar geschäftsfähig, aber finanziell abhängig.

Nicht nützlich, sondern häufig eher schädlich ist das Gesetz für jene Jugendlichen, die in Heimen aufwachsen. Wer mit achtzehn gehen will, kann nicht gehalten werden. Und selbst wer bleibt, um eine Ausbildung abzuschließen, hat es danach draußen schwer, sich gleich als Erwachsener bewähren zu müssen. Für viele ist da das Scheitern vorprogrammiert.

So bringt die Volljährigkeit mit achtzehn denen, die ohnehin besonders benachteiligt sind, zusätzlichen Schaden. Dagegen ist das Minderjährigenrecht vor allem ein Schutzrecht. In normalen Verhältnissen, so sagen viele Fachleute, gebe es keine Probleme, wenn Jugendliche volljährig werden. So weit, so gut: Doch – was sind eigentlich normale Verhältnisse?

Da dürften die Erwartungshaltungen sehr unterschiedlich sein. Heißt normal nur konfliktfrei, problemlos und harmonisch? Verantwortungsbewußtes Verhalten, ohne gegenseitigen Anpassungsdruck, mit stufenweiser Ablösung junger Erwachsener vom Elternhaus – und auch der Eltern von den Kindern?

Oder ist normal auch: widerstrebende Duldung. Nachgeben, Einlenken bis hin zur Resignation – bei Eltern wie bei Kindern; und das alles, um zur Entfremdung, vielleicht sogar zum Bruch führende Konflikte zu vermeiden. Oder, noch bescheidener: Ist normal schon, wenn ein Jugendlicher „wenigstens nicht ausschert", nicht unter den Einfluß von Drogen oder Sekten gerät, nicht aktenkundig und nicht straffällig wird?

Konflikte werden heute oft dadurch verschärft, daß sich Jugendliche mit Problemen der Ausbildung und der Arbeitsplatzsuche konfrontiert sehen. Da werden von den Eltern und Kindern viel Langmut und häufig risikoträchtige finanzielle Opfer gefordert. Damit schiebt sich der Zeitpunkt der möglichen Unabhängigkeit noch weiter hinaus.

Aber ist Erwachsenwerden nicht auch deshalb heute schwieriger, weil das Korsett der Konventionen, weil die Tabus weggefallen sind? So weit, so gut – doch: Wo viele Freiheiten sind, gibt es noch mehr Gefährdungen. Dem Sog der Konsumwelt können viele nicht widerstehen – die Kriminalstatistiken beweisen es.

Total verschuldet

Viele junge Erwachsene sind durch Ratenkredite total verschuldet. Eine Jugendgerichtshelferin: „Wenn eine Clique von Jugendlichen wegen Kleinkriminalität vor den Kadi kommt, stellt sich fast immer heraus, daß jeder einen Kredit laufen hat."

Wenn die Rede von „erzieherischer Vernachlässigung" ist, so kann sie sich einmal in der Forderung nach bedingungsloser Unterwerfung ausdrücken, als auch im „Laissez-faire" – denn beides ist bequem. Immerhin: nach der erwähnten Studie praktizierten fast die Hälfte der Eltern schon vor der Volljährigkeit ihrer Kinder einen kooperativen Erziehungsstil. Partnerschaft als Leitbild.

Ob es damit funktioniert oder nicht, das entscheidet sich nicht am 18. Geburtstag. „Die gesamte Erziehung und Bildung", so sagt der Jugendexperte Walter Becker, „ist auf das vorverlegte Volljährigkeitsalter einzustellen. Die Erziehung des Kindes zur Freiheit hat frühzeitig zu beginnen, wobei auch zum Emanzipationsprozeß das heilsame Nein gehört, damit junge Menschen beizeiten lernen, Frustrationen zu ertragen."

3.3 Gesetz zum Schutze der Jugend in der Öffentlichkeit (Jugendschutzgesetz)

Am 10. November 1949 wurde im Deutschen Bundestag der Entwurf eines Jugendschutzgesetzes eingebracht. Der Entwurf wurde unter Beteiligung aller politischen Parteien erheblich verändert. Das Gesetz wurde am 4. Dezember 1951 im Bundesgesetzblatt veröffentlicht. 1957 wurde es neugefaßt und 1974 wiederum geändert. Am 5. März 1985 erhielt es seine jetzt gültige Form. Nachstehend bringen wir zum Vergleich Auszüge aus dem Gesetzentwurf vom Jahr 1949, aus der Neufassung des Jahres 1974 und aus der heute gültigen Form.

Entwurf eines Gesetzes zum Schutze der Jugend in der Öffentlichkeit (1949)

§ 1 Jugendliche unter 16 Jahren dürfen sich auf öffentlichen Straßen und Plätzen oder an sonstigen öffentlichen Orten während der Dunkelheit nicht herumtreiben.

§ 2 (1) Der Aufenthalt in Gaststätten aller Art darf Jugendlichen unter 16 Jahren nur in Begleitung eines Erziehungsberechtigten gestattet werden. Jugendliche im Alter von 16 bis 18 Jahren dürfen sich ohne eine solche Begleitung nur bis 22 Uhr in Gaststätten aller Art aufhalten.
(2) Dies gilt nicht:
a) für Jugendliche, die an einer Jugendveranstaltung teilnehmen, die von einem Jugendgruppenleiter durchgeführt wird,
b) für Jugendliche, die sich auf Reisen befinden,
c) solange der Aufenthalt eines Jugendlichen in einer Gaststätte zur Einnahme einer Mahlzeit erforderlich ist.

§ 3 (1) In Gaststätten und sonstigen Verkaufsstellen aller Art dürfen Jugendlichen unter 18 Jahren branntweinhaltige Getränke nicht verabfolgt und der Genuß solcher Getränke nicht gestattet werden.
(2) Der Genuß anderer alkoholhaltiger Getränke darf Jugendlichen unter 16 Jahren nur in Begleitung eines Erziehungsberechtigten gestattet werden.
(3) Die weitergehenden Bestimmungen des Gaststättengesetzes vom 18. April 1930 (...) bleiben unberührt.

§ 4 (1) Die Teilnahme an öffentlichen Tanzlustbarkeiten in Räumen oder im Freien darf Jugendlichen unter 16 Jahren nicht gestattet werden.
(2) Der Aufenthalt in Räumen, in denen öffentliche Tanzlustbarkeiten stattfinden, darf Jugendlichen unter 16 Jahren nur für die Zeit bis 22.00 Uhr gestattet werden, sofern sie sich in Begleitung eines Erziehungsberechtigten befinden.

§ 5 Der Zutritt zu Varieté-, Kabarett- und Revueveranstaltungen darf Jugendlichen unter 18 Jahren nur in Begleitung eines Erziehungsberechtigten gestattet werden, sofern diese Veranstaltungen nicht dem Jugendverbot unterliegen.

§ 6 (1) Jugendliche unter 14 Jahren dürfen zu Filmveranstaltungen zugelassen werden, soweit diese Veranstaltungen ohne Einschränkungen als jugendfrei anerkannt sind.

Gesetz zum Schutze der Jugend in der Öffentlichkeit (1974)

§ 1 [Gefährdende Orte; Begriffsbestimmungen] (1) Kinder und Jugendliche, die sich an Orten aufhalten, an denen ihnen eine sittliche Gefahr oder Verwahrlosung droht, sind durch die zuständigen Behörden oder Stellen dem Jugendamt zu melden.

(2) Sie sind außerdem zum Verlassen eines Ortes anzuhalten, wenn eine ihnen dort unmittelbar drohende Gefahr nicht unverzüglich beseitigt werden kann. Wenn nötig, sind sie dem Erziehungsberechtigten zuzuführen oder, wenn dieser nicht erreichbar ist, in die Obhut des Jugendamtes zu bringen.

(3) Kind im Sinne dieses Gesetzes ist, wer noch nicht vierzehn, Jugendlicher, wer vierzehn, aber noch nicht achtzehn Jahre alt ist.

(4) Erziehungsberechtigter im Sinne dieses Gesetzes ist, wer das Recht und die Pflicht hat, für die Person des Kindes oder des Jugendlichen zu sorgen. in den Fällen der §§ 2 bis 4 stehen den Erziehungsberechtigten Personen über einundzwanzig Jahren gleich, die mit Zustimmung des Sorgeberechtigten (Satz 1) das Kind oder den Jugendlichen zur Erziehung, Ausbildung, Aufsicht oder Betreuung in ihre Obhut genommen haben.

§ 2 [Gaststättenaufenthalt] (1) Der Aufenthalt in Gaststätten darf Kindern und Jugendlichen unter sechzehn Jahren nur gestattet werden, wenn ein Erziehungsberechtigter sie begleitet.

(2) Dies gilt nicht, wenn die Kinder oder Jugendlichen

1. an einer Veranstaltung teilnehmen, die der geistigen, sittlichen oder beruflichen Förderung der Jugend dient,
2. sich auf Reisen befinden oder
3. eine Mahlzeit oder ein Getränk einnehmen, solange dazu der Aufenthalt in der Gaststätte erforderlich ist.

§ 3 [Alkohol] (1) Kindern und Jugendlichen darf in Gaststätten und Verkaufsstellen Branntwein weder abgegeben noch sein Genuß gestattet werden. Das gleiche gilt für überwiegend branntweinhaltige Genußmittel.

(2) Andere alkoholische Getränke dürfen in Gaststätten und Verkaufsstellen zum eigenen Genuß nicht abgegeben werden

1. Kindern,
2. Jugendlichen unter sechzehn Jahren, die nicht von einem Erziehungsberechtigten begleitet werden.

§ 4 [Tanzveranstaltungen] (1) Kindern und Jugendlichen unter sechzehn Jahren darf die Anwesenheit bei öffentlichen Tanzveranstaltungen nicht gestattet werden.

(2) Jugendlichen von sechzehn Jahren oder darüber darf die Anwesenheit bei öffentlichen Tanzveranstaltungen bis 24 Uhr gestattet werden, jedoch ab 22 Uhr nur in Begleitung eines Erziehungsberechtigten.

(3) Ausnahmen von Absatz 1 und 2 können auf Vorschlag der in § 2 des *Reichsgesetzes für Jugendwohlfahrt vom 9. Juli 1922 (Reichsgesetzblatt I S. 633)* vorgesehenen Organe (Landesjugendamt, Jugendamt) zugelassen werden.

§ 5 [Varieté, Kabarett, Revue] (1) Die Anwesenheit bei Varieté-, Kabarett- oder Revue-veranstaltungen darf Kindern und Jugendlichen nicht gestattet werden.

(2) § 4 Abs. 3 gilt entsprechend.

§ 6 [Filmveranstaltungen] (1) Die Anwesenheit bei öffentlichen Filmveranstaltungen darf Kindern unter sechs Jahren nicht gestattet werden.

(2) Die Anwesenheit bei öffentlichen Filmveranstaltungen darf gestattet werden

1. Kindern, die sechs, aber noch nicht zwölf Jahre alt sind, wenn die vorgezeigten Filme zur Vorführung vor Kindern dieses Alters freigegeben sind und die Vorführung bis spätestens 20 Uhr beendet ist.

Gesetz zum Schutze der Jugend in der Öffentlichkeit (1985)

§ 1

Halten sich Kinder oder Jugendliche an Orten auf, an denen ihnen eine unmittelbare Gefahr für ihr körperliches, geistiges oder seelisches Wohl droht, so haben die zuständigen Behörden oder Stellen die zur Abwendung der Gefahr erforderlichen Maßnahmen zu treffen. Wenn nötig, haben sie die Kinder oder Jugendlichen

1. zum Verlassen des Ortes anzuhalten,
2. einem Erziehungsberechtigten zuzuführen oder, wenn kein Erziehungsberechtigter erreichbar ist, in die Obhut des Jugendamtes zu bringen.
   In schwierigen Fällen haben die zuständigen Behörden oder Stellen das Jugendamt über den jugendgefährdenden Ort zu unterrichten.

§ 2

(1) Kind im Sinnes dieses Gesetzes ist, wer noch nicht vierzehn, Jugendlicher, wer vierzehn, aber noch nicht achtzehn Jahre alt ist.

(2) Erziehungsberechtigter im Sinne dieses Gesetzes ist

1. jede Person, der allein oder gemeinsam mit einer anderen Person nach den Vorschriften des Bürgerlichen Gesetzbuches die Personensorge zusteht.
2. jede sonstige Person über achtzehn Jahre, soweit sie auf Grund einer Vereinbarung mit dem Personensorgeberechtigten Aufgaben der Personensorge wahrnimmt oder soweit sie das Kind oder den Jugendlichen im Rahmen der Ausbildung oder mit Zustimmung des Personensorgeberechtigten im Rahmen der Jugendhilfe betreut.

(3) Soweit es nach diesem Gesetz auf die Begleitung durch einen Erziehungsberechtigten ankommt, haben die in Absatz 2 Nr. 2 genannten Personen ihre Berechtigung auf Verlangen darzulegen. Veranstalter und Gewerbetreibende haben in Zweifelsfällen die Berechtigung zu überprüfen.

(4) Soweit nach diesem Gesetz Altersgrenzen zu beachten sind, haben Kinder und Jugendliche ihr Lebensalter auf Verlangen in geeigneter Weise nachzuweisen. Veranstalter und Gewerbetreibende haben in Zweifelsfällen das Lebensalter zu überprüfen.

(5) Dieses Gesetz gilt nicht für verheiratete Jugendliche.

§ 3

(1) Der Aufenthalt in Gaststätten darf Kindern und Jugendlichen unter sechzehn Jahren nur gestattet werden, wenn ein Erziehungsberechtigter sie begleitet. Dies gilt nicht, wenn Kinder oder Jugendliche

1. an einer Veranstaltung eines anerkannten Trägers der Jugendhilfe teilnehmen,
2. sich auf Reisen befinden oder
3. eine Mahlzeit oder ein Getränk einnehmen.

(2) Jugendlichen ab sechzehn Jahren ist der Aufenthalt in Gaststätten ohne Begleitung eines Erziehungsberechtigten bis 24 Uhr gestattet.

(3) Der Aufenthalt in Gaststätten, die als Nachtbar oder Nachtclub geführt werden, und in vergleichbaren Vergnügungsbetrieben darf Kindern und Jugendlichen nicht gestattet werden.

§ 4

(1) In Gaststätten, Verkaufsstellen oder sonst in der Öffentlichkeit dürfen

1. Branntwein, branntweinhaltige Getränke oder Lebensmittel, die Branntwein in nicht nur geringfügiger Menge enthalten, an Kinder und Jugendliche,
2. andere alkoholische Getränke an Kinder und Jugendliche unter sechzehn Jahren weder abgegeben noch darf ihnen der Verzehr gestattet werden.

(2) Absatz 1 Nr. 2 gilt nicht, wenn Jugendliche von einem Personensorgeberechtigten (§ 2 Abs. 2 Nr. 1) begleitet werden.

(3) In der Öffentlichkeit dürfen alkoholische Getränke nicht in Automaten angeboten werden. Dies gilt nicht, wenn ein Automat in einem gewerblich genutzten Raum aufgestellt und durch Vorrichtungen oder durch ständige Aufsicht sichergestellt ist, daß Kinder und Jugendliche unter sechzehn Jahren alkoholische Getränke nicht aus dem Automaten entnehmen können. § 20 Nr. 1 des Gaststättengesetzes bleibt unberührt.

§ 5

(1) Die Anwesenheit bei öffentlichen Tanzveranstaltungen ohne Begleitung eines Erziehungsberechtigten darf Kindern und Jugendlichen unter sechzehn Jahren nicht und Jugendlichen ab sechzehn Jahren längstens bis 24 Uhr gestattet werden.

(2) Abweichend von Absatz 1 darf die Anwesenheit Kindern bis 22 Uhr und Jugendlichen unter sechzehn Jahren bis 24 Uhr gestattet werden, wenn die Tanzveranstaltung von einem anerkannten Träger der Jugendhilfe durchgeführt wird oder der künstlerischen Betätigung oder der Brauchtumspflege dient.

(3) Ausnahmen von Absatz 1 können auf Vorschlag des Jugendamtes zugelassen werden.

4 Jugend setzt sich ein

Ein großer Teil der Jugendlichen engagiert sich in, neben und außerhalb der Schule für die Dritte Welt, für den Umweltschutz, für die Pflege der heimatlichen Kultur, für den Fortschritt der Wissenschaft im Dienste der Menschheit, für die Bewältigung sozialer Aufgaben, für eine lebenswerte Zukunft.
Für solchen Einsatz bringen wir Beispiele ganz verschiedener Art.

4.1 Aktion 12 x 8

Julia W. (Schülerin)

Der Wecker klingelt. Es ist 5.15 Uhr, Sonntagmorgen. Schnell aus den Federn. Um 6 Uhr beginnt mein Dienst im Krankenhaus, und ich habe 20 Minuten zu gehen.
So beginnt einmal im Monat der Sonntagmorgen. Acht Stunden dauert der Dienst, 12mal im Jahr. Deshalb heißt die ,,action'' des Malteser Hilfsdienstes ,,12 x 8''. Wer 17 Jahre alt ist, kann
5 ihm beitreten und sonntags das Pflegepersonal des Krankenhauses entlasten und den Patienten helfen.
Gleich um 6 Uhr werde ich von meiner Stationsschwester zu einer Patientin geschickt. Sie hat beide Arme in Gips und muß gewaschen werden. Dann sind in einigen Zimmern der Station die Töpfe zu leeren und die Betten zu machen.
10 Um 7 Uhr bringe ich den Kranken das Frühstück. Auch für mich gibt es jetzt eine Frühstückspause. Und weiter geht's. Den Kranken den Puls fühlen, Blutdruck und Fieber messen, die Ergebnisse ins Krankenblatt eintragen. Blumen sind zu versorgen. Die Patienten warten am Sonntag mehr als werktags auf ein freundliches Wort. Sie möchten von ihren Sorgen sprechen. Man muß ihnen das Gefühl vermitteln, daß sie nicht allein sind und bald wieder nach Hause gehen
15 können. Doch das ist oft nicht so ganz sicher.
Nach dem Austeilen des Mittagessens habe ich Zeit zum Essen. Dann bringe ich das Geschirr in die Küche zurück.
Um 13.30 Uhr ist mein Dienst zu Ende.
Weshalb ich ihn tue? Aus Freude. Außerdem lerne ich viele Menschen und ihre Krankheiten
20 kennen. Das Krankenhaus ist eine Welt für sich. Man lernt diese Welt nur kennen, wenn man darin arbeitet.

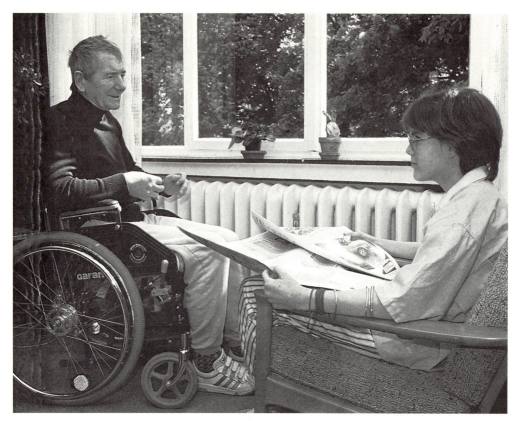

Schülerin beim freiwilligen Krankenhausdienst

4.2 Die Jugendfarm

Manfred W. (Schüler)

Der ,,Arbeitskreis Dritte Welt'' am Gymnasium Metzingen führte vom 16. 6.–23. 7. 1978 eine durch Schüler selbst finanzierte Studienreise nach Sri Lanka durch. Acht Schülerinnen, neun Schüler und zwei Lehrkräfte nahmen daran teil. Eingeladen wurden sie von der ceylonesischen ,,Swa-Shakti''-Bewegung. Swa-Shakti heißt Hilfe zur Selbsthilfe. Die Gruppe lebte in einem kleinen Reisbauerndorf, 80 km nordöstlich von Colombo. Untergebracht waren sie teils in den Familien der Reisbauern, teils in einer neu begründeten Jugendfarm, die das Ziel hatte, den armen Reisbauern neue landwirtschaftliche Produktionsbereiche zu erschließen, so z. B. Obst- und Gemüseanbau, Vieh- und Fischzucht.
Während ihres Aufenthaltes wurde ein Kindergarten geschaffen. Die Kindergärtnerin, die eingestellt wurde, wird von dem ,,Arbeitskreis Dritte Welt'' Metzingen bezahlt.
Es folgt ein Abschnitt aus einem Schülerbericht über die Arbeit auf der Jugendfarm.

Die erst seit einem halben Jahr existierende Farm bestand zum Zeitpunkt unseres Aufenthalts aus drei Bambushütten mit Palmdächern und einer landwirtschaftlichen Nutzfläche von ca. 4 ha. In einer zur Errichtung eines festen Gebäudekomplexes seit 2 Wochen bereits bestehenden Ziegelei wurden bisher ca. 13 000 Steine geformt, die noch getrocknet und gebrannt wer-
5 den mußten. Diese Ziegelei war aus der einfachsten Art, die man sich denken kann: der Lehm wird aus der Erde gestochen, mit Hilfe eines Holzbrettes zum Quader geformt und zum Trocknen gestapelt. Die dort beschäftigten Arbeiter werden nach einem Akkordtarif entlohnt: ein Arbeiter erhält für 1 000 Steine 70 Rupien (= 10 DM). Für den gesamten Gebäudekomplex werden rund 100 000 Steine gebraucht; die Kosten werden also etwa 1 000 DM betragen.
10 Ein Europäer, der sich die primitiven Mittel kaum vorstellen kann, mit denen dort eine Produktion landwirtschaftlicher Güter begonnen wird, kann sich mit der Schilderung unserer Erlebnisse nur ein ungefähres Bild von der Situation dort machen.
Wir kamen nach etwa 20minütiger Fahrt auf der Pritsche eines LKW und knapp halbstündigem Fußmarsch auf Reisfeldrainen und entlang teils wald-, teils plantagenartigen Palmenhainen auf
15 dem Gelände der Jugendfarm an. Das erste, was wir davon sahen, waren – wie schon erwähnt – zwei Bambushütten, die mit Palmblattgeflecht gedeckt waren; die dritte Hütte wurde zwei Wochen später fertiggebaut, bevor wir noch einmal zwei Tage auf der Farm arbeiteten. Wir ließen uns also in den Hütten häuslich nieder, wobei sich jeder einen Ruheplatz für die Nacht ergatterte.
20 Die Anweisungen für unsere Arbeit erhielten wir von unserem vierschrötigen „Agrarchief" Simon, der uns erklärte, wie wir die Pflanzlöcher für die Bananenstauden zu graben hätten. Nach seiner Anweisung buddelten wir die ersten 100 Löcher streng nach seinem Muster in peinlichst genauer kubischer Form mit jeweils 40 cm Kantenlänge und füllten das Loch jedesmal wieder zur Hälfte mit lockerer Erde, stellten das Gewächs in die Mitte und gruben es ein. Bis wir
25 schließlich auf den Trichter kamen, daß die Stauden von etwa Rübengröße wohl auch in einfachen runden Löchern von ca. 20 cm Tiefe wachsen würden. Von da an kamen wir mit der Arbeit dreimal so schnell voran, so daß wir nach den ersten zwei Tagen immerhin 600 Stauden eingepflanzt hatten.
Nach weiteren anderthalb Tagen – nach einer zwischenzeitlichen Pause von zwei Wochen auf-
30 grund unserer Programmgestaltung – erreichten wir die stolze Zahl 1000. Dies hatten wir meines Erachtens hauptsächlich dem guten „Betriebsklima" zu verdanken; die Zusammenarbeit in unserer Gruppe und auch mit den Einheimischen war gut, und so war der Abschluß der Arbeit für unsere Arbeitskollegen und für uns ein ziemliches Erfolgserlebnis.
Ein weiterer interessanter Aspekt unseres Aufenthaltes auf der Jugendfarm war die Lebens-
35 weise dort. Wir schliefen auf Kokosblatt-Geflechten in den Hütten, tranken Tee aus Kokosnußhälften, aßen Reis, Chili und Kokosraspelgebäck aus mitgebrachten Tellern (unserer Gastgeber), bzw. aßen wir, in Bananenblätter eingewickelt, Mitgebrachtes. Gekocht wurde mit Tonschüsseln auf einer überdachten Feuerstelle, was die Mädchen unserer Gruppe in Zusammenarbeit mit den Einheimischen bewerkstelligten. [...]

Zielsetzung und Planung

Das Kapitel bringt unterschiedliche Texte: Auszüge aus einer Biographie und einer Autobiographie, dichterische Prosa, Aktionsberichte, Gebrauchsprosa und Gesetzestexte.

Es schafft die Grundlage für mehrere Unterrichtseinheiten. Dabei lassen sich folgende Ziele ansteuern:

- Ihr vergleicht eure Erfahrungen mit denen der Jugendlichen, die in den Texten von Abschnitt 1 auftreten;
- angeregt durch die Texte von Abschnitt 2 tauscht ihr Gedanken über eure Berufspläne und Zukunftserwartungen aus;
- die Beschäftigung mit Abschnitt 3 könnt ihr mit einer Aussprache über die Funktion und die Sprache der Gesetze verbinden;
- ihr ergänzt die beiden Texte aus Abschnitt 4 durch eigene Tätigkeitsberichte.

Die Unterrichtseinheit zu Abschnitt 1 läßt sich erweitern durch drei Texte: ,,Das sehe ich anders'' von H.-G. Noack (Kap. 1), ,,Die Turnstunde'' von R. M. Rilke (Kap. 2) und ,,Hans Giebenrath'' von H. Hesse (Kap. 7).

Anregungen

Viele Themen, die euch betreffen, werden in diesen Anregungen nicht aufgegriffen, z.B. Jugendsprache, Jugendkultur, Statussymbole, Bedeutung der Gruppe und Außensteuerung des einzelnen. Aber sie werden doch bei einigen Texten angesprochen und können von euch erörtert werden.

1   Persönliche Erfahrungen und Schicksale

Texte S. 336 ff.

Die Selbstaussagen der Jugendlichen in den Texten 1.1 und 1.2 stammen aus der unmittelbaren Gegenwart.
○ *Welche der mitgeteilten Empfindungen und Erfahrungen stimmen mit euren überein?*
○ *Verfaßt eine Skizze zu dem Thema ,,Jung sein heute aus meiner Sicht''.*

Text S. 339

Reiner Kunze hatte zur Zeit der Entstehung von Text 1.3 in der DDR Publikatinsverbot.
○ *Welche Information über die Schule in der DDR enthält der Text und welche über die Einstellung des Autors zur DDR?*
○ *Welchen Beitrag leistet der Text zu dem Thema ,,Kinder und Eltern'' oder ,,Jugendliche und Erwachsene heute''? Begründet eure Meinung.*

Text 1.4
S. 340

Peter Weiss führt in drei Episoden aus der Zeit um 1930 verschiedenartige Charaktere und Erziehungsmethoden vor.
○ Wie schildert er sich selbst und wie seine Eltern?
○ Wie unterscheiden sich die Erziehungsmethoden der Familie W. von denen seiner Eltern?
○ Vergleicht die Erziehungsweisen, die der Autor darstellt, mit den heute vorherrschenden.
Was hat sich seit 1930 in der Erziehung verändert?

Kap. 1,
Text 1.3
S. 20

Auch in dem Text „Das sehe ich anders" von Hans-Georg Noack erörtern zwei Erzieher ihre Methoden und Grundsätze.
○ Vergleicht die unterschiedlichen Erziehungsansätze.

Text 1.5
S. 343

Inge Scholls Bericht über die letzten Tage ihrer Geschwister zeigt beispielhaft die Haltung vieler junger Männer und Frauen in der Zeit von 1933-1945.
○ Woraus erwächst den Geschwistern Scholl die Kraft zum Wagnis des Lebens?
○ Vergleicht die Lebensgeschichte von Wolfgang Borchert, Alfred Andersch, Ernst Barlach, Bertolt Brecht und Peter Weiss mit dem Schicksal der Geschwister Scholl.

2 Beruf: Wunsch und Wirklichkeit

Der Beruf ist ein uns alle beherrschender Lebensbereich. Viele Themen hängen damit zusammen. Beispiele:
- Berufsvorbereitung, Berufseignung, Berufswahl
- Existenzsicherung, sozialer Status, Aufstiegschancen
- Beruf und Freizeit: Monotonie des Berufsalltags und Ausgleichsmöglichkeiten
- die Chancen von Frau und Mann bei der Berufswahl und deren Rolle in Beruf und Familie.

Die Texte dieses Abschnitts wollen Anstöße geben zur Diskussion über eure eigenen Zukunftspläne. Ihr könnt dazu einen Berufsberater des Arbeitsamtes einladen.

3 Mit Gesetzen leben

Durch Verfassungen, Gesetze, Rechtsverordnungen, Verträge wird das Zusammenleben der Menschen geregelt. Sie setzen fest, was gelten soll. Sie setzen *Normen*. Verstöße gegen diese Rechtsnormen werden mit Strafmaßnahmen (Sanktionen) belegt.
Der Begriff Norm ist vieldeutig. Es gibt
- Rechtsnormen
- ethische Normen (Gebote und Verbote)

- gesellschaftliche Normen (gesellschaftliche Verhaltensregeln)
- Sprachnormen (Regeln für den richtigen Sprachgebrauch)
- Normen in der Industrie (Normung = Wertfestsetzung oder Größenregelung, z.B. Deutsche Industrienorm = DIN).

Gesetze und Rechtsverordnungen werden in einer besonderen Sprache abgefaßt.

Dieser Abschnitt möchte zu einem Veständnis der Sprache und der Funktion der Gesetze Anregung geben. Dafür werden Beispiele gewählt, die für euch von Bedeutung sind.

Text 3.1
S. 358

Das Rechtsempfinden der Bürger kann mit den Rechtsnormen, wie sie in Gesetzen niedergelegt sind, übereinstimmen. Beide können aber auch in einem Spannungsverhältnis zueinander stehen.
○ Vergleicht das Schülerurteil mit dem Urteil des öffentlichen Gerichts nach Inhalt, Form und nach seiner Bedeutung für Kläger und Beklagte.
○ Welchem der beiden Urteile stimmt ihr zu?

Text 3.2
S. 361

Rechtsempfinden, Rechtsverhalten und Rechtsnormen beeinflussen sich wechselseitig. Die Verlegung der Volljährigkeit vom vollendeten 21. auf das vollendete 18. Lebensjahr mit Wirkung vom 1.1.1975 ist dafür ein Beispiel.
○ Welche Rechte und welche Pflichten sind mit dem Eintritt in die Volljährigkeit verbunden?

Text 3.3
S. 363

Die drei Fassungen des „Gesetzes zum Schutze der Jugend in der Öffentlichkeit" zeigen beispielhaft, daß Gesetze immer wieder „novelliert" werden müssen, weil sich das Leben in der Gesellschaft ändert.
Vergleicht den Inhalt der drei Fassungen:
○ Welche Fassung gewährt den Kindern und Jugendlichen die größeren Freiheiten, und welche sieht die Jugend am meisten gefährdet?
○ Welche der drei Fassungen kommt euren Wünschen am meisten entgegen?
○ Wie sollte nach eurer Meinung das Gesetz bei der nächsten Novellierung geändert werden?

Untersucht die Sprache in den drei Fassungen:
○ Welche Bedeutung haben die Definitionen?
○ Welche Verben und modalen Hilfsverben werden bevorzugt?
○ Welche Satzkonstruktionen finden sich häufig?
○ Weshalb verzichtet wohl die letzte Fassung auf die Überschriften zu den einzelnen Paragraphen?

Man wirft häufig der Gesetzessprache Schwerverständlichkeit vor.
○ Haltet ihr den Vorwurf für berechtigt, und wie begründet ihr eure Meinung?
○ Worin liegt die besondere Schwierigkeit, Gesetzestexte zu formulieren?

4 Jugend setzt sich ein

Nicht immer hat sich die Jugend so zahlreich und auf so verschiedenen Gebieten produktiv und kreativ gezeigt wie heute.

Texte 4.1 u. 4.2 S. 367 ff.

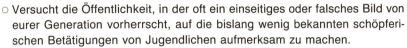

○ In welchen Bereichen engagieren sich eure Mitschüler? Berichtet in Schülerzeitungen und Regionalpresse darüber.

○ Versucht die Öffentlichkeit, in der oft ein einseitiges oder falsches Bild von eurer Generation vorherrscht, auf die bislang wenig bekannten schöpferischen Betätigungen von Jugendlichen aufmerksam zu machen.

Literaturhinweise

Imgenberg, Klaus G./Seibert, Heribert (Hrsg.): Autobiographische Texte. Stuttgart: Reclam 1985 (9589).

Karst, Theodor (Hrsg.): Texte aus der Arbeitswelt.
Stuttgart: Reclam 1974 (9705/06).

Karst, Theodor (Hrsg.): Lehrzeit. Erzählungen aus der Berufswelt. Stuttgart: Reclam 1980 (9556).

Kohlhagen, Norgrad (Hrsg.): Unsere frühesten Jahre sind nicht die glücklichsten. Dichterinnen beschreiben Jugendjahre. Boot 7542. Frankfurt/M.: Fischer 1983.

Voß, Ursula/Laub, Gabriel (Hrsg.): Kindheiten. Gesammelt aus Lebensberichten. dtv 1459. München: dtv 1984.

Wilker, Gertrud (Hrsg.): Kursbuch für Mädchen. Boot 7524. Frankfurt/M.: Fischer 1982.

Dietze, Lutz/Hess, Karlernst/Noack, Hans-Georg: Rechtslexikon für Schüler, Eltern und Lehrer. Baden-Baden: Signal 1975.

Rathgeber, Richard/Rummel, Carsten: Was heißt hier minderjährig? Was Jugendliche und Eltern über ihre Rechte und Pflichten wissen müssen. Niedernhausen/Ts.: Falken 1985.

Autoren- und Quellenverzeichnis

Die mit * angegebenen Überschriften stammen von den Herausgebern.

Aichinger, Ilse (geb. 1921 in Wien)
Wo ich wohne S. 74
Aus: I. Aichinger. Meine Sprache und ich. Erzäh-
    lungen. Frankfurt/M.: Fischer 1978. S. 76–80.

Andersch, Alfred (geb. 1914 in München, gest.
1980 in Berzona/Tessin)
Der lesende Klosterschüler S. 288
Aus: A. Andersch. Sansibar oder Der letzte Grund.
    Zürich: Diogenes 1970. S. 38–40.

Andres, Stefan (geb. 1906 in Breitwies/Mosel, gest.
1970 in Rom)
Das Trockendock S. 52
Aus: Deutsche Erzählungen 3. Hrsg. von Cedric
    Hentschel. München: Deutscher Taschen-
    buch Verlag 1982. S. 6–12. © Dorothee An-
    dres, Rom.

Arntzen, Helmut (geb. 1931 in Duisburg)
Der Löwe S. 81
Aus: H. Arntzen. Kurzer Prozeß. Aphorismen und
    Fabeln. München: Nymphenburger Verlags-
    handlung 1966. S. 28.

Äsop (lebte im 6. Jh. vor Chr.)
Die Rache des Schwachen S. 77
Aus: Antike Fabeln. Eingeleitet und neu übertragen
    von Ludwig Mader. Zürich: Artemis 1961.

Asimov, Isaac (geb. 1920 in Petrowsk, lebt seit
1923 in den USA)
*Wie einfach, einen Blick in die Zukunft zu werfen
S. 234*
Aus: I. Asimov. Über Science Fiction. Übersetzt
    von Michael Görden. Bergisch-Gladbach: Ba-
    stei-Lübbe 1984. S. 95–99 (gekürzt). © by
    Nightfall, Inc. 1981.

Augustin, Esther
*Allerlei dramatische Übungen auf der selbstge-
machten Schulbühne S. 197*
Aus: Kieler Nachrichten, 30. 9. 1986.

Ausländer, Rose (geb. 1907 in Czernowitz/Buko-
wina, gest. 1988)
Träume eines Jünglings S. 131
Aus: R. Ausländer. Ein Stück weiter. Gedichte.
    Frankfurt/M.: S. Fischer 1979. S. 94.
Dialog S. 138
Aus: Jahrbuch für Lyrik 3. Hrsg. von Günter Kunert.
    Königstein/Taunus: Athenäum 1981. S. 15.

Bachmann, Ingeborg (geb. 1926 in Klagenfurt,
gest. 1973 in Rom)
Anrufung des Großen Bären S. 144
Aus: I. Bachmann. Werke. Bd. 1. Hrsg. von Chri-
    stine Koschel, Inge von Weidenbaum und Cle-
    mens Münster. München: Piper 1982. S. 95.
Poesie wie Brot? S. 167
Aus: Frankfurter Vorlesungen für Poetik.
    München: Piper o. J.

Becker, Jürgen (geb. 1932 in Köln)
Natur-Gedicht S. 151
Aus: J. Becker. Das Ende der Landschaftsmalerei.
    Gedichte. Frankfurt/M.: Suhrkamp 1974.
    S. 34.

Becker, Udo/ Sauermost, Rolf
Leben auf anderen Planeten S. 220
Aus: U. Becker/ R. Sauermost. Erforschter Welt-
    raum. Ein Sachbuch der modernen Astrono-
    mie. Freiburg: Herder (2. Aufl.) 1976. S. 244f.

Betke, Lotte
Einmal durch den Park S. 252
Aus: L. Betke. Lampen am Kanal. München: Deut-
    scher Taschenbuch Verlag 1987. S. 39–41.

Biermann, Wolf (geb. 1936 in Hamburg)
Wann ist denn endlich Frieden S. 166
Aus: W. Biermann. Mit Marx- und Engelszungen.
    Berlin: Wagenbach 1968. S. 27.

Biesterfeld, Wolfgang
Begriff und Geschichte der Utopie S. 237
Aus: Utopie. Arbeitstexte für den Unterricht. Hrsg.
    von W. Biesterfeld. Stuttgart: Reclam 1985.
    S. 139f.

Bobrowski, Johannes (geb. 1917 in Tilsit, gest.
1965 in Berlin)
Brief aus Amerika S. 63
Aus: J. Bobrowski. Boehlendorff und andere. Er-
    zählungen. Stuttgart: Deutsche Verlags-
    Anstalt 1965. S. 70–72.

Böll, Heinrich (geb. in Köln, gest. 1985 in Hürtgen-
wald)
Das Geschäft mit der Angst S. 23
Auszug aus dem Hörspiel: Zum Tee bei Dr. Borsig.
Aus: H. Böll. Hörspiele. München: Deutscher Ta-
    schenbuch Verlag (16. Aufl.) 1985. S. 49–54.

Abschied S. 256
Aus: H. Böll. Gesammelte Erzählungen 1. Köln: Kiepenheuer & Witsch 1981. S. 220-222.

Borchert, Wolfgang (geb. 1921 in Hamburg, gest. 1947 in Basel)
An diesem Dienstag S. 60
Aus: W. Borchert. Das Gesamtwerk. Mit einem biographischen Nachwort von Bernhard Meyer-Marwitz. Reinbek: Rowohlt 1961. S. 207-210.

Braun, Siegfried
Die Lust am Privaten – Mutmaßungen über Familienserien S. 323.
Aus: ZDF-Jahrbuch. Mainz 1985. S. 66-71 (gekürzt).

Brecht, Bertolt (geb. 1898 in Augsburg, gest. 1956 in Berlin)
Die unwürdige Greisin S. 65
Aus: Bertolt Brecht. Gesammelte Werke in 20 Bänden. Werkausgabe Edition Suhrkamp. Frankfurt/M.: Suhrkamp 1967. Band 11. S. 315-320
Geschichten vom Herrn Keuner S. 83
Aus: Bertolt Brecht. Gesammelte Werke in 20 Bänden. A. a. O. Band 12. S. 383, S. 386, S. 413.
Wenn die Haifische Menschen wären S. 112
Aus: Bertolt Brecht. Gesammelte Werke in 20 Bänden. A. a. O. Band 12. S. 394-396.
Radwechsel S. 134
Aus: Bertolt Brecht. Gesammelte Werke in 20 Bänden. A. a. O. Band 10. S. 1009.
Die Ballade vom Wasserrad S. 162
Aus: Bertolt Brecht. Gesammelte Werke in 20 Bänden. A. a. O. Band 10. S. 1007f.
Fragen eines lesenden Arbeiters S. 161
Aus: Bertolt Brecht. Gesammelte Werke in 20 Bänden. A. a. O. Band 9. S. 656f.
Schlechte Zeit für Lyrik S. 169
Aus: Bertolt Brecht. Gesammelte Werke in 20 Bänden. A. a. O. Band 9. S. 743f.
Mutter Courage und ihre Kinder. 1. Bild S. 184
Aus: Bertolt Brecht. Stücke VII. Stücke aus dem Exil. 2. Bd. Frankfurt/M.: Suhrkamp 1957. S. 61-71.
Die Aufführung des Berliner Ensembles 1949 S.193
Aus: Bertolt Brecht. Schriften zum Theater 6. Frankfurt/M.: Suhrkamp o. J. S. 149-151.
Neue Technik der Schauspielkunst S. 194
Aus: Bertolt Brecht. Versuche 25/26/35 Bd. 11. Frankfurt/M.: Suhrkamp o. J. S. 91-93.
Über die Bezeichnung Emigranten S. 295
Aus: Bertolt Brecht. Gesammelte Werke in 20 Bänden. Werkausgabe Edition Suhrkamp. Frankfurt/M.: 1967. Band 9. S. 718.

Bremer, Claus (geb. 1924 in Hamburg)
Selig sind ... S. 127
Aus: C. Bremer. Texte und Kommentare. Steinbach: Anabas Verlag 1968. S. 36.

Busta, Christine (geb. 1915 in Wien, gest. 1987)
Die Sonnenblume S. 140
Aus: Der Regenbaum. Gedichte. Salzburg: Otto Müller 1977. S. 33.

Carolus
Absolut sicher S. 93
Aus: Frankfurter Rundschau, 25. 8. 1986.

Celan, Paul (geb. 1920 in Czernowitz/Bukowina, gest.1970 in Paris)
Espenbaum S. 134
Augen S. 145
Aus: P: Celan. Mohn und Gedächtnis. In: P. Celan. Gedichte in zwei Bänden. Bd. 1. Frankfurt/M.: Suhrkamp 1975. S. 19; S. 67.
©Deutsche Verlags-Anstalt, Stuttgart.

Christie, Agatha (geb. 1891 in Torquay/England, gest. 1976 in Wallingford/England)
Doppelter Verdacht S. 244*
Aus: Haus Nachtigall. In: A. Christie. Der Unfall und andere Fälle. Übersetzt aus dem Englischen von Maria Meinert und Renate Weigl. Bern/München: Scherz (10. Aufl.) 1987. S. 57-61 (gekürzt).

Claudius, Matthias (geb. 1740 in Reinfeld/Holstein, gest. 1815 in Hamburg)
Der Tod S. 134
Aus: M. Claudius. Sämtliche Werke. München: Winkler 1968. S. 473.

Courths-Mahler, Hedwig (geb. 1867 in Nebra/Thüringen, gest. 1950 in Rottach-Egern)
Erste Begegnung S. 255*
Aus: H. Courths-Mahler. Ich darf dich nicht lieben. Stuttgart: Titania Verlag o. J.

Dietmar von Eist (um 1140-1171)
Ez stuont eine frouwe alleine S. 137
Aus: Des Minnesangs Frühling. Neu bearbeitet von Carl von Kraus. Stuttgart: S. Hirzel (35. Aufl.) 1970.

Domin, Hilde (geb. 1912 in Köln)
Buchen im Frühling S. 137
Aus: Gesammelte Gedichte. Frankfurt/M.: S. Fischer 1987.

Droste-Hülshoff, Annette von (geb. 1797 auf Schloß Hülshoff bei Münster, gest. 1848 in Meersburg/Bodensee)
Am Thurme S. 130
Aus: A. von Droste-Hülshoff. Historisch-kritische Ausgabe. Tübingen: Niemeyer 1985. S.78.
Friedrich Mergels Schweigen* S. 249
Aus: A. von Droste-Hülshoff. Die Judenbuche. In: Sämtliche Werke. Hrsg. von Clemens Heselhaus. München: Hanser 1959. S. 910–913.

Dürrenmatt, Friedrich (geb. 1921 in Konolfingen/Schweiz)
Der Verdacht S. 247
Aus: F. Dürrenmatt. Der Richter und sein Henker. Der Verdacht. Die zwei Kriminalromane um Kommissär Bärlach. Zürich: Diogenes 1978. S. 127–130 (gekürzt).

Eichendorff, Joseph von (geb. 1788 auf Schloß Lubowitz/Oberschlesien, gest. 1857 in Neiße)
Sehnsucht S. 130
Aus: J. von Eichendorff. Werke in einem Band. München: Hanser 1955. S. 30.

Enzensberger, Hans Magnus (geb. 1929 in Kaufbeuren/Allgäu)
verteidigung der wölfe S. 163
Aus: H. M. Enzensberger. Verteidigung der Wölfe. Gedichte. Frankfurt/M.: Suhrkamp 1968. S. 90.

Feldmann, Paul
Wie verkauft man am besten? S. 22
Aus: P. Feldmann. Erfolgreich sein im Einzelhandel. Frankfurt/M.: Verlag für Berufs- und Wirtschaftsförderung o. J. S. 269f.

Frisch, Max (geb. 1911 in Zürich)
Aus einer Rede von Max Frisch (1964)* S. 267
Aus: M. Frisch. Gesammelte Werke in zeitlicher Abfolge. Hrsg. von H. Mayer. Bd. IV. Frankfurt/M.: Suhrkamp 1976. S. 244–252 (gekürzt).

Gerth, Klaus
Bestseller S. 269
Aus: Praxis Deutsch Nr. 86. Velber: Friedrich 1987. S. 12–16 (gekürzt).

Goebbels, Joseph (geb. 1897 in Rheydt, gest. 1945 in Berlin)
„Wollt ihr den totalen Krieg?" S. 34
Aus: J. Goebbels. Der steile Aufstieg. Reden und Aufsätze aus den Jahren 1942/43. München: Zentralverlag der NSDAP Franz Eher Nachf. S. 196f.

Goethe, Johann Wolfgang (geb. 1749 in Frankfurt/M., gest. 1832 in Weimar)
Liebeslied eines Wilden S. 128
Aus: Wasserzeichen der Poesie. Vorgestellt von Andreas Thalmayr. Nördlingen: Greno 1985. S. 312.
Willkommen und Abschied S. 131
Wandrers Nachtlied S. 132
Ein gleiches S. 132
Mignon S. 135
Lied des Türmers S. 146
Der Totentanz S. 152
Gedichte S. 167
Aus: Goethes Werke. Hamburger Ausgabe. Hamburg: Christian Wegner 1952.

Gomringer, Eugen (geb. 1925 in Cachuela Esperanza/Bolivien)
worte sind schatten S. 126
sich zusammenschließen S. 128
Aus: E. Gomringer. worte sind schatten. die konstellationen. Reinbek: Rowohlt 1969. S. 27; S. 59.

Hauptmann, Gerhart (geb. 1862 in Ober-Salzbrunn/Schlesien, gest. 1946 in Agnetendorf/Schlesien)
Der Biberpelz. Eine Szene aus der Komödie S. 176
Aus: Gerhart Hauptmann. Gesammelte Werke in sechs Bänden. Bd. 1. Berlin: S. Fischer 1913. S. 461–465.
Wie und wo mein „Biberpelz" entstand S. 180
Aus: Gerhart Hauptmann. Eine Gedächtnisausstellung des deutschen Literaturarchivs. Hrsg. von Bernhard Zeller. Stuttgart: Kösel 1962. S. 86.

Heine, Heinrich (geb. 1797 in Düsseldorf, gest. 1856 in Paris)
Erinnerung aus Krähwinkels Schreckenstagen S. 111
Aus: Heinrich Heines sämtliche Werke. Bd. 2. Hrsg. von Ernst Elster. Leipzig/Wien: Bibliographisches Institut o. J.
Was ist Ironie? S. 116
Aus: Heinrich Heines sämtliche Werke in 12 Bänden. Hrsg. von Heinrich Ortmann. Bd. 6. Berlin: Weichert o. J. S. 7f.
Die schlesischen Weber S. 159
Aus: Heinrich Heine. Werke in einem Band. Ausgewählt und eingeleitet von Walther Vontin. Hamburg: Hoffmann & Campe 1965. S. 516.

Hesse, Hermann (geb. 1877 in Calw/Württemberg, gest. 1962 in Montagnola/Schweiz)
Hans Giebenrath* S. 259
Aus: H. Hesse. Die Romane und die großen Erzählungen. 1. Bd. Frankfurt/M.: Suhrkamp 1966. S. 268–272.
Im Nebel S. 261
Stufen S. 262
Liebeslied S. 262
Einem Mädchen S. 263
Manchmal S. 263
Aus: H. Hesse. Die Gedichte. Hrsg. von Volker Michels. Frankfurt/M.: Suhrkamp 1977. S. 236; S. 676; S. 265; S. 507; S. 477.

Heym, Georg (geb. 1887 in Hirschberg/Schlesien, gest. 1912 in Berlin)
Der Winter S. 142
Der Gott der Stadt S. 151
Aus: G. Heym. Sämtliche Gedichte. Hrsg. von Carl Seelig. Zürich: Die Arche 1947. S. 7; S. 105.

Hofmannsthal, Hugo von (geb. 1874 in Wien, gest. 1929 in Rodaun)
Die Beiden S. 131
Aus: H. von Hofmannsthal. Gesammelte Werke in zwölf Einzelausgaben. Gedichte und lyrische Dramen. Stockholm: Bermann-Fischer Verlag 1946. S. 13.

Hohoff, Curt (geb. 1913 in Emden)
Ein Unterhaltungsschriftsteller* S. 266
Aus: C. Hohoff. Der Pietist H. Hesse. Wien: Die Presse, 8. 7. 1972.

Holm, Axel (geb. 1945 in Ulm)
steigerung S. 126
Aus: bundesdeutsch. lyrik zur sache grammatik. Hrsg. von Rudolf Otto Wiemer. Wuppertal: Peter Hammer Verlag 1974. S. 104.

Holz, Arno (geb. 1863 in Rastenburg/Ostpreußen, gest. 1929 in Berlin)
Leidlösendes Trio S. 132
Aus: A. Holz. Werke. Bd. 1. Hrsg. von W. Emrich und Anita Holz. Neuwied/Berlin: Luchterhand 1961. S. 314.

Hölderlin, Friedrich (geb. 1770 in Lauffen/Neckar, gest. 1843 in Tübingen)
Des Morgens S. 139
Heidelberg S. 150
Aus: F. Hölderlin. Sämtliche Werke. Berlin/Darmstadt: Tempel Verlag 1960. S. 208f.; S. 227f.

Huchel, Peter (geb. 1903 in Berlin-Lichterfelde, gest. in Staufen/Breisgau)
Sibylle des Sommers S. 142
Aus: P. Huchel. Chausseen, Chausseen. Gedichte. Frankfurt/M.: S. Fischer 1963. S. 23.
Der Rückzug S. 165
Aus: P. Huchel. Sternenreuse. Gedichte 1925–1947. München: Piper 1967. S. 81.

Huxley, Aldous (geb. 1894 in Godalming, gest. 1963 in Hollywood/USA)
Menschen aus der Retorte* S. 222
Aus: A. Huxley. Schöne neue Welt. Übersetzt von Herberth Egon Herlitschka. Frankfurt/M.: Fischer 1977. S. 18–27.

Jaft, Fritjof
Wie man flink eine Million Leser gewinnt S. 271
Aus: DIE ZEIT, Nr. 46, 14. 11. 1969 (gekürzt).

Jansen, E.
Streß im Krankenhaus S. 354
Aus: Werkkreis Literatur der Arbeitswelt. Schichtarbeit. Hrsg. von Ulrich Birkner. Frankfurt/M.: S. Fischer 1973. S. 124–126.

Jordan, Peter
Der informative Wert der Fernsehnachrichten S. 318
Aus: P. Jordan. Das Fernsehen und seine Zuschauer. Frankfurt/M.: Diesterweg 1982. S. 51; S. 53 und 67.

Kafka, Franz (geb. 1883 in Prag, gest. 1924 in Kierling bei Wien)
Auf der Galerie S. 84
Aus: F. Kafka. Gesammelte Werke. Hrsg. von Max Brod. Taschenbuchausgabe in 7 Bänden. Bd. 4. Frankfurt/M.: Fischer 1976. S. 117f.

Karsch, Walther
Der „Biberpelz" in der Berliner Komödie 1960 S. 182
Aus: Der Tagesspiegel (Berlin), 20. 3. 1960.

Kaschnitz, Marie Luise (geb. 1901 in Karlsruhe, gest. 1974 in Rom)
Zum Geburtstag S. 84
Aus: M. L. Kaschnitz. Steht noch dahin. Frankfurt/M.: Insel 1970.
Hiroshima S. 164
Aus: M. L. Kaschnitz. Gesammelte Werke in 7 Bänden. Bd. 5. Düsseldorf: ECON-Verlagsgruppe 1984.

Kästner, Erich (geb. 1899 in Dresden, gest. 1974 in München)
Und wo bleibt das Positive, Herr Kästner? S. 119
Aus: E. Kästner. Ein Mann gibt Auskunft.
Zürich: Atrium 1930.

Keller, Gottfried (geb. 1819 in Zürich, gest. 1890 ebd.)
Die mißlungene Vergiftung S. 97
Aus: G. Keller. Erzählungen. München: Winkler 1960. S. 1025–1031 (gekürzt).
Abendlied S. 146
Aus: G. Keller. Sämtliche Werke und ausgewählte Briefe. Hrsg. von Clemens Heselhaus. Bd. 3. Darmstadt: Wissenschaftliche Buchgesellschaft 1972. S. 300f.

Kirsch, Sarah (geb. 1935 in Limlingerode/Harz)
Eine ungelernte Arbeiterin* S. 352
Aus: S. Kirsch. Fünf unfrisierte Erzählungen aus dem Kassetten-Recorder. Berlin/Weimar: Aufbau Verlag 1973. S. 121–127.

Kishon, Ephraim (geb. 1924 in Budapest)
Parkplatz gesucht S. 100
Aus: E. Kishon. Kishons beste Geschichten. München/Wien: Langen/Müller 1968.

Kortner, Fritz
Über „Mutter Courage und ihre Kinder" S. 196
Aus: F. Kortner. Aller Tage Abend. München: Kindler 1959. S. 482f.

Krechel, Ursula (geb. 1947 in Trier)
Warnung S. 135
Aus: U. Krechel. Nach Mainz! Darmstadt/Neuwied: Luchterhand 1977.

Kunert, Günter (geb. 1929 in Berlin)
Ein bekannter Jemand S. 91
Aus: Die Schreie der Fledermäuse. Hrsg. von Dieter E. Zimmer. München: Hanser 1979. S. 227.

Sonnenblume S. 124
Aus: G. Kunert. Unterwegs nach Utopia. Gedichte. München/Wien: Hanser 1977. S. 69.
Für mehr als mich S. 138
Wie ich ein Fisch wurde S. 156
Große Taten werden vollbracht S. 164
Aus: G. Kunert: Erinnerungen an einen Planeten. München/Wien: Hanser 1963. S. 13; S. 41; S. 74.
Mondnacht S. 143
Aus: G. Kunert. Stilleben. Gedichte. München/Wien: Hanser 1983. S. 25.

Kunze, Reiner (geb. 1933 in Oelsnitz/Erzgebirge)
Das ende der fabeln S. 81
Aus: R. Kunze. Die wunderbaren Jahre. Lyrik. Prosa. Dokumente. Hrsg. von Karl Corino. Gütersloh: Bertelsmann o. J. S. 65.
Wenigstens S. 339
Aus: R. Kunze. Die wunderbaren Jahre. Frankfurt/M.: S. Fischer 1976. S. 83.

Ladiges, Ann
Petra S., 19, Matrose zur See, im ersten Ausbildungsjahr S. 348
Aus: A. Ladiges. Blaufrau. Reinbek: Rowohlt 1981. S. 136f.

Langgässer, Elisabeth (geb. 1899 in Alzey, gest. 1950 in Rheinzabern)
Die getreue Antigone S. 58
Aus: E. Langgässer. Ausgewählte Erzählungen. Mit einem Nachwort von Horst Krüger. Frankfurt/Berlin/Wien: Ullstein 1980. S. 241–246.

Lavant, Christine (geb. 1915 in Groß Edling bei St. Stefan im Lavanttal/Kärnten, gest. 1973 in Wolfsberg/Kärnten)
In der Regenrinne S. 138
Aus: Ch. Lavant. Gedichte. München: Deutscher Taschenbuch Verlag. Sonderreihe 108. S. 13.

Lem, Stanislaw (geb. 1921 in Lemberg)
Der Untergang der Venusbewohner* S. 217
Aus: Astronauten. Übersetzt von Rudolf Pabel. Frankfurt: Insel 1974. S. 281–287 (gekürzt).
© Verlag Volk und Welt Berlin (Ost).

Lenz, Siegfried (geb. 1926 in Lyck/Ostpreußen)
Wie bei Gogol S. 68
Aus: S. Lenz. Einstein überquert die Elbe bei Hamburg. München: Deutscher Taschenbuch Verlag (4. Aufl.) 1986. S. 98–106.
Aus einer Rede von Siegfried Lenz (1962)* S. 268
Aus: S. Lenz. Jeder Künstler ist ein Mitwisser. Rede zur Verleihung des Literaturpreises der Stadt Bremen am 26. 1. 1962. DIE WELT, 27. 1. 1962.

Lessing, Gotthold Ephraim (geb. 1729 in Kamenz/Oberlausitz, gest. 1781 in Braunschweig)
Auseinandersetzung um die Mitgift* S. 17
Aus dem Lustspiel „Der Schatz", 1. Szene
Von einem besonderen Nutzen der Fabeln in den Schulen S. 80

Äsopus und der Esel S. 80
Der Adler S. 80
Der Besitzer des Bogens S. 80
Aus: G. E. Lessing. Werke. Hrsg. von Herbert G.
Göpfert. München: Hanser 1971.

Leysen, Luc
Fernsehbilder aus Afrika S. 315
Aus: Weiterbildung und Medien. Bd. 6. Hrsg. vom
deutschen Volkshochschulverband. Bonn:
1986. S. 8–18.

Loriot (= Vicco von Bülow, geb. 1923 in Bran-
denburg)
Die Bundestagsrede S. 115
Aus: Loriots Dramatische Werke.
Zürich: Diogenes 1983. S. 171f.

Lukas (Evangelist, schrieb sein Evangelium um das
Jahr 80 n. Chr.)
Der barmherzige Samariter S. 82
Aus: Die Heilige Schrift des Alten und des Neuen
Testaments. Zürich: Verlag der Zürcher Bibel
1971.

Luther, Martin (geb. 1483 in Eisleben, gest. 1546
ebd.)
Etliche Fabeln aus Esopo S. 79.
Von dem Lewen/Rind/zigen und schaff S. 79
Aus: Martin Luthers Fabeln. Hrsg. von Willi Stein-
berg. Halle/Saale: VEB Niemeyer Verlag
1981. S. 18; S. 84.

Mann, Thomas (geb. 1875 in Lübeck, gest. 1955 in
Kilchberg bei Zürich)
Das Eisenbahnunglück S. 105
Aus: Thomas Mann. Gesammelte Werke in 12 Bän-
den. Bd. 8. Frankfurt/M.: S. Fischer 1960.
S. 416–426.

Marti, Kurt (geb. 1921 in Bern)
vorzug von parlamentswahlen S. 127
Aus: K. Marti. Republikanische Gedichte.
Neuwied/Berlin: Luchterhand 1971. S. 16.
intonation S. 166
Aus: abendland. gedichte von kurt marti. Darm-
stadt/Neuwied: Luchterhand 1980. S. 15.

Meckel, Christoph (geb. 1935 in Berlin)
Rede vom Gedicht S. 168
Aus: Ch. Meckel. Ausgewählte Gedichte
1955–1978.
Königstein/Ts.: Athenäum Verlag 1979. S. 80.

Mehring, Franz (geb. 1846, gest. 1919, Politiker
und Schriftsteller, Vertreter des linken Flügels der
Sozialdemokratischen Partei)
*Der „Biberpelz'' 1893 am Deutschen Theater in
Berlin* S. 181
Aus: Die Neue Zeit. Jg. 12. 1983/94. Bd. 1.
Frankfurt/M.: Röderberg 1972. S. 375–377.

Merbold, Ulf
Der himmlische Ausblick S. 210
Aus: U. Merbold. Flug ins All. Bergisch Gladbach:
Lübbe 1986. S. 207–218 (gekürzt.).

Metzner, Wolfgang
Der Greenpeace-Konzern S. 314
Aus: STERN, 22. 11. 1987.

Meyer, Conrad Ferdinand (geb. 1825 in Zürich,
gest. 1898 in Kilchberg bei Zürich)
Der Brunnen S. 147
Der schöne Brunnen S. 147
Der römische Brunnen S. 147
Aus: Gedichte C. F. Meyers. Wege ihrer Vollen-
dung. Hrsg. von Heinrich Henel. Tübingen:
Niemeyer 1982. S. 21f.
Die Füße im Feuer S. 153
Die Bartholomäusnacht* S. 155
Aus: C. F. Meyer. Sämtliche Werke. München: Dro-
emer 1950. S. 979ff.; S. 227f.

Michel, Detlef/ Teicher, Michael
Fahren ohne Fahrerlaubnis S. 358
Aus: Spielregeln. Jugendliche und ihr Recht. Eine
Sendereihe des ZDF. Hrsg. von Katharina
Trebitsch. Köln: Verlagsgesellschaft Schul-
fernsehen 1983. S. 35–45.

Michels, Volker
Hesses Bücher lesen sich leicht* S. 265
Aus: V. Michels. Hermann Hesse, immer wieder
Autor der jüngeren Generation. In: Über Her-
mann Hesse. 2. Bd. 1963–1977. Hrsg. von
Volker Michels. Frankfurt/M.: Suhrkamp
1977. S. 132.

Morgenstern, Christian (geb. 1871 in München,
gest. 1914 in Meran)
Die unmögliche Tatsache S. 126
Aus: Ch. Morgenstern. Sämtliche Dichtungen.
Bd. 8. Basel: Zbinden 1973. S. 60.

Morus, Thomas (geb. 1478 in London, gest. 1535
ebd.)
Die Wurzel allen Übels* S. 227
Aus: Th. Morus. Utopia. Übersetzt von Gerhard Rit-
ter. Stuttgart: Reclam 1983. S. 143–148 (gekürzt).

Mörike, Eduard (geb. 1804 in Ludwigsburg, gest. 1875 in Stuttgart)
Im Frühling S. 140
Um Mitternacht S. 143
Aus: Mörikes Werke in zwei Bänden. Hrsg. von Edmund von Sallwürk. Leipzig: Phil. Reclam jun. o. J. Bd. 1. S. 48f; S. 112.

Müller, Günter (geb. 1944 in Bad Gandersheim)
Reden ist ... S. 128
Aus: bundesdeutsch. lyrik zur sache grammatik. Hrsg. von Rudolf Otto Wiemer. Wuppertal: Peter Hammer Verlag 1974. S. 103.

Nietzsche, Friedrich (geb. 1844 in Röcken/Saale, gest. 1900 in Weimar)
Vereinsamt S. 134
Aus: F. Nietzsche. Werke in zwei Bänden. Hrsg. von Ivo Frenzel. Bd. 1. München: Hanser 1967. S. 306f.

Noack, Hans-Georg (geb. 1926 in Burg bei Magdeburg)
Das sehe ich anders* S. 20
Aus: H.-G. Noack. Rolltreppe abwärts. Ravensburg: Otto Maier 1967.

Nonnenmacher, Peter
Im Zeichen des Regenbogens gegen die Mächtigen S. 310
Aus: Frankfurter Rundschau, 15. 7. 1985.

Orwell, George (= Eric Blair, geb. 1903 in Motihari/Indien, gest. 1950 in London)
Diener der Macht* S. 224
Aus: G. Orwell. 1984. Übersetzt von Michael Walter. Frankfurt/M.: Ullstein 1984. S. 265–270 (gekürzt).

Pörtner, Rudolf
Forderungen an ein modernes Sachbuch S. 233
Aus: R. Pörtner. Das moderne Sachbuch. Erfahrungen, Fakten, Forderungen. Vortrag zur Eröffnung der Ausstellung ,,Archäologie im Sachbuch''. Rheinisches Landesmuseum. Bonn 1974.

Postman, Neil
Kommerzielles Fernsehen in der USA – Interview S. 328
Aus: Medium Magazin. Hrsg. von Initiative Jugendpresse. Interview und Übersetzung Sebastian Turner. Bonn: 1986. S. 16–18.

Radecki, Sigismund von (geb. 1891 in Riga, gest. 1970 in Gladbeck/Westfalen)
Mein Zeuge ist Don Gasparro S. 94
Aus: S. von Radecki. Rückblick auf meine Zukunft. Stuttgart: Reclam 1953. S. 14ff.

Reich-Ranicki, Marcel (geb. 1920 in Wloclawek/Polen)
Poetische Lebensrezepte* S. 266
Aus: M. Reich-Ranicki. Nachprüfungen. Aufsätze über deutsche Schriftsteller von gestern. München: Piper 1977. S. 115.

Reinig, Christa (geb. 1926 in Berlin)
Skorpion S. 104
Aus: Chr. Reinig. Orion trat aus dem Haus. Neue Sternzeichen. Düsseldorf: Eremiten Verlag 1985.

Rexin, Manfred
Musik machen und möglichst wenig reden? S. 325
Aus: Frankfurter Rundschau, 20. 2. 1987.

Riddering, Klaus
Ohne Abi läuft kaum noch was S. 349
Aus: Junge Zeit, Nr. 8/1985, S. 25.

Rilke, Rainer Maria (geb. 1875 in Prag, gest. 1926 in Walmont bei Montreux/Schweiz)
Die Turnstunde S. 54
Aus: R. M. Rilke. Sämtliche Werke. Werkausgabe in 12 Bänden. Hrsg. vom Rilke-Archiv. Frankfurt/M.: Insel 1975. Bd. 8. S. 601–609.

Römische Fontäne S. 147
Aus: R. M. Rilke. Sämtliche Werke in sechs Bänden. Hrsg. vom Rilke-Archiv. In Verbindung mit Ruth Sieber-Rilke besorgt durch Ernst Zinn. Frankfurt/M.: Insel 1980. Band I,2. S. 285. © Wiesbaden 1957.

Sachs, Nelly (geb. 1891 in Berlin, gest. 1970 in Stockholm)
Immer S. 166
Aus: Fahrt ins Staublose. Die Gedichte der Nelly Sachs. Frankfurt/M.: Suhrkamp 1961. S. 120.

Schäuffelen, Konrad Balder (geb. 1929 in Ulm)
46 mal augen S. 129
Aus: raus mit der sprache. Frankfurt/M.: Suhrkamp 1969.

Schiller, Friedrich (geb. 1759 in Marbach/Württemberg, gest. 1805 in Weimar)
Satire S. 117
Aus: Friedrich Schiller. Sämtliche Werke. Hrsg. von G. Fricke und H. G. Göpfert. Bd. 5. München: Hanser 1959. S. 721.

Schneider, Rolf
Sie waren verzaubert * *S. 264*
Aus: R. Schneider. Sieben Anmerkungen zu H.
  Hesse. In: Über Hermann Hesse. Hrsg. von
  Volker Michels. Frankfurt/M.: Suhrkamp
  1977. S. 316–323 (gekürzt).

Schnurre, Wolfdietrich (geb. 1920 in Frankfurt,
gest. 1989 in Kiel)
Ein Beitrag zur Farbenlehre S. 81
Aus: W. Schnurre. Protest in Parterre.
  München: Langen–Müller 1957. S. 72.

Scholl, Inge
Es lebe die Freiheit * *S. 343*
Aus: I. Scholl. Die weiße Rose.
  Frankfurt/M.: Fischer 1986. S. 71–83, 120f.

Schopenhauer, Arthur (geb. 1788 in Danzig, gest.
1860 in Frankfurt/M.)
Stachelschweine S. 83
Aus: A. Schopenhauer. Sämtliche Werke in 5 Bänden. Hrsg. von Wolfgang von Löhneysen.
  Bd. 5. Darmstadt: Wissenschaftliche Buchgesellschaft 1965. S. 765.

Schreiner, Hanne
Volljährig – aber doch noch abhängig? S. 361
Aus: Südwestpresse, 2. 10. 1985.

Shakespeare, William (geb. 1564 in Stratford-
upon-Avon/England, gest. 1616 ebd.)
Brutus' und Mark Antons Reden an die Römer S. 28
Aus: W. Shakespeare. Julius Cäsar.
  In: Shakespeares dramatische Werke. Übersetzt von A. W. Schlegel und L. Tieck. Hrsg.
  von Alois Brandl. Band 5. Leipzig/Wien: Bibliographisches Institut o. J.

Storm, Theodor (geb. 1817 in Husum/Schleswig,
gest. 1888 in Hademarschen/Holstein)
Hauke Haiens Kindheit und Jugend S. 278
Aus: Der Schimmelreiter.
  In: Th. Storm. Werke in zwei Bänden. Hrsg.
  von Gottfried Honnefelder. Bd. 2. Frank-
  furt/M.: Insel 1975. S. 329–332.
Dichter und Bürger: Lebensbild in Briefen S. 281
  Originalbeitrag. Zusammenstellung aus: Th.
  Storm. Briefe. Hrsg. von Peter Goldammer.
  2 Bände. Berlin/Weimar: 1972. Bd. 1. S. 183f.;
  S. 137; S. 258; S. 384–386; S. 440. Bd. 2.
  S. 324.
  Brief an Ferdinand Tönnies. Aus: H. Meyer.
  Theodor Storm und Ferdinand Tönnies. In:
  Monatshefte für deutschen Unterricht 32,
  1940. S. 377.

Brief an Paetel. Aus: Theodor Storm – Erich
  Schmidt. Briefwechsel. Kritische Ausgabe. 2.
  Bd. 1880 – 1888. Hrsg. von Karl Ernst Laage.
  Berlin: Erich Schmidt Verlag 1976. S. 148f.
Für meine Söhne S. 286
Aus: Th. Storm. Werke in zwei Bänden. Hrsg. von
  Gottfried Honnefelder. A. a. O.

Strittmatter, Eva (geb. 1930 in Neuruppin)
Bitte S. 138
Vor einem Winter S. 168
Aus: E. Strittmatter. Ich mach ein Lied aus Stille.
  Gedichte. Berlin/Weimar: Aufbau Verlag
  1976. S. 41.

Struck, Karin (geb. 1947 in Schlagtow/Mecklen-
burg)
Dieses Buch hätte ich damals brauchen können *
S. 265
Aus: Über Hermann Hesse. 2. Bd. 1963 – 1977.
  Hrsg. von Volker Michels. Frankfurt/M.: Suhr-
  kamp 1977. S. 333f.

Thomas, Carmen
Radio ist Kino im Kopf S. 326
Aus: Frankfurter Rundschau, 5. 3. 1987.

Törne, Volker von (geb. 1934 in Quedlinburg, gest.
1980)
Amtliche Mitteilung S. 163
Aus: Fersengeld. Berlin: Ansgar Skriver Verlag
  1962.

Tucholsky, Kurt (geb. 1890 in Berlin, gest. 1935 in
Hindås bei Göteborg/Schweden)
Ratschläge für einen schlechten Redner S. 44
Aus: Kurt Tucholsky. Gesammelte Werke. Band 8.
  Hrsg. von Mary Gerold-Tucholsky und Fritz
  Raddatz. Reinbek: Rowohlt 1975. S. 290–292.
Was darf die Satire? S. 117
Aus: K. Tucholsky. Gesammelte Werke. Hrsg. von
  Mary Gerold-Tucholsky und Fritz Raddatz.
  Bd. 2. A.a.O. S. 42–44.
Augen in der Großstadt S. 148
Aus: K. Tucholsky. Gesammelte Werke. Bd. 8.
  A.a.O. S. 69f.

Uklei, Adam
Wetterbericht S. 92
Aus: DIE ZEIT, Nr. 21, 16. 5. 1986.

Verne, Jules (geb. 1828 in Nantes/Frankreich, gest.
1905 in Amiens)
Der Schicksalstag der „Gallia" * *S. 213*
Aus: Die Reise durch die Sonnenwelt. Balve: En-
  gelbert Verlag (2. Aufl.) 1969. S. 173–177.

Walser, Robert (geb. 1878 in Biel/Schweiz, gest. 1956 in Herisau/Schweiz)
Basta S. 113
Aus: R. Walser. Das Gesamtwerk. Hrsg. von Joachim Greven. Bd. 2. Genf/Hamburg: Helmut Kossodo 1971. S. 262–265.

Weber, Richard
Erkner S. 181
Aus: Von Lessing bis Kroetz. Einführung in die Dramenanalyse. Kursmodelle und sozialgeschichtliche Materialien.Kronberg/Ts.: Scriptor 1976. S. 68.

Weerth, Georg (geb. 1822 in Detmold, gest. 1856 in Havanna)
Das Hungerlied S. 158
Aus: G. Weerth. Gedichte. Hrsg. von Winfried Hartkopf. Stuttgart: Reclam 1976. S. 97f.

Weiss, Peter (geb. 1916 in Nowawes bei Berlin, gest. 1982 in Stockholm)
Der Ernst des Lebens* S. 340
Aus: P. Weiss. Der Abschied von den Eltern. Frankfurt/M.: Suhrkamp 1964 (edition suhrkamp 85). S. 48 –50 und 56–58.

Weizsäcker, Carl Friedrich von
Friede – eine notwendige Utopie* S. 230
Aus: C. F. von Weizsäcker. Die Zeit drängt. München: Hanser 1986. S. 44–48 (gekürzt).

Weizsäcker, Richard von
Der 8. Mai 1945 S. 36
Aus: Richard von Weizsäcker. Reden und Interviews (1). Hrsg. vom Presse- und Informationsamt der Bundesregierung. Bonn 1986. S. 279–295 (gekürzt).

Wember, Bernward
Die Wort – Bild – Schere* S. 319
Aus: B. Wember. Wie informiert das Fernsehen? München: List 1976. S. 127f.; S. 46f.

Wicki, Bernhard
Ein Film, der mich sehr berührt S. 290
Aus: ARD Magazin 6/87. S. 40. Bernhard Wicki im Gespräch mit WDR-Redakteur Wolf-Dietrich Brücker.

Wilson, Gahan
Der Science-Fiction-Horror-Film-Taschen-Computer S. 236
Aus: Science Fiction Story Reader 1. Übersetzt von Walter Brumm. München: Heyne 1974. S. 139.

Wolf, Christa (geb. 1929 in Landsberg/Warthe)
Republikflucht* S. 296
Aus: Chr. Wolf. Der geteilte Himmel. München: Deutscher Taschenbuch Verlag 1973. S. 129–134.
Äußerungen zum Roman S. 300
Aus: Chr. Wolf. Dimensionen des Autors. Essays und Aufsätze, Reden und Gespräche. Ausgewählt von Angela Drescher. Darmstadt/Neuwied: Luchterhand 1987. S. 10f.; S. 623; S. 861f.; S. 869f.
Martin Reso. „Der geteilte Himmel" und seine Kritiker. Halle/Saale: Mitteldeutscher Verlag 1965. S. 148ff.
Christa Wolf 1990 S. 302
Aus: Chr. Wolf. Im Dialog. Aktuelle Texte. Frankfurt a. M.: Luchterhand Literaturverlag 1990. S. 45; S. 148, 149; S. 161, 162.

Zech, Paul (geb. 1881 in Briesen/Westpreußen, gest. 1946 in Buenos Aires)
Fabrikstraße tags S. 151
Aus: menschheitsdämmerung. ein dokument des expressionismus. Hrsg. von Kurt Pinthus. Reinbek: Rowohlt 1959. S. 55.

Texte ungenannter und unbekannter Verfasser

Aktion 12 x 8 S. 367
Originalbeitrag.

Aphorismen S. 119
Aus: Stanislaw Jerzy Lec. Unfrisierte Gedanken. Übersetzt von Karl Dedecius. München: Hanser 1960. S. 47; S. 61.
Georg Christoph Lichtenberg. Aphorismen. Hrsg. von Max Rychner.
Zürich: Manesse 1947.

Aus der Dokumentation des Hagener Fichte-Gymnasiums S. 199
Aus: Schulkultur. Hrsg. von Gunter Reiß und Mechthild von Schoenebeck. Eine Dokumentation mit Fotos von Henry Maitek. Königstein/Ts.: Athenäum 1987. S. 143–146.
Text und Bild wurden von einer Schülergrupe unter Anleitung von Dr. Heinz Weinand angefertigt.

Das Blutgericht S. 158
Aus: Alfred Zimmermann. Blüthe und Verfall des Leinengewerbes in Schlesien. Breslau 1885.

Die Jugendfarm S. 368
Aus: Swa Shakti oder Entwicklung aus eigener Kraft. Erfahrungen einer Schülergruppe in Sri Lanka. Hrsg. vom Arbeitskreis ,,Dritte Welt'' am Gymnasium Metzingen, 1979. S. 75–77.

Die Uraufführung in Zürich 1941 S. 191
Aus: National-Zeitung No. 183, Basel 22. 4. 1941.

Entartete Kunst: Ernst Barlach S. 292
Brief an Hildebrand Gurlitt
Aus: E. Barlach. Die Briefe II, 1925–1938. Hrsg. von F. Dross.
München: Piper 1969. S. 722f.

Frauen in der Bundeswehr.
Stellungnahmen zweier Jugendlicher S. 42
Aus: Jugendliche und Erwachsene 85. Generationen im Vergleich. Jugendwerk der deutschen Shell AG. Hrsg. von Arthur Fischer u. a. Band 4. Opladen: Leske und Budrich 1985.

Gesetz zum Schutze der Jugend in der Öffentlichkeit S. 363
Aus: Veröffentlichte Materialien der wissenschaftlichen Abteilung und des Gesetzesarchivs des Deutschen Bundestags. Bonn 1949. Bundesgesetzblatt 1974 und 1985.

Greenpeace-Aktionen S. 314
Greenpeace: Aktion gegen Gift im Rhein
Aus: Westfälische Rundschau, 16. 12. 1986.
Greenpeace stellt neues Umweltschiff vor
Aus: Süddeutsche Zeitung, 5. 3. 1985.

Heike. Auszüge aus Tagebuch- und Gesprächsaufzeichnungen S. 337
Zusammengestellt von Stephan Detig. Aus: Jugend 81. Band 2. Jugendwerk der deutschen Shell AG. Opladen: Leske und Budrich 1982. S. 73–101 (gekürzt).

Horner Thesen zum Schultheater S. 201
Aus: Schultheater der Länder '85. Hrsg. von der Bundesarbeitsgemeinschaft für Darstellende Spiele in der Schule.
Hamburg: Körber-Stiftung 1985. S. 20.

Im Widerstreit der Meinungen S. 301
Aus: Süddeutsche Zeitung vom 25. 6. 1990.

Jung sein heute S. 336
Aus: Jugendliche und Erwachsene '85. Generationen im Vergleich. Band 4. Opladen: Leske und Budrich 1985. S. 251–283 (gekürzt).

Leistungssport S. 43
Aus: Süddeutsche Zeitung, 8. 9. 1987.

Mädchen in der Berufsausbildung S. 356
Aus: Berufsbildungsbericht 1986.
Bad Honnef: Bock 1986. S. 13.

Spielräume. Aus dem Protokoll eines Arbeitstreffens S. 202
Aus: Schultheater der Länder '85. Hrsg. von der Bundesarbeitsgemeinschaft für Darstellende Spiele in der Schule.
Hamburg: Körber-Stiftung 1985. S. 53.

Tierversuche S. 41
Aus: Jugendzeitschrift ,,Junge Zeit'', Nr. 7/1985.

Verblüffende Argumente im Witz S. 16
(1–5) Mündlich überliefert.
(6) Aus: Georg Fabian. Diskutieren, debattieren.
München: Pfeiffer 1967. S. 122f.

Verzeichnis der Bildquellen

S. 12/13 Michael Frühsorge, Barsinghausen; – **S. 15** Presse- und Informationsamt der Bundesregierung, Bonn; Roswitha Hecke, Hamburg; Hugo Jehle – Süddeutscher Rundfunk, Stuttgart; – **S. 21** Aus: Wir machen mit. Hrsg. von der Arbeitsgemeinschaft der deutschen Schülervertretungen. Koblenz, Nr. 4, S. 4; – **S. 29** Roswitha Hecke, Hamburg; – **S. 35** Ullstein Bilderdienst, Berlin; – **S. 40** Presse- und Informationsamt der Bundesregierung, Bonn; – **S. 43** Weißbrod/dpa, Hamburg; – **S. 51** © VG BILD-KUNST, Bonn; – **S. 56** Rilke-Archiv, Gernsbach; – **S. 63** Niedersächsische Landesgalerie, Hannover; – **S. 73** Aus: Jürgen Waller 1958–1982. Ausstellungskatalog. Hrsg. vom Neuen Berliner Kunstverein. Berlin 1982; – **S. 76** © COSMOPRESS, Genf; – **S. 78** Aus: Klaus Doderer. Fabeln. Zürich: Atlantis 1970. S. 79; – **S. 79** Bayerische Staatsgemäldesammlungen, München; – **S. 80** Archiv für Kunst und Geschichte, Berlin; – **S. 85** Musée du Jeu de Paume. © VG BILD-KUNST, Bonn; – **S. 91** Aus: M. Melot. Die Karikatur. Stuttgart: Kohlhammer 1975. © Office du Livre, Fribourg; – **S. 92/93** Aus: Walter Hanel. Hanels Kabinett-Stückchen '86. Bonn: edition transcontact 1986; – **S. 98** Aus: Kurt Halbritter. Jeder hat das Recht. München: Hanser 1976; – **S. 103** Aus: A. P. Weber. Graphik. Oldenburg/Hamburg: Stalling 1956. © VG BILD-KUNST, Bonn; – **S. 114** Aus: Bob Claessens/ Jeanne Rousseau. Unser Bruegel. Antwerpen: Mercatorfonds 1969; – **S. 125** © Bayerische Staatsgemäldesammlung, Neue Pinakothek, München; – **S. 133** © Stiftung Oscar Reinhart, Winterthur; – **S. 136** Aus: Kurt Martin. Minnesänger Bd. 2. Baden-Baden: Waldemar Klein Verlag. © Universitätsbibliothek Heidelberg; – **S. 141** Aus: Otto Stelzer. Paula Modersohn-Becker. Berlin: Rembrandt Verlag 1958; – **S. 145** Marquis de Segur, Paris; – **S. 149** Prentenkabinett, Rijksuniversiteit Leiden; – **S. 159** Käthe Kollwitz Museum, Köln. © VG BILD-KUNST, Bonn; – **S. 160** © COSMOPRESS, Genf; – **S. 175** Buhs/Remmler, Berlin. Aus: Theaterbilder. 20 Jahre Theater in Berlin. Berlin: Nicolai 1983. – **S. 178** Buhs/Remmler- Ullstein, Berlin; – **S. 183** Bildarchiv Preußischer Kulturbesitz, Berlin; – **S. 186, 194** Ullstein Bilderdienst, Berlin; – **S. 192** Archiv Schauspielhaus Zürich; – **S. 195** Stefan Odry, Köln; **S. 198** Stefan Bialluch. Aus: Schultheater der Länder '86. Hrsg. von der Bundesarbeitsgemeinschaft für Darstellende Spiele in der Schule e. V. Hamburg 1987; **S. 201** Marcel Weinand, Offenbach; – **S. 209** Michael Böhme: David und Goliath. Aus der Ausssstellung „Umwelt – und zeitkritische Bilder". Rechte beim Künstler; – **S. 211** © USIS Photo Unit, Bonn-Bad Godesberg; – **S. 215** Aus: Jules Verne. Reise durch das Sonnensystem. Frankfurt/M.: Fischer 1979; – **S. 226** © COSMOPRESS, Genf; – **S. 229** Aus: Thomas Morus. Utopia. Mit Bildern von Michael Mathias Prechtl. München: C. H. Beck 1987; – **S. 235** © Joram Harel, Wien; – **S. 243** Aus: The Arcimboldo Effect. Mailand: Bompiani 1987. © Skoklosters Slott, Schweden; – **S. 251** Historia-Photo, Hamburg; – **S. 254** Aus: Ausstellungskatalog „Edvard Munch 1863–1944". Museum Folkwang, Essen 1987. © Munch – Museum, Oslo; – **S. 258** Aus: Hermann Hesse. Eine Chronik in Bildern. Bearbeitet und mit einer Einführung versehen von Bernhard Zeller. Frankfurt/M.: Suhrkamp 1960. © Suhrkamp Verlag, Frankfurt; – **S. 264** Aus: H. Hesse. Magie der Farben. Aquarelle aus dem Tessin. Hrsg. von Volker Michels. Frankfurt/M.: Insel 1980. © Heiner Hesse, Arcegno 1980; – **S. 270** Aus: Börsenblatt des deutschen Buchhandels, Heft 13, 16. 2. 1988; – **S. 276/277** Walter Schernstein/ Stadt Mülheim; – **S. 281** © Schleswig-Holsteinischer Heimatbund; – **S. 285** © Archiv der Theodor Storm-Gesellschaft in Husum; – **S. 287** Isolde Ohlbaum, München; Historia-Photo, Hamburg; – **S. 291** WDR, Köln; – **S. 294** Werner Petermann, Dortmund. © VG BILD-KUNST, Bonn; – **S 299** © Gesamtdeutsches Institut, Bonn; – **S. 302** Peter Peitsch, Hamburg; – **S. 308/309** H. R. Bramaz/Bavaria, Gauting b. München; – **S. 313** Greenpeace, Hamburg; – **S. 316, 317** Hans Dieter Mehl, Hamburg; – **S. 319** Karikatur von Robert Daay. © The New Yorker Magazine, Inc.; – **S. 320, 321, 322** Aus: Bernward Wember. Wie informiert das Fernsehen? München: List 1976; – **S. 334/335** Ulrike Rimmele. Aus: Schock und Schöpfung. Jugendästhetik im 20. Jahrhundert. Hrsg. Deutscher Werkbund e. V. und Württembergischer Kunstverein Stuttgart. Darmstadt: Luchterhand 1986. – **S. 343, 345** Aus: Michael Verhoeven, Mario Krebs. Der Film „Die weiße Rose". Das Drehbuch. Karlsruhe: von Loeper Verlag 1982. Fotos: Sentanafilm; – **S. 349, 351** Michael Frühsorge, Barsinghausen; – **S. 368** Malteser-Hilfsdienst, Köln.